es 1993
edition suhrkamp
Neue Folge Band 993

Hundert Jahre nach ihrer Neubegründung sind die Olympischen Spiele zu einem der größten Medienereignisse unserer Zeit geworden. Sie sind Spektakel, Unterhaltung, Werbeveranstaltung, Markt, Geschäft. Wie bei allen großen Medienereignissen ist es auch bei ihnen zwecklos, nach ihrer Legitimation, ihren Idealen und Werten zu suchen. Ihr Sinn und Zweck ist einzig die Steigerung, Vergrößerung und Intensivierung der jeweils letzten Ereignisse.

Die Autoren des Bandes setzen bei dem an, was die Spiele erzeugen, was sie in den Medien produzieren. Hat Olympia heute wirklich einen Bezug zu den antiken griechischen Spielen? Ist es tatsächlich ein Fest für die ganze Menschheit? Zeigen die Spiele ein Menschenbild, das für die Zukunft besondere Bedeutung haben könnte? Oder werden sie heute von einem technischen Denken dominiert, dessen sichtbarster Aspekt das Doping ist? Haben sie Nationalismus, Rassismus und Sexismus überwunden oder bieten sie diesen gerade wirkungsvolle Darstellungsmöglichkeiten?

Olympische Spiele – die andere Utopie der Moderne

Olympia zwischen Kult und Droge

Herausgegeben
von Gunter Gebauer

Suhrkamp

edition suhrkamp 1993
Neue Folge Band 993
Erste Auflage 1996
© Suhrkamp Verlag Frankfurt am Main 1996
Erstausgabe
Alle Rechte vorbehalten, insbesondere das der Übersetzung,
des öffentlichen Vortrags
sowie der Übertragung durch Rundfunk und Fernsehen,
auch einzelner Teile.
Satz: Hümmer, Waldbüttelbrunn
Druck: Nomos Verlagsgesellschaft, Baden-Baden
Umschlagentwurf: Willy Fleckhaus
Printed in Germany

1 2 3 4 5 6 – 01 00 99 98 97 96

Inhalt

Vorwort des Herausgebers 7

Gunter Gebauer: Olympia als Utopie 9

I. Die Würde Olympias in der Antike

Walter Burkert: Das Opferritual in Olympia 27

Paul Veyne: Was faszinierte die Griechen an den
Olympischen Spielen? 39

II. Die Wiederbegründung der Olympischen Spiele: Werte, Ziele, Probleme

Thomas Alkemeyer: Die Wiederbegründung der
Olympischen Spiele als Fest einer Bürgerreligion 65

Hans Lenk: Auf der Suche nach dem verlorenen
olympischen Geist 101

Iring Fetscher: Die Olympischen Spiele, Showbusiness und
der Sinn des Sports 131

III. Ein Fest der Menschheit? Der Anspruch der Olympischen Spiele auf Universalität

Allen Guttmann: Die Olympischen Spiele:
ein Kulturimperialismus? 139

John J. MacAloon: Intervalltraining. Haben die
Olympischen Spiele universale Bedeutung? 157

IV. Die Steigerung der Spiele durch Doping

John Hoberman: Das Dopingkonzept und die Zukunft des
Olympischen Sports 197

Eugen König: Kritik des Dopings: Der Nihilismus des
technologischen Sports und die Antiquiertheit der
Sportethik 223

V. Die Produktion der Spiele durch die Medien

Gunter Gebauer/Christoph Wulf:
Die Berliner Olympiade 1936. Spiele der Gewalt 247

Dietmar Kamper: Keine Chance für die Geistesgegenwart.
Wie der Körper als Bild im Sport sein Dasein fristet 256

Gunter Gebauer: Der neue Nationalismus im Sport 264

Pierre Bourdieu: Wie kann den Olympischen Spielen ihre
internationalistische Bedeutung zurückgegeben werden? ... 270

Epilog

Gunter Gebauer: Krieg und Spiele – Was bewirkt der
olympische Frieden? 279

Über die Autoren 289

Vorwort

100 Jahre nach ihrer Neubegründung im Jahre 1896 sind die Olympischen Spiele zu einem der größten Medienereignisse unserer Zeit geworden. Ihr ungewöhnlicher Erfolg gründet sich gerade auf diejenigen Merkmale, die ihren Kritikern immer wieder Anlaß bieten, ihnen den Prozeß zu machen: sie sind Spektakel, Unterhaltung, Werbeveranstaltung, Markt, Geschäft. Rituelle Vorwürfe dieser Art haben einem Medienereignis noch nie geschadet. Sie werden bevorzugt von Sportjournalisten erhoben, ausgerechnet von jener Berufsgruppe, die die Olympischen Spiele für die Medien produziert und sie damit zu dem macht, was sie für die Weltöffentlichkeit sind.

Mit einfachen kritischen Schemata – Kontrastierung der Wirklichkeit mit vorgeblichen Idealen, Verurteilung ökonomischer Interessen, Denunzierung des Showcharakters – ist den Spielen nicht beizukommen. Wie bei allen großen Medienereignissen ist es auch bei ihnen zwecklos, nach ihrer Legitimation, ihren Idealen, ihrer Wirklichkeit (aufgefaßt als das, was übrigbleibt, wenn man alles Mediengemachte abzieht) zu suchen. Ihr Sinn und Zweck ist einzig die Erzeugung von Ereignissen im weltweiten Netz der visuellen Kommunikation. Ihr Telos ist die Steigerung, Vergrößerung, Intensivierung der jeweils letzten Ereignisse. Um so wichtiger ist es, sich nicht von ihnen überwältigen zu lassen.

Die kritische Auseinandersetzung mit ihnen hat bei dem anzusetzen, was die Spiele tatsächlich erzeugen, was sie in den Medien produzieren. Haben sie wirklich einen Bezug zu den antiken griechischen Spielen? Sind sie tatsächlich eine Schöpfung für die ganze Menschheit? Haben sie universale Bedeutung? Repräsentieren sie ein Menschenbild, das angesichts der Herausforderungen der Gegenwart und der Zukunft besondere Bedeutung hat? Oder werden sie heute von einem technischen Denken und Können dominiert, deren sichtbarster Aspekt das Doping ist? Haben sie Nationalismus, Rassismus und Sexismus überwunden oder bieten sie diesen gerade wirkungsvolle Darstellungsmöglichkeiten?

Die Beiträge dieses Bandes sind aus einer Diskussion über die Geschichte, den gegenwärtigen Zustand und die mögliche Zukunft der Olympischen Spiele entstanden, die der Herausgeber 1992 in Berlin organisiert hat. Sie sind – mit zwei Ausnahmen[1] – Originalbeiträge, die speziell für diese kritische Bestandsaufnahme geschrieben wurden. Der Herausgeber dankt allen, die bei der Veranstaltung des Colloquiums und der Entstehung dieses Bandes geholfen haben.

Berlin, Oktober 1995   *Gunter Gebauer*

---

[1] Zwei bereits früher veröffentlichte Beiträge wurden zusätzlich mit der Absicht aufgenommen, wichtige Aspekte der Geschichte der Olympischen Spiele zu beleuchten. Walter Burkerts Darstellung der Opferrituale bei den antiken Olympischen Spielen entspricht dem Kapitel »Pelops in Olympia« seines Buches *Homo Necans. Interpretationen altgriechischer Opferriten und Mythen*, Berlin 1972. Wir danken dem de Gruyter-Verlag für die freundliche Genehmigung zum Abdruck dieses Kapitels. Der Aufsatz von G. Gebauer und Ch. Wulf »Die Spiele der Gewalt« ist zuerst erschienen in dem Band *Mythos Berlin. Zur Wahrnehmungsgeschichte einer industriellen Metropole*. Er erschien 1987 als Katalog zur Ausstellung auf dem Gelände des Anhalter Bahnhofs im Verlag Ästhetik und Kommunikation, Berlin.

Gunter Gebauer
Olympia als Utopie

Was an der Geschichte der Olympischen Spiele als erstes auffällt, ist die Wandlungsfähigkeit und Einpassung dieses Ereignisses in wechselnde historische und kulturelle Verhältnisse. Daß es überhaupt möglich war, ein antikes Fest in der Moderne neu zu begründen, ist eine Tatsache, die hundert Jahre nach den ersten neuzeitlichen Spielen in Athen und angesichts seiner weltweiten Resonanz noch erstaunlicher ist. Sind die Olympischen Spiele eine Wiederaufnahme des antiken Modells oder eine Neuschöpfung der Moderne, die sich nur mit demselben Namen schmückt?

Diese Frage nach einem legitimen Rückbezug auf die Antike ist ebenso schwer zu beantworten wie bei den anderen beiden, allerdings ungleich bedeutenderen Übernahmen aus dem klassischen Griechenland, der Demokratie und der Tragödie. Deren Ausgestaltung in der Neuzeit geschah in einem Jahrhunderte dauernden Prozeß. Sie war in der Frage der Wiedergewinnung des antiken tragischen Dichtungsmodells das Werk ungezählter Gelehrter und Poeten und in jener des demokratischen Macht- und Gesellschaftsmodells das Ergebnis langer sozialer und philosophischer Auseinandersetzungen. Die Wiedereinführung der Olympischen Spiele in der Moderne wurde von einem Einzelgänger, Baron de Coubertin, journalistisch und propagandistisch durchgesetzt[1]. Sie war die Tat eines Mannes, der Medien zu bedienen und Menschen zu manipulieren verstand.

Während die Tragödiendichter der Neuzeit in unbedingter Treue auf die Regeln der aristotelischen Poetik und die Vorbilder der erhaltenen griechischen Dramen zurückgehen und nichts anderes als das antike Ideal wieder verwirklichen wollten, brachten sie, an der überlieferten formalen Struktur festhaltend, neue Stoffe und Bearbeitungsweisen hervor. Coubertin hingegen erfand als

---

[1] Vgl. zu Coubertin im Kontext seiner Zeit J. J. MacAloon, *This Great Symbol. Pierre de Coubertin and the Origins of the Modern Olympic Games*, Chicago, London 1981. Zur kritischen Aufarbeitung der Geschichte der modernen Olympischen Spiele siehe A. Guttmann, *The Olympics. A History of the Modern Games*, Illinois 1992; und ders.: *Games and Empires*, New York 1994.

eigene Phantasieschöpfung eine neue Art von Fest, das sich eine Reihe von Gestaltungsmustern aus den antiken Spielen und auf diese Weise humanistische Legitimität aneignete. Von einer Auseinandersetzung mit dem griechischen Vorbild, das damals noch wenig erforscht war, konnte keine Rede sein. Das von ihm geschaffene Internationale Olympische Komitee (IOC) hat sich nie wirklich dafür interessiert, heute weniger denn je. Es folgte der von Coubertin vorgezeichneten Linie des propagandistischen Einsatzes von Massenmedien.

Die antiken Spiele haben keineswegs ein einheitliches Modell herausgebildet.[2] Schon die griechischen Spiele waren ungeheuer anpassungsbereit; sie changierten zwischen religiösem Fest und mondäner Veranstaltung; sie boten eine Art zeremonielles Gerüst, an das sich die unterschiedlichsten Gesellschaftsereignisse anhängten. Nicht zu allen Zeiten ihrer schriftlich fixierten Geschichte, beginnend mit dem Jahr 776 v. Chr., wurden sie für wichtig erachtet. Schon lange vor dem Verbot der Spiele im Jahre 394 n. Chr., als Kaiser Theodosius generell *alle* heidnischen Festspiele untersagte, waren sie bedeutungslos geworden. Sie paßten nicht mehr in die politischen und kulturellen Zeitströmungen. So blieb es in der Spätantike, im Mittelalter und noch in der Neuzeit bis hin zur Moderne.

Zwischen den drei wiederbelebten antiken Institutionen, der Demokratie, der Tragödie und den Olympischen Spielen, besteht Strukturähnlichkeit. Alle drei organisieren einen Entscheidungsprozeß mit der Struktur einer agonalen Konkurrenz: Die beteiligten Kräfte oder Personen stehen sich in einer Situation des Konflikts frontal gegenüber; die Lösung wird in einem Wettkampf herbeigeführt und endet in dem Sieg des einen Kontrahenten bei gleichzeitiger Niederlage aller anderen. In der Tragödie prallen die Protagonisten in einer ungeregelten Kollision aufeinander, in einem vorgesetzlichen Raum ohne allgemein verbindliche Verhaltensnormen.[3] Die Demokratie und der sportliche Wettkampf ruhen hingegen auf einem Fundament von Regularien, die, von den Teilnehmern anerkannt, den Konflikt der Interessen und Kräfte, den Gewinn und Verlust von realer und symbolischer Macht ver-

---

[2] Vgl. die informative Übersicht und kritische Darstellung des Forschungsstandes bei I. Weiler, *Der Sport bei den Völkern der alten Welt*, Darmstadt 1981.
[3] Dies ist jedenfalls die Deutung der antiken Tragödie in Hegels Ästhetik.

bindlich festlegen.⁴ Der Regelcorpus politischer und sportlicher Wettkämpfe ist im neuzeitlichen Europa völlig eigenständig entstanden. Er hat nur geringe Ähnlichkeit mit den Entscheidungsprozessen in der griechischen Polis⁵ oder in Olympia.⁶

Der moderne Staatsbürger hat ein anderes Verhältnis zum Staat als der griechische Bürger zur Polis. Ebenso unterscheidet sich die Beziehung des modernen Athleten zum Wettkampf von jener des Olympioniken in der Antike. Wettkampf und Krieg gehören in der griechischen Antike zu demselben agonalen Handlungsspektrum; zwischen beiden besteht kein grundlegender Unterschied.⁷ Der Wettkampf kann Fortsetzung des Krieges werden und der Krieg Fortsetzung des Wettkampfs. Daher schließen sich sportlicher Agon und Tod nicht aus, sie wohnen nahe beieinander. Im modernen Sport ist der Tod ein unerträgliches Vorkommnis; er darf nicht in den Wettkampf eintreten, es sei denn als Unfall.⁸

Neben der Pazifizierung des Wettstreits ist die zweite wichtige Errungenschaft der modernen Olympischen Spiele die Öffnung der Teilnahme für alle Nationen. Die Schöpfung einer weltumspannenden Organisation, des IOC, unter dessen Dach alle Nationen zusammengefaßt werden, ist in den Kontext der Gründung einer ganzen Reihe internationaler Gesellschaften, Bewegungen und Friedensinitiativen zu stellen.⁹ Um die Jahrhundertwende herum entstanden beispielsweise das Rote Kreuz (1863), die Esperanto- (1887) und die Scout-Bewegung (1908). Freilich steht die internationale Anlage des Olympismus keineswegs im Gegensatz zu Nationalismus. Als internationale Organisation bot sie den einzelnen Nationen eine Bühne der symbolischen Repräsentation. Krieg hielt Coubertin für eine bei bestimmten politischen Interessenlagen notwendige Form der Auseinandersetzung, zwar grund-

---

4 Eine vergleichende Darstellung der Geschichte des englischen Parlamentarismus und der Entstehung des modernen Sports gibt Norbert Elias in seiner Einleitung zu dem Band N. Elias/E. Dunning, *Quest for Excitement. Sport and Leisure in the Civilizing Process*, Oxford 1986.
5 Vgl. Ch. Meier/P.Veyne, *Kannten die Griechen die Demokratie?*, Berlin 1988.
6 M. B. Poliakoff, *Kampfsport in der Antike. Das Spiel um Leben und Tod*, Zürich und München 1989.
7 J.-P. Vernant, »Der Krieg der Städte«, in: ders., *Mythos und Gesellschaft im antiken Griechenland*, Frankfurt am Main 1987, S. 27-50.
8 G. Gebauer, »Das Spiel gegen den Tod«, in: G.Hortleder/ G. Gebauer, *Sport – Eros – Tod*, Frankfurt am Main 1986, S. 271-282.
9 J. Hoberman, »Towards a Theory of Olympic Internationalism«, in: *Journal of Sport History* 22 (1995), 1, S. 1-37.

legend vom Sport unterschieden, aber denselben agonalen Werten verpflichtet.

Die modernen Olympischen Spiele sind an keinen spezifischen Ort gebunden. Sie wurden aus den Verankerungen des griechischen mythischen Denkens gelöst. Das antike Olympia besitzt nicht nur eine physische Geographie, sondern auch eine mythisch-religiöse: ein Ort auf der Pelopsinsel, ein Hain des olympischen Zeus, ausgestattet mit einem religiösen Sinn und zelebriert mit rituellen Handlungen im Kontext der mythischen Beschaffenheit der Welt. In Olympia nehmen alle vom Mythos des Ortes erwähnten Gestalten und Taten räumlich-körperliche Wirklichkeit ein: der Halbgott Pelops wird im nächtlichen Widderopfer am Vorabend der Spiele symbolisch zum Leben erweckt, die Gegenwart des olympischen Zeus erfüllt die Wettkampftage im heiligen Hain. Der Olympionike wird durch den Sieg im Hier und Jetzt zum herausragenden Menschen, nicht durch seine Leistungen, die sich als abstrakte Daten von seiner Person ablösen ließen. In Olympia wurde nicht gemessen.

Nach dem Sieger des Stadionlaufs wurde die Olympiade benannt; so markierte dieser den verbindlichen Kalender der Griechen. Seine Vollkommenheit übertrifft die der übrigen Sterblichen. In seinem Körper nimmt der Mythos Gestalt an. Er verleiht den Göttern, die menschlich vorgestellt werden, ihr vollkommenes menschliches Aussehen. Der Olympiasieger wird zum Modell für die körperliche Erscheinung des Göttlichen.[10] So ist der Athlet zugleich er selbst und Repräsentant eines Höheren, das durch seine Gestalt mit sinnlicher Realität gesättigt wird. Sinnfällig wird diese mythische Erhöhung des Olympiasiegers in seinem Standbild: aufgestellt im heiligen Hain von Olympia, wird er als Heroe dargestellt, über die Menschen erhoben. Aber er kündigt nichts Übermenschliches an, denn was er mit den Göttern gemeinsam hat, ist der menschliche Körper.

Die modernen Spiele haben nichts mit der Konkretheit des antiken Olympias gemeinsam. Sie haben keinen festen Ort; sie finden in den großen Städten der Welt statt, ohne fähig zu sein, eine Bindung mit den lokalen Mythen einzugehen. Jedweder Rückgang auf einen Ursprung oder die Geschichte eines Ortes bleibt ihnen fremd (so in Los Angeles, Seoul und Barcelona), weil sie

---

10 Dieser Gedanke wird entwickelt von J.-P. Vernant in: *Religions, histoires, raisons*, Paris 1979, und in: ders., *Mythe et pensée chez les Grecs*, Paris ²1985.

nicht dorthin gehören. Olympia in der Moderne ist nirgendwo, es ist utopisch.

Utopia ist eine ferne Insel, zu der niemand den Weg findet. Es gibt keine Seekarte, auf der sie verzeichnet wäre, sondern nur die Verheißung, daß es sie geben könnte. So könnte es heute Olympia geben, aber niemand weiß, wo es außerhalb der Vorstellungskraft zu suchen wäre. Sicher gibt es die realen Ereignisse der Olympischen Spiele, aber sie verweisen über ihre konkrete Gestalt hinaus: Wie jede Utopie zeigen sie uns etwas, was es so (noch) nicht gibt, eine mögliche Welt, mit der unsrigen verwandt, nur besser und künstlich. Als Verheißung sind sie ständig in die Zukunft gerichtet. Sie bleiben in der permanenten Spannung ihres Grundprinzips des Fortschritts, auf unendliche Bewegung angelegt, als ein Hinausschießen über das Jetzt, ohne jemals ihr Ziel erreichen zu können. Das lateinische Motto »citius – altius – fortius« zeigt an, daß sie sich nicht beim Einzelmenschen aufzuhalten gedenken, sondern die ganze menschliche Spezies herausfordern. Nicht der reale Olympiasieger erfährt hier ungeteilte Aufmerksamkeit, sondern die Möglichkeiten »des Menschen«.

Die Athleten spielen das Spiel mit: Noch zitternd vom Schock, den ein Weltrekord hervorruft, hält der neue Weltbeste sogleich Ausschau nach einer Verbesserung der eben noch nicht für möglich gehaltenen Marke, vertauscht das Glück über das Erreichte mit der Idee des Noch-besser-Könnens, also mit zukünftigem Unglück. Athleten leben ein Leben zum Scheitern hin. Sie sind unfähig zur Ruhe, unfähig, sich das Glück des Olympiasiegs zu gönnen, weil dieser – anders als in der Antike – weder mythisch noch konkret ist. Der Augenblick des Sieges, der einen Moment des Zufriedenseins bilden könnte, wird von der Last der Zukunft erdrückt. Das reale Ereignis ist im olympischen Sport immer auf den Horizont des Dahinter gerichtet.

Die antike griechische Welt kannte dieses Auseinanderklaffen von Erfahrungsraum und Erwartungshorizont, der für den Fortschritt konstitutiv ist, nicht. Einen Fortschrittsbegriff hat sie nicht ausgebildet. »Die Wahrnehmungen und Verbesserungen beziehen sich auf eine Fülle konkret erfahrener (...) Verbesserungen in mehreren Lebensbereichen«.[11] Wohl findet sich ein »Bewußtsein des Selbst-Vorankommens«, das sich »auf ein Mehr-Können« »im

---

11 Ch. Meier, *Die Entstehung des Politischen bei den Griechen*, Frankfurt am Main ²1989, S. 469.

Vergleich mit Früherem« ergibt.[12] Mit »*techne*« wird ein Können unter dem »Aspekt der fachgemäßen, rationalen, kontrollierten Methodik«[13] bezeichnet, das noch am Bestehenden orientiert ist; es gründet sich auf dem Interesse am Menschen als Herrn über die Dinge. Der Fortschrittsgedanke der Moderne setzt den Menschen selbst als Gegenstand des Könnens ein – sowohl Subjekt als auch Objekt der Verbesserung.

Die Herrschaft des Menschen über sich selbst macht ihn zum ersten und wertvollsten Objekt seines Verbesserungsstrebens. Sein Können wird zu einem Immer-besser-Können zugespitzt. Er nimmt seine gegebene Gestalt nicht mehr hin. Die Technik am Menschen ist, wie die Technik an jedem anderen Objekt auch, ohne endgültiges Ziel steigerbar. Ihre Absicht ist die immer wieder neue Schöpfung des Menschen. Die Anthropologie der Aufklärung kennzeichnet den Menschen durch seine *perfectibilité*, seine Verbesserungsfähigkeit. Das moderne Olympia macht diese zu seinem zentralen Dogma. Es setzt den Menschen in eine utopische Relation zu seinem Körper, als permanenten Schöpfer seiner selbst in einem Prozeß, der nie ans Ende kommt.

Mit der Rückwendung der Technik auf den Körper wird dieser in ein Instrument umgewandelt und physikalisch definierter Zweckmäßigkeit untergeordnet. Die Körperbewegungen werden unter ein technisches Verständnis gestellt. Ebenso wie die industrielle Maschine wird der menschliche Körper als Motor aufgefaßt, der Energie in mechanische Arbeit konvertiert.[14] Diese Auffassung, die sich seit der Mitte des 19. Jahrhunderts in der Arbeitswelt ausbreitet, erhält in den Olympischen Spielen ihre utopische Repräsentation im Raum der Zweckfreiheit. Das moderne Olympia bietet sich an als Ort des Ausprobierens, Entwerfens, Testens und Propagierens der Verbesserung des Körpers: Versuchsanlage und Kultstätte in einem. Es besitzt die wichtigsten Züge der Utopie, wie sie seit dem 16. Jahrhundert von Campanella, Thomas Morus, Bacon usw. beschrieben wurde. In Utopia wird eine Ideologie aufgeführt[15]: an einem inselhaften Ort, nach außen abge-

---

12 Ebd., S. 470.
13 Ebd., S. 472.
14 Vgl. zur Geschichte dieser Ideologie im 19. Jahrhundert A. Rabinbach, *The Human Motor. Energy, Fatigue, and the Origins of Modernity*, New York 1990.
15 Bei der Darstellung der Grundzüge der Utopie folge ich L. Marin, *Utopiques: Jeux d'espaces*, Paris 1973.

schlossen, rituell organisiert, ein theatralisches Geschehen, das allen Ereignissen volle Sichtbarkeit verleiht. Im modernen Olympia ist dieser utopische, aus dem Alltagsgeschehen herausgehobene Raum das Stadion.

Das hauptsächliche Stilmittel der utopischen Aufführung sind der mythische Diskurs und die rituelle Wiederholung. Das Ritual der wiederholten Zeit wird von der Rundbahn des Stadions repräsentiert, einer Laufbahn, die zum Anfang zurückkehrt. Die Wettkämpfe selbst sind Aufführungen der Ideologie des verbesserungsfähigen Körpers. Der Körper soll progressiv für immer neue Könnenszustände präpariert werden, die ihn immer weiter von der Natur entfernen. Das Ideal des funktionierenden Körpers ist die Maschine. Seit Descartes wurde nicht nur die Metapher des Körpers als Maschine immer weiter ausgestaltet, sondern auch der reale Körper wurde in einer Praxis der »Disziplinen« der Maschine immer ähnlicher gemacht. Dies geschah in einem Prozeß der Neuerzeugung: Mit Hilfe von Kontrollen, Zeitgestaltung, Übung, Ritualisierung, systematischer Lebensführung, Konditionierung wurde der Körper maschinellen Prinzipien unterworfen.[16]

Die modernen Olympischen Spiele sind die Aufführung der Maschinenideologie vom menschlichen Körper. Ihre Utopie setzt die Entwicklungen der großen Maschinenkünstler der Renaissance fort: Der ideale selbstbewegte Körper wird vom Mechaniker mit einem solchen Perfektionsgrad geschaffen, daß er die Präzision und die Funktionsfähigkeit der Maschine in der Domäne des Menschlichen erreicht. Die Utopie des menschlichen Körpers als Maschine bedeutet keine Herabsetzung des Menschen auf eine subhumane Ebene, sondern im Gegenteil seine Höherentwicklung mit einer perfekt funktionierenden Mechanik in menschlicher Gestalt, eine Nachahmung Gottes als höchstem Handwerkskünstler. Jeder Athlet weiß, daß er sich in Situationen höchster Leistung zur Maschine (nicht zum Tier!) machen, daß er über das menschliche Maß hinaus verläßlich, erschütterungsfrei, von Randbedingungen unbeeinflußbar funktionieren muß. In

---

16 Vgl. die von Foucault beeinflußte historische Studie von E. König, *Körper – Wissen – Macht. Studien zur historischen Anthropologie des Körpers*, Berlin 1989. Siehe auch A. Hoetzel, *L'Homme Machine. Das heimliche Verlangen nach dem eigenen Schöpfungsakt*, in: P. Becker (Hg.), *Sport und Höchstleistung*, Reinbek 1987, S. 65-81.

Form einer hochwertigen Mechanik erhält sein Körper eine höhere Existenz.

Die erste große Aufführung der Ideologie des sportlichen Körpers haben 1936 der Nationalsozialismus und das IOC – mit jeweils unterschiedlichen Anteilen – zustande gebracht.[17] Beide Organisationen haben ihren je eigenen Entwurf einer Körperutopie eingebracht. Das Organisationskomitee hat es verstanden, beide Konzeptionen so miteinander zu verschmelzen, daß vom Olympismus die Erhebung der Athleten ins Übermenschliche und vom Nationalsozialismus der Kampf um die Überlegenheit der Körper übernommen wurden. Der Nationalsozialismus versteckte seine Vernichtungsabsicht, das IOC unterdrückte seine Forderung nach Friedlichkeit der Wettspiele. In der Anbetung der Körper trafen sie sich. Beide waren fasziniert vom gesichtslosen Maschinenkörper als Utopie des normalen Menschen. Das IOC weigerte sich zu begreifen, daß die Beherrschung des Körpers, die von den Athleten manifestiert wurde, vom Nationalsozialismus als politische Herrschaft und Vernichtung aufgefaßt wurde.

Die Umformung des Körpers zur Maschine ist nur die eine Seite des modernen Olympia; hierin tut es nichts anderes, als Prozesse, die seit langem die Arbeitswelt prägen, in der Domäne des Spiels zu reproduzieren. Die andere, besondere Seite der Olympischen Spiele ist die Ausgestaltung der Maschine mit den speziellen Eigenschaften der menschlichen Gestalt, die keine nicht-fleischliche Maschine besitzt: mit dem sinnlichen, körperlichen Ausdruck von Kraft und Macht. Das wirkliche Thema der Bilder vom Athletenkörper im Fernsehen und in der Photographie sind die Muskeln. Die Bildmedien tasten die Körperoberfläche ab und heben das Profil der Muskeln hervor; sie zeigen Kontraktionen, Maserungen, elastische Schwingungen. Die Muskeln geben dem Athleten die plastischen Eigenschaften einer Statue: zeitenthoben, alterslos, distanziert, vollkommen bei sich. Noch verstärkt wird der Eindruck des Plastischen durch das Glänzen der Haut und die Sonnenbrille, die sich die Athleten aufsetzen, wenn sie sich auf

17 Vgl. zum Inszenierungsaspekt der Berliner Spiele von 1936 Th. Alkemeyer, Vom Wettstreit der Nationen zum Kampf der Völker. Aneignung und Umdeutung der »Olympischen Idee« im deutschen Faschismus. Der Olympismus Pierre de Coubertins und die Olympischen Spiele von 1936 in Berlin, Diss. Berlin 1994, und ders., *Körper, Kult und Politik. Von der »Muskelreligion« Pierre de Coubertins zur Inszenierung der Macht in den Olympischen Spielen von 1936*, Frankfurt/New York 1996.

eine Leistung vorbereiten. Sie wirken dann gefühllos wie Masken, Abbilder einer unzerstörbaren Macht.[18] Auch die Posen gehören zu ihrer skulpturalen Darstellung, jene Körperhaltungen, die wie plastische Embleme den Zustand des Sieges oder der Niederlage anzeigen.

Statue, Maske, Pose – keine dieser Präsentationen des Menschen als Maschine drückt Gefühle aus. Die Maschine ist Körper geworden; sie nimmt Posen der Macht ein und verwandelt Arbeit in Schönheit. Sie ist eindrucksvoller als die toten Maschinen, insofern sie lebendig ist.[19] Nicht die tote Materie wird, wie bei den Automaten in der Vergangenheit, in autonome Bewegung versetzt, sondern der Athlet erschafft sich selbst als perfekten Automaten. Aber dieser besitzt nicht ohne weiteres den Status einer menschlichen Person. Dazu bedarf es des Ausdrucks von Empfindungen; die Athleten-Statue muß mit den Eigenschaften des Menschlichen ausgestattet werden. Der Entwicklungsstand, der hier beschrieben wird, stellt noch nicht die letzte Perfektion dar; er gehört inzwischen der Vergangenheit an. Die Anstrengung wird heute weiter getrieben, um der bewegten Statue die noch höhere Qualität des Empfindungsausdrucks zu verschaffen. Die Gegenwart gibt sich nicht mehr mit einer Ästhetik à la Fernand Léger zufrieden, die den Menschen an die Technik angleicht und ihm nur einen Abglanz aus der Wunderwelt der Maschinen gönnt[20]; der olympische Sport heute hat das *Mechanische Ballett* (1924) mit menschlichem Ausdruck versehen.

Bevor die gegenwärtig erreichte letzte Stufe beschrieben wird, soll ein Blick zurückgeworfen werden auf die Entwicklungskette, die von der (mineralischen) Natur über die antiken Statuen zu den neuzeitlichen Kunstwerken, schließlich zu den Automaten führt und die in der Moderne vom Sport fortgesetzt wird. Horst Bredekamp hat sie in einer kunsthistorischen Untersuchung zur Ge-

18 Vgl. C.Lévi-Strauss, *Der Weg der Masken*, Frankfurt am Main 1977.
19 Von der Werbung ist dieser Gedanke begriffen und eindrucksvoll in Szene gesetzt worden. Aus Anlaß des Sieges von Steffi Graf bei den U.S.Open 1995 veröffentlichte die Firma Opel ein ganzseitiges Foto der Tennisspielerin Graf in einer starren Pose mit hochgerecktem linken Arm. Die Überschrift des Fotos: »Statue of Victory«. Unterschrieben ist es mit den Worten: »Wir von Opel als offizieller Sponsor gratulieren zu diesem denk(mal)würdigen Sieg.«
20 Die Formulierung lehnt sich an den Aufsatz von M. Hierholzer an, erschienen unter dem Titel »Maschinenkörper: Légers ›Frühstück‹«, in der *F.A.Z.* vom 23. 8. 1995 in der Serie »Mein meistgehaßtes Meisterwerk«.

schichte der Kunstkammer rekonstruiert.[21] Als »Kunstkammern« wurden seit der Renaissance Schaukabinette bezeichnet, in denen anhand von Sammlungsgegenständen »Übergänge vom Naturstoff zum verlebendigten Körper«[22] ausgestellt wurden. Dieser Entwicklungslinie liegt der Gedanke zugrunde, daß zwischen Natur- und Kunstgeschichte ein fließender Übergang besteht. Die antiken Statuen, die den Sammlungen angehörten, wurden als erster Schritt der Entfernung vom Naturstoff, aber als diesem noch zugehörig aufgefaßt, insofern sie in der Erde gefunden worden waren; sie galten als ein »Zwischenbereich von natürlicher Beschaffenheit und menschlicher Prägung«.[23] Um ein drittes Glied wurde die Kette durch nachantike Kunstwerke erweitert[24], die als Bildersammlungen die Kabinette bereicherten. Schließlich wurden seit dem 16. Jahrhundert maschinenhafte Artefakte, wie die Uhr oder andere mechanische Instrumente, später schließlich die Automaten hinzugefügt. In den Automaten, Skulpturen menschlicher oder tierischer Wesen mit Eigenbewegung, wurden die Kunstwerke verlebendigt und die Statuen der Antike vermeintlich übertroffen. Als moderner Prometheus sollte der schöpferische Mensch Gott »nacheifern und Gegenstände (...) schaffen, die mit denen der Natur wetteifern könnten«.[25]

Als Darstellung eines schrittweisen Übergangs von der Natur über die Kunst zur Maschine gaben die Kunstkammern der mechanistischen Philosophie des 17. Jahrhunderts sinnbildlichen Ausdruck. Nicht zuletzt aus dieser Entwicklungslinie erwuchs den Maschinentheoretikern und -konstrukteuren ein außerordentliches Selbstbewußtsein. Der Kieler Arzt J. D. Major bezeichnete den Menschen (1674) »als das Schönste aller Uhrwerke der Natur«.[26] Die vom Menschen hergestellten *artificialia* und *machinamenta* wurden in Konkurrenz mit den Schöpfungen der Natur gestellt. In einer Verbindung von Maschinisierung und Okkultis-

---

21 H. Bredekamp, *Antikensehnsucht und Maschinenglauben. Die Geschichte der Kunstkammer und die Zukunft der Kunstgeschichte*, Berlin 1993. Die von Bredekamp rekonstruierte Entwicklungslinie reicht historisch bis zu den Automaten. Es scheint mir mit Bredekamps Überlegungen gut verträglich zu sein, die Linie bis zum modernen Sport weiterzuziehen.
22 Ebd., S. 49 f.
23 Ebd., S. 16.
24 Ebd., S. 33.
25 Ebd., S. 41.
26 Ebd., S. 43.

mus wurde der Gedanke eines weiteren Entwicklungsschritts vorgestellt: die Erzeugung künstlichen Lebens, ein über die Alchimie weit hinausgehender Traum.

Die Obsession, aus den toten Materialien eines Mechanismus Leben zu erzeugen – eine künstliche Geburt im Brennofen –, wirkt literarisch in Hoffmanns *Sandmann* nach.[27] Über die Automate Olimpia berichtet der Erzähler perfektes motorisches Können, absolute Fehlerlosigkeit und übermenschliche Präzision, aber gerade diese Merkmale machen sie unheimlich und sind Zeichen ihrer Scheinlebendigkeit. Olimpia wird nur für denjenigen menschlich, der Leben in sie hineinsieht, dessen Augen zuvor durch Coppelius' Glas, wie durch ein verlebendigendes Medium, geschaut hat. Der Automatenbau ist der falsche Weg, Maschine und Leben miteinander zu verbinden.

Erfolgreicher als Physiker, Mechaniker und Künstler ist der Athlet, der sich selbst zur Maschine macht. Was seine Selbstschöpfung im Unterschied zur maschinellen Verwendung des Körpers im Arbeitsleben auszeichnet, ist nicht nur die Zweckfreiheit seiner Bewegungen, sondern auch die Tatsache, daß er seinem Körper die Beschaffenheit einer Statue verleiht. Der Traum der Hersteller von Androiden war es ja gerade, den Automaten als Statue des menschlichen Körpers zu gestalten und diesem wiederum Leben einzuhauchen. Insofern fügt der Sport der von Bredekamp rekonstruierten Entwicklungskette ein fünftes Glied hinzu. Heute sind die Anhänger dieser Ideologie beispielsweise Fitness-Sportler, die danach streben, ihren Körper wie eine Maschine zu beherrschen und ihn zugleich wie eine Statue der Betrachtung darzubieten. Freilich leiden sie an demselben Mangel, der schon Olimpias Bewegungen unheimlich erscheinen ließ. Olympische Spiele mit automatengleichen Athleten kann man heute im Fernsehen nicht mehr zeigen. Ein weiterer letzter, sechster Entwicklungsschritt wird geradezu notwendig.

Mehr als jedes andere Medium bringt das Fernsehen die statuarische Qualität der Athleten zur Geltung, insofern seine Bilder aus leuchtenden Flimmerpunkten zu plastischen Gestalten aufgebaut sind, die von den Augen der Zuschauer abgetastet und zu »Lichtskulpturen« zusammengesetzt werden.[28] Dieses Konstitutions-

27 E. T. A. Hoffmann, *Nachtstücke*, Frankfurt am Main 1982 (zuerst: 1816/17).
28 M. McLuhan: *Die magischen Kanäle. »Understanding Media«*, Düsseldorf, Wien 1968, siehe insbesondere S. 341 f.

prinzip des Fernsehbilds wirkt als eine Erhöhung des Athleten: Die von ihm selbst erzeugte Muskelstatue wird durch die elektronische Skulptur des Fernsehens verdoppelt. Nirgendwo sieht man so viele Posen wie auf dem Bildschirm. Dieses Prinzip entfernt den Athleten vom Zuschauer. Das Medium Fernsehen verlangt jedoch *zugleich*, daß der TV-Held, und stehe er noch so hoch, dem Zuschauer ähnlich sei. Das Prinzip Nähe wird nicht nur vom Medium Fernsehen verlangt, sondern auch von der Werbung. Sportübertragungen werden inzwischen bei allen Sendern um Werbespots herum arrangiert. Ohne das Geld aus der Werbung wären die Olympischen Spiele nicht mehr finanzierbar. Angesichts dieser Verhältnisse müssen die Athleten, wenn sie nicht für das Fernsehen und die Werbung unattraktiv werden wollen, den Zustand emotionsloser Statuen überwinden. Auch sie müssen Nähe zu den Zuschauern erzeugen; sie müssen diesen durch ihre Leidenschaften ähnlich und damit verständlich werden.

Welche Gewinne werfen Olympische Spiele für die Werbung ab? Auf welche Weise profitiert die Werbung von dem Prinzip der Nähe des Fernsehens und der Anähnlichung der Athleten an die Zuschauer? Die übliche Antwort ist, daß die positiv bewerteten Qualitäten der Sportler und ihrer sportlichen Leistungen angeblich eine Assoziationsbrücke zu den Produkten schlagen würden, für die in Sportsendungen geworben wird. Diese Annahme ist allerdings kaum geeignet zu erklären, warum ein so zufallsabhängiges und dazu mit Dopingskandalen belastetes Handlungsfeld finanziert wird, wenn es nur darum gehen soll, einige Produkte mit positiven Assoziationen zu versehen. Die Werbung begnügt sich nicht mit nebenbei abfallenden Wirkungen, die ein sportliches Großereignis unterschwellig absondert. Sie durchdringt die Darstellung und organisiert die Wahrnehmung des Sports. Olympische Spiele werden mit der Absicht veranstaltet, eine zeitgemäße Utopie des Menschen zu inszenieren. Von diesem Menschen erfahren wir, daß er die Maschine und Statue, die er aus seinem Körper gemacht hat, mit Gefühlen begabt; er erzeugt sich neu: als einen Menschen mit dem Ausdruck von Passionen.

Die Utopie der Olympischen Spiele, ihre idealisierende Repräsentation des Menschen, ist die eines Körperwesens, im Gegensatz zum Computer, der Denkprodukte erzeugt, dabei immer kleiner wird, zum Verschwinden hin tendiert. Die passionierte Maschine hingegen vereint effektives Funktionieren mit überhöhter menschlicher Gestalt und expressiver Leidenschaft. Sie besitzt, und zwar nicht metaphorisch, sondern wirklich, alle Eigenschaften, die in der Geschichte der Verbesserung des Menschen zusammenphantasiert worden sind. Als lebendige Exemplare sind sie der Beweis, daß diese Utopie nicht nur Text, Bild oder Werbespot, nicht nur Fiktion ist, sondern *daß es sie gibt*, irgendwo in einem Stadion, alle vier Jahre wiederkehrend. Die Fernsehübertragung ist das Beweismittel.

Sport hat für die Werbung eine unersetzliche Funktion. Man erkennt diese, wenn man nach der Wahrheit der Werbung fragt. Kein auch nur halbwegs erfahrener Fernsehzuschauer glaubt an die Wahrheit von Werbebotschaften. Im Gegenteil, man schützt sich vor ihnen dadurch, daß man sich die Möglichkeit vorbehält, ihre Falschheit zu durchschauen. Von diesem Unwahrheitsverdacht wird die Werbung durch den Athleten erlöst. Er verleiht der Utopie vom besseren Menschen Glaubwürdigkeit. Alle Versprechungen der Werbung, die sich auf Selbstschöpfung des Menschen als funktionierendes, starkes und schönes Superlebewesen richten, das uns zudem durch seine Emotionen ähnlich und verständlich ist, werden in ihm Wirklichkeit: kein fernes Ideal, das nichts mit uns gemein hat, sondern ein Ideal *von uns* selbst. Gefühle sind die Symptome, die uns dieselbe Menschlichkeit wie unsere eigene anzeigen. Sie geben unserem Mitempfinden mit dem Athleten Sinn.

Die Dualität von Passion und Compassion verleiht dem Sport so etwas wie Universalität: Über das ausgedrückte Leiden erhalten die Zuschauer die *Möglichkeit* des Mitleidens. Die quasi-universale Nähe der Zuschauer zu den Sportlern ist notwendige Bedingung der Einsetzbarkeit der Olympischen Spiele für die Werbung. Sie wird mit allen Mitteln der Informationstechnologien intensiviert. Selbst in den Stadien werden die Zuschauer der Sportereignisse mit Großaufnahmen, Interviews und Kommentaren, die auf Bildwänden erscheinen, versorgt wie die Fernsehteilnehmer zu Hause. Auf den TV-Bildern wird dem Konsumenten sein utopisches *alter ego* angeboten. Die Olympischen Spiele sind im Medium des Fernsehens selbst Werbung – eine hintergründige Werbung für die Ideologie der Verbesserung des Menschen, während sie offen für Produkte der Verschönerung des Lebens werben. Beide Ebenen der Werbung beruhen auf derselben Vorstellung der Überwindung von realen Grenzen des Menschen: Überwindung der Schwäche des natürlichen Körpers, Überwindung der Zeit, insbesondere des Alterns, und Überwindung der Vereinzelung in der imaginären Gemeinschaft, die sich bei den großen olympischen Ereignissen vor den Fernsehapparaten in der ganzen Welt bildet. Je stärker Personen in der Gegenwart diese Grenzen empfinden, um so anziehender wird für sie die Utopie der Olympischen Spiele, egal, ob gedopt wird oder nicht.

Die Utopie, die der olympische Sport anbietet, ist nicht jene eines Trostes, sondern die der Steigerung menschlicher Möglichkeiten über alle Grenzen. Den Griechen der Antike war die Erhöhung des Menschen über das Menschliche hinaus unheimlich; sie war »Hybris«. Eine solche Erhöhung strebt auch jede um Grenzerfahrungen ringende Marathongruppe an und jeder Triathlet im Wettbewerb des »Ironman«. An diese Utopie glauben die vielen, die ihren Körper zu einer passionierten Maschine umgestalten, damit er gehorsam, attraktiv und begehrlich sei. Aber die Passionen, die sie sich bei ihrer Arbeit als mechanische Künstler aneignen, sind nicht vergleichbar mit jenen von Menschen, die weder Statue noch Maschine aus sich gemacht haben. Sie bleiben an die Bedingungen ihrer Erzeugung gebunden: maskenhaft auf der einen, ekstatisch auf der anderen Seite. Sie sind keine differenzierten, beherrschten oder zurückhaltenden Empfindungen, mit denen sich die Persönlichkeit bei ihrem Auftreten in der Öffentlichkeit schützt, sondern ein Öffentlich-Machen von Emotionen mit schematischen Gesten und demonstrativem Entblößen. Je professioneller der Athlet, desto rückhaltsloser sein Gefühlsausdruck. Seine Passionen beglaubigen seine Leistung und versichern die Zuschauer ihres Glaubens an die gemeinsame Ideologie des Olympismus und der Werbung: daß Menschen wie Maschinen funktionieren und Maschinen wie Menschen fühlen können.

Das Fernsehen ist in den letzten Jahrzehnten konstitutiv für die Olympischen Spiele geworden. Umgekehrt braucht das Fernsehen den Sport, um die von der Werbung transportierte Ideologie und in eins damit die Werbebotschaft glaubhaft zu machen. Die enge Allianz von Olympischen Spielen und Werbung hat man bisher nicht in ihrer Tragweite gesehen, vermutlich, weil man nicht erkannt hat, daß die Utopie der Spiele selbst den Charakter von Werbung hat. Coubertins Grundidee war die einer faszinierenden Veranstaltung, die zuerst nur für die Verbesserung des körperlichen Zustands der Franzosen und später für die »Aristokratie der

Muskeln« der ganzen Menschheit werben sollte. Olympische Athleten sollten nicht nur für sich allein, sondern immer auch für etwas anderes stehen, das weit über den Sport hinausgeht: für die politische Macht ihrer Nation. Spätestens seit Ende des Kalten Krieges spielt dieser Gedanke kaum noch eine Rolle. Die Utopie stellt heute vielmehr das Streben nach Herrschaft über das eigene Leben dar, sowohl bei den Athleten als auch bei den Zuschauern.

I. Die Würde Olympias
in der Antike

Walter Burkert
Das Opferritual in Olympia[*]

Trotz ihrem Anspruch auf höchstes Alter blieben die Lykaia im wesentlichen ein provinzielles, innerarkadisches Ereignis. Weit überstrahlt wurden sie durch die Spiele, die alle vier Jahre am Ufer des Alpheios zu Füßen des Kronos-Hügels im Hain des Zeus begangen wurden, die Olympischen Spiele.[1] Sie gemeinsam zu feiern war der wichtigste Ausdruck der Zusammengehörigkeit erst der Peloponnes, dann ganz Griechenlands. Ihre enorme Bedeutung für das Selbstgefühl der Hellenen, für Sport und Politik, ja für das geistige Leben ist bekannt und braucht hier nicht dargestellt zu werden. Daß das sportliche Ereignis zugleich ein religiöses Fest war, blieb den Griechen weit über Pindar hinaus gegenwärtig, und sei es wenigstens durch den Zeus des Pheidias, der als die gewaltigste Erscheinung griechischen Götterlebens galt. Weniger beachtet und darum für uns mehr aus zufälligen Bruchstücken kenntlich ist, daß das religiöse Erleben wie das gesellschaftlich-sportliche Ereignis eingebettet war in ein Ritual[2], das zu den Lykaia frappante Parallelen aufweist, ein Opferritual um Pelopsbezirk und Zeusaltar.

[*] In seinem Buch *Homo Necans*, dem der folgende Beitrag entnommen ist, untersucht Walter Burkert altgriechische Opferriten in der Perspektive ihrer »inneren Spannung von Todesbegegnung und Lebensbejahung«. Nach einer anthropologischen, historischen und soziologischen Deutung des »Komplexes des Jagd-Opfer-Töten-Rituals« interpretiert der Autor einzelne Gruppen griechischer Festriten, darunter insbesondere jene in Olympia. Der dem ausgewählten Kapitel unmittelbar vorhergehende Abschnitt behandelt das Hauptfest Arkadiens, das für Zeus auf dem Lykaiongebirge begangen wurde, die Lykaia. – A. d. H.

[1] E. N. Gardiner, Olympia, its history and remains (1925); W. Hege-E. Rodenwaldt, Olympia (1936); L. Ziehen, J. Wiesner RE XVIII (1939) 1-174 (=Realencyclopädie der classischen Altertumswissenschaft); A. Mousset, Olympie et les jeux grecs (1960); H. Bengtson, Die Olympischen Spiele in der Antike (1971). Die Ausgrabungen: E. Curtius, F. Adler, Olympia (1890-7); W. Wrede, E. Kunze, Bericht über die Ausgrabungen in Olympia 1-5 (1944-64); E. Kunze, Olympische Forschungen 1 ff. (1944ff). Die Siegerliste: L. Moretti, Olympionikai (Rom 1957).

[2] Als Kampf des jungen gegen den alten Priester-König gedeutet wurde das Ritual von A. B. Cook, Zeus, Jupiter, and the Oak, The Classical Review 17 (1903) 268-78; danach F. M. Cornford bei Harrison (1927) 219-29; ›vordorische Fruchtbarkeitskulte‹ findet L. Drees, Der Ursprung der Olympischen Spiele (1962).

Die Geschichte des Olympischen Heiligtums[3] scheint, obwohl Traditionen ins Vordorische deuten, erst in der protogeometrischen Epoche einzusetzen; die Spiele wuchsen dann stetig an Bedeutung. Der Beginn der Siegerliste im Jahr 776 ist wohl mehr ein Zufall, der mit der Einführung der griechischen Schrift zusammenhängt.[4] Um den Besitz des weitberühmten Platzes lagen Pisa und Elis viele Generationen lang im Streit, bis im 6. Jahrhundert Pisa zerstört wurde und unter dem Vorsitz von Elis die gemein- ›hellenische‹ Organisation der Hellanodikai geschaffen wurde.[5] Die glanzvolle Baugeschichte des Heiligtums und der schließliche Verfall in der Spätantike, bis Kaiser Theodosios die Spiele verbot[6], ist durch die Ausgrabungen bis ins Detail bekannt geworden. Schwieriger noch als die archäologischen Schichten sind die literarischen Nachrichten über die Kulte und die Spiele von Olympia zu ordnen und auszuwerten, haben sich doch in ihnen die mannigfachsten Traditionen überlagert, Vordorisches und Dorisches, Pisatisches und Eleïsches, Lokales und Gemeingriechisches, obendrein oft verzerrt in lokalpatriotischer oder politischer Absicht oder durch genealogische Systematisierung entstellt.[7] Oft bleibt nichts anderes übrig, als zusammenzunehmen, was in seiner Funktion sich notwendig zusammenschließt.

Zurückzutreten hat dabei der bekannteste der Mythen, die sich um die Stiftung der Olympischen Spiele ranken. Wie Pelops im Wagenrennen Hippodameia ihrem Vater Oinomaos entführte und dieser dabei zu Tode kam, war zwar schon in den ›Großen Ehoien‹ Pseudo-Hesiods erzählt und noch im 7. Jahrhundert auf der Kyp-

---

3 F. Mezö, Geschichte der Olympischen Spiele (1930); hyperkritisch U. Kahrstedt, Zur Geschichte von Elis und Olympia, Nachrichten der Gesellschaft der Wissenschaften zu Göttingen 1927, 157-76; vgl. F. Jacoby FGrHist III B: Kommentar 221-8 (Die Fragmente der griechischen Historiker. Berlin, Leiden 1923-1958).

4 L. H. Jeffery, The local scripts of archaic Greece (1961) 20-1.

5 Die Überlieferung ist spät, verwirrt, tendenziös und unkontrollierbar; Paus. 6, 22, 3-4 (Zerstörung Pisas nach 588); 5, 9, 4; Strabo 7 p 355 (vgl. F. Bölte RE VII A 196-7): Vernichtung Pisas durch Elis und Sparta nach dem (2.?) Messenischen Krieg. Zum Diskos des Iphitos und Lykurgos, Arist. Fr. 533, vgl. F. Jacoby, Apollodors Chronik (1902) 116, 30; 122-6.

6 Verbot der heidnischen Kulte: Cod. Theodos. XVI 10, 10-2 (391/2); die letzten Olympischen Spiele fanden 393 statt.

7 Nicht behandelt werden im folgenden die Traditionen von der Stiftung der Spiele durch Endymion (Paus. 5, 1, 4; 5, 8, 1; 6, 20, 9), Peisos (Phlegon FGrHist 257 F 1), Herakles den Idäischen Daktylen (Paus. 5, 7, 6; 5, 8, 1; 5, 13, 8; 5, 14, 7); Zeus nach dem Sieg über Kronos (Paus. 5, 7, 6; 5, 8, 1; 5, 13, 8; 5, 14, 7), Zeus nach dem Sieg über Kronos (Paus. 5, 7, 10; 8, 2, 2).

seloslade dargestellt worden; vom Ostgiebel des großen Zeustempels grüßte dann die Szene der Vorbereitung zu eben diesem Wagenrennen die Besucher Olympias.[8] Aber dieser Mythos konnte doch für Olympia erst zur Geltung kommen, nachdem das Wagenrennen als die glänzendste und aufwendigste Sportart ins Zentrum der Aufmerksamkeit bei den Spielen gerückt war. Das Wagenrennen ist aber nach der Olympionikenliste erst in der 25. der gezählten Olympiaden, also vor 680 v. Chr., eingeführt worden.[9] Für die ersten Olympiaden waren nur die Sieger im Stadionlauf verzeichnet. Gewiß, unter den Votivgaben im Heiligtum erscheinen Nachbildungen von Streitwagen längst vor 680 – wie auch an anderen Heiligtümern in Griechenland. Vielleicht trägt Myrtilos, der betrügerische Wagenbauer, sogar einen hethitischen Namen, was mit der Einführung des Streitwagens in der Mitte des 2. Jahrtausends zusammenhängen kann.[10] Aber dies berührt nicht den Kern des Olympischen Festes. Der Hippodameia-Mythos spiegelt in Einzelheiten die von merkwürdigen Tabus umgebene Maultierzucht der Eleer[11]; sein Eindringen in Olympia zeugt also wohl vom wachsenden Einfluß von Elis im 7. Jahrhundert. Aber der Hippodrom lag weitab von der Altis des Zeus in der Alpheiosebene; unmittelbar zum heiligen Bezirk gehörte das Stadion[12], das zum Zeusaltar hin orientiert war. Die in Olympia maßgebende Form des Agons ist der Stadion-Wettlauf; und er allein hat sakrale Funktion.

Zeusaltar, Stadion und Pelopsbezirk sind die kultischen Zentren des Olympischen Heiligtums. Daß der Kult vor allem durch Opfer sich vollzieht, ist selbstverständlich. Freilich steht auch in den Ritualen eines vielbesuchten Heiligtums mancherlei nebeneinander, private Gelegenheitsopfer, täglich und jährlich durchgeführte Staatsopfer, zumal die Stadtverwaltung von Elis mit der Betreuung

8 PR II 206-17 (Ludwig Preller, Griechische Mythologie, 4. Auflage bearbeitet von C. Robert I-III. Berlin 1894-1926); Hes. Fr. 259 M.-W.; Paus. 5, 17, 7; zu den Giebelfiguren M. L. Säflund, The east pediment of the temple of Zeus at Olympia (1970). – Eine Anspielung vielleicht schon Il. 2, 104: Πέλοπι πληξίππῳ.
9 Paus. 5, 8, 7; angezweifelt auf Grund der Votivgaben von L. Deubner, Kult und Spiel im alten Olympia (1936) 26-7.
10 H. R. Hall JHS 29 (1909) 19-22; vgl. F. Schachermeyer AnzAW 19 (1966) 16.
11 G. Devereux, The abduction of Hippodameia as »aition« of a Greek animal husbandry rite, SMSR 36 (1965) 3-25; Hdt̀. 4, 30; Plut. q. Gr. 303b; Paus. 5, 5, 2.
12 E. Kunze, 5. Bericht über die Ausgrabungen in Olympia (1956) 10-2; AJA 52 (1948) 492-3. Πάντα προσθήκη πλὴν τοῦ δρόμου Plut. q. conv. 675c; vgl. Paus. 5, 8, 6; 8, 26, 4; Philostr. gymn. 12.

Olympias aufs engste verquickt war, und schließlich alles, was zum großen Fest nur einmal in vier Jahren gehört. Doch ist anzunehmen, daß eine gewisse Analogie besteht zwischen den kleineren und den größeren, den häufigeren und den seltenen Opfern, sofern sie dem gleichen Heros oder Gott an der gleichen Stätte gelten; sie werden im wesentlichen das gleiche ausdrücken, sei es in abgekürzter, sei es in ausführlicher Form.

»Unter den Heroen in Olympia steht Pelops an Ehren so sehr obenan, wie Zeus gegenüber den anderen Göttern«, schreibt Pausanias[13]; und schon Pindar schildert seine einzigartige Stellung: »In glanzvolle Blut-Sättigungen ist er eingegangen; er liegt da an der Bahn des Alpheios, hat sein Grab als Gefolgsmann unmittelbar bei dem Altar, der die meisten Besucher findet.«[14] Der Zeusaltar ist das eigentliche Zentrum der Altis; bis in die späteste Zeit blieb er nichts anderes als ein primitiver Erd-Asche-Haufen, der aber durch die ungezählten Besucher und ihre Opfer zu imponierender Höhe wuchs.[15] Unweit davon, gen Westen, liegt der Pelopsbezirk, von einem Steinkreis eingefaßt; und ehe man Zeus opfert, opfert man dem Pelops.[16] Gleich zahlreich also, wenn auch nicht gleich groß, sind die Ehrungen, die er empfängt; bei beiden Opfern darf nur eine bestimmte Holzart, Weißpappel, verwendet werden, die ein eigener dauernd angestellter Opferdiener, der ›Holzbeschaffer‹ (ξυλεύς), zur Verfügung stellt.[17] Der Eingang des Pelops-Bezirks liegt im Westen, während der Zeusaltar vom Stadion her, von Osten, zugänglich ist; man läßt für Pelops Blut in die Opfergrube[18] fließen, während der Zeusaltar nach oben höher und höher wächst. So ist die Zusammengehörigkeit der beiden Opferempfänger eine polare Spannung: Heros und Gott stehen nebeneinander wie Nacht und Tag. Als ›Dunkelgesicht‹ kann man den Namen Pelops verstehen[19], als Antithese zum Gott des Tages-

13 5, 13, 1.
14 Ol. 1, 90-3: νῦν δ᾽ ἐν αἱμακουρίαις ἀγλααῖσι μέμεικται, Ἀλφεοῦ πόρῳ κλιθείς, τύμβον ἀμφίπολον ἔχων πολυξενωτάτῳ παρὰ βωμῷ.
15 Paus. 5, 13, 8-11; 14, 1-3; vgl. Thuk. 5, 50,1. Zum Typ o. Kap II 1 Anm. 10.
16 Schol. Pi. Ol. 1, 149a: καὶ πρὸ τοῦ Διὸς αὐτῷ τοὺς Ἠλείους θύειν. Zum Pelopion Paus. 5, 13, 1-3.
17 Paus. 5, 13, 3; 14, 2; ξυλεύς auf Inschriften: Olympia V (1896) Nr. 62; 64; 121, 122, 124.
18 εἰς τὸν βόθρον Paus. 5, 13, 2.
19 J. B. Hofmann, Etymologisches Wörterbuch des Griechischen (1950) s. v. πελιτνός. RE Suppl. VII 849. Auch wenn Pelops vielmehr Eponym eines Volks Πέλοπες (wie Δόλοπες, Δρύοπες) ist, ist diese Assoziation nicht ohne Bedeutung.

lichts. Zum Tag gehört der Agon; er durfte sich nicht in die Nacht hinein ausdehnen.[20] Als das Programm zu lang wurde, nahm man Pentathlon und Pferderennen voraus; dann erst fanden die Opfer statt[21], dann der Stadionlauf, der ans Opfer sich anschließt. Das vorbereitende Pelops-Opfer war dann offenbar Sache der Nacht. »Wenn die Eleer die Opfer, was immer da Brauch war, geopfert hatten, dann lagen die geheiligten Teile auf dem Altar, Feuer aber war noch nicht an sie gelegt; die Läufer waren ein Stadion weit vom Altar entfernt; vor diesem stand ein Priester, der mit einer Fackel das Startzeichen gab. Der Sieger aber legte Feuer an die heiligen Opferteile, und so ging er als Olympiensieger hinweg.« So schildert Philostrat[22] nach alten Quellen den Stadionlauf zum Altar; direkt an diesem endete in der Tat das alte Stadion. Auch den Doppellauf verbindet Philostrat mit dem Opfer. »Nach dem Opfer der Eleer mußten die Festgesandten aller Griechen opfern. Damit ihre Prozession ohne Verzug erfolge, liefen die Läufer eine Stadionlänge vom Altar weg, indem sie gleichsam die Hellenen herbeiriefen, und wendeten sich dann wieder zurück zum Altar, gleichsam meldend, daß Griechenland mit freudigem Gruß zur Stelle sei. Soviel über den Doppellauf«[23]; er beginnt am Altar und führt an ihn zurück. Pausanias beschreibt den Zeusaltar genauer: »Es ist Brauch, die Opfertiere am unteren Teil des Altars, der sogenannten Prothysis, zu schlachten. Die Schenkelstücke aber tragen sie hinauf zur höchsten Spitze des Aschenaltars und verbrennen sie dort... Von der Prothysis zur Spitze dürfen nur Männer emporsteigen.«[24] Der Stadionlauf setzt also das blutige Geschäft des Tötens voraus; auch Pelops ist, im Voropfer, längst ›mit Blut gesättigt‹. Ziel und Ende des Laufes aber ist der Gipfel des uralten Aschenhaufens, wo das Feuer flammen und die Schenkelknochen verzehren muß. Der Lauf markiert den Übergang vom Blut zum reinigenden Feuer, von der Todesbegegnung zum Vollgefühl des Überlebens, das sich in der Kraft des Siegers manifestiert. Der wichtigste Agon in Olympia ist ein Teil der Opferhandlung zwischen Pelopion und Zeusaltar.

---

20 Paus. 5, 9, 3.
21 Paus. a. O.: 472 v. Chr.
22 Gymn. 5.
23 Gymn. 5.
24 Paus. 5, 13, 9-10.

Das rechte Opfertier für Zeus ist der Stier[25]; das Opfertier für Pelops ist ein schwarzer Widder – die ›dunkle‹ Seite dieses Teils der Feier wird auch damit betont. Pausanias beschreibt das Opfer, das die Beamten von Elis alljährlich dem Pelops darbringen: »Von diesem Opfer erhält der Seher keine Fleischportion; nur den Hals des Widders gibt man nach dem Brauch dem sogenannten Holzbeschaffer ... Wer aber von den Eleern oder Fremden von dem Fleisch des Opfertieres, das dem Pelops geopfert wird, ißt, der darf nicht hineingehen zu Zeus«[26] – er darf dessen Bezirk nicht betreten, dem Zeusaltar nicht nahekommen. Diese Regel ist bei Pausanias ganz allgemein formuliert; sicher gilt sie nicht nur für das jährliche Opfer, sondern für jedes Pelops-Opfer, das dem Zeus-Opfer vorangeht, ganz besonders auch am großen peneterischen Fest.

Auch in den Mythos, der mit Pelops Oinomaos und Hippodameia verbindet, ist bezeichnenderweise ein Widderopfer eingeführt: Oinomaos pflegte einen Widder zu opfern, wird erzählt, und gab dem Freier jeweils so lange Vorsprung, bis die ›geheiligten‹ Opferteile verbrannt waren; dann jagte er dem Fliehenden nach, holte ihn ein und tötete ihn.[27] Eine Reihe von Vasenbildern stellt nach Vorbildern der Tragödie das Widderopfer dar[28]; freilich zeigen sie einen weißen Widder – wohl eine ikonographische Verschiebung, die durch eines der Zwischenglieder veranlaßt ist. Vom Ritual ist diese Erzählung ja ein gutes Stück entfernt; trotzdem sahen sich Mythenerzähler des 7. Jahrhunderts veranlaßt, Pelops, Wettlauf und Widderopfer zusammenzunehmen, wie sie im Ritual offenbar bis in die Zeit von Pausanias und Philostrat verbunden waren.

---

25 Dion or. 12, 51; zum Stieropfer des Milon in Olympia Ath. 412-13a, Phylarchos FGrHist. 81 F3.

26 Paus. 5, 13, 2. Vgl. das Widderopfer beim Babylonischen Neujahrsfest: Priester und Schlächter müssen Babylon verlassen, ANET 333 (Ancient Near Eastern Texts relating to the Old Testament, ed. J.B. Pritchard. Princeton 2. Auflage 1955).

27 Diod. 4, 73, 4: ὁ μὲν Οἰνόμαος ἔθυε κριόν ... ἁγισθέντων δὲ τῶν ἱερῶν τότε ἄρχεσθαι τοῦ δρόμου ...

28 Brommer (1960) 370: Kelchkrater BM F 271 = D 6, Cook I (1914) T. 5; Amphora BM F 331 = D 7, Cook I T. 3; Glockenkrater Neapel H. 2200 = B3 = ARV² 1440, 1 (J.D. Beazley, Attic red-figure vase-painters. Oxford 2. Auflage 1963), FR III 151 (A. Furtwängler, K. Reichhold, Griechische Vasenmalerei. München 1904-1932), Harrison (1927) 218; Amphora Ruvo = D 14, Annali 23 (1851) TQR; etruskische Urnen: EAA V 115f. (Enciclopedia dell'Arte Antica Classica e Orientale). Als Empfänger des Opfers erscheint D 7 Zeus, B 3 Artemis.

Das Pelopsheiligtum war kein gewöhnliches Grab. Die Knochen des Pelops, hieß es, seien in einer Lade unweit des Heiligtums der Artemis Kordax aufbewahrt[29]; ein übergroßes Schulterblatt aber wurde gesondert aufgehoben und vorgezeigt – Pausanias freilich fand es nicht mehr vor.[30] Das abgetrennte Schulterblatt des Pelops gehört natürlich zu jenem anderen, grausigen Pelops-Mythos, den Pindar in seiner ersten Olympischen Ode erwähnt, um ihn empört als böswillige Dichtererfindung abzuweisen.[31] Dieser Mythos läuft dem Lykaon-Mythos genau parallel: Die Götter, Zeus voran, kamen zu Gast zu Tantalos, zum gemeinsamen Festmahl. Tantalos aber, aus welchen Motiven immer, machte die Götterbewirtung zum Kannibalenfest: den eigenen Sohn Pelops schlachtete er und setzte ihn den Unsterblichen zum Male vor; und Demeter, in stumpfer Trauer um Kore befangen, griff zu und aß das Schulterstück. Natürlich folgt auch hier die Strafe des Zeus, wenn auch über die Art der Bestrafung keine Einmütigkeit bestand; jedenfalls wurden die Glieder des Pelops im Opferkessel wieder zusammengesetzt, Pelops zu neuem Leben erweckt. Nur die fehlende Schulter mußte durch ein Elfenbeinstück ersetzt werden.[32]

Die Griechen haben, seit Pindar, diesen Mythos vom kannibalischen Göttermahl gern nach Kleinasien verlegt, zum Sipylos.[33] Moderne Mythologen rechnen damit, daß Lykaon- und Tantalosmythos sich gegenseitig beeinflußt haben. Doch wie beide eindeutig eine Opferhandlung schildern, vom Zerlegen und Kochen im Kessel bis zum charakteristischen Abschluß der ›Wiederbelebung‹ durch Zusammensetzung der Knochen, sind beide an ihrem Ort

---

29 Paus. 6, 22, 1.
30 Paus. 5, 13, 4-6 vgl. Lykophr. 52-6 und Schol. 54; Apollod. Epit. 5, 10-1; Schol. LV Il. 6, 92; Dionysios FGrHist. 15 F 3; Firm. err. 15, 1. Die Pelopsschulter garantierte den Sieg der Pelopiden über Troia.
31 Pi. Ol. 1, 26-7; 47-53.
32 PR II 290-2: Bacch. Fr. 42; Eur. Iph. Taur. 386-8; Lyk. 152-5; Apollod. Epit. 2, 2-3 u. a. m. F. M. Cornford bei Harrison (1927) 243-51 deutete den Mythos auf ein Initiations- und Neujahrsfest. – Das ›Messer des Pelops‹ war aufbewahrt im Sikyonier-Schatzhaus, Paus. 6, 19, 6, vgl. Pi. Ol. 1, 49. – Pelops im Dreifußkessel ist vielleicht auf Metope 32 des Heraion am Seleßuß dargestellt, E. Simon JdI 82 (1967) 281-6. – Weit populärer ist der Mythos von Medea, Pelias und dem Widder im Kessel (Vasen: Brommer (1960) 348-9); dabei tritt Medea als Priesterin der ›Artemis‹ auf (Diod. 4, 51; Hyg. fab. 24), d. h. der Hekate, der Anführerin der nächtlichen Hunde.
33 Pi. Ol. 1, 38 vgl. PR II 286.

im Ritual verwurzelt. Nicht in Kleinasien, in Olympia war die Pelopsschulter zu sehen; wenn dort Pelopion, Zeusaltar, Stadion beisammenlagen, so war die einzige Frau, die das Stadion betreten durfte, die Priesterin der Demeter Chamyne – sie saß dort bei den Spielen auf einem Altar den Hellanodiken gegenüber[34] –: Pelops, Zeus, Demeter sind gerade in Olympia im Ritual verbunden. Der kannibalische Pelopsmythos, der Pindar entsetzte, gehört zu den Olympischen Spielen.

Denn mit dem Widder, der da im Pelopion geschlachtet wurde, ist das mythische Schicksal des Heros selbst aufs Merkwürdigste verbunden eben durch jenes Schulterblatt. Gerade bei Widderopfern in Griechenland und andernorts spielt das Schulterblatt des Widders eine besondere Rolle. Bei einem Widderopfer für Poseidon auf Mykonos wird ausdrücklich »Rücken und Schulterblatt zerhackt, das Schulterblatt mit Wein besprengt«[35] – erst Vernichtung, dann sakrale Ehrung. Im slavischen und deutschen Volksglauben wird aus einem Widder-Schulterblatt geweissagt[36] – in Olympia ist der Seher gegenwärtig beim Pelops-Opfer. Was mit den Knochen des Widders tatsächlich in historischer Zeit geschah, wissen wir nicht; »was immer da Brauch war«, mit solch einer ausweichenden Bemerkung begnügt sich Philostrat[37], und auch uns muß die Feststellung genügen, daß im Widderopfer und dem korrespondierenden Pelopsmythos das Schema des alten Jäger-Opferbrauchs gerade in der Behandlung der Knochen durchscheint.

Eines ist sicher – und dies verbindet nochmals die Opfer von Olympia mit den Lykaia –: ganz wichtig war bei diesen Opferbräuchen der große Dreifußkessel. Zumindest ein Teil des Opferfleisches wurde in solchen Kesseln (λέβητες) gesammelt und, zunächst noch ohne Feuer, bereitgestellt. Dies ergibt sich aus Herodot, der eine Legende der Peisistratos-Zeit nacherzählt: Als Hippokrates, der Vater des künftigen Tyrannen von Athen, »noch Privatmann war und die Olympischen Spiele besuchte, geschah

---

34 Paus. 6, 20, 9; 6, 21, 1; 8. Bericht über die Ausgrabungen in Olympia (1967) 69-74.
35 SIG 1024, 5 = LS 96, 7 (Sylloge Inscriptionum Graecarum, ed. W. Dittenberger. Leipzig 3. Auflage 1915-1924) νῶτον καὶ πλάτη κόπτεται, ἡ πλάτη σπένδεται. Eine besondere Rolle spielt das Ausreißen von Arm samt Schulterblatt beim σπαραγμός: Eur. Bacch. 1125-7; Theokr. 26, 22; vgl. Hdt. 4, 62.
36 F.S. Krauss, Volksglaube und religiöser Brauch der Südslaven (1890) 166-7.
37 Philostr. Gymn. 5.

ihm ein großes Wunder: als er seine Opfer dargebracht hatte, da begannen die Dreifußkessel, die da standen und voll von Fleischstücken und Wasser, jedoch noch ohne Feuer waren, zu sieden und überzukochen«.[38] Offenbar war Hippokrates einer jener Festgesandten, deren Opfer Philostrat auf den Diaulos-Lauf folgen läßt; der Sieg erst bringt dem Opfer das Feuer. Daß die Kessel von selbst zu kochen begannen, bewies die sieghafte Kraft, die von Hippokrates ausging, wies voraus auf die Tyrannis seines Sohns, der damals noch gar nicht geboren war. So wichtig ist das Kochen der Dreifußkessel in Olympia im panhellenischen Fest. Kein Wunder, daß seit dem 11. Jahrhundert dort Dreifußkessel in Menge geweiht wurden, wie die Ausgrabungen ergeben haben.[39] Und als im 5. Jahrhundert der große Zeustempel gebaut wurde, da gaben ihm die Architekten als Akrotere eben dieses Symbol des Olympischen Opfers: Dreifußkessel.[40] Zwischen ihnen ringen Lapithen und Kentauren, starten Pelops und Oinomaos zur Wagenfahrt.

Wie Arkas Ahn der Arkader ist, ist Pelops Eponym der ganzen ›Pelops-Insel‹; wie die Arkader zum Fest des Zeus Lykaios sich sammeln, so die Bewohner der Pelops-Insel und dann alle Griechen zum Olympischen Fest »in den Waldtälern des Kronos-Pelops«.[41] Und wie das Opfer für Zeus Lykaios die Gesellschaft der Arkader spaltet und eben dadurch in ihrem Zusammenspiel durchsichtig macht, so akzentuiert das Olympische Opferritual die Rollenverteilung der Gesellschaft. Am auffälligsten ist die Spaltung des Teilnehmerkreises am Pelops-Widderopfer. Das ›chthonische‹, nächtlich-dunkle Opfer wird gegessen, aber die ›Esser‹ haben Zeus, den Gott des Tageshimmels, fortan zu meiden; sie sind, als Ausgestoßene, den Werwölfen vom Lykaion vergleichbar. Freilich gibt es beim panhellenischen Fest keine Altersklassen mehr, keine Initiation; vielleicht fiel das Fleisch zufällig anwesenden gesellschaftlichen ›outcasts‹ zu. Eine Person mit sakralem Status ißt von diesem Widder, der ›Holzbeschaffer‹; er

---

38 Hdt. 1, 59. So wird laut Stiftung des Kritolaos IG XII 7, 515, 78 (Inscriptiones Graecae) ein Opferwidder gekocht und bereitgestellt, um nach dem Kampfspiel gegessen zu werden.
39 F. Willemsen, Dreifußkessel von Olympia. Olympische Forschungen 3 (1957) 161 stellt fest, daß die älteren Fundstücke auffallend zahlreich nahe dem Pelopion lagen. – H.-V. Herrmann, Die Kessel der orientalisierenden Zeit. Olympische Forschungen 6 (1966).
40 Paus. 5, 10, 4.
41 Pi. Ol. 3, 23.

war vom Zeusbezirk darum für dauernd ausgeschlossen, während anderen wohl eine Möglichkeit der Reinigung und Rückkehr offenstand, wie das Reinigungsbad im Parallelfall aus Pergamon, auf den Pausanias verweist.[42] Der ›Holzbeschaffer‹ reicht nichtsdestoweniger das Holz dar, zum Brandopfer auch für Zeus, wodurch jener Aschenaltar höher und höher wuchs: eine bezeichnende Rollenverteilung im Rahmen der ›Unschuldskomödien‹. Fasten beim Widderopfer war auf jeden Fall vom Seher verlangt, der doch eben bei dieser Gelegenheit zugegen und vermutlich tätig war, aber auch von allen Athleten. Denn dies ist sicher überliefert, daß zumindest bis ans Ende des 6. Jahrhunderts die Athleten in einer 30tägigen Vorbereitungszeit sich vegetarisch, von Käse und Feigen, zu nähren hatten. Auch sexuelle Abstinenz war in dieser Zeit gefordert.[43] Solche Entsagung und Konzentration der Kräfte sollte um so sicherer zum Ziele führen, zum Kampf, Sieg und Opferfest. Denn Opfer mannigfacher Art schlossen sich an den Sieg, Festessen auf Staats- und eigene Kosten; ein abendlicher Festzug gehörte zur Siegesfeier; und wenn man erzählte, die Gefährten des Pelops hätten diesen Umzug bei Artemis Kordax gefeiert und darum hätte die Göttin ihren Namen[44], der auf den lasziven Tanz hinweist, so sieht man auch die gestaute Sexualität im Festesjubel hervorbrechen. Und doch sind bei Artemis Kordax die Gebeine des Pelops gesammelt – das ausgelassene Nachspiel hat immer noch das Opfer zum Hintergrund. Die Rückkehr zur Ordnung markierte dann kriegerische Symbolik: Trompete statt Flöte, Rüstungen statt athletischer Nacktheit[45]; dies galt der griechischen Männerwelt als das Normale.

Frauen – nicht aber Jungfrauen – waren von den Olympischen Spielen bei Todesstrafe verbannt[46]: das Fest trennt die Familienbeziehungen, um sie eben dadurch deutlich zu machen. Die Frauen

42 5, 13, 3. Zum ξυλεύς Anm. 17.
43 τυρὸν ἐκ τῶν ταλάρων Paus. 6, 7, 10, bis zum Sieg des Dromeus (Nr. 188 Moretti (o. Anm. 1), 484 v.), dem der Bildhauer Pythagoras von Rhegion eine Statue schuf, vielleicht daher die Tradition, Pythagoras von Samos habe Fleisch- statt Käsediät eingeführt, Porph. V. Pyth. 15 (aus Antonios Diogenes), Iambl. V. Pyth. 25. – ἀφροδισίων ἀπέχεσθαι: vgl. Philostr. Gymn. 22, o. Kap. I 7 Anm. 13; 30 Tage: Philostr. V. Ap. 5, 43; Iohannes Chrysostomos Migne PG 51, 76; 10monatiges Training: Paus. 5, 24, 9, vgl. 5, 21, 13; 6, 24, 3.
44 Paus. 6, 22, 1; vgl. Schol. Aristeid. III 564, 10 Dindorf: ὅτι ἐν τῇ Πέλοπος κρεουργίᾳ ὠρχήσατο ὁ Πάν.
45 Philostr. Gymn. 7; Plut. q. conv. 639e; Artemidor 1, 63.
46 Paus. 5, 6, 7; 6, 7, 2; Ael. Nat. an. 5, 17. Philostr. Gymn. 17 (II 270 ed. Teubn.).

haben ihre Rolle in Olympia vorher und nachher zu spielen; an einem Vorabend des Festes versammeln sie sich im Gymnasion zum Opfer, zu Weinen und Klagen: sie ehren Achilleus, sagte man[47], vielleicht aber ist dies nur eine sekundäre Motivierung für die ›Unschuldskomödie‹, die dem Opferfest vorangeht. Nach den Spielen haben sie ihr eigenes Sportfest, die Heraia[48]; der Heratempel ist weit früher gebaut worden als der Zeustempel, nicht weil Zeus weniger wichtig war, sondern weil die Männer sich um die Stätte des Tötens scharen, den Aschenaltar, während die Göttin der Frauen im Hause, ihrem ναός, weilt. Für Männer unbetretbar war umgekehrt das Höhlenheiligtum des Zeus Sosipolis und der Eileithyia am Abhang des Kronoshügels.[49] Eine alte Priesterin und eine jährlich bestellte Jungfrau, die ›Loutrophoros‹, besorgten dort den Kult eines göttlichen Kindes im Bereich der Göttin der Geburt. Der Name des Kindes scheint nicht wichtig gewesen zu sein; obwohl Pindar von der ›Idäischen Grotte‹[50] spricht und die Göttermutter im 5. Jahrhundert einen Tempel erhielt, hat sich Olympia nicht als Ort der Zeusgeburt durchgesetzt. Doch kommt es auf den Namen offenbar weniger an als auf die im rituellen Handeln ausgedrückte Erwartung: das unablässige Töten der Männer am Zeusaltar, die ›Blutsättigung‹ des Pelops muß ihr Gegenstück haben in der geheimnisvollen Geburt in der Höhle, im Bereich des Weiblichen. Wie sollte sonst ›die Stadt bewahrt‹ bleiben, wie es der Name Sosipolis ausdrückt? So hat die Grotte der Rhea am Lykaion-Abhang auch in Olympia ihr notwendiges Gegenstück. Indem man zusammennimmt, was im Fest getrennt wird, Männerkraft und Frauenmacht, schließt sich der Kreis des Lebens.

Im Betrieb der großen Organisation und in der Spannung gleichsam technischen Interesses am Sport sind diese Beziehungen gewiß nicht mehr sehr deutlich hervorgetreten; doch hat sich eines im anderen durch 1000 Jahre hindurch bewahrt. Der Olympische Sieg war ein einzigartiges gesellschaftliches Ereignis, doch der besondere Rang des Siegers ebenso wie die Rangfolge der am Fest beteiligten Städte stellte sich in erster Linie in der Opferhandlung

---

47 Paus. 6, 23, 3.
48 Paus. 5, 16, 2; Nilsson (1906) 62; zu Hera in Olympia Simon (1969) 36-8.
49 Paus. 6, 20, 2-4; 6, 25, 4; zum archäologischen Problem des Heiligtums R. Hampe, Studies S. M. Robinson I (1950) 336-50.
50 Pi. Ol. 5, 18 vgl. Schol. 42 a.

dar: der Stadionsieger war der erste, der das Opferfeuer entzündete, dann opferten alle die Festgesandten in einer ganz bestimmten, von den ›Richtern der Hellenen‹ festgelegten Reihenfolge. Stolz auf die eigene Leistung und göttlicher Glanz, der im Heiligtum aufstrahlte, waren untrennbar vereint. Ihre immer wieder erneuerte Kraft bewiesen die beteiligten Gemeinden im festlichen Wettstreit, im Lauf zwischen dem ›dunklen‹ Pelopsopfer und dem Feuer des Zeus, am Tode vorbei zur Herrschaftsordnung des Lebens.

Paul Veyne
Was faszinierte die Griechen an den Olympischen Spielen?

Immer wenn wir uns dem Dorf nähern, bellt Argos, mein Hund, auf eine bestimmte Art, um mir zu bedeuten, daß ich anhalten und ihn aus dem Auto lassen soll: Er will den Rest des Wegs hinter dem Wagen herrennen und versuchen, mich zu überholen. Die höheren Tiere können spielen und Wettkämpfe austragen; Sport ist also »natürlicher« als Religion, begraben doch die Menschen ihre Toten erst seit der Neanderthalzeit.[1] Die Liebe zum Sport und zum Wettkampf ist nichts Besonderes. Ein Problem dagegen stellt die außerordentliche Bedeutung dar, die der Sport mehr als ein Jahrtausend lang bei den alten Griechen hatte und deren Symbol Olympia geblieben ist; mehr noch, er hatte bei diesem intellektuellen und künstlerischen Volk eine außergewöhnlich hohe soziale und kulturelle Würde. Wir werden uns fragen, warum er diese Würde hatte. Das wird nicht so aussehen, daß wir die »Ursachen« des Phänomens Olympia entdecken, sondern vielmehr, daß wir es menschlich plausibel machen, ihm seine Fremdartigkeit, seinen Anschein der Ausnahme nehmen, indem wir es in die Nähe anderer Phänomene rücken, die eine auf den ersten Blick nicht sichtbare Analogie zu ihm aufweisen; ein australisches *corroboree* zum Beispiel, Puschkins nationaler Ruhm in Rußland oder die geheiligten Pfade des Kulturtourismus.

Diese Analyse des Wesens und Werdens der antiken olympischen Idee wird vielleicht die Unterschiede zu den heutigen Olympischen Spielen deutlich machen; auch kann sie eine Art strategische Landkarte sein, auf der die Auswege oder die Hindernisse verzeichnet sind, die die olympische Idee für diejenigen bereithält, die gewisse Hoffnungen in sie setzen.

1 Einmal vorausgesetzt, daß Begräbnisriten und Jenseitsglaube zur Religion gehören, zum Götterkult. Dies ist von dem – engeren oder weiteren – Sinne abhängig, den man dem Wort Religion gibt; abhängig auch von den verschiedenen Religionen: Götterglaube und Jenseitsglaube können zwei getrennte Bereiche darstellen. Und schließlich setzen die Begräbnisriten nicht unbedingt irgendeinen Jenseitsglauben voraus: Auch wir, wenn wir Blumen auf ein Grab legen, nehmen nicht an, daß der Verstorbene kommt, um ihren Duft zu atmen.

In Olympia fanden die Spiele (oder, besser gesagt, die Wettkämpfe oder *agones*) alle vier Jahre statt. Sie wurden von den Behörden einer benachbarten Stadt organisiert, Elis, auf deren Territorium Olympia mit seinem heiligen Wald, seinem Zeustempel und seinem Stadion lag; die Einkünfte aus dem Heiligtum ermöglichten Olympia die Finanzierung der Wettkämpfe. Alle freien Männer, ob Griechen oder Barbaren, durften den Wettkämpfen beiwohnen, Frauen und Sklaven aber waren nicht zugelassen; die Wettkämpfer allerdings mußten Griechen sein.

Die olympischen Wettkämpfe waren ausschließlich athletisch: Wagenrennen, Wettlauf, Faustkampf, Ringen usw. Doch gab es überall in der übrigen griechischen Welt Hunderte von weiteren Wettkämpfen, von denen drei (in Delphi, in Nemea und am Isthmus von Korinth) fast genauso prestigeträchtig waren wie Olympia und Wettkämpfer aus allen griechischen Städten anzogen; bei diesen anderen Wettkämpfen gab es oft auch »musische« Wettkämpfe: Musik, Gesang, Theater; bei einem der großen internationalen Wettbewerbe zum Sieger ausgerufen zu werden war für einen Musiker die Krönung seiner Laufbahn; bei jedem Wettkampf gab es (außer bei unentschieden) einen, und nur einen, Sieger; man war der Erste oder gar nichts.

Diese Wettkämpfe, ob musisch, ob athletisch, haben bis zum Sieg des Christentums die griechische, dann die griechisch-römische Gesellschaft begeistert, und ihre Zahl nahm ständig zu. Ökonomisch dürfte die Antike ihren Höhepunkt zu Beginn des 3. Jahrhunderts unserer Zeitrechnung erreicht haben (Tunesien, Syrien und die Türkei erlebten damals einen Wohlstand, den sie erst in unseren Tagen wieder erreichen sollten); dieser Wohlstand machte es möglich, daß immer mehr Wettkämpfe geschaffen wurden: Jede griechische Stadt, groß oder klein, will ihre Wettkämpfe. Olympia und die drei anderen internationalen Wettkämpfe bleiben die berühmtesten; sie allein verleihen den Siegern Berühmtheit. Doch Athen, das schon immer (wie zur Zeit der Erbauung des Parthenons sechshundert Jahre früher) seine Panathenäischen Spiele hatte, folgte gleich danach; am Ende hatte selbst Sparta Spiele von einiger Bekanntheit. Augustus hatte einen fünften internationalen griechischen Wettkampf in Actium begründet; Domitian wird in Rom selbst einen athletischen und musischen griechischen Wettkampf einführen, der auf dem Capitol und im Stadion der Piazza Navona stattfand (die die Form des Bauwerks bewahrt hat). Im 3. Jahrhundert wird Rom, die politische Hauptstadt, Hauptstadt auch der Kunst, Olympia Konkurrenz machen. Aber noch die unbedeutendste griechische Stadt im Mittleren Orient verstand es, Athleten und Musiker für Geld an sich zu ziehen.

Die großen Wettkämpfe waren Anlaß zu einer großen Ansammlung von Volk und konnten so mehrere Funktionen erfüllen. Dichter und Schriftsteller hielten dort öffentliche Lesungen ihrer neuesten Werke ab (so las Herodot in Olympia seine *Geschichte*); Redner gaben Proben ihres Talents, Philosophen predigten die Dogmen ihrer Sekte. Dies waren keine Wettkämpfe: Sie alle profitierten von der Anwesenheit einer großen Menge Menschen. So kam es, schreibt ein Augenzeuge[2], daß jedermann seinen Vorlieben folgte: In Olympia begeisterten sich die einen für die Sportwettkämpfe, andere kamen, um zu kaufen und zu verkaufen, und wieder andere, um die Redner und Philosophen zu hören. Das Publikum der olympischen Wettkämpfe hatte mit demjenigen, das sich bei uns zu einem Fußballspiel oder einer Leichtathletikmeisterschaft einfindet, kaum etwas gemein. Auch brachte es die internationale Berühmtheit des Wettkampfs mit sich, daß man weniger aus Sportbegeisterung kam, als um bei einem großen Ereignis dabeizusein. Cicero war dem Gedanken, eines Tages zu den Olympischen Spielen zu fahren, nicht abgeneigt; daß sein Antrieb nicht das Interesse am Faustkampf war, läßt sich denken. Die Olympischen Spiele hatten einen kulturellen Wert in dem Sinne bekommen, daß sie als etwas »Höheres« angesehen wurden, nicht als etwas Körperliches, Physisches, Sportliches.

Während nun das Interesse am Sport »natürlich« ist, ist diese kulturelle Würde in den Augen des modernen Menschen das eigentlich Überraschende und spezifisch Griechische an der olympischen Idee. Aus den unzähligen Textstellen der antiken Autoren, in denen von Olympia die Rede ist, spricht so etwas wie Ehrfurcht; nie reden sie von Olympia als von etwas Spielerischem. Der olympische Sieg dient sprichwörtlich als Maßstab: »Schöner noch, als mehrfach allmächtig oder mehrfach Sieger in Olympia gewesen zu sein«, sagte man. Das Leben eines Helden und Glückskindes wie Pelopidas war »alle(n) olympischen und pythi-

---

2 Dion von Prusa, XXVII, 5-6, der diesen Ausspruch Diogenes zuschreibt; die gleiche, nunmehr Pythagoras zugeschriebene Dreiteilung bei Cicero, *Tusculanae*, V, 3, 9.

schen Siege(n)« überlegen; König Philipp von Mazedonien erhielt an einem Tag drei gute Nachrichten auf einmal: seine Generäle hatten einen Sieg errungen, sein Wagen hatte in Olympia gewonnen und seine Frau war mit einem Knaben niedergekommen, dem zukünftigen Alexander dem Großen. Als Epikur behauptete, er verachte die Freuden der Eitelkeit, wurde ihm entgegengehalten, er selber wäre vermutlich vor Freude gestorben, wenn man ihn in Olympia bejubelt hätte. Wenn Dichter oder Philosophen einen herausragenden Vergleich ziehen wollen, nehmen sie als Bezugspunkt Olympia.[3] Um begreiflich zu machen, was für eine große Sache die Weisheit ist, nennt Diogenes sie größer als selbst der olympische Sieg.[4] In unserer Zeit wäre die entsprechende Vergleichsgröße der Nobelpreis. An der Zahl ihrer Nobelpreise mißt eine Nation heutzutage ihre Lebenskraft und ihr internationales Ansehen. Als Alkibiades die Athener für die Eroberung Siziliens gewinnen wollte, erklärte er ihnen ganz ebenso, wie mächtig Athen sei und wie nun noch furchterregender, habe doch er selbst, Alkibiades, in Olympia mehrere Siege davongetragen; so daß alle Griechen »eine fast schon übertriebene Vorstellung« von der Macht Athens hätten.[5]

Für die Würde der olympischen Idee gibt es einen Beweis *a contrario*: der Protest, den manche Intellektuelle gegen sie erhoben. Sie protestieren nicht nach der Art eines alternden Studienrats bei uns, der etwa die Fußballeidenschaft stigmatisiert, sie werfen ihr nicht vor, ein niederes Vergnügen und gut für den Pöbel zu sein: Sie sehen in ihr ein Exempel für das eitle Treiben und die Vorurteile aller Menschen; die olympische Idee sei nur der glanzvollste der menschlichen Irrtümer. »Es ist nicht recht«, schreibt Xenophanes, »die körperliche Tüchtigkeit über die wahre Weisheit zu stellen; ein Athlet, der boxen oder laufen kann, macht noch nicht, daß die Stadt besser regiert wird.« Xenophanes redet der Weisheit das Wort, wie ein christlicher Priester im Namen der wahren Religion spricht, und kritisiert hier eine falsche Meinung von gebildeten Menschen, die seine Leser und seinesgleichen sind. Er

---

3 Philostratos, *Leben des Apollonios von Tyana*, V, 34; Plutarch, *Leben des Pelopidas*, XXXIV, 6-7; ders., *Ad Apollonium*, 6 (Moralia, 105 b); ders., *Non posse suaviter vivi*, 19 (*Moralia*, 1100 c); Horaz, *Carmina*, I, 1, 3; Philostratos, VI, 10 und V, 43; Aristoteles bei I. Düring, *Der Protreptikos des Aristoteles*, Frankfurt am Main 1969, S. 50.
4 Dion von Prusa, IX, 10-20.
5 Thukydides, VI, 16.

widerspricht der Begründung, die man für die Athletik gab, welche angeblich eine Einübung in die Bürgertugenden darstellte. In der Antike war ein Philosoph eine besondere Person, eine Art Laienpriester, ein Profeß der Weisheit; seine Mission ist es, der Menschheit, die sich von der Weisheit ablenken läßt, die Augen zu öffnen; nicht anders werden die Kirchenväter die Arena, den Zirkus und das Theater kritisieren, die die Menschen davon ablenken, sich einzig der Sorge um ihr Heil zu widmen.

Die Kritik an der olympischen Idee ist vor allem die Sache von Extremisten, der kynischen Philosophen, die die Menschheit zu einer natürlichen und fast schon animalischen Einfachheit zurückführen wollen; die Sportbegeisterung ist ebenso lächerlich wie die Kultur-, Komfort-, Ehrgeiz- oder Liebesschwärmerei; Athletik ist eitler Ruhm[6]: Das ist der große Gedanke des Dion von Prusa. Und doch lobt in anderen Reden derselbe Dion überschwenglich einen unbeugsamen Athleten, der für ihn die Inkarnation der edlen Tugend des Mutes darstellt.[7] Edler Mut: Dieses Lob des Olympioniken war bei vielen Denkern eine stehende Redewendung; der Athlet war ein Held der »Herrschaft über sich selbst«.[8]

Denn das antike Denken blieb unentschieden. Einerseits ist die olympische Idee einer der Irrtümer, die der wahren Weisheit entgegenstehen; andererseits ist der Athlet das lebende Bild des Weisen, des mutigen Mannes, der über seine Leidenschaften gesiegt hat, vor den Drohungen der Mächtigen nicht zittert und den Tod nicht scheut. Der Athlet trainiert (*askesai*) wie der Philosoph, der sich darin übt, seine Begierden zu bezwingen; das Training des Athleten verlangte von ihm, zu leben wie ein Asket: Er meinte, sich der Freuden des Bacchus und der Venus enthalten, gegen ihre Versuchungen gefeit sein zu müssen. Denn in der Antike begriff man den Mut eher als Fähigkeit zum Standhalten denn als Kühnheit: er läßt der Erschöpfung, dem Leiden, der Angst, dem Tod trotzen. Der siegreiche Athlet, dem die Preisrichter den Siegerkranz überreichen, empfängt auf diese Weise den Lohn für die Tugend der Standhaftigkeit. Deshalb auch wird er schon in den Paulusbriefen zum Vorbild der Christen, wie er das Vorbild der heidnischen Philosophen war. Im Jahre 203 hat die Christin Perpetua, die wenig später im Amphitheater von Karthago den Märty-

---

6 Dion von Prusa, IX, 21-22.
7 Dion, *Melancomas*, XVIII, 7-8 und XXIX, 11.
8 Philostratos, *Apollonios*, I, 34 und IV, 28; vgl. IV, 25.

rertod stirbt, im Gefängnis eine Vision: sie sieht sich im Athletengewand, als Faustkämpfer; sie triumphiert über ihre Henker, und ein Engel, der wie der Präside des Wettkampfs gekleidet ist, reicht ihr die Siegespalme, die seither das ist, was wir die Märtyrerpalme nennen.[9] In den *Sibyllinischen Weissagungen* wird der Einzug der Erwählten ins Paradies mit dem Einzug eines siegreichen Athleten verglichen, der bei der Heimkehr in die Stadt seiner Geburt der Sitte gemäß im Triumph empfangen wird.[10] Christus hat den Kreuzestod besiegt, und deshalb wird er in Michelangelos *Jüngstem Gericht* in der Gestalt eines nackten Athleten dargestellt.

Die Würde des antiken Athletentums hatte also, trotz Winckelmann, nichts Ästhetisches: Sie war eine ethische Würde, die der künstlerischen Würde jener Wettkämpfer, die zu den musischen Wettkämpfen antraten, durchaus gleichwertig war; in seiner Gattung ist der Athlet diesen Virtuosen mindestens ebenbürtig. Jede Generation, sagt Plutarch, »begeistert sich für die Künstler, Schauspieler und Athleten ihrer Zeit und verachtet die der vorigen Generation«.[11] Immerhin kann man der Meinung sein, daß Moral vor Schönheit geht: Ein athenischer Athlet rühmt sich, den Sieg »nicht in einem Gesangs-, sondern in einem Tugendwettstreit« davongetragen zu haben.[12] Das Ansehen des Athleten ist höher als das eines siegreichen Musikers, schreibt Philostratos, denn schließlich sei Olympia, wo es keine musischen Wettkämpfe gebe, der größte der großen Wettkämpfe[13]; was sehr zu denken gibt; wir könnten versucht sein anzunehmen, die Griechen hätten den Athleten die höchsten Tugenden im Namen einer bestimmten »Konzeption« beigelegt, den sie sich vom Menschentypus des Athleten machten. Könnte es nicht eher umgekehrt sein? Ihre Bewunderung für die Athleten wäre nur etwas Abgeleitetes: Da der olympische Wettkampf in ihren Augen kulturell sehr hoch stand, mußten sie im Namen der Logik einen Teil dieser Erhöhung auf die Wettkämpfer rückübertragen, um das Prestige Olympias zu rechtfertigen.

Dies konnten sie um so leichter, als die Athleten im allgemeinen zur besseren Gesellschaft der Besitzenden gehörten, die der Muße

---

9 L. Robert, *Opuscula selecta*, Amsterdam 1989, Bd. 5, S. 256.
10 *Oracula Sibyllina*, II, 39 (Kurfeß, *Sibyllinische Weissagungen*, 1951, S. 54).
11 Plutarch, *De fraterno amore*, 5 (Moralia, 480 b).
12 *Inscriptiones Graecae*, editio altera, II-III, 3155.
13 Philostratos, *Apollonios*, VI, 34.

lebten und die Zeit und die Einkünfte hatten, um zu trainieren.[14] Ein Athlet, so scheint mir, wurde sozial höher bewertet als ein Bildhauer oder Grammatiker, arme Schlucker, die von ihrer Arbeit lebten[15] (was der Bewunderung für die Meisterwerke der Bildhauerkunst und der hohen Wertschätzung der literarischen Gelehrsamkeit keinen Abbruch tat). A propos Geld: Es gab drei Arten von Wettkämpfen; bei den vier großen internationalen Wettkämpfen (allen voran Olympia) bekamen die Sieger der verschiedenen Wettkampfarten einen Kranz, aber kein Geld; bei anderen Wettkämpfen gab es Kranz und Geld; und unzählige lokale Wettspiele brachten nur Geld: Den glorreichen Kranz zu verleihen, wagten sie nicht, aber der Köder Geld lockte die Athleten in die obskure Kleinstadt, die diese Wettspiele veranstaltete. Paradoxerweise war dennoch ein Sieg bei den vier großen Wettkämpfen am einträglichsten: Zwar schüttete Olympia kein Geld aus, aber dafür war die Stadt, klein oder groß, in der der Sieger beheimatet war, gesetzlich verpflichtet, ihm eine Belohnung in Form von Geld auszusetzen, eine Rente, eine Steuerbefreiung und große Ehrengelder. Mit dem Ergebnis, daß die olympischen Sieger letzten Endes doch die am besten bezahlten waren.

Amateurismus oder Professionalismus? Lebten die Athleten vom Sport, oder brauchten sie den Sport zum Leben? Angesichts der ökonomischen Verhältnisse der Antike hat die Frage wenig Sinn; um Karriere zu machen, wir sagten es bereits, war es besser, Rentier zu sein, aber durch seine Karriere wurde der Olympionike nur um so reicher.

Die Athleten waren Profis insofern, als sie sich ausschließlich ihrem Training und den Wettbewerben widmeten, für die sie durch die ganze griechische, später griechisch-römische Welt reisten, bis nach Rom, Karthago oder Vienne (im Rhônetal); Profis auch insofern, als der Sport ihnen Geld einbrachte. Aber Amateure insoweit, als sie nicht zu arbeiten brauchten, um zu leben, und in ihrer

---

14 Zum folgenden s. die grundlegenden Arbeiten von H. W. Pleket, »Zur Soziologie des antiken Sports«, in: *Mededelingen van het Nederlands Instituut te Rome*, XXXVI, 1974; »Games, prizes, athletes and ideology«, in: *Arena* I (1976); und von Ingomar Weiler, *Der Sport bei den Völkern der alten Welt*, Darmstadt 1981. Zu verweisen ist auch auf M. I. Finley und H. W. Pleket, *The Olympic Games: the first thousand years*, London 1976 (deutsch: *Die Olympischen Spiele in der Antike*, 1976).
15 Plutarch, *Leben des Perikles*, II, 1; Lukian, *Somnium*, 8-9; Seneca, *Ad Lucilium*, Brief 88, 2.

Mehrheit der *leisure class* angehörten; Amateure schließlich auch darin, daß die Athletik als eine höhere Tätigkeit angesehen wurde, die man zu seinem Beruf machte, die eine Berufung war; ein Athlet war der Profeß eines »freien Berufs« nach Art eines Philosophen, Rhetors, Dichters oder Arztes. Ist der Wettkämpfer Abkömmling einer Adelsfamilie, entehrt er sie nicht, wenn er sich dem Sport verschreibt: Es gab Faustkämpfer, die von römischen Senatoren und selbst Konsuln abstammten[16]; ist der Athlet von plebejischer Herkunft, rückt er durch seine Siege in die herrschende Klasse seiner Stadt auf.

Noble Amateure oder gemeine Profis? Dieses falsche Problem wurde von den Historikern so lange diskutiert, weil sich mit ihm dank der Vorstellung von der »Dekadenz« das Rätsel lösen ließ, das in der antiken Würde des Olympismus bestand[17]; auch der Niedergang der schönen Künste wurde dem Gewinnstreben zugeschrieben, das an die Stelle der antiken Ruhmesliebe getreten sei.[18] In Wirklichkeit war der antike Athletismus immer mehr aristokratisch als plebejisch.

Athlet zu sein war Bestimmung: Es war keine Spezialisierung, keine Karriere, kein Fach. Der einzelne geht ganz in ihm auf; zu sagen, daß er auch noch ein »Privatleben« habe, Frau und Kinder, daß er ein Mann wie jeder andere sei, käme ihm nicht in den Sinn: all das zählt nicht. Eine recht genaue Analogie bietet der Alpinismus zwischen 1871 und 1939: eine kostspielige Beschäftigung von Personen adliger Herkunft (plus einiger Plebejer, die Charakteradel besaßen), zu gefährlich[19], um bloßer Zeitvertreib zu sein, wie

16 Louis Robert in *Entretiens sur l'antiquité classique* (Fondation Hardt, Vandœvres-Genève), XIV, 1969, S. 292.
17 Pleket in: *Mededelingen* (s. o.), S. 57-59; in: *Arena*, S. 53.
18 Plinius der Ältere, *Naturgeschichte*, XXXIV, 5; Petronius, *Satiricon*, 88.
19 Als Kampf gegen die Natur und nicht gegen Konkurrenten noch nach einer Spielregel, ist der Alpinismus kein Sport; das Gefahrenelement ist aus ihm nicht wegzudenken, weder praktisch noch der Idee nach. Auch beruht er auf der Unterscheidung von *Schwierigkeit* und *Gefahr*: Der Mont Blanc ist sehr einfach, aber ziemlich gefährlich; der Dru ist sehr schwierig, aber objektiv ungefährlich; die Eigerwand ist schwierig und gefährlich. Wohingegen ein Sport nicht im Ruf der Gefährlichkeit stehen kann: Die christliche Humanität läßt nicht zu, daß das Leben einer menschlichen Kreatur zum Spiel gefährdet wird. Die griechische Athletik und der römische Gladiatorenkampf dagegen erkennen die Todesgefahr an. Die Unterscheidung zwischen Schwierigkeit und Gefahr geht auf einen österreichischen Alpinisten zurück, Dr. Emil Zsigmondy (1861-1885), den Erstbesteiger der Meije (Französische Alpen), wo er ums Leben kam. Sein Buch, *Die Gefahren der Alpen*, erschien im Jahr seines Todes.

es solche eher volkstümlichen Vergnügungen wie das Radfahren sind; eine kulturell distinguierte Beschäftigung also, die dem asketischen Ideal nahesteht und würdig ist, den Philosophen als Objekt der Kontemplation zu dienen; Kant meditierte über die Erstbesteigung des Mont Blanc durch Horace de Saussure und sah darin eine Auseinandersetzung mit dem Erhabenen. Um 1925 herum war der Bergsteiger ein ernstzunehmender, höherer Menschenschlag.

Um zu verstehen, was die antike Athletik war, muß man wissen, daß die Arbeiten des Herkules, diese gefährlichen und heroischen Taten, und die athletischen Wettkämpfe in Olympia wie anderswo den gleichen Namen trugen: sie waren *athloi* oder *athla*. In Sparta unterzogen sich im Goldenen Zeitalter des Römischen Reichs die jungen Männer der besten Gesellschaft als Abschluß einer Männlichkeitserziehung, die der gewisser englischer public schools in nichts nachstand, vor den Augen von Schaulustigen[20] einer Wett-Auspeitschung, bei der manch einer lieber starb, als um Gnade zu flehen. Der antike Athletismus war doppelt elitär. Nur ein Rentier hatte die Zeit zum Trainieren; gelingt aufgrund eines rein individuellen Glücksfalls einem Mann aus dem Volk der Durchbruch in der Athletik, bestätigt diese Ausnahme bloß die Regel.[21] Aristokratisch war das Athletentum auch aus einem weiteren Grund: In der Antike waren, was wir »Sport« nennen, nicht Spiele (die nach einer Regel gespielt werden), sondern Taten, bei denen man Risiken eingeht wie beim Bergsteigen; dieses unvermeidliche Risiko ist etwas anderes als der »Sportunfall«, der als anormal gilt. Für die Griechen war es nicht anormal, beim Faustkampf ums Leben zu kommen. Es war, wie im Krieg zu sterben, beklagens- und bewundernswert; Faustkämpfer zu werden war für den Sprößling eines Konsuls ehrenvoll; es hieß, aus Liebe zum Ruhm dem Tod unter den Faustschlägen ins Auge zu sehen. Die antiken Boxhandschuhe, weit davon entfernt, zur Milderung der Schläge zu dienen, waren bleibeschwert, um sie gefährlicher zu machen. Im archäologischen Museum von Olympia kann man eine Inschrift zu Ehren eines Boxers lesen, der voller Bewunderung Camelos genannt wurde, Kamel, so viel Standhaftigkeit hatte er bewiesen: Er war

---

20 Dion von Prusa, XXV, 3; Philostratos, *Apollonios*, VII, 42.
21 H. W. Pleket, »The participants in the ancient Olympic Games: social background and mentality«, in: W. Coulson und H. Kyrieleis (Hg.), *Praktika Symposiou Olympiakon Agonon*, Athen, 1992, S. 147.

lieber gestorben, als sich besiegt zu geben. Mehr Mutprobe als spezielle Geschicklichkeit, ist der Olympismus eine Tugend und Teil des Lebensernstes.[22] Diesen universalistischen Beigeschmack der griechischen *agones* hatten die römischen Spiele oder *ludi* nicht; wenn ein lateinischer Schriftsteller von den Zirkusspielen spricht, spricht er von den Reaktionen der »Plebs«; wenn ein griechischer Schriftsteller, in welchem Jahrhundert er auch gelebt haben mag, von den großen Wettspielen spricht, erwähnt er immer, daß dort »alle Griechen« waren.

Der Gemeinplatz von der »Dekadenz« ermöglichte es den Historikern, sich das geheimnisvolle Prestige der Athletik in Griechenland zu erklären: In der Epoche des Hellenismus (willkürlich für dekadent erklärt, weil weder »klassisch« noch »früh«) wurde die Popularität des Sports dem Gewinnstreben und dem geistigen Niedergang zugeschrieben; in der archaischen Epoche schob man die gleiche Popularität ganz romantisch auf eine antike, mit ursprünglich-aristokratischer Gesinnung gewürzte Schlichtheit; dies ist das Griechenland Hölderlins oder Heideggers[23], dieser Frühling einer archaisch-reinen Welt. Nacktheit der Athleten, Schönheitssinn, Tapferkeit, Ruhmeslust.

Somit wäre die Einzigartigkeit der olympischen Idee durch den historischen Zeitpunkt (früh oder dekadent), das Milieu (Aristokratie) oder die Rasse (»dorisch« oder, allgemeiner, hellenisch) erklärt. Die Lust am Sport wäre eine nationale Eigenheit, die man einfach hinzunehmen hat: So waren die Griechen nun einmal, Punktum. Sie sind darum nur noch bewundernswerter, hat diese Lust doch schließlich die Würze des Ursprünglich-Noblen: Aristokraten eben, die sich zu messen und auszustechen lieben. So endet man bei einer Theorie, die lange unumstößlich schien: Das Prestige der Wettkämpfe (oder *agones*) sei auf den »Sinn für Agoni-

---

22 Gleiche Brutalität des Sports in England zur Shakespeare-Zeit. Zu Beginn von *Wie es euch gefällt* sagt der Ringer des Herzogs zum Herzog: »Morgen, Herr, ringe ich für meinen Ruhm, und wer ohne zerbrochene Gliedmaßen davonkommt, wird von Glück zu sagen haben.« Bei den Wagenrennen in Olympia war das Wenden um die steinerne Wendemarke am Ende der Bahn gefährlich; diese Gefährlichkeit wurde als solche anerkannt und nicht wie die Kurven unserer Automobilrennen euphemistisch zur technischen Schwierigkeit verbrämt.

23 So schreibt Heidegger gegen Ende von »Die Zeit des Weltbilds« (in: *Holzwege*), daß »die Griechen bei der Festfeier in Olympia niemals Erlebnisse haben [konnten]«. Aber doch, gerade! Heidegger legt hier eine Naivität an den Tag, die von einem Mangel an historischem Gespür für die Realitäten zeugt – und, für die neuere Zeit, von einem Mangel an politischem Gespür.

stik« des alten Griechenland zurückzuführen; und damit diese Lust eine ethnische Eigenart und die Erklärung keine platte Tautologie ist, haben andere Völker bar jeder agonistischen Gesinnung wie auch des mindesten Vergnügens am Sport zu sein; die Völker des Alten Orients, so glaubte man lange Zeit, seien sportlich kaum interessiert gewesen. Heute wissen wir, daß dies eine Legende ist: In den alten Hochkulturen einschließlich derer des Orients und Ägyptens wurde der Sport sehr wohl geschätzt.[24] Daß die Einzigartigkeit der Griechen nicht darin bestand, daß sie den Sport liebten, sondern darin, daß sie ihm jene »kulturelle Würde« verliehen, von der noch zu reden sein wird, haben wir bereits gesehen.

Man kann wohl kaum von einem hellenischen Sinn für Rivalität allgemein sprechen (ein Krieg zwischen zwei Städten, die politische Karriere eines Ehrgeizigen und ein Wettrennen haben nur wenig miteinander zu tun); dagegen ist es durchaus legitim, von einem griechischen Sinn für die institutionelle Form zu sprechen, die der Wettkampf darstellt; die Hellenen schwärmten für Wettkämpfe und führten bei jeder Gelegenheit neue ein. In Tarent gab es Stickwettkämpfe, in Pergamon medizinische Wettkämpfe, nicht zu vergessen die Schönheitswettbewerbe, die keineswegs Legende sind. Das Erziehungssystem war von Wettkämpfen durchsetzt. Frei geborene griechische Kinder gingen zur Schule und lernten dort lesen, schreiben, singen, Homer auslegen; im Gymnasium hörten sie Rhetorik- und manchmal Philosophievorlesungen, die die Pausen zwischen ihren Athletikstunden füllten. Und am Ende jedes Jahres feierte jede Schule ihren Sport- und Musikwettkampf, der nur für ihre Schüler da war. Das war nicht, wie man gelegentlich gemeint hat, eine »Jahresabschlußprüfung«, bei der die in die »nächste Klasse« zu versetzenden Schüler ermittelt werden sollten (wäre doch in diesem Falle nur ein einziger Schüler, eben der Sieger, versetzt worden; es gab nun einmal bei jedem Wettbewerb nur einen einzigen Sieger: Man stand nicht zu dritt auf dem Podest...). Vielmehr erlaubte der Wettkampf, die Leistung der Musik- und Gymnastiklehrer zu beurteilen, den jungen Stars zu huldigen und die gute Erziehung zu würdigen, die die Stadt ihren Kindern angedeihen ließ. Jede Stadt wurde von Fremden physiognomisch nach der ethischen und ästhetischen Qualität ihrer Wettkämpfe beurteilt.

24 I. Weiler, a. a. O., S. 53 und 83.

Selbst öffentliche Konzerte hatten die Form von Wettbewerben. Eines Tages spazierte Seneca in Neapel, das damals eine griechische Stadt war, an dem kleinen Theater vorbei (dessen Ruinen man heute noch sehen kann), und dies erzählte er darüber: »Das [Theater] ist zum Erdrücken voll, und mit erstaunlichem Eifer gibt man seine Meinung kund über die Kunst eines Flötenspielers: auch griechische Trompeter und Ausrufer hatten großen Zulauf«[25]; Neapel war ein kulturelles Zentrum von internationalem Ruf, und an jenem Tag traten mehrere Virtuosen in dem auf, was für uns heute ein Konzert wäre.

Mehrere Besonderheiten der antiken Zivilisation haben die Aufwertung der athletischen Wettkämpfe wenn nicht hervorgerufen, so doch zumindest möglich gemacht. Zunächst einmal unterschied man beim Sport nicht zwischen Volks- und Adelskultur. Weiter unterschied man nicht zwischen Arbeit und Muße. Und man unterschied wohl auch nicht zwischen den »ernsthaften« Funktionen des Staates (Erhalt der Gemeinschaft usw.) und den Gepflogenheiten dessen, was wir die Bürgergesellschaft nennen.

Bei uns macht man zwischen dem Sport der besseren Gesellschaft (Polo und bis vor kurzem noch Tennis) und dem Volkssport (Fußball) einen Unterschied; die griechischen Wettkämpfe dagegen waren Sache unterschiedslos aller Bürger. Sie standen auch in keinem Gegensatz zur hohen (literarischen und musischen) Kultur: Athletik und Musik waren gleichermaßen Teil der Gepflogenheiten der Aristokratie. Soziale Bewertungen sind bekanntlich stark traditionsbedingt; die Würde des Sports in Griechenland ist einem Tatbestand der relativen Chronologie geschuldet, das heißt einem historischen Zufall: Die literarische Kultur und der Sport reichen gleich weit zurück; Achilles spielte Musik, veranstaltete einen Athletik-Wettkampf, um die Bestattung des Patrokles zu feiern, und lauschte den Barden, die ihm epische Gesänge vortrugen. Bei den Modernen dagegen hat der Sport seinen eigentlichen Auftritt erst im 19. Jahrhundert, während man über Literatur in den Salons des Adels in Italien schon im 16. Jahrhundert und in Frankreich seit dem 17. Jahrhundert spricht; damals interessierte sich die vornehme Gesellschaft für ihre Bälle und für die Jagd, nicht für Athletik. Während des bürgerlichen 19. Jahrhunderts

---

25 Seneca, *Ad Lucilium*, Brief 76, 4 (Seneca, *Philosophische Schriften*, Bd. 3, Hamburg 1993, S. 310).

wird in Frankreich im Lyceum und im Gymnasium Latein unterrichtet, nicht aber Sport (in Deutschland gab es schon im 19. Jahrhundert Unterricht in Leibesübungen und neben dem Latein auch den Griechischunterricht).

Im übrigen existierte eine bestimmte Bremse nicht: der Arbeitsernst, der bürgerliche Puritanismus, von dem Max Weber spricht; eine Aristokratie bezeichnet ihre Beschäftigungen nicht als Arbeit, und die Arbeit des Volkes besitzt keine Würde; die Vergnügungen und Spektakel bilden keinen Gegensatz zu einem ernsthaften Teil des privaten Lebens. Man braucht heutzutage nur an die Fußballeidenschaft der Massen in Südeuropa, Südamerika und jenen Städten Englands zu denken, die von der Arbeitslosigkeit verwüstet sind; oder sich an ein Wort von Nietzsche zu erinnern: daß nämlich die Bürger »gar nicht mehr wissen, wozu Religionen nütze sind, ... zumal es ihnen unklar bleibt, ob es sich dabei um ein neues Geschäft oder ein neues Vergnügen handelt«.

Und schließlich ist eine griechische Stadt keine Abstraktion, keine Institution mit der Aufgabe, die Funktionen der Staatsräson zu erfüllen; sie ist eine konkrete Gemeinschaft, von der gilt, daß sie sich selbst regiert; sie wählt ihre Sitten und Gebräuche wie ein lebendes Individuum; deswegen führt sie ihre religiösen Feste und ihre Wettkämpfe ein (und nicht, weil die Herrschenden den Beherrschten gern beweisen möchten, daß sie ihre Vergnügungen nicht verschmähen). Bürgergesellschaft und Staat sind nicht scharf getrennt; zwar läßt die Stadt ihre Mitglieder meist selbst über ihre Religiosität entscheiden; doch kann sie jederzeit auf ihr Recht der Kontrolle aller über alle zurückgreifen: Dies ist die leidige Erfahrung des Sokrates, der zum Tode verurteilt wurde, weil er an andere Götter glaubte als seine Stadt. Die Grenze zwischen Gesetzen und einfachen Gebräuchen war nicht dicht; daher konnten Feste und Wettkämpfe Staatsangelegenheiten sein. Sie werden es wieder im 20. Jahrhundert, aber aus anderen Gründen: Das Ideal des *welfare state* läßt den Staat aus seinen politischen Funktionen im engeren Sinn heraustreten und sich aller Interessen der von ihm regierten Bevölkerung annehmen; und Nationen und Parteien nutzen unsere Olympischen Spiele als Tribüne, um der ganzen Welt ihre Existenz und ihre Forderungen vorzuführen.

Wir Modernen haben, wie man sieht, ernsthafte Gründe, uns für die olympische Idee zu interessieren. Und die Griechen? Sollten nicht auch sie nicht weniger »ernsthafte« Gründe gehabt haben? Mußten diese nicht ernsthaft sein, um auf der Höhe des Phänomens zu sein und die Bedeutung zu erklären, die die Athletik und Olympia in den Augen der Griechen hatten? Man hat daher angenommen, daß die Athletikleidenschaft wichtige und mit gewichtigen Interessen zusammenhängende Gründe hatte: Bürger und Krieger heranzubilden, die nationale Identität zu stärken, die Götter zu ehren. Bürgersinn, Nationalismus, Religion. Die Erklärung ist, wie man sieht, funktional und rational; sie sagt, wozu die olympische Idee diente, die sie als ein geeignetes Mittel zum Zweck ansieht. Leider wird man sehen, daß keine dieser drei Erklärungen stimmt: Der Olympismus diente zu gar nichts, oder vielmehr: Die funktionale Soziologie ist nur eine Rationalisierung.[26] Die richtige Erklärung wird weniger rational sein; sie wird keinen Bezug zu gewichtigen Interessen herstellen, sondern die Zufälle von Modeerscheinungen mit der immer wieder auftretenden Neigung verbinden, der Kultur kanonische und sozusagen klassische Formen zu geben.

Die Erklärung durch die Erziehung zum Bürgersinn hatten schon die Griechen selbst gegeben. In einem amüsanten Dialog, *Anacharsis*, läßt der Skeptiker Lukian einen barbarischen Weisen, Anacharsis, und einen athenischen Weisen, Solon, aufeinandertreffen. Gleich zu Beginn staunt der Barbar über das Schauspiel der griechischen Gymnasien: Die ganze Jugend einer Stadt sei dort bei Gymnastik, Ringen und Faustkampf zu sehen; Solon erwidert, anderen Nationen erschienen die Gebräuche eines Volks immer extravagant; die Leibesübungen seien von Ruhmeslust motiviert, und dieser Ruhm sei legitim, da die Athletik maßvolle Bürger und tapfere Krieger heranbilde. Anacharsis glaubt ihm kein Wort: Er sieht das Mißverhältnis zwischen der Größe dieser Vorbereitung und der Magerkeit der Ergebnisse; für ihn sind diese Exerzitien unnütz und eine Frucht von Mode, Muße, Eitelkeit; was auch Lukians Meinung ist, den die Athletik insgeheim aufbringt, da ihn aller Aberglaube ärgert; in seinen Augen ist Olympia nur ein griechischer Aberglaube. Man ist an die Gereiztheit erinnert, die der

---

26 Diesen Funktionalismus findet man in der Soziologie der »feinen Unterschiede« von P. Bourdieu wieder, der die Ästhetik auf die Suche einer sozialen Klasse nach dem sie aufwertenden Unterschied zu reduzieren scheint. Gleiche »Gesellschafts«-Besessenheit bei der École des Annales, für die die Gesellschaft zugleich eine Realität und eine Art Potenz ist, eine Physis, die soziale Realitäten hervorbringt.

Puschkin-Kult bei manchen russischen Intellektuellen hervorruft, oder an die Holzschnitte, in denen sich Hokusai über den Götzendienst lustig macht, den einige seiner Landsleute mit der Landschaft des Fujiyama treiben.

Lukian hat nicht unrecht. Die Gymnasien hatten schon lange ihre Rolle als Stätte der Militärerziehung verloren; sie erzogen die Jünglinge nicht für das Bürgerleben, sondern folgten einem allgemeineren Menschenideal; ihr Unterricht war gymnisch, literarisch und musisch. Auch in den Ephebenschulen, wo junge Männer eine sportliche und intellektuelle Ausbildung erhielten, war das nicht anders; man hat von einer »Institution für die Söhne der *upper class*« gesprochen, vergleichbar den britischen *public schools* und den hochgestochensten *colleges* der Vereinigten Staaten.[27]

Ganz allgemein ist es eher selten, daß ein Bildungssystem wirklich funktional ist und die Kinder auf ihren künftigen Beruf als Bürger oder Arbeiter vorbereitet; viel häufiger projizieren die Erwachsenen auf die lieben jungen Häupter das Menschen- und Bildungsideal ihrer Zeit. Unser Unterricht beruhte auf dem Lateinischen als dem Schlüssel zu einer als Tradition verstandenen Bildung; in Rom beruhte er auf dem Studium der Rhetorik, dieser Fiktion einer Synthese von Wort, Vernunft, Überredung und Macht. Die Bedeutung, die die griechische Erziehung der Athletik beimaß, bestätigt, daß der Olympismus zur Bildung eines Gentleman gehörte.

Vorhin haben wir von einem Ideal gesprochen, das dasjenige der Griechen und der hellenischen Kultur gewesen sei. Eine Kultur hat oft als Grenze die Grenzen eines Volks. Dann kann man zusehen, wie leicht ein Historiker beim Schreiben unversehens bei einem Modewort landet, nämlich der nationalen Identität. Dieses Wort ist gefährlich doppeldeutig. Manchmal ist es neutral und nur eine komplizierte Art, beispielsweise festzustellen, daß die Wettkämpfe ein Bestandteil der griechischen Zivilisation waren. Aber häufiger ist das Wort unter der Hand mit Pathos aufgeladen: Es unterstellt, daß eine Identität immer gefährdet oder ungewiß ist, daß die Völker an ihrer Identität zweifeln und sie hegen und pflegen und das Bedürfnis empfinden, sie vor aller Welt zu behaupten. Und schon dürfen wir uns schmeicheln, eine ernsthafte und funktionale Erklärung für den Olympismus gefunden zu haben: Die

---

27 H. W. Pleket in: *Mededelingen*, a. a. O., S. 73.

Griechen kamen scharenweise nach Olympia, weil sie von dem Bedürfnis geplagt wurden, vor sich selber, vor den Barbaren und vor den Römern ihre Identität zu behaupten.

Ich fürchte, diesen Beweggrund unterstellen wir den Griechen nur zu unserer eigenen intellektuellen Befriedigung. Wer sagt uns denn, daß sie sich in Olympia mit ihrer Identität herumplagten? Vielleicht waren sie in aller Seelenruhe von ihrer Überlegenheit durchdrungen; sie mochten auch eines ihrer Nationalfeste auskosten, aber nicht, weil es national war, sondern weil es ein Fest war; vielleicht auch kamen sie so zahlreich nach Olympia, weil sich die Ausstrahlung dieses Wettkampfs tatsächlich auf das ganze Hellenentum erstreckte; was heißt, sie kamen aus Neugier.

Dieser letzte Grund ist der richtige. Die Griechen kamen so zahlreich nach Olympia aus jenem einfachen Grund, der auch heutzutage Scharen von Begüterten dazu treibt, zu unseren Olympischen Spielen zu eilen: weil der eine wie der andere Wettkampf ein Ereignis von »Weltbedeutung« ist und war. Oympia, weit davon entfernt, eine ungewisse Identität zu symbolisieren, fühlte sich »ökumenisch«[28], wie man damals sagte. Das Fest war »panhellenisch«, die Wettkämpfer und die Zuschauer kamen von weit her; die Kampfrichter hießen »Richter der Griechen« allgemein, Bürger welcher griechischen Stadt die Athleten auch immer sein mochten; der Sieger erhob sich mit einem Schlag auf internationales Niveau; immer, wenn von Olympia gesprochen wurde, kehrte in allen Reden und in aller Munde die Wendung »alle Griechen« wieder.

Olympia fühlte sich so ökumenisch wie friedlich. Der Wettkampf konnte gar nicht zu lokalpatriotischen Rivalitäten genutzt werden, denn die Zahl der griechischen Städte war viel zu groß und ging über die Tausend; es konnte sein, daß der Sieger nur ein oder zwei Landsleute unter den Zuschauern hatte. Olympia ließ jenen Traum aufkommen, den unsere eigenen Spiele auf den ganzen Planeten ausdehnen: den Traum von einer friedlichen und geeinten Menschheit, in der einzig und vor aller Augen die Leistung siegt.

Vorfälle, in denen der Wettkampf zum Vehikel nationaler oder sozialer Forderungen gemacht worden wäre, werden uns nicht berichtet. Mit Stolz gewahrte man unter den Zuschauern fremde

28 L. Robert, in den *Praktika des VIII. Kongresses für griechische und lateinische Epigraphik*, Bd. I, Athen 1984, S. 45.

Könige oder römische Senatoren[29]; unter den Wettkämpfern die Bürger unlängst hellenisierter Städte[30] oder einen kaiserlichen Prinzen, der, mittels Wagenlenker und Pferden, an einem zu seinen Ehren wiederbelebten Wagenrennen teilnahm.[31] Dies alles mit eigenen Augen gesehen zu haben war schmeichelhaft; die Information ist nicht immer ein »symbolisches Kapital« (oft ist sie zu überhaupt nichts nütze), doch bleibt sie ein Privileg. Lukian, dieser Olympia-Schmäher, ist doch um nichts weniger stolz darauf, daß er sechsmal dabei war.[32]

Die Griechen, in ihrer Identität durchaus nicht verunsichert, lebten vielmehr in der Gewißheit ihrer Überlegenheit (einen Minderwertigkeitskomplex hatte im Römischen Reich, das man ebensogut das Griechisch-Römische Reich nennen könnte, das andere Volk, die Römer). In ihrem Nationalismus gibt es eine besondere Nuance: Sie sprechen von der olympischen Idee mit spürbarer Begeisterung und Innigkeit. Man ist an eine Definition der *Encyclopedia Britannica* von 1910 erinnert: »Cricket: the national summer pastime of the English race.« Genauso gefallen sich die Griechen in ihren Institutionen und Gebräuchen; sie finden ihre Physiognomie in ihnen wieder, sie sind ihnen teuer. Olympia und Homer standen ganz oben auf der Liste der nationalen Kleinodien. Wir werden später noch einmal auf diese extrinsische Kulturdefinition zurückkommen, in die ein Gefallen an sich selbst eingeht und ein Wille, sich selbst treu zu bleiben.

Die Wettkämpfe hatten im übrigen einen Charakter, der auf den ersten Blick den modernen Spielen fremd zu sein scheint: sie waren religiöse Feste. In Olympia fanden die Spiele in einem Zeusheiligtum statt, neben einem Tempel dieses Gottes und einem heiligen Hain; der erste Tag und der Vormittag des dritten waren Prozessionen vorbehalten, Opfern, einer Hekatombe; der Ablauf der Wettkämpfe war von frommen Gesten begleitet; so brachte jeder Sieger dem Zeus ein Dankopfer dar und weihte ihm seinen Olivenkranz. Es war schwierig, in diesem Nebeneinander von

---

29 Seit 208 vor unserer Zeitrechnung (Livius, XXVII, 35, 3).
30 Mastanabal, Sohn eines hellenisierten und hellenisierenden Berberkönigs, wurde zu den Panathenäen zugelassen, wo sein Wagen siegte (*Inscriptiones Graecae*, II-III, editio minor, 2316, 41).
31 Der spätere Kaiser Tiberius (W. Dittenberner, *Die Inschriften von Olympia*, Nr. 16; J. H. Krause, *Olympia oder Darstellung der großen olympischen Spiele* (1838; Nachdr. Hildesheim 1972), S. 48, Anm. 33-34.
32 Lukian, *De morte Peregrini*, 35.

Heiligem und Profanem Klarheit zu schaffen; die Alten wußten selbst nicht recht, ob die Siegerstatuen, die im Heiligtum standen, als Weihegeschenke für die Götter oder als Denkmäler für die Athleten zu betrachten waren. Man hat auch gesehen, daß während der Wettkämpfe ein Jahrmarkt abgehalten wurde und daß dort all die Vergnügungen zu finden waren, kulturelle und andere, die mit großen Ansammlungen des Volks gewöhnlich einhergehen.

Die Entzauberung der modernen Welt führt als Reaktion zu der Annahme, die alten Völker seien ganz Frömmigkeit gewesen. In Wirklichkeit muß man bei derlei Dingen jeden Fall für sich betrachten und empirisch urteilen: Welche Gefühle hatten die Zuschauer? Die unzähligen antiken Zeugnisse lassen hier keinen Zweifel: Sie waren Sportliebhaber oder Neugierige, die nicht aus Frömmigkeit gekommen waren; genausowenig, wie wir zu unseren Olympischen Spielen aus Pietät für Coubertins Ideale oder einzig wegen der Zeremonie des Olympischen Feuers fahren.

Nun mag uns der Leser mit Recht entgegnen, daß das Nebeneinander von Heiligem und Profanem im Heidentum nicht schokkierend war, daß es keineswegs eine echte Frömmigkeit hinderte und daß diese Mischung nicht mit der Strenge einer protestantischen Gesinnung beurteilt werden darf. Im alten Griechenland wurden die Jahrmärkte oder *panegyreis* neben den großen Heiligtümern abgehalten, am selben Tag wie das große alljährliche Opfer; das ist im heutigen Griechenland nicht anders[33]: Am Wallfahrtstag sind neben der Kirche Kirmesbuden aufgebaut, ein *souvlàkia*-Stand und ein Tanzboden; und nicht weit davon ist der große Markt mit Ständen voller Jeans, Ikonen *made in Hongkong* und afrikanischem Nippes.

Allerdings sind zwei Fälle zu unterscheiden, und diesen Unterschied machten die Griechen selber: Feierlichkeiten und Opfer, die einem Gott geweiht waren, und Wettkämpfe, die »zu Ehren« eines Gottes oder eines Verstorbenen abgehalten wurden; so wurde der olympische Wettkampf »zu Ehren« des Zeus veranstaltet. Diese Unterscheidung entsprach durchaus den Empfindungen der Zuschauer; wenn es ein Nebeneinander von Opfer und Jahrmarkt gab, fand jeder Pilger, was er wollte: Frömmigkeit, Vergnügungen oder die Götter zugleich; bei den Wettkämpfen war das

---

33 M. Nilsson, *Geschichte der griechischen Religion*, Bd. I, München ²1955, S. 826ff.

anders: Die Zuschauer *hatten die Reise nach Olympia nicht gemacht, um dort Zeus zu ehren, sondern um den Wettkämpfen beizuwohnen*. Der Wettkampf »zu Ehren« des Zeus stellte Heiliges und Profanes nicht nebeneinander: er war eine religiöse Feier des Profanen. Eine andere Form der Feier ist die Zeremonie des Olympischen Feuers bei uns. Die Feier des Sports war mitnichten das Ergebnis einer Herabwürdigung, einer Entzauberung: sie war so schon zu Homers Zeiten. Am Ende der Ilias feiert Achilles die Bestattung des Patrokles, indem er einen athletischen Wettkampf stiftet; während dieser Totenspiele zu Ehren des Verstorbenen indes interessieren sich Wettkämpfer, Zuschauer und der Dichter selber nur noch für die Wettkämpfe, und Patrokles ist erst einmal vergessen.

Der Gebrauch des Heiligen oder der Trauer als eines einfachen Mittels zum Feiern muß uns die religiöse Lauterkeit der Griechen keineswegs suspekt werden lassen, ganz im Gegenteil; das Heilige reduzierte sich für sie nicht auf einen Vorwand: Man muß an die Götter glauben, um so feiern zu können. Was *a contrario* dadurch bewiesen wird, daß wir selber, ungläubig, wie wir sind, für unsere Olympischen Spiele auf eine andere als die religiöse Form der Feier zurückgegriffen haben. Niemandem, der nicht an die Musik glaubt, wäre es eingefallen, die Zeremonien »zu Ehren« Europas zu erhöhen, indem er die *Ode an die Freude* spielen läßt. Man stößt hier wieder auf ein Problem, das sich in unterschiedlichen Formen überall stellt: Existiert ein bestimmtes Gefühl, Frömmigkeit zum Beispiel, aus sich heraus, oder ist es nur Ausfluß eines Inhalts? War das Heilige nur eine Art »ideologischer Deckmantel«, aus dem Wunsch zum Feiern heraus für den Anlaß zurechtgeschnitten? Oder brauchte man dazu nur aus einem natürlichen Empfinden für das Heilige zu schöpfen? Für Marx ist der Inhalt, nämlich das Klasseninteresse, der Ursprung der Ideologie, und das Elend erzeugt das Opium des Volks oder die Literatur als Flucht in die Unwirklichkeit; für Freud entsteht die Symbolik aus dem verdrängten Inhalt des Wunsches. Kann man hoffen, daß die Kinder Gangster spielen oder sich im Fernsehen an den Gewaltfilmen ergötzen, um ihre sadistischen Triebe abzureagieren? Wenn ja, müßte man glauben, daß diese Filme eine *katharsis* bewirken und die Kleinen von ihren üblen Trieben reinigen. Wenn dagegen das Imaginäre aus sich selbst heraus existiert und sich nicht auf das reduziert, was die Abreaktion aus ihm macht, dann könnten die

Gewaltfilme bei den einen die sadistischen Triebe genausogut verstärken wie bei den anderen reinigen.[34]

Ob in Olympia oder in irgendeiner anderen Stadt, im Mittelpunkt des griechischen Sports steht der Wettkampf. Die Religion, keineswegs Ursache dieser »Modeerscheinung«, ist eine einfache Folge ihres Erfolgs und hat lediglich eine Feier aus ihr gemacht. Weniger banal ist, daß die olympische Idee in den Rang eines »Klassikers« erhoben wurde (was die Idealisierung dieses ethischen Typus, nämlich des Athleten, nach sich gezogen hat). Woher kommt dieser Erfolg Olympias? Er ist auf historische Zufälle zurückzuführen, die wir im einzelnen nicht kennen[35], deren Mechanismus wir jedoch erahnen: Erfolg macht erfolgreich. Wenn der ursprüngliche Erfolg einen kritischen Punkt erreicht und die Zahl der Bekehrten groß genug ist, wird sich die Schar der Gleichgültigen ebenfalls bekehren; nicht aus Nachahmungstrieb, sondern weil die neue Mode ihnen von nun an als die normale Verhaltensweise erscheint. Und schon ist diese Mode in den Rang einer Tradition erhoben. In der hellenistischen und kaiserlichen Epoche begründen Städte, Mäzene, Könige und Kaiser Wettkämpfe, athletische oder musische *agones*, sobald sie sich über die niederen Regionen der Machtpolitik und der materiellen Interessen erheben und in der schönen Rolle des Kulturheroen zeigen wollen. Weil die *agones* bei ihnen Erfolg hatten, sind die Griechen das »agonistische« Volk geworden, von dem Burckhardt spricht; nicht, weil die Griechen *agonistisch* waren, hatten die *agones* Erfolg. Woran sich die Völker jeweils begeistern, ist nicht immer das, was wir selber für sozial oder menschlich wichtig halten.

Die olympische Idee war wichtig, weil sie als etwas Höheres angesehen wurde, was beim Sport bei uns nicht der Fall ist: Unsere Olympischen Spiele sind nur ein »Massenphänomen«, dem die modernen Staaten wegen seiner Wirkung auf die Meinung der Massen Bedeutung beimessen und weil einem *welfare state* daran gelegen ist, seine gesamte Bevölkerung zufriedenzustellen. Die olympische Idee dagegen war Teil der Kultur im höchsten Sinn dieses Wortes. Was heißt denn »Kultur«? Mindestens drei ver-

---

34 J. Piaget, *La formation du symbole chez l'enfant*, Neuchâtel 1945, S. 164.
35 M. I. Finley und H. W. Pleket, *The Olympic games*, a. a. O., S. 22. Hinzugefügt sei, daß bis zum fünften Jahrhundert die Athleten, die zum Wettkampf nach Olympia kamen, vor allem Spartaner waren, und daß der Peloponnes wahrscheinlich ein Land von Meisterathleten war.

schiedene Dinge, die der von Weber herkommende Soziologe Passeron säuberlich unterschieden hat.[36]

In einem ersten Sinn des Wortes ist die Kultur das, was ein fremder Beobachter als die Denk- und Handlungsweisen beschreiben kann, die bei einem bestimmten Volk üblich sind; die griechische Kultur war agonistisch, die heutige japanische Kultur verwestlicht immer mehr... In einem weiteren Sinn, der anders und trügerisch ist, ist die Kultur das, was das betreffende Volk von sich selbst sagt, was es (oft fälschlich) zu sein glaubt, was es seinen eigenen Angehörigen zu tun oder zumindest offen zu bekennen verordnet. Schließlich hat das Wort eine dritte Bedeutung, die die höchste ist: Eine Kultur ist ein Kanon von Werken und Praktiken, die hoch bewertet werden und als klassisch gelten. Fragte man ihn, welches der vier Elemente das beste sei, schrieb sinngemäß Pindar, würde er antworten: Das Beste ist das Wasser. Der kostbarste Stoff? Das Gold. Und ginge es um Wettspiele, er würde nicht zögern: »Von einem herrlicheren Kampfspiel als zu Olympia können wir nicht singen!«[37]

Die Dinge, die kulturell in diesem dritten Sinn sind, sind intensiv und dauerhaft und nicht banal und vergänglich. Bei uns sind dies vor allem bestimmte Bücher, Gemälde, Partituren; in früheren Epochen jedoch konnten es auch Praktiken sein: der Olympismus nicht weniger als Homer; die Kultur war das, wodurch sich ein Volk in seinem besten Licht zeigte, oder das, wodurch eine Aristokratie sich hervorhob: mondäne oder ritterliche Umgangsformen, Feiern, Bälle, *corroborees*, Turniere.

Olympia konnte zur hohen Kultur gehören, weil der Sport ein Vergnügen ist und weil er am Erhabenen teilhat. Der Sport hat nicht die Härte der politischen oder ökonomischen Betätigungen; er ist nicht asymmetrisch wie die Politik: Der Wettkämpfer ist kein Chef, und die Zuschauer sind seine Richter. Ein Wettkampf ist eine abschließende und abgeschlossene Betätigung, aus der man befriedigt hervorgeht; im Unterschied zum Pflanzen oder Säen ist er keine Etappe in einem langen Prozeß; er ist eine individuelle Befriedigung, während ein militärischer Sieg der ganzen Armee gehört, die ihn errungen hat; die Befriedigung ist unmittelbar wie beim Essen und nicht aufgeschoben wie bei den Erwerbsaktivitä-

---

36 J.-C. Passeron, *Le raisonnement sociologique: l'espace non-poppérien du raisonnement naturel*, Paris 1991, S. 324-333.
37 Pindar, *Olympische Oden*, I.

ten. Gleiches ließe sich vom Lesen sagen, von der Musik, von allen Praktiken des *homo ludens*. Wie die Meisterwerke sind Rekorde Heldentaten; wie die Künstler bringen die Olympioniken das Gefühl des Erhabenen in uns zum Schwingen.

Die olympische Idee also war ein Klassiker. Die ganze Bildung besteht nämlich aus solchen Dingen, die »man« gelesen, gesehen, gehört oder getan haben »muß«; wenn der Bildungstourismus aufhört, ruinös teuer zu sein, und normal wird, erstarrt er zu kanonischen Reiserouten, vom *Duomo* zur *Signoria*, vor der *Mona Lisa* oder der *Nofretete*. Es gibt die vier großen Wettkämpfe, die zehn großen Redner, die vier philosophischen Sekten und die sieben Weltwunder. Der Fall Homer ist charakteristisch: Er war mehr als ein Meisterwerk und doch kein heiliges Buch; Homer war nicht der größte griechische Dichter, er war etwas anderes als ein Autor: eine Autorität, ein Aberglaube; und doch wäre nichts gesagt, wenn man nur wiederholte, daß die Griechen bei Homer alle ihre Werte dargestellt fanden; man sagt das in Ermangelung eines Besseren, in Ermangelung einer Erklärung für dieses eigentümliche Prestige. Homers Werk ist genauso ein besonderes wie jedes andere Kunstwerk und genausowenig ein Resümee der griechischen Werte, wie das Werk Puschkins, dieses anderen Idols, ein Resümee der Werte der Russen ist. Nichtsdestoweniger ist der Tatbestand da; er macht sichtbar, daß eine Kultur zu einem Kanon in jenem Sinn erstarren kann, wie man vom Kanon der Heiligen Schrift spricht. Aristoteles hat geschrieben, die Kreter seiner Zeit seien fast schon keine Griechen mehr, wäre da nicht, daß sie immer noch Homer kennten.

Die Fixierung eines kulturellen Kanons ist eine Art und Weise, die Kultur zu bewältigen, so wie die Symmetrie die archaische oder naive Art und Weise ist, Ordnung in das Chaos des Sichtbaren zu bringen und die Malerei zu bewältigen.[38] Sie führt zu einer extrinsischen Definition der Kultur, zu ihrer Organisierung im Sinn einer Sorge, die keine kulturelle ist: der Sorge, sich den schönen Namen Grieche oder den Titel einer gebildeten Person zu verdienen, statt sich frei und sorglos durch das Sichtbare oder zwischen den Büchern zu bewegen oder zu beschließen, daß alle sieben Weltwunder nicht das Parthenon wert sind (das nicht auf dieser Liste steht). Womit der Tragödie der Kultur, von der Simmel

38 G. Simmel, *Brücke und Tür*, Stuttgart 1957, S. 201.

spricht[39], ein Ende gesetzt wäre, jenem Schwanken zwischen zwei Polen, das unsere ganze Existenz ausmacht: Individualismus oder Suche nach Konsensus, Wille zur Intensität oder Streben nach Sicherheit, sich öffnen oder sich verschließen, Selbstbehauptung oder Legitimität, mit jedesmaligem Schluß zugunsten des zweiten Pols. Die Kanonisierung der olympischen Idee ratifizierte die Dekrete der Mode und entsprach keinem Bedürfnis nach Identität, erfüllte keine erzieherische usw. Funktion: Sie war eine Episode in der Tragödie der Kultur.

Aus dem Französischen von Hella Beister

---

39 G. Simmel, *Philosophische Kultur*, Berlin 1983, S. 183.

II. Die Wiederbegründung der Olympischen Spiele: Werte, Ziele und Probleme

Thomas Alkemeyer
Die Wiederbegründung der Olympischen Spiele als Fest einer Bürgerreligion[1]

I. Einleitung

Pierre de Coubertin, der Begründer der modernen olympischen Bewegung, war ein sensibler Seismograph der Moden, Stimmungen und Bewegungen des *Fin de siècle*. Atmosphärisches ist jedoch analytisch nur sehr schwer zu fassen. Häufig ist der Klang der Worte wichtiger als ihr manifester Sinn, stimmen sich die Sätze aufeinander ein und verbinden sich zu einer Melodie, in die man sich einhören muß, um in ihnen den Ton der Zeit zu entdecken. Durch die überlieferten Texte hindurch, deren »hoher« Stil das Ausgedrückte mitunter gegenüber dem gesellschaftlichen Kontext abstrahiert, sollen im vorliegenden Beitrag praktische Wirklichkeitsbezüge erschlossen und politische Standpunkte sichtbar gemacht werden: In welcher Perspektive und mit welchen Mitteln intervenierte Coubertin in die zeitgenössischen Diskussionen auf den Feldern der Politik und der Erziehung? Erst die Analyse seiner Konzeptionen in Wechselwirkung mit dem sozialen, politischen, kulturellen und ideologischen Zeitgeschehen kann Sinn und Zweck des olympischen Unternehmens verdeutlichen und es aus dem sakralen Dämmerlicht herauslösen, das es bis heute umgibt. Nur auf diese Weise ist auch zu zeigen, daß und wie Elemente der damaligen französischen Öffentlichkeit in die Modelle Coubertins hineinspielten, daß also auch die gängige Alternative »olympische Idee« *oder* Politik viel zu vereinfachend ist. Zudem können lediglich auf der Basis einer sozialhistorischen Rekonstruktion und Kritik des Coubertinschen Werks dessen Konturen und Besonderheiten im Vergleich zu ähnlichen Projekten der Zeit deutlich gemacht werden.

---

[1] Der Aufsatz ist der konzentrierte Teil einer umfangreichen Arbeit, die im Frühjahr 1996 im Campus-Verlag unter dem Titel *Körper, Kult und Politik. Von der »Muskelreligion« Pierre de Coubertins zur Inszenierung der Macht in den Olympischen Spielen von 1936*, Frankfurt/New York 1996, erscheinen wird. Was im vorliegenden Beitrag an Belegen, Erklärungen und näheren Ausführungen fehlt, kann dort nachgelesen werden.

Bereits die erste systematische Analyse des modernen Olympismus von Hans Lenk aus dem Jahr 1964 hat gezeigt, daß eine positive inhaltliche Definition der »olympischen Idee« schwerlich zu gewinnen ist. Lenk präpariert vielmehr eine Fülle oft zusammenhanglos wirkender Begriffe und Werte wie Religiosität, Schönheit, Eliteidee, Chancengleichheit, Höchstleistung, Wettkampf, Fair Play, Ritterlichkeit, Kontinuität, Tradition, Wiederkehr, Internationalismus und Nationalismus heraus. Schon er hat überdies darauf aufmerksam gemacht, daß diese Vagheit und Vieldeutigkeit des olympischen Ideen- und Wertegefüges eine Voraussetzung für seine Vielverträglichkeit und universale Verbreitung bildet.

Coubertin propagierte aber nicht bloß Ideen und losgelöste Werte, sondern intendierte eine praktische Einflußnahme auf die Gefühle und Vorstellungen der Menschen, auf ihre Phantasien und Werthaltungen. Es ging ihm um die Ermöglichung von Erfahrungen und Erlebnissen statt um die Vermittlung abstrakter Erkenntnisse. Aus diesem Grund waren für ihn der ästhetische Ausdruck sowie die kultischen Rituale und Symbole des olympischen Zeremoniells weit wichtiger als präzise Definitionen der »olympischen Idee«.[2] Bereits 1910 hob er hervor, das »Kapitel der Zeremonien« sei »eines der wichtigsten, das wir regeln müssen« (OG, 40 [1910]). Denn nur mittels »der Pracht ... machtvoller Symbolik« (OG, 106 [1924]) könnten die Olympischen Spiele »von einer einfachen Serie von Weltmeisterschaften« unterschieden werden (OG 40 [1910]) und eine »philosophische und historische Lehre mit gewaltiger Reichweite« begründen (TCH II, 472 [1931]).

Ist auch eine positive Bestimmung des umfangreichen und inkohärenten Œuvres Coubertins kaum möglich, so gibt sich doch durch die Vagheit, Vielstimmigkeit und scheinbare Zusammenhanglosigkeit der Ideen und ästhetischen Vorschläge Coubertins hindurch ein Zusammenhang – ein sinnstiftendes Prinzip – zu erkennen, wenn man sein Werk als eine Antwort auf drängende gesellschaftliche und politische Probleme der Industriegesellschaften des ausgehenden 19. Jahrhunderts betrachtet. Dies betrifft nicht nur den Zusammenhang der einzelnen Werte des Olympismus, sondern auch denjenigen der pädagogischen, philo-

---

2 In der olympischen Charta hat sich diese Schwerpunktsetzung bis heute erhalten. Während die Ziele des Olympismus mit dürren und vagen Worten beschrieben werden, ist der Ablauf des Zeremoniells bis ins Detail vorgeschrieben.

sophischen, ästhetischen und politischen Teilaspekte des Coubertinschen Gesamtwerks.

II. Krisenszenarien

In Übereinstimmung mit einer Grunderfahrung des *Fin de siècle*, in dem der Liberalismus bereits viel an Einfluß und Ansehen verloren hatte, sah Coubertin die Industriegesellschaften Europas, besonders aber sein Heimatland Frankreich, in einem wahren Strudel von Erschütterungen untergehen. Er beklagte ihre durch den »Geist der Gewinnsucht« (OG, 8 [1894]) und eine »gefährliche Spezialisierung« (OG, 101 [1920]) bedingte Desintegration sowie die durch die Beschleunigung des Lebens hervorgerufene »moralische Unordnung« (OG, 8 [1894]). Vor allem aber beschäftigten ihn die »ständige Zerrüttung« und »lächerliche Unsicherheit« seines »Vaterlandes«, die ihn in seinem »nationalen Stolz« auch persönlich tief verletzten (1908, 11).

Auf der Basis eines seinerzeit äußerst einflußreichen biologisch-medizinischen Modells kultureller Krisen interpretierte Coubertin den seiner Ansicht nach bedenklichen Zustand von Gesellschaft und Nation als biologische »Degeneration«. Bereits seit der Jahrhundertmitte hatten französische Intellektuelle und Wissenschaftler den »Abstieg« der *Grande Nation* in biologischen und medizinischen Termini gedeutet. Im Unterschied zu anderen europäischen Nationen konstatierten sie für Frankreich einen Mangel an Gesundheit, Willenskraft und Vitalität. Dieses Manko war in ihren Augen einer der Hauptgründe für die »Dekadenz« und »Degeneration« Frankreichs, für seine koloniale Ohnmacht ebenso wie für seine ökonomische und kulturelle Rückständigkeit.[3] Umgekehrt blickten französische Patrioten besonders nach der militärischen Niederlage Frankreichs gegen Preußen 1871 bei

---

[3] Zur ideologischen Bedeutung und Dynamik des Degenerationsparadigmas im Frankreich der *Belle Epoque* vgl. Nye 1982; Rabinbach 1990, 21 f. Im Vorwort zu seinem monumentalen *Rougon-Macquart*-Zyklus hatte auch Emile Zola – in der Dreyfus-Affäre politischer Gegner Coubertins – das mit Sedan zu Ende gegangene Kaiserreich als »époque de folie« bezeichnet, als einen seiner Krankheit erlegenen Organismus (Zola 1871, 8). Zur Verarbeitung der Degenerations-Vorstellung in diesem Roman-Zyklus vgl. auch Weingart u. a. 1988, 60 ff.; Warning 1990. Zu den Beziehungen zwischen literarischem Naturalismus und den biologischen und medizinischen Theorien des 19. Jahrhunderts vgl. Canguilhem 1977, 24.

Sedan mit einem »Gemisch aus Aversion und Faszination« (Reichel 1985, 150) auf den rechtsrheinischen Nachbarn: Bis weit ins 20. Jahrhundert hinein existierte beiderseits des Rheins die Vorstellung »von Frankreich als einem statischen, friedlichen und von Deutschland als einem dynamischen, angriffslüsternen und vor allem jungen und starken Land« (ebd.).[4]

Kontext für derartige Deutungen waren der Durchbruch der biologischen Wissenschaften und ihr prägender Einfluß auch auf die Sozialwissenschaften – Edward Reichel (1985, 152) spricht in diesem Zusammenhang von einem »politischen Paradigmenwechsel vom Sozialen zum Biologischen hin«. Sehr rasch hatten biologisch-medizinische Modelle kultureller Krisen eine große symbolische und ideologische Kraft auch außerhalb Frankreichs erlangt.[5] Bahnbrechend für ihre öffentliche Verbreitung war das von Benedict August Morel 1857 publizierte Werk *Traité des dégénérescences physiques, intellectuelles et morales de l'epèce humaine et de ses causes qui produisent ces variétés maladives*.[6] Binnen kurzer Zeit verwob sich Morels Degenerations-Lehre mit dem zeitgenössischen Sozialdarwinismus, der Darwins Idee vom »survival of the fittest« im »struggle for existence« in eine Art »Biologie des Bürgerlichen« (W. F. Haug 1990, 84) umgesetzt hatte[7], sowie mit der

---

4 Reichel nennt in diesem Zusammenhang der intellektuellen Rechten Frankreichs zuzuordnende Autoren wie Drieu La Rochelles, Maurice Barrès oder Henry de Montherlant. Letzterer war ein Freund Coubertins, so jedenfalls berichtet Carl Diem (1960, 886). Zum Zusammenhang von literarischem und politischem Jugend-Kult im damaligen Frankreich vgl. auch Rabinbach 1990, 21 ff.

5 Zur Ausbreitung der Degenerations-Vorstellung in der europäischen Kultur sowie zur Bandbreite der in ihr gebündelten »Pathologien« vgl. Hoberman 1984, 130; Göckenjan 1985, 70 ff.; Weingart u. a. 1988, 58 ff..

6 Nach Morel konnten diese »krankhaften Veränderungen der menschlichen Art« sowohl durch äußere Faktoren wie Alkoholmißbrauch, soziales Milieu oder erworbene Schäden entstehen als auch durch angeborene, vererbte Erkrankungen (vgl. Weingart u. a. 1988, 47). Morels Definition von Degeneration lautete: »Die Degenerationen sind krankhafte Abweichungen vom normalen menschlichen Typ, sind erblich übertragbar und entwickeln sich progressiv bis zum Untergang« (zit. n. ebd.). Dabei bezog Morel sein Degenerationskonzept nicht nur auf einzelne Familien, sondern auch auf ganze »Rassen«, ja die gesamte moderne Zivilisation. Es überwand politische, soziale und wissenschaftsdisziplinäre Grenzen, fand nicht nur Eingang in Medizin und Psychiatrie, sondern auch in Kriminologie und öffentliche Hygiene sowie in die positiven Sozialwissenschaften (vgl. auch Nye 1982, 53; Canguilhem 1977, 25 ff.). In Deutschland wurde es 1892 unter dem Begriff »Entartung« von Max Nordau popularisiert.

7 Marx bereits hatte bemerkt: »Es ist merkwürdig, wie Darwin unter Bestien und Pflanzen seine englische Gesellschaft mit ihrer Teilung der Arbeit, Konkurrenz,

um die Jahrhundertwende wiederentdeckten und auf den Menschen übertragenen Vererbungslehre Gregor Mendels.[8] Auf dem Boden dieses Ideologiegemischs, das zu einem politischen Deutungsmuster mit Weltbildfunktion avancierte, erhielten die durch den gesellschaftlichen Strukturwandel des 19. Jahrhunderts, durch Industrialisierung, kapitalistische Ausbeutung und katastrophale Wohnverhältnisse in den städtischen Ballungsräumen hervorgetriebenen Probleme und Leiden das Gewicht von Degenerationssymptomen: sie wurden als Folge einer »Degeneration« des Erbguts interpretiert (vgl. Weingart u. a. 1988, 17f.).

Zwar benutzte Coubertin den Terminus »Degeneration« explizit nur selten, implizit jedoch spielte er häufig auf einzelne, in dieser kollektiven Niedergangsvorstellung syndromartig miteinander verbundenen Elemente an. So zählte er zu den »Pathologien«, denen sich Frankreich, aber auch andere Industrienationen um die Jahrhundertwende konfrontiert gesehen hätten: den Alkoholismus (OG, 60f. [1918]); die Tuberkulose (OG, 83 [1919]); eine zu Passivität verurteilende »gekünstelte Mentalität« und »krankhafte« Grübelei (OG, 115 [1925]); Resignation und Verweichlichung von Körper und Geist (OG, 53 [1918]); Neurasthenie und Nervosität (TCH III, 644ff. [1912]); die Überflutung einer kleinen Elite durch die zahlenmäßig weitaus größeren, proletarischen Massen (OG, 99 [1920]); schließlich – in Anklang an Nietzsches Verschränkung von Frauenemanzipation und »Verfall« (vgl. Weingart u. a. 1988, 64) – das »Frauenrechtlertum«, das wie eine Naturkatastrophe die Ordnung der Gesellschaft bedrohe: es

---

Aufschluß neuer Märkte, ›Erfindungen‹ und Malthusschem ›Kampf ums Dasein‹ wiedererkennt. Es ist Hobbes' *bellum omnium contra omnes*, und es erinnert an Hegel in der ›Phänomenologie‹, wo die bürgerliche Gesellschaft als ›geistiges Tierreich‹, während bei Darwin das Tierreich als bürgerliche Gesellschaft figuriert« (MEW 30, 249; vgl. auch Marx an Kugelmann, 27. Juni 1870). Im Sozialdarwinismus spiegelt sich die Konkurrenz- und Leistungsgesellschaft enthistorisierend in einer wissenschaftlich konstruierten »Natur«, um das zurückgeworfene Spiegelbild als Beweis für die Naturgesetzlichkeit und Ewigkeit der gegenwärtigen Einrichtung des Gesellschaftlichen zu lesen, sie ihren Kritikern gegenüber zu legitimieren und ihr Anerkennung in allen sozialen Klassen zu verschaffen. Darwins Lehre wurde zum Beweis dafür herangezogen, daß die Ungleichheit »notwendig« und »allgemein« ist, weil »das Prinzip der natürlichen Auslese ... aristokratisch« sei, wie die Sozialdarwinisten Haeckel und O. Schmidt formulierten (zit. n. KWM, Bd. 2, 217). Zur Geschichte und Bedeutung des Sozialdarwinismus im Kontext von Liberalismus, Imperialismus, Rassismus und Faschismus vgl. Baader 1987.
8 Zu diesen Verbindungen vgl. W. F. Haug 1987, 129ff.; Pfister 1993, 163.

stelle einen »Vulkan« dar, den man »vorbeirauschen« lassen müsse (1901, 177).

Biologismus, Sozialdarwinismus und Vererbungslehre gaben aber nicht nur den Boden für die Vorstellung einer großen »Degeneration« ab, sondern auch für Konzepte einer »heilenden« Intervention in die gesellschaftliche Entwicklung. Indem Coubertin seinem Krisenszenario ein biologisch-medizinisches Deutungsschema überstülpte, schuf er die Basis dafür, eine »Therapie« des Gesellschaftlichen ins Auge zu fassen, die zu einer erneuten Konsolidierung der französischen Nation sowie zur Absicherung eines allgemeinen gesellschaftlichen Fortschritts führen sollte.

III. Sport als Mittel zur »Therapie« der Gesellschaft

Coubertins Klagen über den Zustand der Industriegesellschaften waren keineswegs ungewöhnlich, sondern fanden sich in vergleichbarer Form in der gesamten Zivilisationskritik, die gerade in Frankreich – neben Deutschland – ihre markantesten theoretischen Ausformulierungen erhalten hatte. Wenn etwas neu und originell an Coubertins Schriften und Initiativen war, dann allenfalls dies, daß er eine moderne sportliche Pädagogik als Mittel der Krisenlösung in den Blick nahm.[9] Allerdings existierte auch für diese Idee ein gut präparierter Boden. Als Reaktion auf die Untergangsvisionen des *Fin de siècle* waren bereits vielfältige »Theorien« entwickelt worden, die sich als Strategien gegen den behaupteten Niedergang anboten. Zu nennen sind in diesem Zusammenhang einerseits jene staatlich gesteuerten Erziehungs- und Sozialtechnologien, die Foucault als »Bio-Politik der Bevölkerung«[10] be-

9 Im impliziten Gegensatz zur Marxschen »Kritik der politischen Ökonomie« behauptete Coubertin (OG, 115 [1925]), die »Zukunft der Zivilisation« beruhe »weder auf politischen noch auf ökonomischen Grundlagen«, sondern einzig und allein auf erzieherischen. Die politischen und ökonomischen Fundamente der modernen Gesellschaften werden nicht zur Disposition gestellt, sondern sie bilden den als unveränderlich hingestellten Rahmen, dem durch Erziehung die körperlichen, geistigen und seelischen Kräfte der Menschen angepaßt werden sollen. Ziel ist die Entwicklung individueller Handlungsfähigkeit in den Grenzen der industriekapitalistischen Moderne.
10 Foucault (1983; 1989; 1993; 1995) unterscheidet die Machttechnologien der *Disziplin*, die sich vom Ende des 17. Jahrhunderts an in den abendländischen Gesellschaften auf den *individuellen* Körper richteten, um diesen in ein und demselben Vorgang auf der Basis eines empirisch über ihn erhobenen Wissens ökonomisch

zeichnet hat, andererseits die vielfältigen Bewegungen sozialer und kultureller Erneuerung, die unter den Begriff »Lebensreform« subsumiert werden können.

Im Geflecht der mannigfaltigen Strategien und Angebote zur »Therapie« der vermeintlich erkrankten Gesellschaft spielte die Körperpädagogik stets eine wichtige Rolle. Auch Coubertin erkannte in ihr – neben Medizin, Ethik und Eugenik (vgl. 1908, 63; TCH I, 599 ff. [1912]) – ein ausgezeichnetes »Gegengift« gegen die angeblichen Degenerationssymptome des gesellschaftlichen Lebens und hielt sie für eine »Schöpferin moralischer und nationaler Stärke« (OG, 68 [1918]). Allerdings trat er nur für eine ganz bestimmte Form der körperlichen Erziehung ein: für eine moderne, auf Eigenleistung und Wettkampf gegründete Pädagogik des Sports nach englischem Vorbild, die er anderen körperpädagogischen Modellen entgegenhielt, vor allem dem paramilitärisch organisierten Deutschen Turnen und der rationell betriebenen Schwedischen Gymnastik, die seinerzeit in Frankreich von etlichen Leibeserziehern und an den Schulen favorisiert wurden.[11]

---

nützlich und politisch fügsam zu machen (*Anatomo-Politik*), von den Technologien der *Kontrolle* und *Regulierung*, deren Zielscheibe seit Mitte des 18. Jahrhunderts der Gattungskörper – die *Bevölkerung* – war (*Bio-Politik*). Beide Politiken bewegen sich in den Bahnen einer modernen instrumentellen Rationalität, einer rationalen Menschenökonomie, die zum Glauben an die Evolution und den grenzenlosen Fortschritt, an Naturbeherrschung und die Wissenschaften paßt. Sie waren aus der historischen Notwendigkeit entstanden, die aus pyramidalen Herrschaftsordnungen herausgelösten »freien« Individuen sowie die Massen zu disziplinieren, zu regulieren und den politischen und ökonomischen Bedingungen des modernen Industriekapitalismus anzupassen. Zentrales Untersuchungs- und Erkenntnisobjekt dieser neuen politischen Rationalität war der menschliche Körper, der verbessert, leistungsfähiger und tüchtiger gemacht werden sollte. An der Gelenkstelle zwischen der Disziplinierung des individuellen Körpers und der Regulierung der Bevölkerung befindet sich, so Foucault (1995, 34f.), das Geschlecht. Im Mittelpunkt der neuen »Bio-Politik der Bevölkerung« stehen, laut Foucault (1983, 166), die Sexualität und Fortpflanzung, die Geburten- und Sterblichkeitsrate, das Gesundheitsniveau und die Lebensdauer (vgl. auch Reinfeldt/Schwarz 1993).

11 Nach Sedan hatte sich in Frankreich eine Vielzahl von Turn- und Gymnastikvereinen gegründet, die 1873 in der *Union des Sociétés de Gymnastique* einen Dachverband erhielten. Sein Wahlspruch lautete: »patrie, courage, moralité«. In den in der *Union* zusammengeschlossenen Vereinen wurde zunächst ein preußisches Drillturnen praktiziert, das in seinem Entstehungsland zur Erziehung folgsamer Untertanen diente (vgl. Eichberg 1978, 164; Alkemeyer u. a. 1988/89). Ähnlich war die Lage an den Schulen: Per Dekret waren hier – als ein Höhepunkt der Bewegung zur »Erneuerung der Nation« – am 6. Juli 1882 *bataillons scolaires* eingeführt

In der Konsequenz der Ausführungen Coubertins entsteht ein symbolisches Kontrastmuster, in dem Gymnastik und Turnen auf der einen und der moderne Sport auf der anderen Seite stehen. Korrespondieren Gymnastik und Turnen innerhalb dieser dualistischen Konstruktion mit einengendem Zwang und staatlicher Fremdbestimmung, mit Statik und Verkrustung, d. h. mit vormodernen gesellschaftlichen Zuständen, so wird dagegen der Sport mit Selbstbestimmung, Eigeninitiative, Dynamik und Mobilität gleichgesetzt. Waren Gymnastik und Turnen für Coubertin die individuelle Handlungs- und Leistungsfähigkeit einschränkende, also hemmende Disziplinen, so bezeichnete er den Sport als eine »produktive Pädagogik« (OG, 115 [1925]). Er werde deshalb »den Bedingungen der Moderne« weit besser »gerecht« (OG, 55 [1918]).

Der Grund: Coubertin hielt den sportlichen Wettkampf und die soziale Praxis der Moderne für *strukturell homolog* und *psychologisch gleichwertig*. Die Welt des Sports stellt in seiner Perspektive eine *Mimesis* der sozialen Praxis der Moderne dar. Sie zeigt danach Merkmale, Handlungsdimensionen, Grundmuster und Persönlichkeitsauffassungen moderner Gesellschaften in einer besonders klaren, zugespitzten und planmäßig mit pädagogischen Absichten zu inszenierenden Weise. Als ein Phänomen der Moderne sah

---

worden, in denen man uniformierten männlichen Schülern ab einem Alter von zwölf Jahren in kollektiven Bewegungsmustern, Märschen und Paraden Fügsamkeit beibrachte (vgl. Caillat 1989, 39). Auch in der von Pascal Grousset, einem Gegenspieler Coubertins, 1888 gegründeten *Ligue de l'Education physique* setzte man auf para-militärische Massengymnastik und war – im Unterschied zu Coubertin – der Meinung, es sei wichtiger, die Masse des Volkes körperlich zu ertüchtigen als auf die Erziehung einer *élite d'initiative* zu vertrauen (vgl. Nye 1982, 62). Als sich dann gegen Ende des 19. Jahrhunderts patriotische Zielsetzungen mehr und mehr mit sanitären, hygienisch-biologisch-medizinischen Erwägungen verbanden, setzte sich sowohl in den Schulen als auch in der *Union des Sociétés Gymnastique* die von Ärzten und Hygienikern favorisierte hygienisch-rationell betriebene Schwedische Gymnastik nach Nachtegall und Ling durch (vgl. ebd., 60f.; Diem 1960, 879). Preußisches Drillturnen und Schwedische Gesundheitsgymnastik unterschieden sich jedoch so stark nicht voneinander. Auch das schwedische Modell der Körpererziehung basierte auf einem rationellen Durcharbeiten des in seine anatomischen Einzelteile zergliederten Körpers, auf Drill, Gleichzeitigkeit und Strammheitszumutungen. Dies kann freilich kaum verwundern, war doch Nachtegall Militärgymnastiker und Ling zunächst 1813 Fechtlehrer an der Kriegsakademie Karlsberg, bevor er dann ab 1814 Ausbilder von Gymnastiklehrern u. a. für das Heer am gymnastischen Zentralinstitut wurde (vgl. Eichberg 1978, 160).

Coubertin den Sport durch folgende Charakteristika ausgezeichnet: formale Chancengleicheit; das zum »struggle for life« naturalisierte Konkurrenzprinzip; das Prinzip des Verdienstes, d. h. einer allgemeinen, auf die Eigenleistung sich gründenden Gerechtigkeit[12]; den Grundsatz der Progressivität und Maximierung der Leistung (*citius, altius, fortius*); die Kontrolle der Gefühle; das Handlungsmuster des »Ich im Widerstand« (Gebauer 1983) gegen die Konkurrenten, die natürliche und dingliche Umwelt sowie die schwachen Teile des eigenen Selbst; Momente des Risikos, des Zufalls und der Kooperation. Coubertin war mithin der Ansicht, die im Sport zu erlernende *Ökonomie des Handelns* entspräche genau jener, die die Männer auch im sozialen Leben der Moderne benötigten, um sich dort behaupten zu können. Abgetrennt von den gesellschaftlichen Mächten und den Bedingungen, die ihren Erwerb erforderlich machten, könnten die einzelnen im Sport spielerisch allgemeine Fähigkeiten des agonalen und kooperativen Handelns, der Selbstkontrolle und der Selbsthilfe erwerben, die auch zum individuellen Erfolg in der beruflichen Praxis beitragen würden. Coubertin nahm somit wesentlich den Standpunkt derer ein, die die gesellschaftlichen Verhältnisse der industriekapitalistischen Moderne praktisch zu leben und zu bewältigen hatten. In einem Vortrag von 1889 betonte er entsprechend: »We want free-minded self-governing men, who will not look upon the State as a baby looks on his mother, who will not be afraid of having to make their own way through life. ... Let him (den Jungen im Alter zwischen 12 und 19 Jahren, Th. A.) have the management of his own games, and so you will turn out a man fitted for social life ... « (1889, 1008).

Mittels einer modernen sportlichen Pädagogik sollten die physischen und psychischen Kräfte der jungen Männer gleichermaßen gestärkt und auf die Bewältigung des modernen »Lebenskampfes« hin kanalisiert werden: Zum Interesse am starken Körper gesellt sich die Aufmerksamkeit für die Abhärtung des Charakters und des Willens.[13] Der Bezug auf die »ganzheitlichen« Erziehungsphi-

---

12 Coubertin sprach von einer »Aristokratie völlig gleichen Ursprungs«, die bestimmt sei durch die körperliche Überlegenheit des Individuums, seine vielseitigen muskulären Möglichkeiten und – bis zu einem gewissen Grad – durch seinen Trainingswillen (TCH II, 436 [1935]).
13 Im sportlichen Wettkampf trainiere sich der Mann, Coubertin (1901, 110) zufolge, mit einer harten physischen Muskulatur auch eine ebenso harte »geistig-sittliche Muskulatur« an. Zugleich mit den körperlichen Qualitäten der »Wendigkeit«, der

losophien der Antike diente Coubertin in diesem Zusammenhang vornehmlich dazu, modern-bürgerliche Wirklichkeitsauffassungen, Wertmuster und anthropologische Idealbilder zu nobilitieren und zu universalisieren und sie auf diese Weise in der gesamten Gesellschaft akzeptabel zu machen. Er brachte die klassisch-humanistische Vorstellung einer harmonischen Erziehung von Körper und Geist nicht etwa aus rein idealistischen Gründen gegen die neuzeitliche Fragmentierung des Menschen in Anschlag, sondern als produktive Antwort auf die Folgen der Moderne. Allen gegenteiligen Behauptungen zum Trotz ging es ihm nicht um den »ganzen« Menschen als Selbstzweck oder aus philanthropischen Erwägungen heraus, sondern die Intention einer ganzheitlichen Erziehung von Physis und Psyche orientierte sich an dem funktionalen Ziel, die männlichen Individuen für die sozialdarwinistisch interpretierten modernen Konkurrenzen zu ertüchtigen. Sie basierte auf der Unterstellung, die Männer seien den Umwälzungen, die von der Modernisierung der Gesellschaft ausgingen, nicht schutzlos ausgeliefert, sondern könnten sich die veränderte Wirklichkeit durch eine Mobilisierung ihrer individuellen Energien und Kräfte untertan machen.

Über die Verbesserung der Einzelkräfte glaubte Coubertin, gleichzeitig zur »Gesundung« von Gesellschaft und Nation beitragen zu können (vgl. so OG, 8 [1894]; 1901, 139). Dahinter stand die ebenfalls vom Sozialdarwinismus inspirierte Vorstellung, daß die Leistungsfähigkeit einer großen Organisation durch die Kräfte aller Beteiligten determiniert werde, daß also eine »Vereinigung« dann »erfolgreich sei, wenn sie aus widerstandsfähigen Personen zusammengesetzt ist« (1908, 171).[14] Da Coubertin dem Sport auch die Fähigkeit zusprach, die Individuen im Medium der Praxis an die Regeln des sozialen Lebens zu gewöhnen und derart in die Gesellschaft zu integrieren, hielt er ihn für ein geeignetes Mittel zur Überwindung sowohl der sozialen Desintegration als auch der nationalen Schwäche Frankreichs. In der Konsequenz

»Geschicklichkeit«, der »Kraft« und der »Härte« erlange er die »physisch-moralischen Eigenschaften« der »Energie«, der »Kaltblütigkeit«, der »Ausdauer« und der »Schlagfertigkeit« (TCH III, 131 [1914].

14 An anderer Stelle bemerkte Coubertin, nur die Nation könne aufstreben, die »aus guten Tieren zusammengesetzt ist« (TCH I, 390 [1909]). Deckungsgleich hieß es bereits bei Herbert Spencer: »To be a nation of good animals is the first condition to national property« (zit. n. Haley 1978, 22). Ausdrücklich bezog sich Coubertin an anderer Stelle auf diese Äußerung Spencers (vgl. TCH I, 424 [1910]).

beinhalteten seine Vorschläge zur Erziehungsreform ein doppeltes Angebot: Auf der einen Seite versprachen sie den männlichen Bürgern, sie aus autoritären Zwängen zu befreien, sie tüchtiger und erfolgreicher in den modernen Sozialverhältnissen zu machen. Auf der anderen Seite verhießen sie dem Staat, durch die sportliche Pflege und Verbesserung individueller Energien zugleich einen entscheidenden Beitrag zur Überwindung der gesellschaftlichen Krise zu leisten und Frankreich wieder konkurrenzfähig auf dem internationalen Markt zu machen.[15]

IV. Die Olympischen Spiele als Feste einer Zivilreligion des Sports

Das Projekt der Olympischen Spiele bildete einen integralen Teil des pädagogisch-politischen Reformprogramms Coubertins. Denn die Spiele sollten erstens ein sinnfälliges Werbemittel für die sportliche Erziehung sowie zweitens eine eigenständige Institution öffentlicher Erziehung sein[16]: Die Hoffnung auf eine »Heilung« der Gesellschaft durch Sport verbindet sich mit der Erwartung, durch ein kultisches Fest zu deren Konsolidierung beitragen zu können.

Ausdrücklich bezeichnete es Coubertin als das »erste und wesentliche Merkmal des alten wie des modernen Olympismus, ... eine Religion zu sein«, und zwar »eine Religion mit Kirche, Dogmen, Kultus...« (1936, 107). Im Gegenzug zur Freisetzung der modernen Individuen aus den sicheren und verbindlichen Einheiten traditionaler Gesellschaften ging es ihm darum, mit Hilfe des Olympismus neue, quasi-religiöse Bindungen zwischen den Men-

---

15 Insgesamt zeigt das Erziehungsprogramm Coubertins, daß hinter dem Ziel einer Erziehung zum selbstdisziplinierten Menschen keineswegs nur die Machtinteressen partikularer Gruppen standen, sondern daß es auch den historisch gewordenen und ernstzunehmenden Interessen und Nöten von Menschen entgegenkam, die sich unter den Bedingungen der Moderne auf sich selbst gestellt sahen. Entscheidend ist, daß die Erziehung der Menschen zur Anpassung an die neue Entwicklungsstufe der Moderne simultan der Erweiterung ihrer individuellen Handlungsmöglichkeiten dienen sollte. Die Dialektik dieses Programms besteht darin, daß gerade *indem* Antworten auf individuelle Sorgen gegeben werden, ein Beitrag zur Reproduktion eben jener Sozialverhältnisse geleistet wird, die diese Nöte verursachen.
16 Wiederholt betonte Coubertin so den großen »pädagogischen Wert« des olympischen Zeremoniells (vgl. TCH II, 472 [1931]; 1936, 162 f.).

schen einzurichten: Sein Interesse galt dem *sozialen Integrationswert* des religiösen Gefühls. Er definierte Religion also nicht lediglich über das, was als religiöser Inhalt gelten kann, sondern über ihre Funktionen: über die Praktiken und Erfahrungen, mittels deren sich eine Kultur bzw. Gesellschaft gemeinschaftsbildender Werte und Orientierungen versichert.[17]

Um die ihr zugedachten re-integrativen Funktionen erfüllen zu können, konzipierte Coubertin die Olympischen Spiele ausdrücklich als einen Gegenentwurf zum krisenhaften Gesellschaftszustand der Moderne: als einen »heiligen« Gegen-Raum zum »profanen« bürgerlichen Markt. »Mögen Sie in sportlichem Geiste«, appellierte er 1925 auf dem olympischen Kongreß in Prag an die anwesenden Repräsentanten der olympischen Bewegung, »dem Gipfel zustreben, wo wir den Tempel bauen wollen, während in der Ebene der gemeine Markt errichtet wird. Der Tempel wird ewig stehen, alles andere wird schwinden. Markt oder Tempel! Die Sportsleute haben zu wählen. Sie können nicht beides wollen, sie müssen sich für eines entscheiden« (OG, 115 [1925]).[18] Im Hier und Jetzt des derart vom marktförmig organisierten Alltag deutlich geschiedenen olympischen Festes sollte der (Vor-) Schein einer besseren Welt inszeniert werden, die sich ihrerseits aus einer phantasierten Geschichte der Antike – einem künstlichen kulturellen Gedächtnis der Moderne – nährte. Im Rahmen dieser Sonderwelt sollten die in der Moderne gegeneinander »vereinzel-

17 Zu einer solchen Definition von Religion vgl. auch Luckmann 1991, 165; Keppler 1994, 98. Zum politischen Interesse des (deutschen) Konservatismus an der Religion als sozialer Integrationskraft vgl. Greiffenhagen 1986, 94 ff.
18 Der aktuelle Hintergrund für diesen eindringlichen Appell Coubertins bestand darin, daß sich die Olympischen Spiele in den zwanziger Jahren zu einem Massenspektakel entwickelt hatten, auf das sich zunehmend politische und ökonomische Interessen konzentrierten. Angesichts dieser Entwicklung richtete sich Coubertin 1927 nochmals an die »sportliche Jugend aller Nationen« (OG, 116 [1927]): »Meine Freunde und ich haben nicht gearbeitet, ... daß kaufmännische oder Wahlinteressen sich ihrer (der Spiele, Th. A.) bemächtigen. Indem wir eine Einrichtung wieder aufnahmen, die schon fünfundzwanzig Jahrhunderte alt ist, taten wir es, damit Ihr wieder zu Jüngern der sportlichen Religion werden könnt, so wie die großen Vorfahren sie verstanden.« Die Stoßrichtung dieser Äußerungen war unmißverständlich: Coubertin ging es darum, die Grenzen zwischen »Heiligem« und »Profanem« aufrechtzuerhalten. Es sollte verhindert werden, daß der olympische Sport von der Seite religiöser Ernsthaftigkeit und Reinheit auf diejenige des bloß Theatralischen, Spektakulären und Unterhaltenden hinabgezogen wird und mit den »Niederungen« des politischen Alltagsgeschäfts und der Marktökonomie in Kontakt gerät.

ten Einzelnen« (K. Marx) wieder Anschluß an ein allen Gemeinsames finden, an eine allgemein verbindliche Ordnung.

Die Teilhabe an diesem Allgemeinen sollte aber nicht über den Verstand erfolgen, sondern über die Sinne. Denn für die Unfähigkeit der modernen Gesellschaften, die Konkurrenten und die konfligierenden Gruppen dazu zu bringen, ihre unversöhnlichen Interessen einem imaginären Konsensus aufzuopfern, machte Coubertin nicht zuletzt das *visuell-symbolische Vakuum* der modernen Demokratien verantwortlich: »Glauben Sie nicht«, schrieb er in einem seiner *Olympischen Briefe* vom Dezember 1918, »eine Demokratie könne auf normale Weise existieren, wenn es, um die Bürger zusammenzuhalten, nur die Gesetzestexte und die Aufrufe zu Wahl gibt. Einst hatte man die Feierlichkeiten der Kirche und (den) verschwenderischen Prunk der Monarchie. Wodurch will man das ersetzen? Durch Einweihungen von Statuen und Ansprachen im Gehrock ... Ach was!« (OG, 67 [1918]). Nüchterne Gesetzestexte, knöcherne Wahlaufrufe, Reden und Ansprachen, all dies schien ihm denkbar untauglich, die Individuen untereinander sowie mit der politischen Ordnung, in der sie leben, solidarisch zu machen. Demgegenüber postulierte er, auch eine Demokratie benötige, um eine innere Integration der Gesellschaft zu gewährleisten, ein »Zentrum für gemeinschaftliche Aufführungen und Vergnügungen..., wo sich die Menschen nicht nur aller Altersstufen und Berufe, sondern auch aller Meinungen und Verhältnisse um eine einfache, klare und sozusagen *greifbare* Idee zusammenfinden« könnten (ebd.; Hervorhebung Th. A.).

Das olympische Fest sollte die Sinnlichkeitsdefizite moderner Politik beheben; es sollte das Medium einer ästhetisch-symbolischen Politik sein. Im bewußten Gegensatz zur intellektgeleiteten Wort- und Schriftkultur entwarf Coubertin das olympische Zeremoniell deshalb als wagnerisierendes »Gesamtkunstwerk«. In Wagners Bayreuth habe sich ihm erstmals, schrieb er in seinen *Olympischen Erinnerungen* (1936, 64), der »olympische Horizont« vor seinem geistigen Auge eröffnet. Dem berühmten Vorbild folgend, sollte auch in der Inszenierung der Olympischen Spiele eine weitreichende, aus der Geschichte geborgte Palette performativer Elemente, von Klängen, Rhythmen, optischen Elementen und rituellen Gesten, von ästhetischen Gegenständen und Formen zusammengefügt werden: klassizistische Architekturen mit Säulengängen und Tribünen; Bildhauerkunst, Malerei, Literatur und andere dekorative Künste; Freilicht-Schauspiele, Tänze, Umzüge, Aufmärsche und zu »lebenden Bildern« arrangierte Menschengruppen; höfische Dekorationen, Feuerwerke und Girlanden; symphonische Musik, dem griechischen Theater entlehnte Chöre, Salutschüsse und schneidige Fanfarenklänge; schließlich die – sich im Spannungsfeld zwischen Nationalismus und Internationalismus bewegenden – Symbole und Rituale des olympischen Zeremoniells mit dem Einzug der Nationalmannschaften, den Nationalflaggen, den olympischen Ringen, der Eröffnungsformel, dem Eid und der Flammenentzündung.[19]

Coubertin wies dem olympischen Fest mithin die Aufgabe zu, die Entwicklung der vom Verfall des öffentlichen Lebens bedrohten modernen Gesellschaften positiv zu beeinflussen. Im Einklang mit Erkenntnissen der zeitgenössischen Massenpsychologie war er der Ansicht, daß die emotionalen und unbewußten Kräfte im Menschen, die das Bindemittel jeder Gemeinschaftlichkeit bilden, viel eher über nicht-diskursive, vor-rationale Elemente – über Bilder, Musik und sinnliche Arrangements – angesprochen, mobilisiert und kanalisiert werden könnten, als über Worte und Reden.[20] In der Verschmelzung eines traditionsreichen symbolischen Formenschatzes sowie über die Aufführung kultischer und sportlicher Handlungen sollte die von ihren historischen Wurzeln abgeschnittene Moderne der großen Mythen der abendländischen Geschichte versichert und die von zentrifugalen Kräften durchzogene Markt-*Gesellschaft* erneut zu einer bergenden, sinnerfüllten *Gemeinschaft* zusammengeführt werden[21]: Aus der Einheit des Fühlens sollte eine neue »Solidarität des Lebens« (E. Cassirer) entstehen (vgl. Wirkus 1990, 112). Es ging Coubertin mit den

19 Vgl. dazu OG, 18 (1906); OG, 27ff. (1910); TCH II, 483f. (1906); TCH II, 532 (1911); 1908, 152ff.
20 Zeitgleich erkannte auch Le Bon, daß vor allem Bilder Vor- und Unbewußtes zum Ausdruck bringen würden, eine starke gefühlsmäßige Wirkung von ihnen ausginge und sie länger im Unterbewußtsein haften blieben als Worte. So stand für Le Bon (1895, 51) fest: »Die Massen können nur in Bildern denken und lassen sich nur durch Bilder beeinflussen. Nur diese schrecken oder verführen und werden zu Ursachen ihrer Taten.«
21 Daß die Versuche zur Stiftung von Tradition, zu Remythisierung, Neuordnung und Neuvereinheitlichung ein zentrales Kennzeichen der ästhetischen Gegenwelten zur Moderne sind, hat unlängst Cornelia Klinger (1995) ausgeführt. Sie hat überdies gezeigt, daß der NS-Staat an diese Versuche anknüpfen konnte und die in ihnen zum Ausdruck kommenden modernen Sehnsüchte nach Ganzheit, Einheit und Sinn im eigenen machtpolitischen Interesse bediente.

Olympischen Spielen um die Herstellung einer imaginären, nur in der Repräsentation noch möglichen Gemeinschaftlichkeit im Modus des Ästhetischen, um eine utopische Kompensation sozialer Auflösung.

Die Olympischen Spiele sollten eine ästhetische Eigenwelt sein, in deren Grenzen zentrale Mängel der Moderne überwunden werden. Damit aber sollten sie zugleich eine konstitutive Rolle für den Prozeß der Moderne spielen. Ihre Verbundenheit mit diesem Prozeß zeigt sich besonders nachdrücklich darin, daß Coubertin die historische Tiefe, Sakralität und Würde verbürgenden Symbole des olympischen Zeremoniells an die ganz und gar moderne Institution des Sports ankoppelte.[22] Ausdrücklich beabsichtigte er, »Hellenismus und Fortschritt« (1936, 123) miteinander zu verbinden. Er konzipierte die Olympischen Spiele letztlich als ein mimetisches Modell der Moderne, das Sinnstiftungsfunktion übernehmen sollte: als einen eigenständigen Sinnbereich, in dem die moderne Lebensrealität im Zeichen der Zweckfreiheit und der ökonomischen Interesselosigkeit fortgeführt, transformiert, stilisiert und überhöht wird. Zum einen wird die undurchsichtige, unklare und uneindeutige Realität des modernen Alltagslebens im Rahmen der Olympischen Spiele in eine künstlich geschaffene, perfekte Wettkampf-Situation überführt, in der eine Gleichheit unter den Konkurrenten herrscht, die den Menschen in der sozialen Praxis versagt bleibt, die gekennzeichnet ist durch eine klare Geometrie des Kampfes und eindeutig verteilte »Rollen« von Siegern und Besiegten und in der der Anteil des persönlichen Verdienstes scheinbar unwiderlegbar hervortritt.[23] Zum anderen erhält dieses vereinfachte, bildhafte Modell des wirklichen Lebens durch das olympische Zeremoniell, die Beteiligung der »schönen Künste« und den moralischen »Überbau« des *esprit du sport*[24] ein

---

[22] Der moderne Sport stellte ja eine ganz neue Form der Darbietung des Körpers innerhalb einer eigenen Welt dar: Während die alte, aristokratische Weise körperlicher Aufführungen beim Reiten, Fechten oder Tanzen noch distinktive ästhetische Qualitäten des Adels wie Eleganz und Grazie betonte, zielte die neue bürgerliche Aufführung des Körpers im Sport auf die Präsentation von Wettkampf, Leistung und Geschwindigkeit (vgl. Eichberg 1978; Schneider 1993, 866).

[23] Zum Schaffen perfekter Situationen im Spiel im Gegensatz zur Unübersichtlichkeit der sozialen Wirklichkeit vgl. auch Caillois 1982, 27.

[24] Zu diesem *esprit du sport* gehören die edlen bürgerlichen Gefühlswerte der Mitmenschlichkeit und der Philanthropie: die Momente des Altruismus (OG, 96 [1920]; OG, 142 [1932]), der »gegenseitigen Hilfe« (OG, 83 [1919]), der »ursprünglichen Ehrlichkeit« (OG, 123 [1928]) oder auch der »schöne Geist der

entschieden außeralltägliches Prestige verliehen. Im Medium der Olympischen Spiele bringt sich so die moderne Gesellschaft konkurrierender Individuen sinnbildlich und überhöhend selbst zur Darstellung.

Da die Athleten im Rahmen der olympischen Wettbewerbe aber nicht nur als Individuen für sich kämpfen, sondern auch als Repräsentanten ihrer Nationen – bereits im Einzug der Nationalmannschaften während des Eröffnungszeremoniells werden sie durch Nationalflaggen und andere nationale Symbole als solche ausgewiesen –, bilden die Spiele zugleich eine idealisierende Aufführung der im 19. Jahrhundert sich herausbildenden Weltgesellschaft rivalisierender Nationalstaaten (vgl. auch MacAloon 1984a, 271). In dem utopischen Bild der Weltgesellschaft, das sie bieten, ist von den realen Asymmetrien des Weltmarktes, von den Machtgefällen zwischen den Ländern des Zentrums und der Peripherie, nichts zu erkennen. Anders als in der Wirklichkeit des Weltmarktes, in der sich während des letzten Drittels des 19. Jahrhunderts die Exportwettbewerbe verschärften, das Wirtschaftswachstum zum ökonomischen Kampf wurde und der Wettbewerb der europäischen Nationen die Form einer Jagd um Einflußsphären annahm, die man als Neo-Imperialismus bezeichnet hat (vgl. Landes 1983, 227f.), stellen die Olympischen Spiele – der Idee nach – eine zivilisierte, vermittelte Konkurrenz nach allgemeingültigen Regeln um Ränge und Medaillen dar. Im Kontrast zum realen Ungleichgewicht in den internationalen Beziehungen zeigt die Welt des olympischen Sports eine sichtbare Symmetrie des Austauschs, in der alle Nationalstaaten die gleichen Ausgangschancen zu besitzen scheinen. Auch auf dieser Ebene sollten die Spiele also eine liberale Ideologie anschaulich werden lassen, die besagt, daß ein jeder seines (Un-) Glückes Schmied ist. Dem Augenschein nach ist die Position, die jeder Athlet als Stellvertreter seiner Nation in der abschließenden hierarchischen Ordnung des Wettkampfes einnimmt, der zutreffende und gerechte Ausdruck der eingesetzten Kräfte.

Zwar hatte schon das bürgerliche Theater des 19. Jahrhunderts die Funktion übernommen, die gesellschaftliche Praxis des Bür-

Ritterlichkeit« (TCH II, 466 [1906]). In ihrer Gesamtheit bilden diese Werte des Charakters, der Haltung, der Moral, der Lebensführung und der Lebenseinstellung den »schönen« Gegenpol zu den harten Konkurrenzen des Wirtschaftslebens (vgl. auch Gebauer 1992, 27).

gers darzustellen und dessen Alltagsleben zum Gegenstand der Bühnenwelt zu machen (vgl. Gebauer/Wulf 1992, 233 ff.), jedoch verbindet sich die Schauspielfunktion in den Olympischen Spielen noch mit zwei weiteren vergemeinschaftenden Funktionen, die im bürgerlichen Theater aufgegeben wurden: dem Fest und dem Ritus.[25] Anders als im traditionellen Theater werden im Sport keine ausgearbeiteten, niedergeschriebenen Konflikte dargestellt, sondern es wird eine vollends gegenwärtige Wirklichkeit hergestellt, die die Teilnehmer mit großer Intensität zu verbinden vermag.[26] Während im bürgerlichen Theater die Lust am Eingreifen keinen Platz hat – vielmehr wird hier das Erregende und Auffällige, das ausgesprochen Dramatische, wenn nicht gar Sensationelle vom Standpunkt des Klassischen, Reflektierten und Ernsthaften aus verurteilt –, kann all dies im Sport zu einer temporären Kommunion aller Beteiligten führen.

Halten wir fest: In Coubertins Werk lassen sich zwei verschiedene, jedoch miteinander verknüpfte Strategien zur »Therapie« der seiner Ansicht nach »erkrankten« Moderne entdecken: zum einen Erneuerungsversuche durch die Mittel und Technologien einer sportlichen Erziehung, zum anderen das Bemühen um »Heilung« mit Hilfe eines symbolischen »Managements« durch Zeichen, Visionen, Leitbilder und Werteorientierungen. Der von Soziologen wie Max Weber oder Georg Simmel um die Jahrhundertwende diagnostizierten »Entzauberung« und Ausdifferenzierung der modernen Lebenswelt begegnete Coubertin mit einem Konzept, das neue Sinnzusammenhänge, Einheit, Klarheit und Selbstgewißheit zu schaffen versuchte, *ohne* die Grundlagen der wirtschaftlichen Ordnung und ihre technologischen Voraussetzungen gänzlich in Frage zu stellen. Es handelt sich bei diesem Versuch um eine Art »Überbau«-Offensive, die ihren Kulturbegriff wesentlich aus dem bürgerlichen Kultur- und Werteverständnis des 19. Jahrhunderts bezog, gepaart mit Ideen aus der zeitgenössischen positiven Soziologie. Coubertins Ausgleichsbemühungen in den Bereichen der Pädagogik und des kulturellen »Überbaus« zielten auf eine schonende Reparatur des Gesellschaftlichen ohne Austausch der tragenden Teile.

---

25 Zur Konstruktion der Olympischen Spiele als integratives Ensemble verschiedener Typen kultureller Aufführungen vgl. MacAloon 1984b; vgl. auch Bernard 1986.
26 Zur Intensität von Aufführungen vgl. Schechner 1990, 18 ff.

V. Der Olympismus und die positive Soziologie

Die von Coubertin mit den Olympischen Spielen vorgenommene Koppelung des quasi-religiösen Versprechens einer (Wieder-)Herstellung von Einheit, Ganzheit und Sinn mit der modernen Praxis- und Darstellungsform des Sports verweist auf ein Zusammentreffen des modernen Olympismus mit den positiven Sozialwissenschaften, die im selben Zeitraum von Durkheim und seiner Schule repräsentiert und ausgearbeitet wurden. Vieles deutet darauf hin, daß Coubertin seine Vorhaben zur »Heilung« der sozialen Krise in Auseinandersetzung mit deren Konzepten entwickelte.[27] Übereinstimmungen zwischen dem Olympismus und den positiven Sozialwissenschaften zeigen sich bereits in der gemeinsamen Problemstellung: Im Zentrum der französischen Soziologie der letzten beiden Jahrzehnte des 19. Jahrhunderts stand die Frage des gesellschaftlich-politischen Zusammenhalts im Staat. Durkheim sah, wie Coubertin, die modernen Gesellschaften dadurch bedroht, daß die Bindungen zwischen den Gruppen und Individuen gelockert würden. Mit dieser Einschätzung folgte er älteren Gesellschaftstheoretikern wie Tocqueville, Spencer oder Comte. In seiner Sichtweise war die zu beobachtende gesellschaftliche Desintegration ein Anzeichen für die Schwächung des »conscience collective«[28] sowie der Normen und Regeln, in denen dieses seine

---

27 Prokop (1971) bereits hat auf Affinitäten des Olympismus Coubertins zur positiven Soziologie hingewiesen. Allerdings ist ihre Darstellung voller manipulationstheoretischer Verkürzungen. So bezeichnet sie die Olympischen Spiele als »praktisch gewordenen Positivismus« zur Einfunktionalisierung der Massen in den Kapitalismus, als sakral überformte »Wirkungsästhetik« zur »manipulativen Beeinflussung des Bewußtseins der Beherrschten« oder auch als »Instrument der Verhaltensformierung und der Erzeugung von Massenloyalität« (ebd., 29 ff.). In ähnlicher funktionalistischer Verkürzung hat Brohm (1983, 11; 1990, 191) behauptet, der Olympismus funktioniere »wie eine positivistische Ideologie zur Stabilisierung der bestehenden Ordnung«. Damit wird übersehen, daß die Olympischen Spiele auch auf subjektive Interessen und Wünsche nach Neuvereinheitlichung, Remythisierung und Wiederverzauberung reagierten, die auf der Rückseite des Prozesses der Moderne entstanden waren. Zum Verhältnis Coubertins zu den zeitgenössischen Sozialwissenschaften vgl. auch MacAloon 1987; Turner 1989, 191.
28 Dies ist die entscheidende soziologische Kategorie Durkheims. Sie läßt sich weder auf ökonomische noch auf psychologische Kategorien zurückführen, sondern bildet eine Wirklichkeit sui generis jenseits objektiver Konditionen und subjektiver Intentionen (zur Überwindung des Subjekt-Objekt-Dialektik im Konzept der kollektiven Repräsentation vgl. Durkheim 1912, 33 ff.; vgl. auch Bude 1992, 15). Mit der Konstruktion des Kollektivbewußtseins schloß Durkheim an eine Reihe

soziale Ausprägung finde. Durkheim nannte den Zustand moderner Gesetzes- und Regellosigkeit »anomisch«. Darüber hinaus verstand sich die positive Soziologie nicht nur als Wissenschaft zur Analyse der Gegenwart, sondern ihr Ziel bestand auch darin, aus der Einsicht in die Krisenlage soziologische Mittel zur Neuordnung der Gesellschaft bereitzustellen. Ausdrücklich forderte Durkheim bereits in seiner Eröffnungsvorlesung an der Universität Bordeaux im Jahre 1887, die Soziologie möge »einen heilsamen Einfluß« auf die Gesellschaft ausüben (Durkheim 1887/88, 51): Er verfolgte eine doppelte Perspektive von Kritik und Erneuerung, die in vergleichbarer Form auch im Olympismus Coubertins auftaucht.[29]

Um ein neues Band des Glaubens zwischen den in der modernen Gesellschaft voneinander getrennten Menschen zu erzeugen, hatte sich bereits Comte – in der Nachfolge älterer, bis auf Rousseau zurückgehender Ideen – für eine säkulare, »zivile Religion« eingesetzt[30]: für eine wissenschaftliche »Religion der Menschheit« mit den Soziologen als Priestern. Über ihr Dogma, ihren Kult und ihr »régime« sollte diese soziologische Religion die Individuen *ganzheitlich* ansprechen, also ihre intellektuellen, affektiven und praktischen Kräfte gleichermaßen berühren[31], um auf diese Weise einen erneuten sozialen Konsensus zu bewirken und die egoistischen Triebe der einzelnen in altruistische Einstellungen zu verwandeln (vgl. Aron 1971a, 99). Die Affinitäten der Coubertinschen »Sportreligion« zu diesem zivilreligiösen Modell sind nicht zu übersehen. Coubertin folgte Comte auch darin, daß der »pathologische« Zustand der Gesellschaft nur dann »geheilt« werden

---

älterer, ähnlich lautender Bemerkungen an, so etwa an die Feststellung Tocquevilles, nach der diejenigen Menschen als Gesellschaft anzusehen sind, die bestimmte Dinge und Werte auf gleiche Weise betrachten, oder an die Ausführungen Comtes über den Konsensus als dem ontologischen Merkmal sozialen Zusammenhangs überhaupt (vgl. auch König 1987, 142).

29 Zu dieser doppelten Perspektive der positiven Soziologie vgl. auch König 1987, 100.
30 Zur Tradition »ziviler Religionen« seit Rousseau vgl. Maffesoli 1987, 400; Colpe 1990, 34f.
31 Comtes Religion sollte einen intellektuellen Aspekt (das Dogma), eine affektive Dimension (die Liebe, die im Kult zum Ausdruck kommt) und eine praktische Komponente (das »régime«) enthalten: »Der Kult regelt die Empfindungen, das Regime das private und öffentliche Verhalten der Gläubigen« (Aron 1971a, 99). So sollte sich diese wissenschaftliche Religion »gleichzeitig an den Verstand, an das Gefühl und an das Handeln, d. h. an alle Anlagen des menschlichen Wesens ...« wenden (ebd.).

könne, wenn die einzelnen ihre Kräfte in den Dienst des Ganzen stellten: »Die Gesellschaft der Zukunft wird altruistisch sein, oder es wird sie nicht geben: man muß zwischen ihr und dem Chaos wählen« (OG, 142 [1932]).[32]

Zwar war Durkheim im Unterschied zu Comte kein Prophet einer soziologischen Religion, aber auch er war der Ansicht, daß das Gefühl der Gemeinsamkeit eine notwendige Voraussetzung für die soziale Integration sei. Und auch er postulierte die Existenz eines überdauernden religiösen Grundbedürfnisses der Menschen, das die »Basis aller Glaubenssysteme und aller Kulte« (Durkheim 1912, 22) darstelle, und hob die sozialen Bedingungen und Funktionen des Religiösen hervor.[33] Vor allem seine letzte große Studie über *Die elementaren Formen des religiösen Lebens* diente zum einen dem Zweck, unter Anwendung sozialwissenschaftlicher Methoden Aufkärung über »die religiöse Natur des Menschen« zu geben und damit »einen wesentlichen und dauernden Aspekt der Menschheit zu offenbaren« (ebd., 18); zum anderen wollte er zeigen, daß das Religiöse eine unabdingbare Vitalkraft des Gesellschaftlichen darstellt. Fast »alle großen sozialen Institutionen« seien, heißt es abschließend sogar, »aus der Religion geboren« worden (ebd., 561).

Eine zentrale Einsicht Durkheims bestand darin, daß religiöse Ideen nur dann realitätsmächtig werden, die Menschen nur dann zum Handeln bringen, ihre Empfindungskräfte steigern, ihrer »natürlichen Vitalität« etwas hinzufügen und sie über sich selbst und ihre Alltagsnöte hinausheben können, wenn sie sich an materielle Objekte anheften und ins gemeinschaftliche Handeln hineingenommen werden (ebd., 558): Nur über Symbole, Rituale und kollektive Bräuche könne, so Durkheim, einer ansonsten abstrakten Gemeinschaft eine greifbare Wirklichkeit verliehen werden. Allein im *praktizierten Kult*, in dem die einzelnen periodisch wiederkehrend aus ihrer alltäglichen Isolierung hinaustreten und sich den anderen Menschen annähern, sei die Gemeinsamkeit aufrechtzuerhalten, das Zusammengehörigkeitsgefühl zu stärken und der Glaube an gemeinsame Werte zu bewahren.[34]

---

32 Ähnliche Äußerungen und Forderungen nach »Uneigennützigkeit« finden sich aber auch schon um die Jahrhundertwende in den Texten Coubertins (vgl. so OG, 16 [1906]).
33 Zur Religionssozologie Durkheims vgl. auch König 1978, 239 ff.; Maffesoli 1988.
34 »Wer eine Religion wirklich praktiziert hat, weiß genau, daß es der Kult ist, der die

Nicht die religiösen »Vorstellungen« und »Überzeugungen« sind also für Durkheim das »wesentliche Element« der Religion, sondern die Symbole, die gemeinsamen Bilder und die Riten. »Ohne Symbole«, schreibt Durkheim (1912 [1981], 316), »hätten die sozialen Gefühle nur eine ungewisse Existenz«. Zwar sind die Totemsysteme Australiens und Nordamerikas, die er als Urbilder einer gelungenen sozial-moralischen Integration vorführt, längst untergegangen, aber der Mechanismus der Beteiligung der einzelnen an einem Allgemeinen über gegenständliche Repräsentationen und symbolische Handlungen, an einer Totalität, die im Grunde nichts anderes sei als die Gesellschaft und die Gottheit selbst[35], habe – so Durkheim – nichts von seiner Gültigkeit verloren:

»Es gibt keine Gesellschaft, die nicht das Bedürfnis fühlte, die Kollektivgefühle und die Kollektivideen in regelmäßigen Abständen zum Leben zu erwecken und zu festigen. Diese moralische Wiederbelebung kann nur mit Hilfe von Vereinigungen, Versammlungen und Kongregationen erreicht werden, in denen die Individuen, die einander stark angenähert sind, gemeinsam ihre gemeinsamen Gefühle verstärken. Daher die Zeremonien, die sich durch ihren Zweck, durch die Ergebnisse, die sie erzielen, durch die Verfahren, die dort angewendet werden, ihrer Natur nach nicht von den eigentlichen religiösen Zeremonien unterscheiden« (ebd., 571; vgl. auch ebd., 19).

Coubertin folgte Durkheims Gedanken mit seiner Forderung, auch eine moderne Republik benötige einen Ort für gemeinsame Versammlungen, um ihre Bürger über »greifbar gemachte Ideen« zusammenzuhalten, fast bis in die Wortwahl hinein, ohne ihn freilich ausdrücklich zu zitieren.

Das für unseren Zusammenhang wichtigste Argument Durkheims lautet, jede Gesellschaft bringe ihre *eigene* Religion hervor. Durkheim zufolge bilden die Religionen die Sozialbeziehungen auf eine spezifische Weise ab: Sie stellen *kollektive Repräsentationen* der gesellschaftlichen Verhältnisse dar, die dann ihrerseits steuernd, regulierend und verpflichtend auf das gesellschaftliche

---

Freude, die innere Ruhe, den Frieden, die Begeisterung erregt, die für den Gläubigen der Erfahrungsbeweis für seinen Glauben ist. Der Kult ist nicht einfach ein System von Zeichen, durch die sich der Glauben äußert, sondern die Summe der Mittel, mit denen er sich erschafft und periodisch wiedererschafft« (Durkheim 1912, 559).

35 »Im Grunde sind die Begriffe der Totalität, der Gesellschaft, der Gottheit wahrscheinlich nur verschiedene Seiten ein und desselben Begriffs« (Durkheim 1912, 590, Anm. 18).

Leben zurückwirken, ja das soziale Handeln auf diesem Weg überhaupt erst begründen.[36] Diese Argumentation Durkheims war im Kern gegen eine substantialistische Auffassung von Religion gerichtet. Maßgeblich für die Heiligkeit von Handlungen, Dingen oder Personen ist danach nicht etwa ihr Wesen, sondern ihre gesellschaftliche Formbestimmtheit. Jede Gesellschaft schaffe ihre eigenen heiligen Dinge und Helden, indem sie sie aussondere und dem profanen Gebrauch entziehe, sie also in einen von der Alltagswelt abgetrennten heiligen Zeit-Raum hineinstelle, vergotte und dadurch bindend mache (vgl. Durkheim 1912, 28, 62, 565, 578; vgl. auch Colpe 1990, 30ff.).

Weil die Inhalte jeder Religion, Durkheim zufolge, sozialen Ursprungs sind, ignoriert die Religion die wirkliche Gesellschaft nicht etwa, sondern sie nimmt auf diese Bezug, um sie auf spezifische Weise zu verwandeln, zu überhöhen und zu verdichten. Die religiöse Welt ist danach nicht das ganz Andere der sozialen Praxis, sie ist keine Gegenwelt, aber sie liefert auch kein bloßes Ebenbild der Gesellschaft. Vielmehr wird der Vorgang der Transformation der sozialen Praxis in der Welt des Religiösen als ein Akt der »systematischen Idealisierung« und Vergrößerung verstanden, in dem Vorgänge, Dinge und Personen, die dem wirklichen Leben entstammen, mit »Ausnahmekräften« und »Tugenden« ausgestattet werden, über die sie im profanen Alltag nicht verfügen (Durkheim 1912, 564f.). Das Vorhaben Coubertins, die Athleten im Rahmen der Olympischen Spiele mit Hilfe der auratischen Symbole des olympischen Zeremoniells und der »schönen Künste« mit einem künstlichen Charisma zu versehen, läßt sich als eine praktische Anwendung dieser Einsicht Durkheims begreifen. Im Resultat zeigt die Religion, nach Durkheim, kein *Spiegel*-, sondern ein *Ideal*bild der Gesellschaft: Sie ist »die herausragende Form und gewissermaßen der konzentrierte Ausdruck des gesamten kollektiven Lebens« (ebd., 561), die Expression der »Idee«, die die Gesellschaft »sich von sich selbst macht« (ebd., 566). Die Welt des Religiösen bildet damit eine paradox konstituierte Wirklichkeit: Sie ist einerseits heteronom, nämlich gesellschaftlich bestimmt, andererseits aber auch autonom gegenüber der sozialen Praxis. Ausdrücklich grenzte sich Durkheim auf diese Weise nach zwei

---

[36] Zum obligatorischen Charakter der religiösen Phänomene und kultischen Handelns, der nach Durkheim das Grundkriterium sozialen Daseins überhaupt ist, vgl. König 1978, 245.

Seiten ab: zum einen gegen den Idealismus, zum anderen gegen den historischen Materialismus, der in der Religion bloß eine Übersetzung der »materiellen Formen der Gesellschaft und ihrer unmittelbaren Vitalinteressen in eine andere Sprache« erblicken würde. Durkheim zufolge handelt es sich dagegen nicht um eine bloße Übersetzung, sondern um einen wirklichen Transformationsprozeß, der eine eigene »Welt von Gefühlen, Ideen und Bildern« hervorbringt, »die, wenn sie einmal vorhanden sind, Gesetzen gehorchen, die ihnen eigen sind« (ebd., 567).

Im Unterschied zu einer vulgärmarxistischen Religionskritik, die Religion lediglich als ein zweitrangiges, aus der Ökonomie abgeleitetes Phänomen behandelt und sie auf die magere Funktion einer Verkleidung der realen gesellschaftlichen Verhältnisse reduziert, behauptete Durkheim demnach ihre *relative Autonomie*: Als eine eigenständige soziale Macht oberhalb der Alltagsrealität wirke die »ideale Gesellschaft«, wie sie die Religion zeige, positiv auf die empirische Wirklichkeit zurück. Das Bild der Gesellschaft bringt danach das, was es idealisierend darstellt, mit Hilfe dieser Darstellung wesentlich mit hervor:

»Eine Gesellschaft kann nicht entstehen, noch sich erneuern, ohne gleichzeitig Ideales zu erzeugen. Diese Schöpfung ist für sie nicht irgendeine Ersatzhandlung, mit der sie sich ergänzt, wenn sie einmal gebildet ist, es ist der Akt, mit dem sie sich bildet und periodisch erneuert« (Durkheim 1912, 565; vgl. auch ebd. 566).

Die Religion ist also – nach Durkheim – ein systematisch gestaltetes, verdichtetes und in diesem Sinn *mimetisches* Muster des Gemeinschaftslebens, das der Gesellschaft gestattet, sich ihrer selbst bewußt zu werden und »dem Gefühl, das sie von sich hat«, einen höheren »Intensitätsgrad« zu verleihen (ebd., 565). Allerdings sah sich Durkheim mit einem scheinbar unlösbaren Problem konfrontiert: Da die Zeit der Jahrhundertwende eine »Phase des Übergangs und der moralischen Mittelmäßigkeit« (ebd., 571) sei und die alten Götter bereits gestorben seien, ohne daß inzwischen neue geboren worden wären (ebd., 572), fiel ihm die Vorstellung schwer, »worin die zukünftigen Feste und Zeremonien bestehen könnten« (ebd., 571). Symbolische Wirksamkeit kann nur erlangen, so erkannte Durkheim, was in der Lebenswirklichkeit der Menschen verankert ist (vgl. auch ebd., 19). Deshalb sei kein »Evangelium unsterblich« und könne ein »lebendiger Kult« nur

»aus dem Leben selbst« entstehen (ebd., 572), müsse also auch jeder Versuch, eine neue Religion »aus einer toten Vergangenheit«, »aus alten, historischen und künstlich erweckten Erinnerungen zu organisieren« (ebd.), zum Scheitern verurteilt sein.[37] Aber Durkheim war sich sicher, daß »dieser Zustand der Unsicherheit und der verwirrenden Unruhe ... nicht ewig dauern« könne. »Ein Tag« werde »kommen, an dem unsere Gesellschaften aufs neue Stunden der schöpferischen Erregung kennen werden, in deren Verlauf neue Ideen auftauchen und neue Formen erscheinen werden, die eine Zeitlang als Führer der Menschheit dienen werden« (ebd.).

Während für Durkheim eine neue Religion noch nicht absehbar war, glaubte Coubertin hingegen, sie bereits gefunden zu haben. Sechs Jahre später formulierte er:

»Es gibt nur einen Kult, der heute eine dauerhafte Bindung der Staatsbürger untereinander bewirken kann, das ist der, der um die sportlichen Übungen der Jugend, dem Symbol des unbeschränkten Fortbestandes der Rasse und der Hoffnung der Nation, entstehen wird.« (OG, 67 [1918]).

Im Sport meinte Coubertin eine neue Religion entdeckt zu haben, die deshalb lebendig werden könne, weil sie sich auf die aktuelle Lebenswirklichkeit der modernen Menschen bezieht – eine Religion, die über nationale und kulturelle Grenzen hinweg das zelebriert, was allen Menschen gemeinsam zu sein scheint, tatsächlich jedoch nur Züge und Realitätsmuster der westlichen industriekapitalistischen Kultur idealisiert: die Idee des selbstdisziplinierten (männlichen) Körpers und das zum Wettkampftrieb umgedeutete Prinzip der Konkurrenz.

VI. Universalismus und Partikularismus der olympischen »Muskelreligion«

Im Unterschied zu den seit Ende des 18. Jahrhunderts in Europa zelebrierten säkularen Religionen des Vaterlandes sollte die olympische »Muskelreligion« nicht nur der nationalen Integration dienen, sondern auch der internationalen Verständigung. Coubertin

37 Als Beispiel dafür werden sowohl die wissenschaftliche Religion Comtes angeführt (ebd.) als auch die im Zusammenhang der Französischen Revolutionsfeste entwickelten Zivilreligionen, die keine lange Geltung hätten erlangen können, »weil der revolutionäre Glaube nur eine Zeitlang dauerte« (ebd.).

sah im modernen Sport das ausgezeichnete Medium einer alle nationalsprachlichen, ethnischen und kulturellen Barrieren übersteigenden Kommunikation – ein *Esperanto of the Races*, wie Giraudoux es ausdrückte (vgl. MacAloon 1984a, 267). Sport sei, so Coubertin, das »Freihandelssystem der Zukunft« (OG, 75 [1909]).[38] Mit diesem Stichwort positionierte er sein Projekt im Kontext der Genese eines weltweiten (Waren-)Austauschs, auf den auch seine Formel *all games, all nations* (OG, 101 [1920]) verwies. Wie die aufklärerische Losung *Alle Menschen werden Brüder*, so entstammte auch diese Wendung einer Terminologie des Universalismus, der als *politische* Lehre erst auf der Grundlage der im 19. Jahrhundert sich durchsetzenden Weltwirtschaft ernsthaft vertreten wurde (vgl. Balibar/Wallerstein 1990, 40ff.). Im Falle des Olympismus strafte sich die Rhetorik einer universalen Teilnehmerschaft allerdings bereits dadurch Lügen, daß die Spiele ursprünglich nur für das männliche Geschlecht konzipiert wurden.[39]

Zwar folgt die gängige historische Wahrnehmung des Zeitraums am Ende des 19. Jahrhunderts den Kategorien des Nationalismus und des Imperialismus, jedoch brachten die enorme Ausdehnung und der Entwicklungssprung des Kapitalismus in dieser Zeitspanne auch eine Reihe neuer gesellschaftlicher und kultureller Institutionen mit internationalem und universalem Charakter hervor. Das Marktsystem dehnte sich über die Grenzen des Nationalstaats aus, neue innere und äußere Gebiete wurden der universalistischen Warenlogik unterworfen.[40] Dieser Prozeß war vom

---

38 Bereits in zwei Reden von 1891 und 1892 hatte Coubertin das von den Autoren des klassischen ökonomischen Liberalismus (Adam Smith, David Ricardo) entworfene Bild vom Freihandel, d. h. eines von Zöllen, Kontingenten und sonstigen staatlichen Eingriffen unbehinderten zwischenstaatlichen Handelns, auf den Sport übertragen und in die Forderung einmünden lassen, internationale Wettkämpfe zu organisieren, in denen die Sportler als Friedensbotschafter tätig werden sollten. Der Lehre des Liberalismus entsprechend, sollten die Träger dieses sportlichen Freihandels und Friedenswerks nicht staatliche Institutionen sein, sondern private Sportgesellschaften und -verbände (vgl. Quantz 1993, 10).

39 Coubertin setzte sich Zeit seines Lebens nicht nur dafür ein, Frauen aus den olympischen Wettbewerben auszuschließen (vgl. z. B. OG, 123 [1928]), sondern nahm ausdrücklich auch junge Mädchen sowie »anomale«, schwächliche, gebrechliche oder von Geburt aus behinderte Jünglinge vom Adressatenkreis der Körperpädagogik aus (vgl. TCH III, 487 f.).

40 Noch Mitte des 19. Jahrhunderts hatten Marx und Engels sogar der Hoffnung Ausdruck verliehen, daß der freie Strom der in Waren verwandelten Dinge, die nun in Form von Gütern, Kapital und Arbeitskraft auf den Markt flossen, alle natio-

Entstehen neuer grenzüberschreitender Technologien begleitet, man denke nur an die Elektrizität oder den Verbrennungsmotor. Neue Verkehrs- und Transportmittel (Eisenbahn, Automobil usw.) entstanden, ein weltumspannendes Netz von Kommunikationsmedien (Post- und Telegrafenwesen, Telefon usw.) wurde aufgebaut. Überdies gründeten sich zahlreiche internationale Organisationen zur Friedenssicherung oder zur Behandlung politischer, kultureller, religiöser und humanitärer Probleme: die *Weltfriedensinstitutionen*, die *Christliche Ökumene*, das *Internationale Rote Kreuz* (1863), die *Sozialistische Internationale* (1864), die *Boy Scout-Bewegung* Baden Powells (1907), die *Esperanto-Bewegung* (1887) oder auch der *Rotary Club*.⁴¹

Die Prozesse der Konstitution von Nationalstaaten und der globalen Vernetzung erfolgten gleichzeitig. Die Nationen wurden auf dem Weltmarkt simultan gegeneinandergerichtet und miteinander in Berührung gebracht. Differenz und Einheit, Gegen- und Miteinander, Nationalismus und Internationalismus, Partikularismus und Universalismus bildeten die beiden zusammengehörigen Seiten derselben historischen Entwicklung (vgl. MacAloon 1984a, 269; Balibar/Wallerstein 1990).

Vorbildcharakter für das internationale olympische Projekt hatten u. a. das Bayreuth Richard Wagners sowie die Weltmeisterschaften in verschiedenen sportlichen Einzeldisziplinen, die seit etwa 1880 ausgetragen wurden, vor allem aber die ab 1851 veranstalteten Weltausstellungen und die bürgerliche Weltfriedensbewegung.⁴² Der Weltausstellungstradition war Coubertin durch

nalen Partikularismen beseitigen würde: »Die wohlfeilen Preise ihrer Waren (der Bourgeoisie, Th. A.) sind die schwere Artillerie, mit der sie alle chinesischen Mauern in den Grund schießt, mit dem sie den hartnäckigsten Fremdenhaß der Barbaren zur Kapitulation zwingt«, heißt es im *Kommunistischen Manifest* (Marx/Engels 1848, 38).

41 1910 als nationale Einrichtung entstanden, weitete sich der *Rotary Club* 1928 zur internationalen Vereinigung aus. Sein Moralkodex zeigt ebenfalls Affinitäten zu dem des Olympismus. Denn auch hier sollte der bürgerlichen Existenz eine besondere Ästhetik verliehen werden, indem Handel und Industrie nicht bloß als Geschäft, sondern als sozialer Dienst ausgegeben wurden: Ehrlichkeit, Loyalität, Verbindung des Einzelinteresses mit dem Allgemeininteresse, gegenseitige Hilfe, so hießen die wichtigsten moralischen Werte des *Rotary Club*. Vgl. Gramsci 1992, 578 ff.

42 Coubertin sah sich selbst keineswegs in der Rolle eines genialen Schöpfers, sondern thematisierte die sozial-historischen Bedingungen seines Vorhabens ausdrücklich und ordnete sein Projekt in die skizzierten Strömungen internationaler Kommunikation ein. Die Idee der »Wiederbelebung« der Olympischen Spiele,

einen seiner Mentoren, Frédéric Le Play[43], sowie eigenes Engagement[44] eng verbunden. Bereits in den Weltausstellungen waren Werte, Grundzüge und Produkte einer die nationalen Grenzen transzendierenden industriekapitalistischen Kultur verzaubert und mythisiert worden.[45] Coubertin zeigte sich überaus begeistert

> schrieb er 1896, »war kein Phantasiegebilde, sie war vielmehr das vernünftige Ergebnis einer großen Bewegung. Das 19. Jahrhundert hat überall die Neigung zu Leibesübungen wiedererstehen sehen ... Zu gleicher Zeit haben die großen Erfindungen, Eisenbahn und Telegraph, die Entfernungen aufgehoben, und die Menschheit hat ein neues Leben zu führen begonnen. Die Völker sind miteinander in Verkehr getreten, haben sich besser kennen gelernt und Gefallen daran gefunden, untereinander Vergleiche zu ziehen. Was das eine Volk ausführte, wollte das andere auch seinerseits versuchen. Weltausstellungen haben die Erzeugnisse der entlegensten Länder des Erdballs auf einem und demselben Punkte zusammengeführt, literarische oder wissenschaftliche Kongresse die verschiedensten Geisteskräfte in Berührung gebracht. Wie hätten die Athleten also nicht versuchen sollen zusammenzutreffen, zu einer Zeit, wo der Wettkampf die eigentliche Grundlage des Athletismus und sozusagen eine Lebensbedingung ist? Das ist in der Tat auch geschehen. Die Schweiz hat die ausländischen Schützen zu ihren Bundesfesten eingeladen, die Radfahrer haben auf allen Rennbahnen Europas gefahren, England und die Vereinigten Staaten sich auf dem Rasen gemessen, die Fechter von Rom und Paris ihre Degen gekreuzt. Allmählich ist der Geist des Internationalen in den Sport eingedrungen ... Die Wiederherstellung der Olympischen Spiele wurde möglich« (OG, 11 [1896]). Zu den Bezügen des olympischen Projekts zu zeitgenössischen internationalen Bestrebungen s. auch Quantz 1993; Hobermann 1995.

43 Le Play leitete anläßlich der Weltausstellung von 1867 in Paris eine Abteilung für Sozialökonomie, in der Fragen medizinischer Vorsorge und sozialer Hygiene behandelt wurden (vgl. Roth 1990, 44f.).
44 Coubertin besuchte seine erste Weltausstellung als Fünfzehnjähriger 1878. Für die am Jahrestag der »Großen Revolution« von 1789 grandios zelebrierte Weltausstellung von 1889 war er mit der Vorbereitung eines Kongresses zum Thema Körpererziehung unter Leitung von Jules Simon betraut. Simon war französischer Philosoph und Politiker, seit 1871 Minister für das Erziehungswesen und seit 1888 auch Vorsitzender des von Coubertin mitbegründeten Komitees zur Verbreitung der Leibeserziehung (vgl. Coubertin 1908, 34). Zum Vorbildcharakter der Weltausstellungen für die Olympischen Spiele s. auch MacAloon 1984a, 113ff.
45 Nach einem Wort Walter Benjamins waren die Weltausstellungen »Wallfahrtsstätten zum Fetisch Ware«. In bombastischen Schauspielen zelebrierten sie den Glauben an die technisch-wissenschaftliche Zivilisation und den industriellen Fortschritt. Waren sie einerseits Musterbeispiele für die Rationalität der Moderne, so bildeten sie andererseits aus der werktäglichen Routine herausgehobene, festliche Spektakel – auch diese Ambivalenz findet sich ja in den Olympischen Spielen wieder. In *einer* Traumwelt vereinigten sie die Nüchternheit kommerzieller Fachmessen mit musealem Pathos und volksfestartigen Vergnügungen. Fabrikate modernster Technologie – Telephone, Glühbirnen, Fahrstühle, Maschinengewehre, Rotationspressen, Fotoapparate oder die ersten leistungsfähigen Mähmaschinen – wurden mit pompösen Architekturen und antikisierenden Statuen umbaut. Sie

von den Modernität und Mythologie verschränkenden Inszenierungen.[46] Darüber hinaus wurden bereits mit den Weltausstellungen Absichten verfolgt, an die er anknüpfen konnte: »Abbau der Zollmauern, Austausch von Wirtschaftsgütern, friedlicher Wettstreit der Völker auf dem Gebiet von Technik und Wissenschaft, Ausbau einer weltweiten Kommunikation«, so lauteten die Zielsetzungen des *Königlich Britischen Vereins für Kunst, Handwerk und Handel*, der die Weltausstellungstradition begründet hatte (Schön 1988, 331).[47]

War die olympische Bewegung auch Teil breiter internationaler Strömungen der Jahrhundertwende, so erschließt sich ihre spezifische Bedeutung doch erst aus der Differenz zu anderen vergleich-

erhielten so pathetische Namen wie »Die Unbesiegbare«, »Die Wunderbare« oder »Die Favoritin«. Ausgestellt auf altarartigen Podesten, inszeniert mit aufwendigem, aus der Geschichte geborgtem Dekor und kunstvoll ausgeleuchtet, näherte sich ihnen »das feierlich gestimmte Publikum, als gelte es, einem sakralen Ritus beizuwohnen« (Schön 1988, 335).

46 »L'Exposition de 1889 qui, avec son architecture de fer bleu et de terre cuite, avec les cortèges de sa distribution des récompenses, avec tout l'ensemble de sa décoration printanière, sembla une aurore rénovatrice demeurée hélas! sans lendemain – l'Exposition de 1889 en fit un usage ingénieux et charmant...« (TCH II, 495 [1906]).

47 Wie eng sich Coubertin der Weltausstellungstradition verbunden fühlte, zeigt sich u. a. daran, daß er ursprünglich plante, die Premiere der Olympischen Spiele im Rahmen der Weltausstellung von 1900 stattfinden zu lassen (vgl. 1908, 90). Statt, wie in den Weltausstellungen, die industrielle Warenwelt zum Fetisch zu erheben, wollte Coubertin mit den olympischen Inszenierungen ein modernes Ideal des starken, selbstdisziplinierten und leistungsfähigen Menschen und des Körpers glorifizieren. Die Tradition der großen Industrie- und Gewerbeausstellungen des 19. Jahrhunderts versandete allmählich zu Beginn des 20. Jahrhunderts. Denn der »Rausch des unaufhaltsamen Vorwärtsstrebens«, der sich in ihnen dokumentierte, wich mehr und mehr einer gewissen Skepsis und Ernüchterung (Schön 1988, 339). Im Gegenzug erlangten neue Ausstellungsformen Popularität, die den durch die am Kapitalprozeß orientierte Industrialisierung bedrohten (oder auch nur bedroht geglaubten) menschlichen Körper in ihr Zentrum stellten. Der »Karneval der Weltausstellungen« (ebd., 340), der auf dem Gebiet von Handel und Industrie im 20. Jahrhundert durch nüchterne Spezialmessen für ein Fachpublikum abgelöst wurde, lebte beispielsweise im Spektakel von Hygiene- und Gesundheitsausstellungen weiter, in denen der menschliche Körper sakralisiert und zelebriert wurde (vgl. Roth 1990). Aber auch die Hygiene- und Gesundheitsausstellungen waren nicht von langer Dauer. Ein Grund für die besondere Anziehungskraft der Olympischen Spiele bestand auch darin, daß sie beides in einem Raum miteinander verklammerten: den technologischen Fortschrittsoptimismus des 19. Jahrhunderts mit jenen körperorientierten Gestimmtheiten anti-zivilisatorischer Auflehnung, wie sie sich um die Jahrhundertwende überall in Europa bemerkbar machten.

baren historischen Phänomenen: zum einen zum engstirnigen ideologischen Nationalismus, der zwar – so Coubertin – nicht per se »ungesund« sei, sondern nur dann, wenn er nicht durch einen »wahren Internationalismus« korrigiert würde (TCH I, 252 [1901]); zum anderen zu den Utopien des Kosmopolitismus und der sozialistischen Internationale.[48] Wie Marcel Mauss (1919/20) prägnant ausgeführt hat, stellt der Kosmopolitismus das genaue Gegenteil des Internationalismus dar, den die Vertreter der bürgerlichen Weltfriedensbewegung und auch Coubertin vertraten. Denn statt die Existenz der Nation vorauszusetzen und mitzubegründen, tendiert der Kosmopolitismus, so Mauss, zur »Destruktion der Nationen«. Er feiert das Ideal eines monadischen menschlichen Wesens, das sich überall identisch bleibt. Coubertin dagegen war der Auffassung, die Menschen erlangten ihre charakteristischen Eigenschaften nur aufgrund ihrer Zugehörigkeit zu einer Nation mit ihrem eigenem kulturellen Profil, ihrem Schicksal, ihrem Raum und ihren Eigenheiten (TCH I, 252 [1901]). Ausdrücklich prangerte er deswegen auch die Heimatlosigkeit des »Weltbürgertums« der akademischen, künstlerischen und wirtschaftlichen Eliten der Jahrhundertwende an (vgl. MacAloon 1984a, 263 ff.). Eine Einebnung nationaler Unterschiede sei, so Coubertin, nicht in der Lage, eine friedliche Annäherung und Verständigung der Menschen zu bewirken. Im Gegenteil, der rationalistische Kosmopolitismus sei »an sich« sogar »eine Gefahr« (OG, 133 [1929]). Im Gegensatz zu ihm seien die nicht aus der Vernunft abzuleitenden, sondern in tieferen Schichten der Kultur und der Geschichte verwurzelten Sitten und Gebräuche der einzelnen Völker zu respektieren, die Coubertin durchaus in einem statischen, essentialistischen Sinn auffaßte (vgl. auch TCH II, 376 [1912]; 1915, 36 ff.). Diese Auffassung begründete auch seine politische Gegnerschaft zum sozialistischen Internationalismus, der eine »gigantische Nivellierung« betreibe: er verfolge die Utopie eines »zivilisierten Universums, eines Staates ohne Grenzen« und ohne interessante Unterschiede und führe auf der Ebene der »so-

---

[48] Zwar herrschte auch in den sozialistischen Bewegungen eine agonale Auffassung von Geschichte vor, jedoch wurde der Klassenkampf von sozialistischer Seite als etwas betrachtet, was zur Auflösung nationaler Identität führt (vgl. Balibar/Wallerstein 1990, 79 f.), während sowohl im Olympismus als auch in der bürgerlichen Weltfriedensbewegung an der Vorstellung eines Wettkampfes der Nationen festgehalten wurde (vgl. Quantz 1993, 7 ff.). Zur Abgrenzung Coubertins von der Sozialistischen Internationale vgl. auch Hüttenberger 1991; Hoberman 1995.

zialen Organisation« zu einer leblosen, monotonen »Tyrannei«.[49] Ein »wahrer Internationalismus« dagegen achte die »Vaterländer« hoch, anstatt sie aufzulösen (OG, 10 [1894]; vgl. auch TCH II, 168 [1909]). In Begegnungen und Vergleichen mit anderen Völkern sollten die nationalen Charakteristika der Menschen nach Meinung Coubertins deutlich hervortreten, am Leben erhalten und gestärkt werden.[50] Denn ein Bewußtsein für die nationalen Eigenarten und eine Kenntnis der kulturellen Differenzen seien die Voraussetzung für das, was er den »respect mutuel« (1915) nannte.

Die Olympischen Spiele sollten gegenseitige Achtung also gerade durch ein Erfahrbarmachen nationaler und kultureller Unterschiede befördern, die Coubertin als gegeben ansah. Nur über das Kennenlernen der anderen in ihrer Andersartigkeit, nur über einen zivilisierten und »ritterlichen« Kampf mit ihnen, wären jene Haßgefühle abzubauen, die aus Unkenntnis voneinander resultierten (vgl. auch TCH II, 104f. [1894]). Auf diese Weise könnten Kriege zwar nicht verhindert, aber doch ihres »barbarischen und gnadenlosen« Charakters beraubt werden (OG, 10 [1894]).[51] In Übereinstimmung mit Vorstellungen der bürgerlichen Weltfriedensbewegung ging es Coubertin mithin darum, die Liebe und Achtung für die eigene Nation mit der Achtung für die Anderen zu vermitteln. Einerseits betonte er das »allgemein-menschliche – also weltweit sich öffnende – Element« (OG, 143 [1932] der »olympischen Idee«, andererseits deutete er die individuelle sportliche Leistung als Dienstleistung am Altar von »Vaterland, Rasse

49 »Il y a deux façons de comprendre l'internationalisme. L'une est celle des socialistes, des révolutionnaires et, en général, des théoriciens et des utopistes; ils entrevoient un gigantesque nivelage qui fera, de l'univers civilisé, un Etat sans frontière et sans imprévu et, de l'organisation sociale, la plus terne, la plus monotone des tyrannies« (TCH I, 252 [1901]).

50 Der »wahre Internationalismus« sei jener »des hommes qui observent sans parti pris et tiennent compte la réalité, plutôt que de leurs idées préférées; ceux-là ont noté, dès longtemps, que les caractéristiques nationales sont une condition indispensable de la vie d'un peuple et que, loin de les affaiblir, le contact avec un autre peuple les fortifie, les avive. Pas plus que les individus, les peuples ne sont faits pour vivre dans la solitude; il leur est bon de se connaître et de se comparer; mais cette comparaison même est propre à leur faire mieux prendre conscience d'eux-même, à leur donner un sentiment plus net des qualités qui les distinguent et des besognes auxquelles ils sont enclins« (TCH I, 252 [1901]).

51 »Von den Völkern zu verlangen, sich gegenseitig zu lieben, ist eine Art Kinderei; sie aufzufordern, sich zu achten, ist keine Utopie; aber um sich zu achten, muß man sich zunächst kennen« (OG, 154 [1935]).

und Fahne« (TCH II, 435 [1935]): Er entwarf die Olympischen Spiele als Repräsentation einer Ideologie, die das Allgemeine – die Gattung Mensch – national, kulturell oder auch »rassisch« klassifiziert, und die vom regulierten Wettbewerb der als Kollektivpersonen aufgefaßten Nationen bzw. »Rassen« den größtmöglichen Nutzen für die gesamte Menschheit erwartet. Die Olympischen Spiele sollten eine weltumspannende Feier sein, in der die nationalen, kulturellen oder »rassischen« Unterschiede als verschiedene Weisen und Stufen der Teilhabe an einer allgemeinen Humanität erscheinen (vgl. auch MacAloon 1987, 217f.). Sie beinhalten so modellhaft die beiden Seiten des modernen welthistorischen Prozesses: diejenige der nationalstaatlichen Ausdifferenzierung sowie diejenige einer internationalen Annäherung im Medium der Konkurrenz.[52] Auf dieser Grundlage konnten die Olympischen Spiele in Zukunft entweder in den Dienst nationalistischer Abgrenzungsbemühungen oder der Utopien internationaler Verständigung gestellt werden.

52 Auch in der doppelten – partikularen und universalen – Bestimmung einer höheren, »heiligen« Macht durch Coubertin lassen sich im übrigen Parallelen zu Ideen erkennen, die Durkheim in seinen *Grundformen des religiösen Lebens* formuliert hatte. Durkheim zufolge existierten in allen Epochen der Menschheitsgeschichte nebeneinander nationale und internationale Gottheiten, »die keiner geographisch bestimmten Gesellschaft zugeordnet sind« (Durkheim 1912, 570). Bereits der australische Totemismus hätte »heilige Wesen« hervorgebracht, die »von einer Vielzahl von verschiedenen Stämmen anerkannt« wurden; deren Kult sei »gewissermaßen international« gewesen (ebd.). Dieselben Mechanismen einer Beteiligung der einzelnen an einem Allgemeinen von nur begrenzter Gültigkeit über Symbole und symbolische Handlungen würden, so heißt es, auch auf der höheren Ebene des »religiösen Universalismus« (ebd., 569) wirksam und eine Vereinheitlichung von »Kollektivpersonen« wie Stämmen oder Nationen hervorbringen. Wie die nationalen, so hätten auch die internationalen Götter nicht etwa »einen außergesellschaftlichen Ursprung« (ebd., 570), sondern beruhten auf einer tatsächlich vorfindbaren sozialen Praxis: auf einem realen Kontakt benachbarter Stämme gleicher Zivilisationsstufe, beispielsweise durch Handelsbeziehungen, überregionale Eheschließungen oder gemeinsame Institutionen. So ließen sich bereits auf »primitiven« Stufen der Menschheitsentwicklung neben den geographisch klar definierten Gemeinschaften auch »andere Gruppierungen« entdecken, »deren Umrisse undeutlicher sind« (ebd.). Die »mythologischen Gestalten«, die diesem grenzüberschreitenden sozialen Leben entsprächen, wiesen »ganz natürlich ... dieselben Züge auf: Ihre Einflußsphäre ist nicht begrenzt. Sie übergreifen die einzelnen Stämme und den Raum. Das sind die großen internationalen Götter« (ebd.). Daran sei jedoch nichts, was ausschließlich für die australischen Gesellschaften kennzeichnend wäre: »Es gibt keine Gesellschaft, keinen Staat, der nicht mit einer anderen ... Gesellschaft verbunden wäre, einer Gesellschaft, die alle Völker, alle Staaten umfaßt, mit denen die ersteren direkt oder indirekt in Bezie-

Literatur

Alkemeyer, Th./Kühling, A./Richartz, A. (1988/89): »Utopien des Körpers. Turnen und Gymnastik zwischen Befreiungssehnsucht und politischer Reaktion«, Serie in vier Teilen, in: *tanz aktuell*, November 1988 bis Februar 1989.

Alkemeyer, Th. (1994): Vom Wettstreit der Nationen zum Kampf der Völker. Aneignung und Umdeutung der »olympischen Idee« im deutschen Faschismus. Der Olympismus Pierre de Coubertins und die Olympischen Spiele von 1936 in Berlin, Diss. Freie Universität Berlin.

Aron, R. (1971a): *Hauptströmungen des soziologischen Denkens*, Bd. 1: *Montesquieu, Comte, Marx, Tocqueville*, Köln.

Aron, R. (1971b): *Hauptströmungen des soziologischen Denkens*, Bd. 2: *Durkheim, Pareto, Weber*, Köln.

Baader, G. (1987): »Zur Ideologie des Sozialdarwinismus«, in: Baader, G./Schultz, U. (Hg.): *Medizin und Nationalsozialismus. Tabuisierte Vergangenheit – Ungebrochene Tradition?*, Frankfurt am Main, 3. Aufl., S. 39-54.

Balibar, E./Wallerstein, I. (1990): *Rasse, Klasse, Nation. Ambivalente Identitäten*, Hamburg/Berlin.

Bernard, M. (1986): »Das sportliche Spektakel«, in: Hortleder, G./Gebauer, G. (Hg.): *Sport-Eros-Tod*, Frankfurt am Main, S. 48-59.

Brohm, J.-M. (1983): *Jeux Olympiques à Berlin*, Bruxelles.

Brohm, J.-M. (1990): »Zum Verhältnis von Olympismus und Nationalsozialismus« (überarbeitet von G. Gebauer), in: Alkemeyer, Th./Gebauer, G./König, E./Kühling, A./Richartz, A./Titze, St. (Hg.): *Olympia-Berlin. Gewalt und Mythos in den Olympischen Spielen von Berlin 1936. Wissenschaftliches Symposion in Berlin vom 16. bis 18. Oktober 1986*, Berlin, S. 190-198.

Bude, H. (1992): *Bilanz der Nachfolge – Die Bundesrepublik und der Nationalsozialismus*, Frankfurt am Main.

Caillat, M. (1989): *L'Idéologie du sport en France*, Paris.

Caillois, R. (1982): *Die Spiele und die Menschen. Maske und Rausch*, Frankfurt/M./Berlin/Wien.

Canguilhem, G. (1977): *Das Normale und das Pathologische*, Frankfurt/M./Berlin/Wien.

hung stehen. Es gibt kein nationales Leben, das nicht durch ein kollektives Leben internationaler Natur beherrscht wäre. In dem Maß, wie man in der Geschichte fortschreitet, werden diese internationalen Gruppierungen immer wichtiger und immer größer. So kann man sehen, wie in bestimmten Fällen die universalistische Tendenz sich so weit entwickelt hat, daß sie nicht nur die höchsten Ideen des religiösen Systems beeinflußt, sondern sogar die Prinzipien, auf denen es ruht« (ebd., 570f.). Offenbar analysierte Durkheim in diesen religionssoziologischen Betrachtungen frühere Epochen der Menschheitsgeschichte mit Konzepten, die der modernen Realität einer weltweiten Vernetzung von Nationalstaaten entstammten.

Colpe, C. (1990): *Über das Heilige. Versuch, seiner Verkennung kritisch vorzubeugen*, Frankfurt am Main.
Coubertin, P. de (1889): »Athletics and gymnastics«, in: ders.: *Œuvres Complètes en sept volumes*, publié par Carl-Diem-Institut, premier volume, Köln 1977, S. 1007-1012.
Coubertin, P. de (1901): *Schule, Sport, Erziehung. Gedanken zum öffentlichen Erziehungswesen*, hg., übersetzt u. eingeleitet von Ernst Hojer unter Mitarbeit von R. Anselm u. K. Ashtari, Schorndorf 1972.
Coubertin, P. de (1908): *21 Jahre Sportkampagne (1887-1908)*, hg. vom Carl-Diem-Institut. Köln 1974.
Coubertin, P. de (1915): *Die gegenseitige Achtung*, hg. vom Carl-Diem-Institut. St. Augustin 1988.
Coubertin, P. de (1936): *Olympische Erinnerungen*, Berlin.
Coubertin, P. de (1966): *Der Olympische Gedanke. Reden und Aufsätze*, hg. vom CDI an der Deutschen Sporthochschule Köln, Schorndorf (zitiert als OG).
Coubertin, P. de (1986): *Textes Choisis*, 3. Bde., Comité International Olympique, Zurich/Hildesheim/New York (zitiert als TCH).
Diem, C. (1960): *Weltgeschichte des Sports und der Leibesübungen*, Stuttgart.
Durkheim, E. (1887/88): »Einführung in die Sozialwissenschaft. Eröffnungsvorlesung von 1887-1888«, in: ders.: *Frühe Schriften zur Begründung der Sozialwissenschaft*, hg., eingeleitet und übersetzt von Lore Heisterberg, Darmstadt und Neuwied 1981, S. 25-52.
Durkheim, E. (1912): *Die elementaren Formen des religiösen Lebens*, übersetzt von Ludwig Schmidts, Frankfurt am Main 1981.
Eichberg, H. (1978): *Leistung, Spannung, Geschwindigkeit. Sport und Tanz im gesellschaftlichen Wandel des 18./19. Jahrhunderts*, Stuttgart.
Foucault, M. (1983): *Sexualität und Wahrheit*, Erster Band: *Der Wille zum Wissen*, übersetzt von Ulrich Raulf u. Walter Seitter, Frankfurt am Main.
Foucault, M. (1989): »La naissance de biopolitique«, in: ders.: *Résumé des cours 1970-1982*, Paris.
Foucault, M. (1993): »Leben machen und sterben lassen. Die Geburt des Rassismus«, in: *Bio-Macht*. DISS-Texte Nr. 25, Duisburger Institut für Sprach- und Sozialforschung, S. 27-50.
Foucault, M. (1995): »Die Maschen der Macht«, in: *Freibeuter* 63, S. 22-42.
Gebauer, G. (1983): »Wettkampf als Gegenwelt«, in: Lenk, H. (Hg.): *Aktuelle Probleme der Sportphilosophie*, Köln, S. 342-353.
Gebauer, G. (1992): »Von der Passion zur Profession«, in: Lämmer, M./Spitzer G. (Hg.): *Sport als Beruf*, St. Augustin, S. 25-33.
Gebauer, G./Wulf, Ch. (1992): *Mimesis. Kultur-Kunst-Gesellschaft*, Reinbek bei Hamburg.

Göckenjan, G. (1985): *Kurieren und Staat machen. Gesundheit und Medizin in der bürgerlichen Welt*, Frankfurt am Main.

Gramsci, A. (1992): *Gefängnishefte*, Bd. 3, 4.-5. Heft, hg. von Klaus Bochmann u. Wolfgang Fritz Haug, Hamburg/Berlin.

Greiffenhagen, M. (1986): *Das Dilemma des Konservatismus in Deutschland*, Frankfurt am Main.

Haley, B. (1978): *The Healthy Body and Victorian Culture*, Cambridge/London.

Haug, W. F. (1987): »Entfremdete Handlungsfähigkeit. Fitneß und Selbstpsychiatrisierung im Spannungsverhältnis von Produktions- und Lebensweise«, in: Haug, W. F./Pfefferer-Wolf, H. (Hg.): *Fremde Nähe. Festschrift für Erich Wulff*, Berlin/Hamburg, S. 127-145.

Haug, W. F. (1990): »Das historische Syphilis-Paradigma und die Gefahr eines analogen AIDS-Paradigmas der Moral – Vorschläge zur sozialmoralischen AIDS-Folgenabschätzung«, in: *Zur Sache. Themen parlamentarischer Beratung. AIDS: Fakten und Konsequenzen. Endbericht der Enquete-Kommission des 11. Deutschen Bundestages »Gefahren von AIDS und wirksame Wege zu ihrer Eindämmung«*, hg. vom Deutschen Bundestag, Referat Öffentlichkeitsarbeit. Bonn, S. 78-89.

Hoberman, J. M. (1984): *Sport and Political Ideology*, Austin/Texas.

Hoberman, J. J. (1995): »Toward a Theory of Olympic Internationalism«, in: *Journal of Sport History* 22, Nr. 1, S. 1-37.

Hüttenberger, P. (1991): »Die Olympische Idee und die Zeitströmungen des beginnenden 20. Jahrhunderts«, Vortrag, gehalten auf der Veranstaltung »Nationale und internationale Sportfeste – Alternativen zu Olympischen Spielen« vom 11. bis 13. 12. 1991 an der Führungs- u. Verwaltungs-Akademie Berlin des Deutschen Sportbundes. Unveröff. Manuskript.

Keppler, A. (1994): *Wirklicher als die Wirklichkeit? Das neue Realitätsprinzip der Fernsehunterhaltung*, Frankfurt am Main.

Klinger, C. (1995): *Flucht, Trost, Revolte. Die Moderne und ihre ästhetischen Gegenwelten*, München/Wien.

König, R. (1978): *Emile Durkheim zur Diskussion. Jenseits von Dogmatismus und Skepsis*, München/Wien.

König, R. (1987): *Soziologie in Deutschland. Begründer/Verächter/Verfechter*, München/Wien.

Kritisches Wörterbuch des Marxismus, hg. von Georges Labica unter Mitarbeit von Gérard Bensussan. Hg. d. dt. Fassung: Wolfgang Fritz Haug, Berlin 1983 (zitiert als KWM).

Landes, D. S. (1983): *Der entfesselte Prometheus. Technologischer Wandel und industrielle Entwicklung in Westeuropa von 1750 bis zur Gegenwart*, München.

Le Bon, G. (1895): *Psychologie der Massen*. Mit einer Einführung von Dr. H. Dingeldey. Stuttgart 1951.

Lenk, H. (1964): *Werte, Ziele, Wirklichkeit der modernen Olympischen Spiele*, Schorndorf.

Luckmann, Th. (1991): *Die unsichtbare Religion*, Frankfurt am Main.

MacAloon, J. J. (1984a): *This Great Symbol. Pierre de Coubertin and the Origins of the Modern Olympic Games*, Chicago and London.

MacAloon, J. J. (1984b): »Olympic Games and the Theory of Spectacle in Modern Societies«, in: ders. (Hg.): *Rite, Drama, Festival, Spectacle. Rehearsels Toward a Theory of Cultural Performance*, Philadelphia, S. 241-280.

MacAloon, J. J. (1987): »Pierre de Coubertin and Contemporary Social Science«, in: Comité International Pierre de Coubertin (Hg.): *L'actualité de Pierre de Coubertin. Rapport du Symposium du 18 au 20 mars 1986 à l'Université de Lausanne*, Directeur de l'édition: Prof. Norbert Müller, S. 199-221.

Maffesoli, M. (1987): »Das gesellschaftliche Göttliche«, in: Kamper, D./Wulf, Ch. (Hg.): *Das Heilige. Seine Spuren in der Moderne*, Frankfurt am Main, S. 400-410.

Maffesoli, M. (1988): »Ein Vergleich zwischen Emile Durkheim und Georg Simmel«, in: Rammstedt, O. (Hg.): *Simmel und die frühen Soziologen. Nähe und Distanz zu Durkheim, Tönnies und Max Weber*, Frankfurt am Main, S. 163-180.

Marx an Kugelmann, 27. Juni 1870, in: Marx, K./Engels, F.: *Briefe über »Das Kapital«*, Berlin 1954, S. 210-212.

Marx, K./Engels, F. (1848): *Manifest der Kommunistischen Partei*, Peking 1970.

Marx Engels Werke, hg. vom Institut für Marxismus-Leninismus beim ZK der SED, Berlin 1958 ff. (zitiert als MEW).

Mauss, M. (1919/1920): »La Nation et L'Internationalisme«, *Œuvres*, hg. von Victor Karady, Bd. 3, Paris 1969.

Nye, R. A. (1982): »Degeneration, Neurasthenia and the Culture of Sport in Belle Epoque France«, in: *Journal of Contemporary History* 17, Nr. 1, S. 51-68.

Pfister, G. (1993): »Biologismus, Eugenik, Rassenhygiene«, in: Sportmuseum Berlin (Hg.): *Sportstadt Berlin in Geschichte und Gegenwart*, Berlin 1993, S. 160-177.

Prokop, U. (1971): *Soziologie der Olympischen Spiele*, München.

Quantz, D. (1993): »Civic Pacifism and Sports-Based Internationalism: Framework for the Founding of the International Olympic Committee«, in: *Olympika. The International Journal of Olympic Studies* II, London/Canada, S. 1-24.

Rabinbach, A. (1990): *The Human Motor. Energy, Fatigue, and the Origins of Modernity*, New York.

Reichel, E. (1985): »Nationalismus-Hedonismus-Faschismus. Der Mythos Jugend in der französischen Politik und Literatur von 1890 bis

1945«, in: Koebner, Th./Janz, R.-P./Trommler F. (Hg.): »*Mit uns zieht die neue Zeit*«. *Der Mythos Jugend*, Frankfurt am Main, S. 150-173.

Reinfeld, S./Schwarz, T. (1993): »Bio-Politische Konzepte der Neuen Rechten«, in: *Bio-Macht*. DISS-Texte Nr. 25, Duisburger Institut für Sprach- und Sozialforschung, S. 6-26.

Roth, M. (1990): »Menschenökonomie oder: Der Mensch als technisches und künstlerisches Meisterwerk«, in: Beier, R./Roth, M. (Hg.): *Der gläserne Mensch – eine Sensation. Zur Kulturgeschichte eines Ausstellungsobjekts. Baustein 3 des Deutschen Historischen Museums Berlin*, S. 39-68.

Schechner, R. (1990): *Theater-Anthropologie. Spiel und Ritual im Kulturvergleich*, Reinbek bei Hamburg.

Schneider, M. (1993): »Die Erotik des Fernsehsports. Beobachtungen zur Liturgie alltäglicher heroischer Ereignisse«, in: *Merkur* 9/10, S. 864-874.

Schön, W. (1988): »Der Triumph des Industriezeitalters. Paris 1889 und die Weltausstellungen des 19. Jahrhunderts«, in: Schultz, U. (Hg.): *Das Fest. Eine Kulturgeschichte von der Antike bis zur Gegenwart*, München, S. 328-340.

Turner, V. (1989): *Vom Ritual zum Theater. Der Ernst des menschlichen Spiels*, Frankfurt am Main/NewYork.

Warning, R. (1990): »Kompensatorische Bilder einer ›Wilden Ontologie‹: Zolas ›Les Rougon-Macquart‹«, in: *Poetica* 22, S. 355-383.

Weingart, P./Kroll, J./Bayertz, K. (1988): *Rasse, Blut und Gene. Geschichte der Eugenik und Rassenhygiene in Deutschland*, Frankfurt am Main.

Wirkus, B. (1990): »›Werden wie die Griechen‹. Implikationen, Intentionen und Widersprüche im Olympismus Pierre de Coubertins«, in: *Stadion. Internationale Zeitschrift für Geschichte des Sports* XVI, 1. Sankt Augustin, S. 103-128.

Zola, E. (1871): Vorwort zu *Les Rougon-Macquart*, in: *La Fortune des Rougon*, Paris, S. 7-8.

Hans Lenk
Auf der Suche nach dem verlorenen olympischen Geist

Es war Cicero, ein Kronzeuge antiken Geistes, der (Tusc. Disp. V, 9) den von Legenden umwobenen Philosophen Pythagoras zitierte.[1] Pythagoras verstand offensichtlich etwas vom Leistungssport und von den Olympischen Spielen: Das Leben der Menschen scheine ihm ähnlich, so meinte er, jenem Markt der Olympischen Spiele, der mit größtem Aufwand von ganz Griechenland ruhmvoll und spektakulär gefeiert werde: Während nämlich die einen ihren Leib übten und Ruhm und Ehre des Siegerkranzes erstrebten, würden andere durch Gewinn und Profit des Kaufens und Verkaufens angezogen. Es gäbe aber auch jene, die weder Beifall der Menge noch Profit suchten, sondern nur kämen, um zu schauen, was da abläuft. So dienten die einen dem Ruhm, die anderen dem Gelde. Selten aber seien jene, denen alles dieses nichts gilt und die Erkenntnissuche über alles gehe...

Olympia: ein Brennpunkt öffentlichen Lebens, aus diesem nicht zu isolieren – so unrecht hatte Pythagoras vielleicht nicht, wenngleich er das Fernsehen und die neue telekratische Funktion der Olympiaden nicht voraussehen konnte. Dies als Hauptfunktion formuliert zu haben, blieb der *New York Times* (vom 4. April 1976) vorbehalten: »The main function of the Olympics is to provide television entertainment.« Auf diesen Satz, auf diese Funktion und auf diese einseitige Behauptung wird zurückzukommen sein. Zuerst war ich wütend, als ich diesen Satz damals – 1976 – bei einer Gastprofessur in den Staaten las, jetzt glaube ich eher, die Zeitung hatte vorgreiflich-ahnungsvoll recht, wenigstens aus der Perspektive der öffentlichen Meinung und ihrer Sprachrohre. Die *Times*, sei es die originale aus London, die aus New York oder die

---

[1] Pythagoras soll (nach freilich fragwürdigen Quellen, Diogenes Laertius VIII, 47) bei den Spielen der 48. Olympiade (588-585 v. Chr.) Olympiasieger im Faustkampf gewesen sein. Er war aber wohl Trainer des Schwerathleten Eurymenes aus Samos (Moretti, 123) und zählte schließlich auch Milon von Kroton, den erfolgreichsten schwerathletischen Olympioniken der Antike im Ringen, den Autor eines leider verlorenen naturphilosophischen Buches, zu seinen Schülern.

Japan Times, hatte es stets mit exponierten Urteilen zu den Olympischen Spielen: So zitierte die Londoner *Times* 1924 George Bernard Shaws sarkastischen Spruch, Olympische Spiele seien »ein Mittel mehr, die Völker gegeneinander zu bringen«, und fügte hinzu, »der Weltfriede ist zu kostbar, ... als daß er auf dem Altar des internationalen Sports geopfert werden dürfte«. Nicht nur sarkastisch, sondern geradezu zynisch formulierte die *Japan Times*: »Olympische Spiele sind billiger als Kriege und erfüllen die gleiche Funktion.«

Wer derart zynisch formuliert, alle Dimensionen der Politik, der welthistorischen Auseinandersetzung den Olympischen Spielen auflastet, verwechselt freilich alle Proportionen. Sport ersetzt keinen konventionellen Krieg. Gerade die Olympischen Spiele sind angetreten nach dem Wunsche ihres Wiederbegründers de Coubertin, nach den statuierten Grundprinzipien des Internationalen Olympischen Komitees, »die Jugend der Welt in einem großen vierjährlichen Sportfest zusammenzubringen, dadurch internationale Achtung und guten Willen zu schaffen, eine bessere und friedlichere Welt aufbauen zu helfen« (IOC 1958, 1962, 1974).

Freilich haben begeisterte Vertreter der olympischen Bewegung und Ideologen des Sports, aber in Festreden und Grußbotschaften auch Politiker, den Olympischen Spielen gern eine *direkte* Friedensmission zugemessen, welche die Welt aus dem Griff eines starren Nationalismus befreien könne; Coubertin urteilte in diesem Zusammenhang viel nüchterner als die Kritiker und Apologeten: »Von den Völkern zu verlangen, daß sie einander lieben, ist eine Art Kinderei. Von ihnen zu fordern, daß sie einander achten, ist keineswegs eine Utopie; aber um einander zu achten, muß man sich erst kennenlernen« (1935). Olympische Spiele sollten der Jugend aller Völker, aller Sportarten – man denke an Coubertins Grundsatz: »All games, all nations« (1912) – »regelmäßig wiederkehrende Gelegenheiten« bieten, »einander kennen und achten zu lernen« (1913).

Wenn aber selbst ein moderner Soziologe wie Schelsky (1973) den Olympischen Spielen eine unmittelbare Friedensmission zuerkannte, so sind differenzierende Bemerkungen nötig: In der Tat: Die modernen Olympischen Spiele sind, wie Pythagoras schon für die antiken richtig vorausgesehen hatte, unausweichlich Teil der Welt, des öffentlichen Lebens; die meisten Weltprobleme drängen sich mehr oder minder *indirekt* auch der olympischen Bewegung auf und spiegeln sich in den Spielen und ihren Problemen wider. Das gilt besonders natürlich für die politischen Probleme. Die olympische »Waffenruhe«, oft für die antiken Spiele als heiliger Waffenstillstand gedeutet, wurde keineswegs immer von allen griechischen Stadtstaaten beachtet; sie war eher eine Art Garantie für freie Teilnahme, freies Geleit oder Immunität der Olympiathleten, aber kein echter olympischer Friede. Sie kann erst recht in der Moderne nur temporär und unter Umständen nur für die Weltregion, in der die Veranstalterstadt liegt, gefordert und garantiert werden oder aber als Teilnahmegarantie im Sinne einer neutralen Teilnahme der Athleten. So nahm während des schrecklichen Krieges in Bosnien eine Bobmannschaft in Lillehammer 1994 teil, in der zwei Serben und ein Kroate sowie ein Bosnier saßen. (Während der Weltkriege fiel Olympia aus; auch nach den Weltkriegen wurde diese Idee nicht beachtet.) Diese Geleitgarantie und Neutralität könnte Olympia vielleicht und allenfalls zu einem *Symbol* einer friedlichen Oase des Sports machen, relativ, aber auch *nur* relativ, unabhängig von äußeren ideologischen und bewaffneten Auseinandersetzungen wie politischen Pressionen. Solche Pressionen hat es immer wieder gegeben – und es sieht so aus, als würde es sie auch weiterhin geben: Streit um Nationalflaggen, Nationalvertretungen, Hymnen, getrennte olympische Komitees oder Einheitsmannschaften für getrennte Nationen usw. hat es immer in der Geschichte des neuzeitlichen Olympia gegeben.

Der frühere Kanzler des IOC, Mayer, hatte unrecht mit seiner Behauptung, daß politische Fragen das IOC nicht interessierten. Im Gegenteil: auf höherer Ebene sozusagen *muß* das IOC mit politischen oder politikähnlichen Mitteln bzw. Vorgehensweisen agieren, um relativ frei von besonderen politischen Richtungen die Spiele überhaupt durchführen und ihrer Aufgabe gerecht werden zu lassen. Ironisch genug: die Olympischen Spiele sollen unpolitisch sein, übernational und international – sie spielen aber stets und unvermeidlich u. a. auch eine politische Rolle als eines unter vielen Phänomenen, die gelegentlich Ansatz für politische Demonstrationen und Eingriffe in nationale Interessen geben – und sie müssen u. a. auch mit *politischen oder politikähnlichen* Mitteln verteidigt, von der parteilichen Politik relativ frei gehalten werden.

Andererseits haben sie auch im überparteilichen Sinne unzweifelhaft einen politischen Einfluß – eben nicht als effektive Friedensmission, sondern als ein *Symbol* einer besseren Welt, eines Verständnisses der Sportjugend über Völker- und Kulturgrenzen hinweg –, weil die Werte und Ziele der olympischen Bewegung sich wegen ihres allgemeinen funktionalen, humanitären und mit vielen Kulturen verträglichen Charakters zur Identifikation und Vereinigung einer internationalen und interkulturellen Bewegung besonders eignen. Sogar die Mehrdeutigkeit, Vieldeutigkeit und Vagheit vieler Grundwerte der Olympischen Idee können, wie ich früher feststellte (1964), zu einer sozialen Sammelwirkung, zu einer Vielverträglichkeit und Vielfachidentifizierbarkeit dieser Bewegung führen. Der interkulturelle Sammeleffekt ist wenigstens zum Teil eine Funktion der Unspezifität, Unparteilichkeit und kulturellen Vielverträglichkeit ihres Wertsystems. Der vielgerühmte Beitrag zur »Völkerverständigung« durch die olympische Bewegung findet also nicht direkt, sondern indirekt durch ein wirksames Symbol statt. »Wir haben nur die Stärke eines großen Ideals«, bekannte der verstorbene IOC-Präsident Brundage 1972. Man sollte also die olympische Idee nicht mit einer substantiellen inhaltlichen Friedensmission und politischen Direktaufgabe überfrachten, überfordern und dadurch eventuell gerade in ihrer tatsächlichen sozialen Wirksamkeit herabmindern, sondern sollte den Beitrag *indirekter* als wirksames, beispielsetzendes Symbol politischer Neutralität durch ein vielverträgliches Wertesystem sehen, das auf die sportliche internationale Begegnung und die Gemeinsamkeit international gleichverstandener Ziele und Traditionen hinwirkt und die Verständnisgelegenheiten zwischen öffentlich besonders beachteten Repräsentanten verschiedener Völker und Kulturen entwickelt. Idealtypische Symbole haben ihre durchaus wesentliche, quasi »mythische« Wirkung – geradezu auch in einer zu nüchternen modernen Welt, der begeisternde Ziele, besonders weltumspannende Ziele vielfach zu fehlen scheinen.

Spiegeln Olympische Spiele nicht auch positiv eine herausragende »mythologische« Rolle – auch heute noch, nachdem ihnen in der Antike ein religiöser Mythos zugrunde lag? Wenn man den Ausdruck »Mythos« in weiterem, säkularisiertem Sinne versteht, so ist dies sicherlich der Fall. »Mythos« bezeichnet ein Modell, das Sinn und Bewertung versinnbildlicht und somit symbolisch wiedergibt und weitergibt – Sinndeutungen, die sich in der kulturellen

Tradition geschichtlich entwickelten. Die Versinnbildlichung wird in typischen, exemplarischen Mustersituationen durch dramatische Darstellung deutlich gemacht, indem vertraute Formen Sinn für weniger vertraute Phänomene erschließen oder festlegen. Mythen entwickeln und bieten Leitbilder zur Sinnkonstitution und Sinndeutung in typisierender und zugleich sinnlich verkörperter Form. Sie prägen und übermitteln im Sport diesen Sinn in sichtbarer, meist dramatischer und dynamischer, oft festlich bzw. in geschichtlich besonders herausgehobener, den Alltag überhöhender Form. Der sportliche Mythos zeigt sich im sportlichen Wettkampf als ein symbolisches Rollendrama, in dem die Rollen in sichtbarer Dynamik und Dramatik holzschnittartig auf einfachste Konfrontation zusammengeschnitzt sind, wobei die dramatische Präsenz des Geschehens, die historische Unabänderlichkeit jeder abgelaufenen Handlung und Entscheidung unter dem Blick einer aufgeregten und engagierten Öffentlichkeit mitspielt. Sport als symbolisch-mikrokosmische Darstellung geradezu archetypischer Rollendynamik in vereinfachter Konfrontation des Wettkampfes: Diese dramatisch-mythische Verkörperung kann die symbolische Rolle und die Faszination sportlichen Handelns für Zuschauer und Aktive in gleicher Weise erklären (vgl. Lenk 1972, 1985) – und dies natürlich zumal in öffentlich hochstilisierter Form, besonders unter dem Signum des Historisch-Einmaligen bei Olympischen Spielen. Das sportliche Handeln schon, aber erst recht der Start bei Olympischen Spielen ist nicht schlicht Normalleben in einer Nußschale, nicht Brennpunkt normaler Alltäglichkeit, sondern verwirklicht eher ein auf einfache Züge konzentriertes Modell eines vital gesteigerten, pointierten, kontrastprofilierten Rollenhandelns in mythischer Symbolisierung und Überhöhung (vgl. ebd.). Die olympische Tradition, die Geschichte der antiken und modernen Spiele, die olympische Verwobenheit mit geistigen und künstlerischen Symbolen, mit philosophischen und pädagogischen Konzeptionen tut ein übriges, um die Spiele und ihre Idee aus der Alltäglichkeit herauszuheben. Leistungssport – besonders der olympische Wettkampf – spiegelt symbolisch-dramatisch zwar Grundsituationen und handelnde »kämpfende Bewältigung« des zielaktiven, sozusagen des herakleischen Menschen der abendländischen Kultur wider: Leistungsstreben zur Selbstbestätigung und zum Selbstausdruck der Persönlichkeit, der Traum von der Willensbeherrschung der Natur und einer rational gelenkten, auf vorgegebene beschränkte Mittel angewiesenen Handlung und gesteigerten Vitalität, die Lust am »Hinausrücken von Grenzsteinen« (Ortega y Gasset), am Risiko, am Herausragen, am Übertreffen des Bisherigen und die Beschränkung auf technisch eigentlich unnötige Ziele und künstlich eingeschränkte Mittel der Zielerreichung und die dramatisch-dynamische Rollenkonfrontation im Wettkampf zeichnen den sportlichen Mythos in einer säkularisierten Form und in seiner Faszination aus. Kraft, Schnelligkeit, Geschicklichkeit, Körperbeherrschung, Ausdauer – in vollkommener Beherrschung symbolisieren diese menschlichen Fähigkeiten in quasi mythischer Bedeutung Grundsituationen (vgl. Weiss 1969). So kann die Faszination der Schnelligkeit, etwa des Sprints, nicht völlig rational erklärt werden, ohne auf symbolisierte »mythische« Grundsituationen des autonomen beweglichen Menschen, auf Fluchtmöglichkeiten, Fluchterfahrungen, auf den Reiz der Überwindung räumlicher Distanz durch eigene Kraft und eigene Initiative und Leistungsstärke zurückzugreifen. Idealerweise wagt sich der Athlet in neue Grenzbereiche menschlichen Leistungsverhaltens vor.

So versinnbildlicht auch der olympische Athlet einen herakleischen – oder gar prometheischen? – Mythos der durchaus kulturell definierten Ausnahmeleistung eines eigentlich für die Lebensfristung unnötigen, aber symbolisch hochbewerteten hervorragenden Handelns, das aus völliger Hingabe an eine Aufgabe, an ein anscheinend kaum erreichbares Ziel entstand. Insofern hat Pythagoras *nicht* recht: Der Hochleistungssport, insbesondere der olympische, spiegelt nicht bedingt das Normalleben in der Nußschale, sondern ist Symbol eines pointierten, exaltierten vitalen Lebens. Pythagoras vergaß zudem die mythische Sinndeutung olympischer Wettkämpfe für Athleten und Aktive. Sein Ausspruch zielte zweifellos auf die menschlich-allzumenschliche »Veralltäglichung« des Mythischen – ähnlich wie die bekannten bissigen Kritiken an Olympiaathleten und -zuschauern von Isokrates, Xenophanes und Epiktet.

Schon 1896 gewann de Coubertin nach dem Ende des ersten olympischen Marathonlaufs die »Überzeugung, daß geistige Kräfte beim Sport eine viel wirksamere Rolle spielen, als man ihnen bisher zuschrieb« (1936). Diese Erkenntnis hat sich auch in den letzten Dekaden der Olympischen Spiele bestätigt: Trotz erheblich gestiegener gesellschaftlicher und staatlicher Unterstützung von Spitzenathleten, trotz geradezu systematischer Förderungssysteme und quasi wissenschaftlich systematisierter Trainingsplanung können diese gesellschaftlich manipulierbaren Faktoren nicht als die einzig entscheidenden, sondern höchstens als heute nötige, förderliche, jedoch nicht schon als hinreichende Bedingungen für olympische Hochleistungen angesehen werden. Die Leistungsexplosion bei Olympischen Spielen war in den letzten Jahrzehnten gewaltig. Sie wäre nicht ohne systematisierte Talentauswahl, Förderung, wissenschaftliche Forschung und leistungsfördernde Organisation, Privilegien und Mittel und besonders nicht ohne erhebliche finanzielle Unterstützung möglich gewesen. Doch diese systematische Förderung erleichterte oder ermöglichte den Leistungsanstieg nur, konnte ihn nicht deterministisch erzeugen. Wenn ein Leichtathlet wie Fosbury durch intelligente Variation, ja, Entwicklung einer völlig neuen Bewegungsform einen neuen Sprungstil erfindet, der ihm 1968 zum Olympiasieg verhilft, wenn es etliche ähnliche Beispiele (besonders von neuartigen Übungsteilen im Geräteturnen) gibt, so kann man nicht generell sagen, daß mechanische, in ein System gepreßte, manipulierte und determinierte Muskelmaschinen bloß vorprogrammierte Planleistungen erfüllten und abspulten, sondern man hat heute wie eh und je gelernt, daß die sportliche Leistung nicht auf Einfallsreichtum, außerordentliche Motivation, Einsatzbereitschaft und auf über sich hinauswachsende Persönlichkeiten verzichten kann – zumal in Bereichen, in denen heute, auf dem olympischen Niveau aller Sportarten, bei nahezu gleichem Talent und Austrainiertsein ein annähernd totales persönliches Engagement zur Erreichung des Außergewöhnlichen nötig ist. Die sportliche Höchstleistung bleibt auch als höchstmöglich gefördertes persönliches Handeln personale Tat, sie kann nur in Grenzen durch ein System erleichtert, gefördert, jedoch nicht mechanisch oder deterministisch erzeugt werden. Sie bleibt personal zurechenbar. Der Athlet ist kein willenloser Rekordproduzent, sondern Persönlichkeit – mit allen Höhen und Tiefen und vielfältigen interessanten Varianten, selbst und gerade dann, wenn er im Wettkampf unterliegt.

Es stimmt tröstlich zu erfahren, daß wenigstens technisch und wissenschaftlich das System der Dopingkontrollen entscheidende Fortschritte zu verzeichnen hat, wenn auch die internationale, allenthalben wirksame Kontrolle noch zu wünschen übrig läßt.

Werden sich die Betrügereien, werden sich Schädigungsgefahren eingrenzen lassen, wird eine relative Chancengleichheit gesellschaftlich gleich gut geförderter Athleten sich wenigstens als Leitidee aufrechterhalten lassen, wenngleich sie – wie stets im Leben – nie vollständig verwirklicht werden kann? In Extrembereichen der Spitzenleistungen kann weder eine Sammlung genereller Kriterien noch eine vollständige Kasuistik zur Lösung aller Vergleichs- und Risikoprobleme entwickelt werden. Es wird nicht möglich sein, sämtliche Risiken zu vermeiden, gerade nicht in jenem Bereich, der angesichts des zivilisatorisch allzu geglätteten domestizierten Daseins noch eine Funktion des Abenteuers behalten hat, nämlich im Leistungssport. Freilich: wenn Bert Brecht schon Ende der Zwanziger Jahre formulierte: »Der große Sport fängt da an, wo er längst aufgehört hat, gesund zu sein«, so hat sich angesichts der Ausschöpfung der Trainingsreserven, der psycho-physischen Belastungen, der unglaublichen Ausdehnung des Trainingspensums, das an Grenzen pädagogischer und psychologischer Vertretbarkeit zu geraten scheint, die Problematik zweifellos verschärft. Sehnen, Stützgerüste, die Athleten insgesamt werden im Training bis an äußerste Grenzen belastet. Der auf Rekord und Olympiasieg eingeschworene Sportler scheine bereit, alles Leistungsförderliche zu tun, »was ihn nicht gerade umbringt« (so ein früherer Olympionike, Connolly, im Hammerwerfen). Man kann für künftige Olympische Spiele weitere Probleme gesundheitlicher Selbstgefährdung und Selbstausbeutung erwarten, selbst wenn das jüngste anabole Dopingproblem unter Kontrolle gebracht werden (oder sein [?]) dürfte. Eine Umorientierung in der Bewertung, ja, in der öffentlichen Überbewertung des olympischen Sieges gegenüber den oft im strikten Sinne gleich guten oder minimal, vielfach nur aufgrund von Zufallsumständen unterliegenden Finalgegnern sollte erreicht werden: Vorschläge, alle Endkampfteilnehmer zur Siegerehrung antreten zu lassen, gibt es schon seit langem. Sie könnten äußere Zeichen einer nötigen humaneren Auffassung olympischer Ergebnisse in der öffentlichen Meinung werden. Utopisch scheint die Durchsetzung solcher Vorschläge (etwa auch, die nationalen Embleme zu vermeiden) nicht zu sein, verzichtet doch der Internationale Ruderverband bereits seit Jahrzehnten auf nationale Hymnen und Embleme bei seinen Weltmeisterschaften.

Pythagoras hatte hinsichtlich der Öffentlichkeitswirksamkeit

Olympias, olympischer Eitelkeiten und publizistischer Marktmechanismen – natürlich unvorhergesehenerweise – noch in einer anderen Hinsicht recht: Olympia blieb ein Markt: Markt der Prominenz und des Gesehenwerdens, willkommene Gelegenheit zur Profilierung der eigenen Publizität für Möchtegern-Prominente. Nicht Technokratie, Positivismus, Kapitalismus und Imperialismus prägen die Olympischen Spiele, wie die neomarxistische Sozialkritik in westlichen Ländern ihnen im vorletzten Jahrzehnt vorwarf, sondern nach außen hin eher Prominenz, Publicity und in steigendem Maße das Fernsehen. Doch dies sind unvermeidbare Konsequenzen einer Publizitätsgesellschaft, die sich gern – im großen und ganzen – als Leistungsgesellschaft geriert, jedoch eher eine Gesellschaft des sozialen Erfolgs, oft generell (wenn auch gerade weniger im Leistungssport selbst!) gar der gesellschaftlichen Scheinerfolge ist. Doch der Prominentenzirkus bei Olympischen Spielen ist für deren Ablauf nur eine harmlose, eher belustigende Erscheinung. Für die Athleten ist eher von Bedeutung, daß telekratische Ansprüche sich unmittelbar dem Aktiven aufdrängen. Surrende Kameras irritieren den sich konzentrierenden Athleten. Das leistungssportliche Spektakel fasziniert eben schon über eine Milliarde Menschen, seitdem die Massenmedien unmittelbar farbig die olympischen Ereignisse in alle Länder überspielen. In dem gigantischen telekratischen Inspektionssystem scheinen die Rechte des Athleten, seine optimalen Handlungs- und Vorbereitungsmöglichkeiten, ja, manchmal gar seine menschliche Intimität, der Schutz und Eigenraum seiner Person den allgegenwärtigen Ansprüchen des Kameraauges des Großen Bruders gewichen oder wenigstens nachgeordnet worden zu sein. Die Probleme der Telekratie werden – nicht nur finanziell – die Olympischen Spiele künftig verstärkt vor Schwierigkeiten stellen. Hier eine weise Kompromißstrategie zu finden, die dem öffentlichen Informationsbedürfnis wie den Rechten der Athleten gleicherweise dient, dürfte nicht leicht sein.

Pythagoras verwies auf Markt- und Festcharakter: Den alten religiösen Gehalt, der an die griechische Kultur gebunden war, haben die modernen Olympischen Spiele verloren; sie hätten sonst auch keine weltweite Ausstrahlungskraft gewinnen können. Die Säkularisierung, die Unabhängigkeit von spezifisch-inhaltlichen Religionen und Mythen, ist eine Voraussetzung ihrer kulturellen Vielverträglichkeit und ihrer weltweiten Wirkung (vgl. Verf. 1964).

Der mythische Gehalt stellt sich indirekter, formaler, funktionaler durch Bezug auf Verfahrenswerte, Leistungswerte, Vergleichbarkeit und Meßbarkeit dar. Gerade deswegen aber bedarf er, wie schon Coubertin als feinfühliger und aufmerksamer Wirkungsästhet wußte, der institutionell verfestigten Regelung, die sich u. a. in äußerer Form, in Zeichen und Symbolen, in Zeremonie und Protokoll ausdrückt. Das olympische Zeremoniell war durchweg traditionell, obwohl folkloristische Elemente der Kultur des Veranstalterlandes sich jeweils besonders der Eröffnungsfeier aufprägen sollten – so wünschte es jedenfalls Coubertin. Man hat lange mit zaghaften Reformversuchen gewartet – und in einer auf äußere Symbole besonders angewiesenen Traditionsbewegung ist ein abgewogener Mittelweg zwischen beharrender Kontinuität und zeitangepaßter Flexibilität in der Tat nicht leicht zu finden. Heute siegt, etwa in der Schlußfeier, eher das Big Show Business telekratischer Provenienz.

Dennoch: der neuen äußeren folkloristischen Tendenz, der showmäßigen, vom Fernsehen mehr und mehr bestimmten Präsentation – die zunächst mehr aufgesetzt zu sein schien – folgte bisher keine intellektuelle Neuorientierung. Diese aber wäre mindestens ebenso nötig. Differenzierung in den geistigen Grundlagen der olympischen Bewegung tut not. Eine neue Besinnung auf die philosophischen Fundamente und ihre Reformulierung und Modernisierung angesichts des olympischen Welterfolges ist unerläßlich, aber nicht in Sicht. Die Olympischen Spiele sind weder ein politisches noch ein moralisches Aufrüstungsunternehmen zur Lösung der Weltprobleme, noch Ausfluß kapitalistischer, imperialistischer oder sozialistischer Beschwichtigungs- oder Kraftmeierpolitik – all dies hielt man ihnen oft und fälschlich vor. Aber wie soll man die olympische Idee und ihre geistigen Grundlagen in zeitangepaßter, moderner Deutung verstehen? Man hat zu lange sterilen Traditionsbekenntnissen Lippendienste erwiesen. Man hat sich nicht um eine intellektuelle Neuinterpretation bemüht. Coubertins olympische Ideologie – zur und nach der Jahrhundertwende zweifellos aktuell und von moderner Form – ist in vielen Einzelheiten überholt.

Olympia muß konstruktive Kritik verkraften und aufarbeiten, einarbeiten können. Die geistige Auseinandersetzung um Olympia steht weitgehend noch bevor. Die Spiele haben sich als so lebensfähig und als ein derart fruchtbares internationales Kultursymbol erwiesen, daß sich der Einsatz einer gezielten Diskussion lohnt. Neuerungen in Organisation und Design sind nicht gering zu schätzen, aber sie können von sich aus eine moderne Konzeption nicht liefern. Der zeremoniellen muß die intellektuelle Erneuerung folgen. Olympia ist ein zu wertvolles Weltsymbol, um in Traditionen zu erstarren.

Die sportwissenschaftlichen Kongresse, den Spielen als intellektuelle Mammutveranstaltungen angegliedert – wenn auch zuletzt meist in einer anderen Stadt –, haben bisher die geistige Auseinandersetzung nicht liefern können. Im spezialistischen Meinungsgestrüpp der Fächer und Sektionen, der Experten und Intellektuellen hat sich noch keine Erneuerung der olympischen Idee entzündet. Ähnliches gilt für die Internationale Olympische Akademie, die, statt zu einer wirklich intellektuellen Erneuerung der olympischen Idee zu führen, weitgehend zu einem Besinnungs- und Erholungslehrgang für Sportstudenten geriet, olympische Bekenntnisse memorierte, konservierte, postulierte, statt überzeugende Ideen in der intellektuellen Auseinandersetzung zu entwickeln.

Auch ein Zeichen der intellektuellen Konzeptionslosigkeit angesichts der sogenannten olympischen Idee ist es sicherlich, daß praktisch keine eingehende sozialwissenschaftliche empirische Untersuchung der Olympischen Spiele und der olympischen Bewegung (sondern nur die nunmehr dreißig Jahre alte theoretische, auf Dokumenten- und Literaturanalysen basierende Arbeit des Verfassers (1964) als erste sozialwissenschaftliche Monographie dazu überhaupt) existiert und daß es einer durchdringenden sozialphilosophischen Interpretation ermangelt. Die Olympischen Spiele bedürfen dringend einer eingehenden sozialwissenschaftlichen und einer sozialphilosophischen Analyse, einer erneuerten intellektuellen Konzeption.

Leider stehen bislang auch die meisten Vertreter des wissenschaftlichen Establishments – eingezwängt in ihre Fächer- und Standesperspektiven – dem olympischen Geschehen allzu fern. Von ihnen, von den vorsichtigen disziplinär beschränkten Wissenschaftlern stammen bisher kaum neue positive Konzeptionen, begeisternde mitreißende Ziele, neue Leitbilder und Ideale, die den Spitzensport und die intellektuell offene Jugend der Welt erneut »versöhnen« könnten. Die zeremoniellen Neuerungen bei den Olympischen Spielen – so dankbar man sie zur Kenntnis nehmen kann – können, wie gesagt, diese Zielerneuerung nicht leisten. Die wichtigste olympische Umorientierung steht immer noch bevor.

Die olympische Idee und der olympische Geist, manchmal heute noch in pathetischer Weise beschworen, reichen im Prinzip jedoch weiter als Medienwirkung, äußere Symbole und ein Idealbild des Athleten. Auch über die Gestaltung des Protokolls der olympischen Spiele geht die Idee weit hinaus. Sie hat die Aufgabe, sich lebendig den Erwartungen einer offenen und kritischen jungen Generation, z. T. auch gerade aufgeweckter Intellektualität und aktiver Handlungs- und Leistungsbereitschaft zu öffnen. Doppelmoral, Vortäuschen von Leistungen und Scheinerfolge dürfen – und können zumeist – im Sport, besonders im olympischen, *nicht* zählen. Fairneß ist ein Hauptwert, den der Sport anderen Bereichen, in denen Wettstreit nach Regeln stattfindet, als anregenden vorbildlichen Wert überlassen kann (vgl. Lenk, Pilz 1989). Philosophisch und analytisch gesehen, ist das Wertsystem der Olympischen Spiele und des Sports zwar insofern modern, als es auf funktionalen Werten und Verfahrensvorstellungen – etwa der Leistung, des Vergleichs und des regelgesteuerten Handelns – beruht, doch ist die altertümelnde Sprache der olympischen Ideologen oft noch ein Hindernis dafür, daß die heutige Jugend diese Werte und Ziele verstehen kann und ihnen folgt.

Eine Hauptaufgabe innerhalb einer neu zu entwickelnden olympischen Philosophie wäre erfüllt, wenn man eine philosophische Anthropologie des Leistungshandelns und der leistenden Persönlichkeit erstellen könnte. Man könnte eine solche Anthropologie nicht nur für den Sport entwickeln und anwenden, sondern gerade auch auf andere, wichtigere Bereiche schöpferischer Leistung – wie etwa auf die Wissenschaft, die Kunst und insbesondere die Erziehung – beziehen. Das Zusammenspiel dieser Bereiche stand herkömmlich – besonders betont von de Coubertin – auch im Zentrum der über das bloß Sportliche hinausgreifenden Auffassung von der olympischen Idee und dem olympischen Menschenbild.

Herkömmlich hat man den Menschen durch viele einzelne Wesenszüge zu kennzeichnen versucht. Er wurde gleichzeitig aufgefaßt als Homo faber, Homo cogitans, Homo agens, Homo loquens, Homo ludens, Homo laborans, Homo creator, Homo compensator oder – insbesondere im Sport – als Homo competens und movens. Stärker im engeren Sinn philosophische Charakterisierungen wie das symbolische Wesen, das frei sich entscheidende, stets über sich hinausgreifende, noch nicht festgestellte (im doppelten Sinn des Wortes) wie das auf soziale Bindungen angewiesene Wesen ergänzen diese (noch unvollständige) Liste. Alle diese charakteristischen Merkmale scheinen jedoch nur mehr oder weniger *notwendige* Bedingungen des Menschseins zu umschreiben, kein einzelnes bietet eine hinreichende Bedingung und dementsprechend ein klares Kriterium dessen, was der Mensch wirklich ist. Jede einsinnige und einseitige Definition und Theorie des Menschen scheint zum Scheitern verurteilt. Eine Definition kann darüber hinaus nicht eine ganze Theorie ersetzen, die sich auf einen wirklich komplexen Bereich und Gegenstand bezieht. Eine philosophische Anthropologie muß deshalb über einen Ein-Faktor-Ansatz hinausgehen; sie hat eine Theorie mit vielen Faktoren, sozusagen einen pluralistischen Ansatz, zu entwickeln. Sie kann darüber hinaus nicht nur aus der Erfahrung gewonnene Ergebnisse vereinen, sondern muß sich – wie schon angedeutet – auch auf werthaltige Leitbilder beziehen. Sie muß daher notwendig idealtypische Kennzeichen und selbst wertende Aspekte einbegreifen – also davon handeln, was der Menschen unter dem Gesichtspunkt von idealen Lebenszielen des Guten, des Besseren usw. sein *soll*.[2]

---

[2] Eine historische Skizze der Entwicklung von Menschenbildern der westlich-abendländischen Kultur muß zumindest die folgenden vier traditionellen Konzeptionen des Menschen berücksichtigen: das prometheische-faustische Konzept des Menschen als des forschenden und nach Wissen und Einsicht strebenden Wesens. Das delphische »Erkenne Dich selbst!« und ein »Erkenne die Welt« charakterisieren das Bild der klassischen Auffassung der griechischen Philosophen des Menschen auch als des erkennenden Wesens. An die Seite zu stellen ist diesem das christliche Bild des Menschen, wie es besonders durch die von griechischer Philosophie beeinflußten Teile des neuen Testaments (Johannes-Evangelium, Paulus-Briefe) charakterisiert ist und zumal im christlichen Liebesgebot (»Liebe Gott in allen Menschen, besonders in Deinem Nächsten!«) zum Ausdruck kommt. Obwohl in der Antike, z. B. in der Homo-Mensura-These (»Der Mensch ist das Maß aller Dinge« des Protagoras), angelegt, erscheint die vierte Auffassung des Menschen, nämlich die des praktisch-technischen Menschen als des experimentierenden Wesens, das Welt und Natur beeinflußt, manipuliert, verändert und das in die Welt eingreift bzw. diese auch durch seine Konzeptionen und Interpretationen prägt und deutet, als ein Ergebnis der Entwicklung der Renaissance und auch der Reformation bzw. der experimentalistischen Aufbruchsorientierung der Neuzeit. Das faustische und das experimentalistische Menschenbild haben unsere menschliche Welt, ja, die Biosphäre unseres Planeten an den Rand der Gefährdung gebracht, die nur überwun-

Ein antikes Ideal – auch aus dem Griechischen stammend – ist bei dieser Übersicht noch nicht erwähnt worden: es ist jenes, das hier im Zentrum steht, nämlich das Bild des homerisch-olympischen Menschen, wie es weiter unten im Anschluß an den berühmten Satz des Peleus näher beschrieben wird. Auch dieses Menschenbild könnte zu einer Art der humanisierenden Differenzierung, der Qualifizierung jeder Selbstgestaltung, der Verbesserung der physischen und intellektuellen Leistung (durch Selbstverbesserung und Selbstgestaltung) des Menschen dienen, ohne der außenorientierten Hybris der technischen Veränderung zu verfallen. Das homerisch-olympische Menschenbild der Selbststeigerung, Selbstvervollkommnung und der Orientierung an selbsterbrachten Leistungen und Leistungssteigerungen in der Konkurrenz natürlich-körperlicher und intellektueller Fähigkeiten kann geradezu als eine funktionale Alternative (Selbst-Beherrschung und -Entwicklung statt Außenwelt-Beherrschung und -Manipulation) zum außenorientierten experimentalistischen Menschenbild des technologischen Menschen verstanden werden. Ein an Qualitätsgewinn und -steigerung orientiertes Konzept der Selbstbemächtigung könnte einem in der Bevölkerungsexplosion auf unserer Erde risikoreichen Konzept des Wachstums durch Fremdbemächtigung (Unterwerfen anderer Menschen und der Natur) bzw. durch technische Veränderung der mesokosmischen Außenwelt insofern begegnen, als Chancen der Selbstauszeichnung und -differenzierung zu Eigenqualifizierung und Selbstgestaltung statt zu Fremdunterwerfung oder Weltmanipulation, die in massenhafter Konzentration in katastrophalen Konflikten und Benutzungsresultaten enden müßten, führen.

Unter dem Gesichtspunkt des olympischen Menschenbildes,

den werden kann, wenn die antiken Menschenbilder des einsichtigen Weisen, des christlichen Liebenden und Helfenden sowie der stoischen Einbettung des Menschen in Natur und kosmische Vernunft (oder entsprechende asiatische Einbettungskonzeptionen vom Menschen als des sich einfügenden und einfühlenden Naturwesens) der potentiell unbegrenzt eskalierenden Hybris des technologischen Menschen entgegenwirken können. Die Selbstvergötzung des Menschen durch seine technologische Macht kann, aber darf nicht außer Kontrolle geraten, sie müßte begrenzt und kontrolliert werden – vornehmlich durch die anderen, humanistischen Ideale des Menschen. Es scheint so etwas wie ein System von »checks and balances« in anthropologischen Konzeptionen der Geschichte zu geben, wobei die einzelnen Ideen ihre historischen Epochen hatten, sich ablösten, aber derzeit alle wichtig sind und im Grunde in eine Art von dynamischem Ausgleich gebracht werden müßten.

das sich natürlich vorrangig auch auf den Sport bezieht, möchte ich ein Merkmal herausgreifen, das bisher nicht genügend diskutiert worden ist.

Der Mensch ist nicht nur das handelnde Wesen (wie etwa die Sozialphilosophen Alfred Schütz und Arnold Gehlen betont haben), d. h. das Wesen, das sich bewußt auf Ziele ausrichten kann und diese im Handeln anstrebt, sondern er ist spezifischer das Wesen, das Ziele immer *besser* durch sein Handeln verwirklichen kann oder zu verwirklichen strebt und nach Wertstandards und Gütekriterien beurteilt. Es ist nicht nur das handelnde, sondern *das leistende Wesen*. Eigene Leistung, schöpferische persönliche Handlung, die unter gewissen Qualitäts- und Gütemaßstäben bewertet wird, sind ideale Züge, die das Bild vom handelnden Wesen weiter verfeinern. Eigenhandlung und Eigenleistung (vgl. Lenk 1983) spielen für die Charakterisierung des Menschen eine mitentscheidende Rolle unter anderen, ebenso notwendigen Zügen. Dies gilt zumal, wenn man den Ausdruck »Leistung« in einem weiteren Sinne auffaßt, also nicht schon im engeren Sinne einer meßbaren und quantitativ verbesserbaren Leistung. (Dies letztere wäre dann besonders charakteristisch für das *Eigenleisten* und *Eigenhandeln* im Sport.)

Hatte Arnold Gehlen schon im Rahmen seiner Anthropologie vom Menschen als dem handelnden Wesen festgestellt, daß Selbstauffassung und Selbstidentifikation des Menschen »immer indirekt, über das hin, was außer ihm liegt« erfolgen, also über schöpferische Auslegung und Werkgestaltung, so gilt dies natürlich erst recht für eine Auffassung des Menschen als des *eigenleistenden Wesens*. Erst durch schöpferische Projektion in ein objektives Nicht-Ich außerhalb wird Rückbezug, Reflexion (Reflexion kommt ja von »Rückwenden«, »Rückbeugen«) und Selbstdeutung möglich. Bloßes Handeln scheint als Kennzeichen des Menschen noch zu undifferenziert: Das Besondere des menschlichen Handelns ist es gerade, daß es sich um ein bewertetes, beurteiltes, sozial eingebettetes, zielführendes, ein planmäßig sich *verbesserndes* zielstrebiges Handeln, also in diesem wertbehafteten Sinne um »Leistung« handelt. Man könnte eine halb-etymologische Spielerei um Ausdrücke der Leistungsdurchführung und -ausführung anstellen: »Performare« heißt im Lateinischen und »to perform« im Englischen »leisten« und »durchführen« oder »ausführen«. *Homo performator*: Das planmäßig, zielstrebig leistende, etwas durchführende, durchformende Wesen ist darauf angewiesen, durch äußere Formung (kreative Exteriorisierung) zu innerer Formung zu gelangen, auch *sich* durchzuformen.[3] Das sich durch Formen (»per formas«) – durchaus im doppelten Sinne – konstituierende, sich an und durch Formen, an und durch Strukturen orientierende und so sich selbst verstehende Wesen kann sich nur so ordnend von der zunächst anscheinend chaotischen Informationsfülle entlasten und selbst (weiter)bilden.

Diese Bestimmung des Menschen als Homo performator scheint mir noch etwas tiefer zu liegen als die Auffassung des Menschen als des handelnden Wesens, kann diese Deutung zumindest sinnvoll ergänzen. Zugleich sind viele der oben erwähnten Momente und Bestimmungen in dieser Charakterisierung eingeschlossen wie das konstitutionelle, notorische und polymorphe Unbefriedigtsein des Menschen, das stete Über-sich-selbst-hinaus-Sein, die Notwendigkeit funktioneller Außenprojektion, die Selbstdistanzierung, Ziel- und Verbesserungsstrebigkeit, Handlungsorientierung, das Sich-selbst-stets-Aufgabe-Bleiben, Intentionalität, Selbstdistanziertheit und Selbstreflexivität. Der Homo performator scheint noch eine spezifischere, dem Menschen angemessenere Variante des Homo compensator und des handelnden Wesens zu sein. Eigenleistung kann verstanden werden als kreatives exteriorisierendes Eigenhandeln. Leistung ist kein bloßes Naturphänomen – trotz natürlicher Grundlage –, sondern zugleich physische, psychophysische, sozialkulturelle, ja, geistige und symbolische Tätigkeit bzw. Errungenschaft und besitzt gerade wegen des im erwähnten Sinne gedeuteten »performatorischen« Wertes eine besondere soziale und pädagogische Bedeutung – selbst und besonders auch dann, wenn es sich um symbolische Leistung handelt. Auf das Eigenhandeln kommt es an. Eigenleistung ist und bleibt Ausdruck persönlicher Handlungsfreiheit, gleichsam der Freiheit des Individuums, der Kreativität, der willentlichen Identifikation und des Selbstverständnisses sowie der

3 »Performare« heißt bekanntlich auch »vorführen«, »Theater spielen«, »darstellen«: Die prinzipielle Gruppenbezüglichkeit (Bezugsgruppenorientierung der Selbstauffassung), wie sie durch die sozialanthropologische Grundthese E. Goffmans besonders ausgearbeitet wurde und sich in dem Schlagwort konzentriert: »Wir alle spielen Theater«, d. h. wir spielen unsere Rolle vor anderen und entsprechend unseren eigenen Erwartungen im Drehbuch des Lebens – eine solche Assoziation liegt hier natürlich nahe. Diese Deutung führt nachdrücklich die Relevanz der anthropologischen Grundüberlegungen für die Sozialwissenschaft vor Augen.

Selbstentwicklung. Das *Prinzip des Eigenhandelns* ist eine bedeutsame – von unserer pädagogischen Theorie sowie von der philosophischen Deutung immer noch nicht genügend berücksichtigte – entscheidende Bedingung der Selbstverwirklichung und des Selbstverständnisses. Es gewinnt immer mehr Aktualität in einer Welt, die mehr und mehr zu einer verwalteten wird, durch Übermacht der Institutionen bestimmt.

Bereiche, in denen das kreative Eigenhandeln besonders gepflegt und entwickelt wird, gewinnen in unserer Welt tendenziell erheblich an Bedeutung – wie etwa künstlerische und sportliche Aktivitäten. Dies gilt um so mehr, als unsere Welt nicht nur allzusehr eine verwaltete geworden ist, sondern auch eine durch Bild-, Ton-, Schriftkonserven vermittelte »kodifizierte Welt« (Flusser). Informationsberieselung und passiver Konsum semantischer Konserven scheinen das Eigenhandeln immer mehr zu ersetzen, eine größere Abstraktion, weitere Mediatisierung zwischen das aktive personale Leben und das stellvertretende Miterleben einzuschalten: »Die kodifizierte Welt, in der wir leben, bedeutet nicht Handeln« (Flusser 1978, S. 378): die Welt als »Phantom und Matrize«, wie G. Anders schon vor langer Zeit die medienvermittelte und mediengesteuerte Welt charakterisierte (1956, 97ff.). Die Mechanismen der Mediatisierung, Kodifizierung, Vorfabrizierung scheinen, vereint mit denen der verwalteten Welt, das Eigenhandeln in letzte ökologische Nischen zurückzudrängen: Eigenhandeln scheint nur noch Freizeithobby zu bleiben. Im sogenannten Ernstbereich des Lebens funktioniert der sprichwörtlich gemeine Mensch nur noch, hier handelt er nicht mehr. Dieses Bild ist sicherlich überzogen – doch ist in seiner Pointierung nicht ein Moment der Wahrheit? Mensch sein heißt kreativ sein: Homo creator – somit heißt kreativ sein: Eigenhandeln und Eigenleistung pflegen. *Homo creator*, *Homo performator* – ein Ideal, das nicht verlorengehen darf und das ein Kernelement des olympischen Menschenbildes ausmacht. Wenn Leben in tiefstem Sinne persönliches schöpferisches Handeln, Leisten und aktives Durchführen ist, so sind die Leitbilder vom Homo creator, Homo movens und Homo performator notwendig miteinander verbunden, ja, verschiedene Seiten ein und derselben Charakterisierung. Schöpferisches und sinnvolles Leben ist im Grunde persönliche Aktivität, Handlung und Leistung im weiteren Sinne.

Das sportliche Handeln und Leisten ist dann natürlich ein ausgezeichnetes Beispiel, Träger und Medium engagierten aktiven Lebens in diesem ursprünglichen Sinne des Eigenhandelns und Eigenleistens. Es ist keineswegs trivial festzustellen, daß der aktive Sport in einer Welt von vorherrschenden und alles beherrschenden Institutionen und bildlichen Darstellungen im primären psychophysischen Sinne noch Handlung geblieben ist.

Und dies führt auch zum Kern der olympischen Auffassung vom Menschen. Sportliches Handeln und Leisten kann nicht delegiert, stellvertretend abgeleistet, vorgetäuscht oder erschlichen werden. In diesem Sinne ist die normale sportliche Leistung Resultat persönlicher Bemühung und persönlichen Einsatzes. Sie ist idealerweise eine echte (eigenerbrachte) und ehrliche (nicht vortäuschbare) Leistung, eine Handlung, die zu einer angemessenen Wertung führt. Sporthandlungen und -leistungen erfordern persönlichen Einsatz, manchmal, besonders im Bereich von Spitzenleistungen, eine fast gänzliche Hingabe. Der amerikanische Professor Paul Weiss (1969) versuchte, die sportliche Leistung durch das Schlagwort »Concern for bodily excellence« (es geht also um das Herausragen durch körperliche Leistung) zu charakterisieren. Dies ist ein treffender Ausdruck, wenn man berücksichtigt, daß es auch bei sportlichen Leistungen nicht mit rein körperlichen Prozessen und Zusammenhängen getan ist. Die sportliche Leistung erfordert auch besonderen personalen und psychischen Einsatz, mentale Vorbereitung (mentales Training, »geistige« Vorbereitung) und Verarbeitung. Darüber hinaus ist das olympische Menschenbild – wie Coubertin nicht müde wurde zu wiederholen – nicht auf das körperliche Leisten beschränkt, sondern soll sich auf andere Leistungsqualifikationen beziehen: »Die Qualifikation stellt sich unter mehrfachem Blickwinkel dar«, schrieb Coubertin 1910, »sie kann technisch, ethisch, sozial, moralisch sein.« Coubertins olympische Idee richtet sich auf ein allgemeines Bildungsideal, auf das Programm einer sportlichen Erziehung, das sich nur »der Materie Sport« bedient, um »körperliche, geistige und sittliche Fähigkeiten« zu steigern. Sport sei ein ideales Mittel, sich selbst zu prüfen und einzuschätzen, »sich selbst zu kennen, zu führen und zu überwinden«, sich selbst zu erziehen und sich selbst bewußt zu verbessern oder zu vervollkommnen. Die olympische Idee ist somit ein Keim praktischer Lebensphilosophie zur charakterlichen Erziehung. Der Sport, betonte Coubertin (1928, 1935 u. a.) immer wieder, leiste neben der physischen auch eine »moralische und geistige Erziehung«. Coubertin versteht in diesem Sinne die olympische Idee als eine Idee der vielseitigen Leistungs- und Einsatzelite aufgrund gleicher Ausgangsposition. »... Kennzeichen des Olympismus ist, daß er eine Aristokratie ist, eine Elite, aber – wohlverstanden – eine Aristokratie völlig gleichen Ursprungs. Denn diese ist nur durch die körperliche Überlegenheit und durch die Muskelfähigkeiten des Individuums bestimmt, bis zu einem gewissen Grad multipliziert mit dem Trainingswillen« (1935). Egalitäre, gleiche Bedingungen sind wesentlich. Erst dann kann das von Pater Didon stammende Motto »Citius, altius, fortius!« (»Schneller, höher, stärker oder tapferer«) Ausdruck einer im obigen Sinne verstandenen (d. h.: selbsterbrachten, nicht erschlichenen, nicht vorgetäuschten) Eigenleistung sein.

Schließlich ist Eigenleistung ein Symbol der sich selber bestimmenden und profilierenden Persönlichkeit: Selbstüberwindung, das Bewußtsein, eine schwierige Aufgabe geschafft zu haben, vermittelt das Gefühl einer besonderen Handlungsfreiheit, eben weil man sich einer selbstgewählten Aufgabe verschrieben, diese eigenständig durchgeführt und durchgehalten oder ein achtbares Ergebnis erzielt hat. Das Ziel setzt man sich grundsätzlich selbst – manchmal auch die Verfahrensregeln. So mag eine sportliche Eigenleistung das Erlebnis eigener Handlungsfreiheit aktualisieren. Zwar gibt es besonders im organisierten Wettkampf-Spitzensport Gefahren und Fälle der Manipulation, der Entfremdung und des Zwangs durch Funktionäre, autoritäre Trainer oder öffentlichen Erwartungsdruck. Aber dies sind zweifellos Verfallserscheinungen, die nicht das eigentliche beispielhafte Erleben des Athleten und die ideale Struktur der freien und freiwilligen Sporthandlung charakterisieren. Letztlich kann nur jemand sich einem außergewöhnlich anstrengenden Trainingsprogramm widmen und außerordentliche oder selbst nur relative, persönliche Bestleistungen erzielen, wenn er sich freiwillig mit dem Ziel, der Aufgabe und der Tätigkeit identifiziert. Man kann jemanden zum Marschieren zwingen, aber nicht zum Aufstellen eines Weltrekords.

Peleus gab seinem Sohn Achilles den Spruch mit auf den Weg: »stets der Beste zu sein und die anderen zu übertreffen!« (Homer: *Ilias* VI, 205; XI, 794). Diese konkurrenzorientierte Auffassung der Leistung, die von dem Love-Story-Autor Segal, der auch Marathonläufer ist, der »Achilleskomplex« der griechischen Kultur genannt worden ist, ist bedeutsam und charakteristisch für das olympische Verständnis von Leistungen. Die olympische Idee ist daher durch ein besonderes Leistungsprinzip gekennzeichnet, nämlich das der Wettkampfleistung auf Spitzenniveau. Doch selbst in der olympischen Bewegung soll diese rigorose Orientierung am Besten und am Sieger gemildert und sozusagen relativiert werden durch Coubertins wohlbekanntes Schlagwort: »Das Wichtigste in den Olympischen Spielen ist nicht, zu gewinnen, sondern teilzunehmen.« Erzieherisch gesprochen, im Sinne der pädagogischen Deutung der olympischen Idee, ist es in der Tat wichtiger als zu siegen, unter höchstem Einsatz seine beste persönliche Leistung zu erringen, um etwa an den Olympischen Spielen teilnehmen zu können. Die förderlichen Wirkungen und Einflüsse eines langjährigen intensiven sportlichen Trainings und der Hochleistungsmotivation können durchaus von jemandem erreicht werden, der schließlich nicht die goldene oder überhaupt eine Medaille gewinnt. Oft und besonders heutzutage ist es auch geradezu eine besondere Herausforderung an Charakter und Erziehung, den verführerischen Versprechungen und Verlockungen *nach* einem olympischen Sieg zu widerstehen, besonders für junge, noch unreife, noch nicht ausreichend »mündige« Athleten. Der Olympiasieger hat sozusagen erst noch einen persönlichen Reifetest zu bestehen angesichts trügerischer Publizität und verlockender Angebote, die ihn aber vom eigentlichen Weg abzulenken, abzuziehen drohen.

Der olympische Athlet ist in der Tat ein hervorragendes Beispiel, idealerweise ein Vorbild des eigenleistenden Menschen auf Spitzenniveau. Die olympische Idee mit ihrer Idee der wettkampforientierten Spitzenleistung, wie sie in dem olympischen »Citius, altius, fortius«[4] und in dem Wort Homers zugleich zum Ausdruck kommt, verkörpert sich im Ideal des olympischen Athleten. Sein Bestes gegeben zu haben, sich vollständig eingesetzt zu haben, gut und fair gekämpft zu haben – das ist der Kern der olympischen Idee. Coubertin selbst übertrug dies auf das Leben allgemein: »Das Wichtige im Leben ist nicht: gesiegt zu haben, sondern gut

---

4 Nimmt man Coubertins Vorstellung einer Erweiterung der olympischen Werte auf das ästhetische und humanistische Gedankengut im olympischen Menschenbild dazu, so müßte man nach einem Vorschlag von Gerhard Hübner das berühmte olympische Motto erweitern: »Citius, altius, fortius, pulchrius, humanius!« Die Fünfzahl findet sich ja bei den olympischen Ringen auch und sollte die Verbindung der Erdteile in der olympischen Bewegung symbolisieren – warum nicht auch fünf Begriffe im olympischen Motto?

gekämpft zu haben«, so stellte er bei den Olympischen Spielen 1908 in einer offiziellen Ansprache fest. Das wird gerade heute in der Öffentlichkeit der Publicity-Gesellschaft viel zu wenig beachtet.

Diese olympische Idee hat zwar, wie erwähnt, internationale Anziehungskraft in verschiedenen Kulturen bewiesen; sie ist verallgemeinerbar und wichtig für *alle* Erziehung zum engagierten, aktiven Leisten und Leben unter hohem Güteanspruch. Man wird sie aber kaum von inhumanen Überspitzungen und Übertreibungen sowie von politischen und kommerziellen Verzerrungen verschonen können. Der Wettkampf- und Leistungsgedanke, die Idee einer sportlichen Leistungselite, die Chancengleichheit, der Fairplay-Wert, das Verbot jeglicher Diskriminierung nach Rasse, Klasse, Nation, Konfession und Kultur sowie die Idee, Sportler verschiedener Sparten zusammenzuführen – all diese Ziele kombinieren sich mit dem Wunsch, sie in einem festlichen Rahmen, dem der Olympischen Spiele, alle vier Jahre zum Ausdruck zu bringen, und mit dem Ziel der Unabhängigkeit des Sports, der Spiele, der Olympischen Komitees und der Sportler selbst zu einem Komplex, den man »olympische Idee« nennen kann (vgl. Lenk 1964, 1972). Das Menschenbild vom eigenleistenden Wesen gibt dieser Idee einen normativ-erzieherischen Akzent – ebenso wie die Verallgemeinerung der Leistungsbereitschaft auf andere, nicht-sportliche Bereiche. Das griechische Idealbild des leiblich, geistig harmonisch Gebildeten steht wohl hier noch im Hintergrund, selbst wenn es heutzutage angesichts der vielfach zu findenden Überspezialisierung bei Spitzenathleten kaum noch verwirklicht ist. Die Werte der Toleranz, gleicher Beteiligungschancen, der Achtung vor Partnern und sportlichen Gegnern, die Idee einer symbolischen Einheit der Menschheit im Sport sowie das olympische Leistungsprinzip sind Vorstellungen von einem formalen und funktionalen Charakter, die sich in der Tat mit vielen spezifischen kulturellen Inhalten verbinden und vereinen lassen (vgl. Lenk ebd.).

Zum Schluß noch einige praxisnähere Vorschläge zur Neugestaltung der Olympischen Spiele. Die Ziele der olympischen Bewegung werden in der sogenannten Olympischen Charta nur sehr allgemein, zu allgemein (?) umschrieben.[5] Weder die grundlegen-

---

5 Die Grundprinzipien der Olympischen Charta in der mir vorliegenden Fassung von 1980 nennen als Ziele der olympischen Bewegung »die Entwicklung jener

den Werte noch die Konzeption eines olympischen Menschenbildes werden in der Olympischen Charta näher definiert oder erläutert. Es wird zwar (in 11) auf das »Olympische Ideal« Bezug genommen (innerhalb dessen der Sport inspiriert und geführt werden soll, »wobei Freundschaft zwischen den Sportlern aller Länder gefördert und gestärkt« werden soll). Es werden »die hohen Ideale« erwähnt, die Coubertin und seine Mithelfer »inspiriert« haben und denen die Olympischen Spiele »immer mehr würdig gemacht« werden sollen. Jedoch werden weder diese »Olympische Idee« noch die erwähnten »Ideale« irgendwo definiert und erläutert. Für Coubertin war die olympische Idee der Begriff einer intensiven kräftigen Körperkultur, gestützt zum einen auf den »ritterlichen Geist« (d. h. auf die Regel der Fairneß und einer darüber hinausgehenden informellen sportlichen Partnerschaft) »und zum anderen auf das ästhetische Empfinden« (1908). Für ihn waren wie oben erwähnt auch die Olympischen Spiele nicht nur sportlich, sondern »intellektuell«, »moralisch«, »pädagogisch«. Die olympische Idee – und also Wert und Ziele der olympischen Bewegung und der Olympischen Spiele – lassen sich für Coubertin nicht von der humanistischen und pädagogischen Leitorientierung abtrennen: Olympische Bewegung und Olympische Spiele beziehen sich für ihn auf ein allgemeines Bildungsideal, auf ein Erziehungsprogramm, das sich des Mediums Sport bedient, um physische, psychische, geistige und sittliche Fähigkeiten des Heranwachsenden zu vervollkommen, und das »der Kunst und dem Geist« eine Beteiligung an der olympischen Bewegung und den Spielen »durch die höchsten Formen künstlerischen oder literarischen Schaffens« sichern, der »Schönheit« Unerläßlichkeit, dem »Geist« sogar den Vorrang zugestehen soll.

Coubertins *Philosophische Grundlagen des modernen Olympismus* (1935) sind bislang immer noch fast die einzige authentische Darstellung der philosophischen Grundkonzeption der olympischen Bewegung. Sie sind in mancherlei Hinsicht zeitgebunden (besonders was etwa die »religio athletae« angeht), verwenden eine

physischen und moralischen Eigenschaften, die die Grundlage des Sports sind«, die Erziehung junger Menschen »durch Sport in einem Geiste besseren wechselseitigen Verstehens und der Freundschaft, dadurch Mithilfe beim Aufbau einer besseren und friedlicheren Welt«, weltweite Ausbreitung der »olympischen Prinzipien«, »dadurch die Schaffung eines internationalen Goodwill«, das Zusammenbringen der »Athleten der Welt in dem vierjährlichen großen Sportfest, den Olympischen Spielen« (*Olympic Charter* 1).

mittlerweile unmodern gewordene, weithin zu pathetische Sprache. Sie müßten in eine neue Form – insbesondere in eine neue sprachliche Gestalt gebracht werden, ohne daß man den wesentlichen Impuls und Inhalt im Kern zu verändern hätte.

Es bedarf der Ausarbeitung einer neuen gedanklichen Grundkonzeption der olympischen Bewegung, sozusagen einer neuen ›olympischen Philosophie‹.

Diese olympische Philosophie hätte zunächst die Aufgabe, in einer Art »Arbeitsdefinition« die olympischen Werte und Ziele, also die olympische Idee, inhaltlich genauer zu umschreiben, ohne diese allzu kulturspezifisch zu formulieren. Eine relative Offenheit der Formulierung garantiert erst die erwähnte Vielverträglichkeit und Vielfachidentifizierbarkeit der olympischen Idee dergestalt, daß Vertreter vieler verschiedener Kulturtraditionen sich mit der olympischen Idee und Bewegung identifizieren können. Trotz relativer Offenheit und Vielverträglichkeit ist eine genauere Umschreibung jedoch möglich und nötig: Nimmt man verschiedene olympische Bestimmungen in bezug auf die Ausgestaltung der Spiele aus der Charta zusammen, so ist deutlich, daß die Werte der Toleranz, der Gleichberechtigung, der Achtung vor dem Partner, der symbolischen Einheit der Menschheit, der Leistungsbejahung und Leistungselite in der olympischen Bewegung fast durchweg *Verfahrenswerte, funktionale Normen* darstellen, die mit mancherlei unterschiedlichen inhaltlichen Ausgestaltungen verträglich sind. Dies gilt für das olympische Motto der Leistungssteigerung »Citius, altius, fortius« ebenso wie für die Ablehnung jeder rassischen, konfessionellen und politischen Diskriminierung wie auch für die durch die olympischen Symbole und durch Coubertins Schlagwort »All games – all nations« (1912) symbolisierte olympische Zusammenführung der sportlichen Repräsentanten aller Kontinente und Länder sowie aller Disziplinen. (Dieser von Coubertin einmal als »der wichtigste Grundsatz« des »Olympia von heute« bezeichnete Gedanke der Vereinigung aller Sportarten und aller Nationen taucht in der konzentrierten Fassung Coubertins und in der Olympischen Charta – bisher – ebenfalls nicht auf.) Auch für die Autonomie und Unabhängigkeit der Olympischen Spiele, Bewegung und Organisationen gilt die Beschränkung auf Verfahrensnormen und funktionale Sicherung.

Die olympische Idee hätte man in vorläufiger, zweifellos noch zu verbessernder und stets zu überarbeitender »Arbeitsdefinition«

(vgl. Lenk 1964) aufzufassen als eine komplexe Vorstellung der Bildung und Bestätigung durch eigenhandelnde Leistung (insbesondere durch sportlichen Leistungsvergleich) in Ausrichtung auf die Olympischen Spiele, die als sportlich-künstlerisch-festlich geprägte Veranstaltung alle vier Jahre Gelegenheit geben, daß sich die sportliche Leistungselite aller Sportarten und Nationen trifft und in Wettkämpfen mißt, die unter der Idee der Chancengleichberechtigung und des Fair play sowie der internationalen Ausbreitung und sportgebundenen Verständigung stehen. Auf die Leitidee der Unabhängigkeit der olympischen Bewegung von allen politischen, kommerziellen, konfessionellen und sonstigen Einflüssen sowie Diskriminierungen sollte nicht verzichtet werden. Diese Unabhängigkeit muß mit (nicht partei- oder block- oder nationalorientierten) *politischen* Mitteln verteidigt werden. Ein Menschenbild vielseitiger geistig-seelisch-leiblicher Bildung, einer gelebten Leib-Seele-Einheit wird ebenso zum pädagogischen Leitbild der olympischen Idee wie der Versuch, das Sportleben allgemein durch Einbeziehung in die (oder Orientierung an der) olympische(n) Bewegung zu prägen.

Zu diesem olympischen Menschenbild der allseitig harmonischen – heute freilich idealistisch-utopisch anmutenden – Ausbildung wird nach Coubertin nicht nur die Entwicklung der »physischen und moralischen Qualitäten«, soweit sie für den Sport relevant sind, gerechnet, sondern auch die diesbezügliche intellektuelle und »kulturelle Erziehung der Jugend«. Die olympische Idee bedeutet sowohl der klassischen Tradition als auch dem Wiederbegründer der Spiele *mehr* als die bloße Organisation von Sportspielen, mehr als eine große Weltmeisterschaft aller Sportarten. Coubertin hat immer wieder über die »Vereinigung von Geist, Kultur und Sport«, von der »intellektuellen«, »moralischen« und »pädagogischen« Funktion der olympischen Bewegung über die Olympischen Spiele im engeren Sinne hinaus spekuliert. Ohne die im weitesten Sinne vorbildsetzende, pädagogische Funktion der Olympischen Spiele, ohne die wesentliche Prägung durch Fest, Kunst und sogar gewisse »mythische« Traditionselemente, ohne die wesentliche Beteiligung von Künstlern, Wissenschaftlern, Denkern und Dichtern, ohne ein das rein Sportliche übergreifendes symbolisches Humanum, das die Einheit der Menschheit als Idee beschwört, wäre die olympische Bewegung nicht entstanden, hätten die Olympischen Spiele nicht ihren spezifischen Symbolcharakter gewonnen. Zu der von Coubertin immer wieder geforderten »Allianz der Künste, der Wissenschaften und des Sports« bei den Olympischen Spielen kann eine neue äußere Form des Zeremoniells bei der Eröffnungsfeier, den Siegerehrungen, besonders bei der Abschlußfeier der Olympischen Spiele erheblich beitragen, wenn das Nationalistische und »Zackige« gegenüber dem Heiteren, Spielmäßigen, ja, Folkloristischen und Vereinigenden zurücktritt. Man denke besonders an den seit Melbourne auf Vorschlag des kleinen Chinesenjungen Wing veranstalteten, bunt durch die Nationen gewürfelten Schlußeinzug der Athleten ins Stadion oder auch an die sogenannte »Spielstraße« bei den Olympischen Spielen von München.

Freilich ist zu wiederholen und zu betonen: Bei aller Erhaltung der Kernidee, bei aller Würdigung der bisherigen kulturellen Wirkung muß sich Olympia über eine erneuerte äußere Gestalt hinaus auch ein neues intellektuelles Konzept, eine reformierte geistige Gestalt geben. Die olympische Bewegung muß dazu wirklich bereit sein bzw. lernen, konstruktive Kritik verkraften und fruchtbar nutzen zu können. Eine bloße zeremonielle Erneuerung ohne intellektuelle Neukonzipierung und Neufundierung bliebe hohl. Der »olympische Geist« ohne angemessene Olympische Spiele bliebe leer, aber Olympische Spiele ohne einen wirklichkeitsnah gedeuteten »olympischen Geist«, ohne neugefaßte olympische Idee wären blind, gerieten in der Tat in Gefahr, bloß zur starren Routine oder allein zum profitablen Sensationsspektakel zu werden, das die Spiele im Medienzeitalter bereits geworden sind. Kann Olympia auch in Zukunft noch mehr ein Artistenpanoptikum, mehr als Big Show und Kommerziade sein? Man wird abwarten müssen.

In der Tat ist Coubertins Idee von der gleichrangigen oder (was den Geist betrifft) sogar vorrangigen Beteiligung von Kunst und Geist bei den Olympischen Spielen und auch in der olympischen Bewegung schon in der Vergangenheit und besonders heute nicht genügend Aufmerksamkeit gewidmet worden. Die Rollen der Kunst und des Geisteslebens sind auf ein Rudiment zusammengeschrumpft in Gestalt der angehängten Kunstausstellungen und Aufführungen der darstellenden Kunst. Man kann keineswegs sagen, daß die Bestimmung der olympischen Regeln (40) erfüllt sei, daß »dieser Teil des Programms von einem gleichen Standard sein soll ... wie die Sportwettbewerbe«. In den Olympischen Spielen ist die Ausgewogenheit des traditionell geforderten olympischen

Menschenbildes nahezu völlig zum ausschließlich Sportlich-Technischen verschoben.

Dabei wäre es relativ leicht möglich, diese über das bloß Sportliche hinausgreifende Einheit, diese wenigstens als ideale Leitorientierung angestrebte Ausgewogenheit wieder anzudeuten. Wenigstens symbolische Vorschläge dazu wären etwa: Einbeziehung der Sieger der entsprechenden Wettbewerbe von »Jugend musiziert« (die bei den Olympischen Spielen ein Konzert geben könnten – vielleicht sogar bei der Eröffnungsfeier spielen könnten), »Jugend forscht« (eventuell Ausstellung bzw. Vorstellung der Arbeiten), Schaffung olympischer Preise für Kunst, Wissenschaft, Fair play, Behindertensportleistungen sowie für herausragende Leistungen in nichtolympischen Sportarten (wie früher etwa im Bergsteigen). Ein besonders schönes Symbol könnte auch die Einladung der Olympiasieger der Behinderten-Olympiade sein, deren Mentalität des »Nun gerade!«, des Nicht-Aufgeben-Wollens und besonders des *Sich*-nicht-Aufgebens besonders deutlich der olympischen Tradition entspricht (man denke an die olympischen Hochleistungen früherer Behinderter von Ewry bis Wilma Rudolph). Auch könnte ein olympischer Sonderpreis oder der olympische Sonderpreis Sport demonstrativ an einen Behinderten verliehen werden – etwa an den einbeinigen Springer, der kürzlich 2,04 m hoch sprang.

Man könnte sich auch weitergreifende kulturelle Aktivitäten zur Einbeziehung der künstlerischen und geistigen Komponenten im Sinne Coubertins vorstellen, wie dies unter Rückberufung explizit auf Coubertin und auf manche klassisch-griechische, aber den modernen Zeiten anzupassende Idee von der Internationalen Olympiade-Vereinigung vorgeschlagen wurde (Coubertin wäre sicherlich der letzte, der sich gegen Neuerungen der olympischen Konzeption im Sinne eines pädagogisch sinnvollen modernen Olympismus gewehrt hätte): Wenn das Bulletin des Olympischen Kongresses Nr. 7 eher humorvoll oder ironisch das olympische Motto »Citius, altius, fortius« durch ein »Beatius« (»Glücklicher«) ergänzte, so stünde auch der erwähnten Ergänzung der olympischen Devise durch ein »Pulchrius« (»Schöner«) und »Humanius« (»Menschlicher«) – beides explizit im Sinne Coubertins – nichts im Wege.

Zur *Humanisierung des Hochleistungssports* – zumal des olympischen – sind erste Maßnahmen durchgeführt worden (z. B. Antidoping-Programme und -Kontrollen), aber das Geschehene reicht bei weitem noch nicht hin. Die Abwehr von Verletzungsgefahren (muß der Sprung der Turner[innen] zum Stand im Hohlkreuz sein? Entschärfung der Ski-Abfahrtsstrecken) gehört dazu ebenso wie eine weitestgehend verfahrensmäßige Sicherung der Chancengleichheit beim Start unter einer Idee der (Rest-)Natürlichkeit im Sport. Das technologische olympische Wettrüsten, das dem Athleten in technischen Disziplinen einen Vorsprung gibt, dessen Gerät unter dem aufwendigeren ingenieurwissenschaftlichen Forschungsprogramm entwickelt wurde, sollte vermieden, entschärft werden – etwa wie bei den Wettkämpfen der Finn-Dingis durch Bereitstellung von absolut gleichgenormtem Gerät (in den Disziplinen, wo dies möglich ist). Unter dem Gedanken der Humanisierung des Sports ist auch eine humane Dimensionierung der Leistungsbeurteilung zu sehen: keine künstliche Differenzierung durch Zusatzbestimmungen bei gleicher Grundleistung, keine »unfairen« Benachteiligungen punktgleicher Leistungen und keine um Tausendstel-Bruchteile von Sekunden (unter die Toleranzgrenze der Meß- oder Baugenauigkeit sinkende) diskriminierende Unterscheidungsversuche (Beispiele zur »inhumanen« Übergenauigkeit: 400 m Lagenschwimmen 1972, 15 km Skilanglauf 1980; Beispiele für »ungerechte« Bewertung bei Additionswettbewerben: Leichtathletischer Fünfkampf der Damen 1976, Zweierbob 1968). Für alle minimalen Leistungsunterschiede aufgrund subjektiver Punktbewertung gilt Entsprechendes. Man sollte sich allgemein fragen, ob nicht die Bewertung sich in erster Linie an der erbrachten Leistung orientieren soll und nicht vorrangig an dem Bestreben, möglichst *einen und nur einen* Sieger auszuzeichnen (und sei es aufgrund künstlicher Differenzierungen, wo kein eigentlicher Leistungsunterschied mehr besteht). Man sollte daher unnötige *künstliche* Leistungszusatzdifferenzierungen ausschalten und gleiche Leistungen gleich bewerten. Angesichts der kaum noch merklichen Leistungsunterschiede zwischen olympischen Endkampfteilnehmern sollte es dem Olympischen Komitee nun endlich gut anstehen, alle Endkampfteilnehmer bei der Siegerzeremonie zu ehren – nicht nur die drei Medaillengewinner. Sicherlich wird man durch Änderung der olympischen Bestimmungen kommerzielle und nationalistisch-politische Mißbräuche Olympischer Spiele und olympischer Erfolge nicht völlig vermeiden können, jedoch sollte ein Herunterspielen nationalistischer Äußerungsmöglichkeiten das Gebot der Stunde und der olympischen Zukunft sein: Entfernung oder Einreihung der Nationalflaggen, Nationalhymnen, von Uniformen, Militär (besonders Paradeschritt bei der Eröffnungsfeier ist kein olympisches Symbol). Allenfalls könnte man die Nationalfahnen bei der Eröffnungsfeier in einem großen Block der Fahnenträger zusammen auftreten lassen, während die einzelnen Mannschaften nur hinter den Namensschildern ihrer Nation einmarschieren. Auch bei der Siegerehrung könnte man auf Fahnen – außer der olympischen – verzichten (die Nationalität wird ja aus der Abkürzung hinter dem Namen der Medaillengewinner auf der Anzeigetafel ohnehin ersichtlich). Das national-internationale Doppelgesicht, welches das Protokoll der Spiele bis heute prägt (Diem), findet sich immer auch noch – und in gewissem Sinne wohl unvermeidlich – in den olympischen Regeln selbst, indem betont wird, daß die »Spiele Wettkämpfe zwischen Individuen und nicht zwischen Ländern« sind, die »dieses Land repräsentieren dürfen«. Eine gewisse Bereinigung der hier noch widersprüchlichen Bestimmungen ist nötig – ebenso wie die Klärung der Frage von Einzelmeldungen.

Insgesamt müßte das IOC gerade angesichts der politischen Anfälligkeit der Spiele im telekratischen Zeitalter (jede Aktion bei Olympischen Spielen erhält automatisch weltweite Telepublizität) sich der Aktions- und Sanktionsmacht, die es hat, strategisch mutiger und unter Umständen gezielter bedienen – politisch aktiver und konsequenter im Dienste der Übernationalität und Internationalität der Spiele: Die Olympischen Spiele sollen idealerweise unpolitisch, international und übernational sein. Da sie aber stets und unvermeidlich eine politische Rolle spielen, Anlaß für politische Demonstrationen und Eingriffe – heute im Zeitalter weltweiter Medienwirksamkeit mehr denn je – geben, müssen sie durchaus auch mit *politischen* Mitteln aktiv verteidigt, von der nationalen, parteilichen oder blockorientierten Politik auf diese Weise relativ frei gehalten werden. Im überparteilichen, übernationalen Sinne haben die Olympischen Spiele und die olympische Bewegung zweifellos eine erhebliche politische Auswirkung im Sinne einer indirekten Völkerverständigungsfunktion, als Symbol einer besseren Welt und einer idealen Einheit der Menschheit, ohne daß man ihnen *direkt* eine unmittelbare politische Konfliktlösungs- oder Friedensmission zuerkennen könnte.

Literatur

Anders, Günther (1956): *Die Antiquiertheit des Menschen*, München.
Coubertin, P. de (1908): »Les ›Trustees‹ de l'Idée Olympique, in: *The Olympique 1908*, S. 109f.
Coubertin, P. de (1912): »All Games, all Nations«, in: *Revue Olympique 1912*, S. 107f.
Coubertin, P. de (1913): »Olympisme et Utilitarisme«, in: *Revue Olympique 1913*, S. 70ff.
Coubertin, P. de (1928): *Sportliche Erziehung*, Stuttgart/Berlin.
Coubertin, P. de (1949): »Les Assises philosophiques de l'Olympisme moderne«, Radiobotschaft Berlin 4. 8. 1935, in: *Bulletin du Comité International Olympique*, Nr. 13, S. 12f. Auch deutsch abgedruckt in Coubertin 1967.
Coubertin, P. de (1960): *Olympische Erinnerungen 1936*, 3. Aufl. (Orig.: *Mémoires Olympiques*, Lausanne 1931).
Coubertin, P. de (1967): *Der olympische Gedanke*, Schorndorf.
Diem, C. (1967): *Der olympische Gedanke*, Schorndorf.
Flusser, V. (1978): »Die kodifizierte Welt«, in: *Merkur* IV, S. 374-379.
Goffman, E. (1965): *Wir alle spielen Theater*, München (amer. Orig. 1959).
Graham, P. J./Ueberhorst, H. (Hg.) (1976): *The Modern Olympics*. Cornwall, N. Y.
International Olympic Committee (1958/1962): *The Olympic Games: Fundamental Principles, Rules and Regulations. General Information*, Lausanne.
International Olympic Committee (1974): *Olympic Rules and Regulations*, Lausanne.
Jokl, E./Karvonen, J. J./Kihlberg, J./Koskela, A./Noro, L. (1956): *Sports in the Cultural Pattern of the World. A Study of the 1952 Olympic Games at Helsinki*, Helsinki.
Kamper, E. (1972): *Enzyklopädie der Olympischen Spiele – Encyclopédie des Jeux Olympiques – Encyclopedia of the Olympic Games*, Dortmund.
Killanin, M. N. III/Rodda, J. (Hg.) (1976): *The Olympic Games*, New York.
Lenk, H. (1964): *Werte – Ziele – Wirklichkeit der modernen Olympischen Spiele*, Schorndorf ²1972.
Lenk, H. (1972): *Leistungssport. Ideologie oder Mythos?*, Stuttgart u. a. ²1974.
Lenk, H. (1976): »Zu Coubertins olympischem Elitismus«, in: *Sportwissenschaft* VI, S. 404-424.
Lenk, H. (1979): »Social-Philosophical Perspectives of the Olympic Games: Goals – Values – Reality of the Olympic Movement«, in: ders.: *Social Philosophy of the Athletics*, Champaign, Ill., S. 119-199.

Lenk, H. (1979): *Pragmatische Vernunft*, Stuttgart.
Lenk, H. (1981): »Die Olympische Idee und die Krise des Olympismus« in: Ueberhorst, H. (Hg.): *Geschichte der Leibesübungen*, Band III.2 Berlin u. a., S. 1082-1105.
Lenk, H. (1983): *Eigenleistung. Plädoyer für eine positive Leistungskultur* Zürich/Osnabrück.
Lenk, H. (1983): »Wie philosophisch ist die Anthropologie?«, in: Frey G./Zelger, J. (Hg.): *Der Mensch und die Wissenschaften vom Menschen* Band I, Innsbruck, S. 145-187.
Lenk, H. (1985): *Die achte Kunst. Leistungssport – Breitensport*, Zürich - Osnabrück.
Lenk, H./Pilz, G. (1989): *Das Prinzip Fairneß*, Zürich – Osnabrück.
Moretti, L. (1957): *Olympionikai*, Rom.
Schelsky, H. (1973): *Friede auf Zeit. Die Zukunft der Olympischen Spiele* Osnabrück.
Weiss, P. (1969): *Sport – a Philosophic Inquiry*, Carbondale – Edwardsville.

Iring Fetscher
Die Olympischen Spiele, Showbusiness und der Sinn des Sports

Demnächst werden es hundert Jahre sein, seit der französische Baron Pierre de Coubertin die Olympischen Spiele erneuert hat. Der Sportpädagoge verband mit dieser Erneuerung des Olympia-Gedankens Hoffnungen auf eine Verbesserung der Beziehungen zwischen der »Jugend der Welt« und eine Überwindung nationalistischer Vorurteile. Coubertin hatte das Sportgeschehen in England studiert und den hohen »erzieherischen Wert« namentlich des sportlichen fairen Wettkampfs erkannt, wie er auf den »Public Schools« gefördert wurde. Sport war in England zunächst eine Betätigung des »Gentleman« gewesen, der – durch seine Einkünfte aus Vermögen – vom Zwang zu intensiver Berufsarbeit freigestellt, durch sportliche Aktivitäten seinen Körper fit halten und Langeweile überwinden wollte. Zuschauersport und Massensport folgten im Zuge der Industrialisierung und der Entstehung großer städtischer Bevölkerungen und proletarischer Lebensverhältnisse. Fußball und Boxen entwickelten sich zu »populären Freizeitvergnügungen« – sowohl für eine Minderheit, die aktiv in Sportvereinen tätig wurde, als auch für immer zahlreichere Zuschauer, die in die Stadien strömten. Die populäre Presse, die gleichfalls in England und den USA zuerst aufkam, berichtete meist ausführlicher über Sportereignisse als über politische Begebenheiten. Baron de Coubertin hoffte die Popularität des Sports für seine völkerverbindende und völkerversöhnende Konzeption nutzen zu können. Die »Jugend der Welt« sollte sich in fairen Wettkämpfen begegnen, einander kennen- und schätzenlernen und so Vorurteile überwinden. Ein Komitee von Honoratioren entwarf die Konzepte und organisierte – im gleichen Rhythmus wie in der Antike – für alle vier Jahre »Olympische Spiele«. Der Gedanke, die Spiele – in Erinnerung an die klassische griechische Zeit – regelmäßig in Athen stattfinden zu lassen, wurde wieder aufgegeben. Reihum sollten alle Länder einmal Gelegenheit erhalten, »Gastgeber« zu sein.

Am britischen Modell ließ sich ablesen, daß Sport eine »Freizeittätigkeit« ist, kein »Beruf«. Dementsprechend sollten nur

»Amateure« an den Olympischen Spielen teilnehmen. Hauptberufliche Sportler, die es schon damals gab, waren ausgeschlossen, schon um der Chancengleichheit willen, die ein Aspekt der erwünschten Fairneß ist. Man sprach später gelegentlich davon, daß Sport die wichtigste »Nebensache« der Welt sei, um damit zu unterstreichen, daß es sich um »Spiel« und um Spiele von Amateuren handelt. Spiele verlaufen nach festgelegten Regeln, die dafür sorgen sollen, daß alle Teilnehmer unter gleichen Bedingungen kämpfen. Aus diesem Grunde mußten z. B. die Sportgeräte gleichwertig sein und durfte kein einziger Teilnehmer durch Stimulantien sich einseitig Vorteile verschaffen. Von Doping sprach damals noch niemand, auch wenn vermutlich schon in der Antike nicht immer auf Stimulantien verzichtet wurde. Ungleichheit bestand allerdings insofern, als zunächst nur Personen (anfangs allein Männer) mit ausreichenden finanziellen Mitteln und entsprechender »Abkömmlichkeit« an den Spielen teilnehmen konnten.

Ein entscheidender Bruch mit dem Amateur-Prinzip wurde von den autoritären und totalitären Staaten vollzogen. Um das Prestige ihres Staates auf internationaler Bühne zu steigern, förderten sie ausgewählte, leistungsfähige Sportler, die – auf verschiedene Weise getarnt – aufhörten, wirkliche Amateure zu sein. Um nicht einseitig ganze Länder von den Spielen ausschließen zu müssen, nahm das Internationale Olympische Komitee diese Verstöße hin. Die überragenden Erfolge des »Dritten Reiches« sowie der »Sowjetunion« waren der Lohn für deren Durchbrechung des Amateur-Prinzips. Nach dem Zweiten Weltkrieg wurde der Amateur-Status auch von anderer Seite durchbrochen. Immer öfter benutzten einzelne Sportler (und Mannschaften) Teilnahme und Sieg bei den Olympischen Spielen als Einstieg in eine hochdotierte Berufslaufbahn, bis schließlich in vielen Sparten schon die meisten Aktiven von vornherein »Berufssportler« waren.

Die Professionalisierung des Leistungssports, wie er bei den Olympischen Spielen inzwischen weit fortgeschritten ist, wäre weniger beklagenswert, wenn sie nicht zugleich zu einer Schwächung des Charakters des Sports als faires Spiel beigetragen hätte Spiel nach Regeln verlangt strenge Befolgung geschriebener und ungeschriebener Satzungen, aber diese Befolgung wird dadurch erleichtert, daß es eben »nur Spiel«, nicht »blutiger Ernst« ist Wenn aber von der Gold- oder Silber-Medaille die gesamte künftige Berufslaufbahn abhängt, geht dieser »erleichternde« Spielcharakter notwendig verloren. Dann ist es auch kein Lapsus mehr, wenn ein Trainer von Boris Becker sagt, dieser »leiste Schwerstarbeit«.

Man hat oft über das Motto »Dabeisein ist alles« gelacht, aber – mit einem Körnchen Salz genommen – entspricht es weit eher dem »Spielcharakter« und dem Sinn, den einmal Baron Pierre de Coubertin im Olympiagedanken gesehen hatte. Entspannte Entfernung von der alltäglichen Ernsthaftigkeit des Konkurrenzkampfes auf wirtschaftlichem Gebiet, der Konflikte in der Politik usw. – das war die erste und wesentliche Voraussetzung für das Gelingen jener versöhnenden, Vorurteile abbauenden Begegnung im Sport. Natürlich möchte jeder siegen, aber der Sieg im sportlich-fairen Wettkampf macht den Besiegten nicht zum »Verlierer«. Er war »dabei« und hat sein Bestes gegeben. Er ist imstande, sich an der besseren Leistung seines Mitbewerbers zu freuen, weil eben nicht sein ganzes Leben von Sieg oder Niederlage abhängig ist.

Die Olympischen Spiele sind – vermutlich ist das nicht mehr rückgängig zu machen – zu einem Ereignis des Show-Business geworden. Entsprechend diktieren die Vermittler der »Bilder« von den Spielen – die Fernsehanstalten und die »Sponsoren«, die Arenen und andere Wettkampfstätten zur Werbung benützen, das Geschehen. In Los Angeles hatte das u. a. die Verlegung von Läufen in gesundheitsschädliche Zeiten zur Folge, weil nur so die besten »Einschaltquoten« für die direkte Fernsehübertragung erzielt werden konnten.

Einen weiteren Beitrag zum Verlust der spielerischen Leichtigkeit und Realitäts-Distanz der Olympischen Ereignisse leisten die Rivalitäten der großen »Sportnationen«, die mit Hilfe von »Medaillenspiegeln« um den ersten Rang kämpfen. Die Tatsache, daß totalitäre Regime in diesem Wettkampf in der Regel weit vorn lagen, hätte eigentlich demokratische Politiker und Journalisten zu größerer Zurückhaltung motivieren können.

Endlich trägt aber auch der Geist der »fortschrittsgläubigen« Moderne und ihres Willens zum »Rekord« zur Denaturierung des Leistungssports und der Spiele bei. Wenn es nicht nur darum geht, schneller als der Mitbewerber zu sein, sondern auch gegen die Stoppuhr sowie gegen Meßlatte und Meßband zu »siegen«, ist vermutlich die Verführung zum Doping kaum noch zu vermeiden. Ich habe vor einigen Jahren auf einer Sitzung des NOK vorgeschlagen, die Feststellung von Rekorden ganz abzuschaffen und dadurch den Wettlauf zu immer neuen – die Grenzen der Kraft eines »normalen und gesunden« Sportlers übersteigenden (nebenbei gesagt auch gesundheitsschädigenden) – Höchstleistungen zu beenden. Daß der Vorschlag vor dem Hintergrund einer auf »Fortschritt« und »Wachstum« programmierten Industriezivilisation wenig Chancen hatte, war mir klar. Vielleicht kann aber die sich ausbreitende Einsicht, daß wir zu einer »Selbstbeschränkung« auf allen Gebieten (vielleicht außer dem der Kunst und des Spiels) kommen müssen, wenn die Menschheit überleben soll, zu einer entsprechenden Korrektur beitragen. »Höher, weiter, schneller, größer« – das muß nicht notwendig »besser« sein, oft ist eher das Gegenteil der Fall. Die Aussicht auf immer mehr Ultraschall-Passagier-Flugzeuge und Airbusse mit 800 und mehr Sitzplätzen führt – im Unterschied zu früheren »Fortschritten« – kaum noch zu einem enthusiastischen »Echo«. Es könnte ja sein, daß es eines Tages auch niemanden mehr interessiert, ob die 10-Sekunden-Marke beim 100m-Lauf noch weiter »unterboten« wird, oder der Hochsprung eines Tages die 2,50-m-Latte »bezwingt«.

Wettkämpfe von Behinderten deuten eine sinnvolle Richtung der Entwicklung an. Alle meine Reflexionen kreisen aber um den Gedanken und die Hoffnung, aus den »Olympischen Spielen« wieder »Spiele« zu machen, die zwar verdammter Ernst wären und höchste Konzentration auf Leistung verlangten, aber zugleich doch auch »entspannt, gelockert, fair« sich an Mitbewerbern zu »messen« erlaubten. Wenn das gelänge, könnten auch »Amateure« wieder das Feld beherrschen und würde der »Zwang« zum Doping wegfallen.

Ein realistischerer Vorschlag wäre – vorerst – die Verleihung von Medaillen nicht nur für sportliche Hochleistungen, sondern auch für Fairneß, Kameradschaftlichkeit und ähnliche schwer »meßbare«, aber doch erkennbare Verhaltensweisen. Wenn in einer Mannschaft ein besonders guter Spieler – z. B. wegen Krankheit – ausfällt, dann sollte es ein selbstverständliches Gebot der Fairneß sein, daß aus der gegnerischen Mannschaft ein ebenso guter Spieler auf Mitspiel verzichtet.

Leistungssport läßt sich unter anderem dadurch »rechtfertigen«, daß er die Motivation zum Breitensport fördert. Beide sind gewiß aufeinander angewiesen. Der Abgrund aber, der »Berufssportler« von Amateuren trennt, ist in den letzten Jahrzehnten immer größer geworden. Er ist sowohl dem Ehrgeiz totalitärer Staaten – man denke nur an die Kinder-Turnerinnen aus Rumänien – geschuldet als auch der Kommerzialisierung und der »Rekord-Jagd«, die für die Industrie- und Technik-Zivilisation charakteristisch sind. Bis zu einem gewissen Grad sind solche Bemühungen um »Höchstleistungen« gewiß etwas Faszinierendes, aber verabsolutiert und zum »Fetisch« gemacht, entfremden sie den immer einseitiger werdenden Berufsathleten von seiner Humanitas. Fünf- und andere Mehr-Kämpfe, die notwendig extreme Höchstleistungen auf einzelnen Gebieten ausschließen, sind ein erprobtes Gegenmittel; schon Baron de Coubertin hat den olympischen Fünfkampf eingeführt. Die extreme physische Vereinseitigung von Gewichthebern oder Ringern auf der einen Seite und Kurzstreckenläufern auf der anderen ist – schon ästhetisch – eher fragwürdig.

Schönheit ist – so will mir scheinen – ein Argument. Nicht nur Doping und hormonelle Veränderung sind unästhetisch und unethisch zugleich, auch der »gemästete« Gewichtheber ist ein fragwürdiges Produkt des Kampfes um Höchstleistungen.

Der Bogenschütze, der von Zen-Priestern ausgebildet wurde, praktiziert vor allem Konzentriertheit und Gelassenheit. Die Verbindung dieser beiden Verhaltensweisen, die auch japanischen Kampfsportarten wie Karate eignet, fehlt vielen Leistungssportzweigen. Es wäre wünschenswert, daß solche Verhaltensnormen sich ausbreiten. Gelassenheit, Fairneß, gegenseitige Anerkennung, Bewußtsein des »Spielcharakters«, der Uneigentlichkeit der »Auseinandersetzung« – das alles sollte den internationalen Wettkampf auch bei den Olympischen Spielen charakterisieren. Wenn es nicht gelingen sollte, die Spiele wieder zu »Spielen« zu machen, müßte man vielleicht – in Konkurrenz dazu – welche »erfinden«. Es gab die »Arbeiter-Olympiade« oder »Spartakiade« – eventuell sollte man eine »Amateur-Olympiade« ins Leben rufen? Ich höre schon den plausiblen Einwand: »Wer soll das bezahlen?« Aber müssen wir wirklich vor dem Geld der Medien und der Sponsoren kapitulieren, wie das IOC zuvor vor der Verletzung des Amateur-Gebots durch die totalitären Regime kapituliert hat? Sowenig Hoffnung ich auf eine Verwirklichung der hier skizzierten Vorstellungen habe, so wichtig ist es mir, daß sie wenigstens ausgesprochen werden. Womöglich kommt ja eines Tages ein neuer Coubertin, der den Kurs des IOC radikal ändert und damit die Spiele wieder zu »Spielen« macht. Showbusiness ist sicher wichtig, aber eigentlich sollte der Sinn des Sports ein anderer sein.

III. Ein Fest der Menschheit?
Der Anspruch der Olympischen Spiele
auf Universalität

Allen Guttmann
Die Olympischen Spiele:
ein Kulturimperialismus?

Die Olympischen Spiele der Neuzeit waren zunächst eine rein europäische Angelegenheit, und so hatten sich nichtwestliche Völker stets den westlichen Bedingungen zu unterwerfen, wenn sie an den Spielen teilnehmen wollten. Talcott Parsons zufolge hat es von Anfang an einen Widerspruch gegeben zwischen den universalistischen Idealen – propagiert wurde die Teilnahme der »Jugend der Welt« – und den partikularistischen Äußerungen, die in ihrer Form eindeutig charakteristisch sind für den modernen Sport.[1]

Zwar hatten schon verschiedene Europäer im neunzehnten Jahrhundert Anstrengungen unternommen, die antiken Spiele zu neuem Leben zu erwecken, jedoch waren ihre Bemühungen allesamt nicht besonders erfolgreich. Der Engländer Dr. W. P. Brookes führte 1849 in Shropshire jährliche »Olympian Games« ein, wobei es sich allerdings um eine ganz und gar lokale Veranstaltung handelte.[2] Im Jahre 1859 unternahmen die Griechen den ersten ihrer diversen Versuche, die Sportwettkämpfe wiederzubeleben, die etwa fünfzehnhundert Jahre zuvor aufgegeben worden waren. Allerdings waren ihre Spiele, sowohl in bezug auf die Veranstaltungsorte als auch auf die Teilnehmer, rein griechisch und blieben von der übrigen Welt unbemerkt.[3] Von John Astley Cooper kam 1891 der Vorschlag, panbritische und angelsächsische Festspiele zu veranstalten, zu denen Sportler aus dem britischen Empire und den Vereinigten Staaten eingeladen werden sollten. Dahinter stand die Absicht, die Überlegenheit der Angelsachsen zu rühmen und die Bande der angelsächsischen Solidarität zu stärken. Dieser Traum wurde freilich erst im Jahre 1930 in Form der alle vier Jahre veranstalteten British Empire Games verwirklicht.[4]

---

1 Zur Besonderheit des modernen Sports siehe Allen Guttmann, *From Ritual to Record: The Nature of Modern Sports*, New York 1978, S. 15-55.
2 Christopher R. Hill, *Olympic Politics*, Manchester 1992, S. 9-15.
3 David C. Young, *The Olympic Myth of Greek Amateur Athletics*, Chicago 1984.
4 Katharine Moore, »The Pan-Britannic Festival«, in: J. A. Mangan (Hg.), *Pleasure, Profit, Proselytism*, London 1988, S. 144-162.

Pierre de Coubertin, der sowohl über eine globalere kosmopolitische Sichtweise als auch über ein sehr viel besseres Organisationstalent verfügte als irgendeiner seiner Vorgänger, war erfolgreich, wo diese versagt hatten. Grund für diesen Erfolg war, unter anderem, daß er bereit war, die vorhandenen Reminiszenzen an die antiken Spiele für ausgesprochen moderne höhere politische Zwecke zu benutzen. Gestützt auf seine typisch französische Erziehung im Geiste der Lehre von der klassischen Zivilisation beutete er den Nimbus der Antike aus für die Förderung seines Zieles: Frieden und Versöhnung in der ganzen Welt.[5]

Wenn man bedenkt, was er alles unternahm, um die Teilnehmer an dem 1894 von ihm an der Sorbonne veranstalteten Kongreß zu beeindrucken, kann man sich nur wundern, daß die Delegierten ihn nicht der ideologischen Manipulation bezichtigten. Am Vorabend des Kongresses veröffentlichte Coubertin in der *Revue de Paris* einen Essay, in dem er beredt für eine Wiederaufnahme der Olympischen Spiele eintrat. Am 16. Juni schließlich, als die achtundsiebzig Delegierten aus neun Nationen zusammenkamen, fanden sie sich in einem großartigen Auditorium, das erst kurz zuvor von Pierre Puvis de Chavannes mit klassizistischen Wandgemälden ausgeschmückt worden war. Akustisch betört wurden sie durch die »Hymne an Apollo«, die im Jahr zuvor in Delphi entdeckt, von Théodore Reinach ins Französische übertragen, von Gabriel Fauré musikalisch umgesetzt und von Jeanne Remacle und dem Chor der *Opéra française* gesungen wurde. In dieser berauschenden Atmosphäre gab es dann wohl einhellige Zustimmung für Coubertins Vorschlag zur Gründung eines Internationalen Olympischen Komitees (IOC), dessen Ziel es sein sollte, eine Neuauflage der Spiele ins Leben zu rufen.[6]

Coubertins Wahl für den ersten Präsidenten des IOC fiel auf einen griechischen Gelehrten, Demetrios Bikelas, der damals in Paris lebte. (Er hatte dieses Amt bis 1896 inne. Danach übernahm Coubertin es selbst und übte es nahezu dreißig Jahre lang aus.) Die ersten Olympischen Spiele der Neuzeit sollten in Athen stattfinden, wo das antike Stadion des Herodes Atticus dank der Großzü-

---

5 Pierre de Coubertin, *Une Campagne de vingt-et-un ans (1887-1908)*, Paris 1909; Coubertin, *Mémoires olympiques*, Lausanne 1931; Marie-Thérèse Eyquem, *Pierre de Coubertin*, Paris 1966; Louis Callebat, *Pierre de Coubertin*, Paris 1988.
6 Richard Mandell, *The First Modern Olympics*, Berkeley 1976; John J. MacAloon, *This Great Symbol: Pierre de Coubertin and the Origins of the Modern Olympic Games*, Chicago 1981.

gigkeit des wohlhabenden George Averoff in pentelischem Marmor restauriert wurde. Michel Bréal, ein Freund Coubertins, stiftete, bewußt hellenistisch, eine Trophäe für den Sieger eines Wettlaufs zum Gedenken an den Sieg der Griechen über die einfallenden Perser im Jahre 490 v.Chr. Die Läufer folgten dem Weg, den der legendäre Bote zum Überbringen der Siegesmeldung von Marathon nach Athen genommen hatte. Coubertin selbst unternahm dagegen keine besonderen Anstrengungen, die Durchführung der Spiele an dem antiken Vorbild auszurichten. Zu den ersten modernen Olympischen Spielen lud er nicht nur Leichtathleten, sondern auch Schwimmer und Gewichtheber, Fechter und Radfahrer ein, deren Sportarten allesamt bei den antiken Sportfesten nicht vertreten gewesen waren. Turner, Ruderer und Tennisspieler waren auch dabei, doch die Leichtathletik-Wettbewerbe, wozu auch das Diskus- und Speerwerfen zählen, galten damals wie heute als das Herzstück der Olympischen Spiele.

Coubertins Hellenismus hielt sich in Grenzen. Als die Griechen, die sich anfangs bei der finanziellen Unterstützung für die modernen Spiele eher zurückgehalten hatten, sich den Gedanken ihrerseits begeistert zu eigen machten und ihre Absicht kundtaten, das alle vier Jahre auszurichtende Fest in Griechenland halten zu wollen, beharrten Coubertin und seine Kollegen unerbittlich auf der Internationalität der Olympischen Spiele. Wenn zu den Spielen wirklich »die Jugend der Welt« zusammengerufen werden solle, dürfe die Einladung nicht von einem einzigen, ständigen Veranstaltungsort ausgehen, sondern müsse aus allen Richtungen des kulturellen Kompasses kommen. Die Spiele sollten an verschiedenen Orten ausgetragen werden, um das olympische Ideal zu verbreiten und das Licht in die ganze Welt zu tragen.

Coubertin war freilich nicht der einzige, der die kulturelle Kontinuität hervorhob, um politisch etwas zu erreichen. Für die Spiele im Jahre 1936 in Berlin führte der deutsche Sportfunktionär und Leibeserzieher Carl Diem den Fackellauf ein. Die Botschaft war klar und einfach: von der reinen hellenischen Quelle in Olympia wird die heilige Flamme, die das Leben an sich symbolisiert, zum Ort der Spiele getragen, wo mit der Architektur und Bildhauerkunst ein pathetisch eindringlicher Verweis auf die klassische Abstammung der modernen Spiele gelang.[7]

7 Gunter Gebauer und Christoph Wulf, »Die Spiele der Gewalt«, in: *Körper- und Einbildungskraft: Inszenierungen des Helden im Sport*, Berlin 1988, S. 11-30; Tho-

Die ausgefeilte Zeremonie wurde zunächst für Leni Riefenstahls monumentalen Dokumentarfilm *Olympia* zur Erinnerung an die Olympischen Spiele 1936 inszeniert. Im Prolog zum Film entfacht ein mit einem Lendenschurz bekleideter Jüngling die Fackel am olympischen Altar, und nackte Jungfrauen tanzen dazu. Über Berge, die Küste entlang, durch griechische Dörfer, durch die Städte Bulgariens, Ungarns, Österreichs und der Tschechoslowakei folgt die Kamera Leni Riefenstahls der Flamme von Olympia nach Berlin, während im Hintergrund von Wagner inspirierte Musik anschwillt, um die vorgebliche Verwandtschaft zwischen den alten Griechen und dem neuzeitlichen Athleten zu unterstreichen. Der Fackellauf ist nur ein einzelnes Element eines romantischen Hellenismus, der in seiner Ausprägung schier ans Absurde grenzt. Nach dem Vorspann, dessen Text in Stein gemeißelt scheint, schwenkt die Kamera von einer klassischen Landschaft zum Parthenon und anderen antiken Ruinen und schließlich hin zu griechischen Statuen. Der berühmte marmorne Diskuswerfer von Myron wird in einer Metamorphose zu einem lebendigen deutschen Athleten, der sich wendet, um die eigene Achse dreht und den Diskus himmelwärts schleudert. So trägt der rotierende Diskus symbolisch den olympischen Geist von seinem Ursprungsort auf dem Peleponnes zum Veranstaltungsort der Spiele in Berlin, wo tausende Zuschauer in dem grandiosen Stadion die Ankunft der Flamme erwarten.[8]

Nach dem ersten Erfolg in Athen wurden die Sportler der Welt nach Paris, St. Louis, London und Stockholm gerufen (danach wurden die Spiele durch den Ersten Weltkrieg unterbrochen). Erstmals im Jahre 1956 fanden die Sommer- bzw. Winterspiele dann endlich an einem Austragungsort außerhalb Europas oder der Vereinigten Staaten statt, wobei man Melbourne allerdings nun auch nicht gerade als eine Brutstätte nichtwestlicher Kultur bezeichnen kann. Tokio und Mexico City, die Ausrichter der Olympischen Spiele von 1964 und 1968, wurden zum Teil ausgewählt, um nachträglich noch einmal die Universalität der Spiele zu betonen. Seoul wurde für die Spiele 1988 bestimmt, da zum Auswahlzeitpunkt sich Nagoya als einziger Konkurrent um die Austragung der Spiele beworben hatte.

---

mas Alkemeyer, »Gewalt und Opfer im Ritual der Olympischen Spiele 1936«, in: *Körper- und Einbildungskraft*, a. a. O., S. 44-79.

8 Glenn B. Infield, *Leni Riefenstahl*, New York 1976; Cooper Graham, *Leni Riefenstahl and Olympia*, Metuchen 1986.

Regionale Spiele waren bereits für 1925 in Algier geplant, doch wurden sie immer wieder aufgeschoben und fanden schließlich erst nach der Dekolonisierung statt.[9] Das erste bedeutende internationale Sportlertreffen auf dem afrikanischen Kontinent, die *Jeux de la Communauté*, fand im April 1960 in Tananarive auf Madagaskar statt. Durch den Erfolg dieser Wettkämpfe angespornt, veranstalteten afrikanische Sportfunktionäre 1963 in Dakar die *Jeux d'Amitié* und dann im Juli 1965 in Brazzaville die *Jeux Africains*. Diese Spiele, die Jean-Claude Ganga als »départ décisif« des afrikanischen Sports bezeichnete, fanden außerordentlich starke Unterstützung bei IOC-Präsident Avery Brundage. Brundage ist zwar häufig als überzeugter Rassist geschmäht worden, Ganga aber, der Leiter des *Conseil Suprême des Sports en Afrique*, lobte ihn als »wahren Patriarchen, der Respekt verdient«. Ganga war Brundage dafür dankbar, daß dieser den internationalen Amateursportverband, damals unter Vorsitz des Marquis von Exeter, überredet hatte, dem Unterfangen seine nicht unwesentliche Unterstützung zu gewähren.[10] Im Jahre 1973 fanden schließlich die afrikanischen Spiele in Lagos in der früheren britischen Kolonie Nigeria statt und wurden ein Erfolg. In demselben Jahr gründete das IOC die Organisation »Olympische Solidarität«, eine Einrichtung zur wirtschaftlichen Unterstützung der Nationalen Olympischen Komitees der Dritten Welt. Mit dieser finanziellen Hilfe wurde die Verbreitung des modernen Sports auf dem afrikanischen Kontinent zwar beschleunigt, bisher jedoch hat das IOC noch keine afrikanische Stadt mit der Ausrichtung der Olympischen Spiele betraut, und es ist höchst unwahrscheinlich, daß dies in absehbarer Zukunft einmal geschehen wird.

Im Zuge der räumlichen Bewegung der Olympischen Spiele von Athen hin zu anderen europäischen und nordamerikanischen Städten entwickelte sich auch die Symbolik der Spiele und verlor allmählich etwas von ihrer Eurozentriertheit. Die 1908 eingeführten und 1912 in die Eröffnungszeremonie aufgenommenen christlichen Gottesdienste wurden 1928 gestrichen, da die Holländer der Meinung waren, daß bei einem Festakt, an dem Sportler aller Religionen teilnahmen, protestantische Gebete unangebracht seien. Die ineinander verschlungenen Ringe der Olympischen

---

9 Otto Mayer, *A travers les anneaux olympiques*, Genf 1960, S. 105-115.
10 Jean-Claude Ganga, *Combats pour un sport africain*, Paris 1979. Siehe auch Achot Melik-Chaknazarov, *Le sport en Afrique*, Paris 1970, S. 143-145.

Flagge, die zum ersten Mal 1920 in Antwerpen gehißt wurde, hatte Coubertin entworfen; sie sollten die Einheit der fünf Kontinente der Erde symbolisieren. Der Baron wies mit Stolz darauf hin, daß die Farben der Ringe stellvertretend für die Farben der Nationalflaggen der Welt standen. Das zeremonielle Entzünden des Olympischen Feuers, das zum ersten Mal 1928 in Amsterdam leuchtete, stützte sich auf die umfassende Symbolik des Feuers.

Als 1964 die Olympischen Spiele zum erstenmal in einem nichtwestlichen Land stattfanden, führten die Japaner ihr eigenes Logo für die Spiele ein, und alle darauffolgenden Ausrichter folgten ihrem Beispiel. Insgesamt nehmen Elemente der Eröffnungszeremonie, die kulturelle Eigenarten widerspiegeln – 1984 Musik von Gershwin, 1988 eine Taekwondo-Vorführung, 1992 Flamenco –, eine immer breitere Bedeutung ein. Bezogen auf die Spiele von 1988, stellte John J. MacAloon fest: »Die Prozesse der globalen Verknüpfung und der kulturellen Differenzierung laufen überall gleichzeitig ab.«[11]

Und was ist mit den Sportlern, deren physische Präsenz das *sine qua non* der Spiele ist? Theoretisch gesehen gilt der Ruf des IOC stets »la jeunesse du monde«, in der Praxis aber war es immer nur den bereits in das System des modernen Sports integrierten Athleten überhaupt möglich, den idealistischen Aufruf zu hören und ihm zu folgen. Bei den ersten Olympischen Spielen fand sich ein einzelner Chilene oder Australier unter den über dreihundert Teilnehmern, die allesamt in Europa oder in den Vereinigten Staaten geboren waren.[12] Hier von »Europa« zu sprechen wäre allerdings nicht ganz korrekt, denn Sportler aus Osteuropa spielten in den ersten Jahrzehnten der olympischen Bewegung eine absolut untergeordnete Rolle. Zwar war mit General A. D. Butowsky ein Russe Mitglied des ersten IOC, es dauerte aber bis 1908, ehe das zaristische Rußland seine Athleten zu Olympischen Spielen schickte. Die fünf Russen, die damals teilnahmen, fanden kaum Beachtung – immerhin boten die britischen Gastgeber eine Mannschaft aus 710 Sportlern auf.[13]

---

11 John J. MacAloon, »The Turn of Two Centuries: Sport and the Politics of Intercultural Relations«, in: Fernand Landry, Marc Landry und Madeleine Yèrles (Hg.), *Sport: The Third Millenium*, Sainte-Foye 1991, S. 42.
12 J. L. Chappelet, *Le système olympique*, Grenoble 1991, S. 99.
13 James Riordan, »Tsarist Russia and International Sport«, in: *Stadion* 14 (1988), 2, S. 221-231.

Zwar sind Angaben über die genaue Anzahl und die Nationalitäten der frühen Olympioniken unzuverlässig, aber allem Anschein nach waren zwei Zulu-Marathonläufer, die bei den Spielen von 1904 (in St. Louis) als neunter bzw. zwölfter durchs Ziel gingen, die ersten Afrikaner, die an Olympischen Spielen teilnahmen. Dabei trugen sie das Trikot des britischen Teams. Alle drei Afrikaner, die zu den Spielen 1908 nach London reisten, und neunzehn der einundzwanzig 1912 in Stockholm beteiligten Afrikaner waren weiße Südafrikaner. Bei den anderen handelte es sich um einen ägyptischen Fechter und einen algerischen Marathonläufer. Sie alle kämpften unter der Flagge der Kolonialmächte, ebenso wie ein weiterer Algerier, A. B. El Quafi, der 1928 den Marathonlauf gewann. In demselben Jahr holten auch zwei Ägypter Gold: Ibrahim Mustafa im griechisch-römischen Ringen und Said Nasser im Gewichtheben. Erst nach dem Zweiten Weltkrieg erlangten afrikanische Sportler mehr als nur symbolische Bedeutung bei Olympischen Spielen. 1960 schließlich erhielt der erste Schwarzafrikaner eine Goldmedaille: Abebe Bikila aus Äthiopien wurde diese Ehre zuteil, nachdem er den Marathonlauf gewonnen hatte, ein Triumph, den er 1964 wiederholte.[14] Die Spiele 1968 in Mexiko-Stadt begründeten schließlich den Ruhm Kenias als Leichtathletik-Nation, als Kipchoge Keino den Weltrekordhalter Jim Ryun auf 1500 Meter schlug. Allerdings gingen noch 1988 nur etwa ein Prozent der olympischen Medaillen an afrikanische Sportler.[15]

Es wird niemanden überraschen zu erfahren, daß Japan nicht nur das erste asiatische Land war, das sich einem Modernisierungsprozeß unterzog, sondern auch als erstes an den Olympischen Spielen teilnahm. 1912 war Japan mit einem Team aus vier Mann vertreten.[16] Von den Japanern wurden zwar ohnehin bessere Leistungen erwartet als von »weniger entwickelten« Asiaten, aber ihre erstaunlichen Erfolge bei den Spielen 1932 in Los Angeles waren dann freilich doch eine Überraschung für die europäische

---

14 Peter Rummelt, *Sport im Kolonialismus. Kolonialismus im Sport*, Köln 1986, S. 227; Ramadhan Ali, *Africa at the Olympics*, London 1976, S. 67.
15 Don Anthony, »The North-South and East-West Axes of Development in Sport«, in: Fernand Landry, Marc Landry und Madeleine Yèrles (Hg.), *Sport: The Third Millenium*, Sainte-Foye 1991, S. 333.
16 William R. May, »Sports«, in: Richard Gid Powers und Hidetoshi Kato (Hg.), *The Handbook of Japanese Popular Culture*, Westport 1986, S. 174; Kikusai Bunka Shin-kokai [Gesellschaft für internationale kulturelle Beziehungen], *Sports*, Tokio 1939, S. 8.

und amerikanische Konkurrenz. In allen Schwimmwettbewerben der Männer erreichten jeweils drei Japaner das Finale, und sie gewannen elf von sechzehn Medaillen. Kein anderes asiatisches Land konnte im Laufe der ersten fünfzig Jahre der modernen Olympischen Spiele nennenswerte Erfolge verbuchen.

Weibliche Sportler, die Coubertin noch vollständig von den Spielen ausschließen wollte, beteiligten sich an den Spielen im Jahre 1900 im Golf- und Tennisspiel, 1912 im Schwimmen und Wasserspringen und 1928 in der Leichtathletik. Dabei waren die Japanerinnen schon früh an der Spitze zu finden. Hitomi Kenue war der Star der *Jeux Féminins* 1926 im schwedischen Göteborg sie gewann Gold im Weitsprung und Weitsprung aus dem Stand sowie Silber im Diskuswerfen und 100-Meter-Sprint. 1928 in Amsterdam, beim ersten olympischen 800-Meterlauf, belegte Kenue hinter der Deutschen Lina Radke den zweiten Platz.[17] In den achtziger Jahren erklommen die ersten Afrikanerinnen aus Ländern südlich des Äquators das Siegertreppchen. Als letzte kamen schließlich Frauen aus islamischen Ländern zu olympischen Ehren. Hassida Boulmerka aus Algerien mußte 1992 in Barcelona nicht nur schneller sein als ihre Konkurrentinnen, um den 1500-Meterlauf zu gewinnen, sondern auch noch gegen die psychische Belastung anlaufen, daß Fundamentalisten ihr mit dem Tode gedroht hatten.

Afrikaner, Asiaten und Lateinamerikaner traten anfangs in den Annalen der Geschichte der Olympischen Spiele unter anderem deshalb eher selten in Erscheinung, weil es eine Bestimmung gab, wonach die teilnehmenden Sportler von einem vom IOC anerkannten Nationalen Olympischen Komitee ausgewählt und zu den Spielen entsandt werden mußten. Es dauerte lange, bis solche Komitees, die in Europa und Nordamerika rasch entstanden, auch in anderen Ländern gebildet wurden. Das ägyptische NOK wurde 1910 vom IOC anerkannt, das japanische 1912, das argentinische 1923. Bis nach 1945, als eine weltweite Dekolonisation einsetzte, kämpften die meisten afrikanischen und viele asiatischen Aktive unter der Ägide europäischer NOKs um olympisches Gold. Betrachtet man die Termine, zu denen das IOC die einzelnen NOKs offiziell anerkannte, trifft man wiederum auf das bereits bei den

17 Hiroko Seiwa et al., »Review of the History of Women's Sports in Japan«, in: Norbert Müller und Joachim K. Rühl (Hg.), *Olympischer Wissenschaftlicher Kongreß 1984. Sportgeschichte*, Niedernhausern 1985, S. 44-53.

Sportlern beobachtete Diffusionsmuster. Bis 1920 waren fast sämtliche europäischen und die größeren lateinamerikanischen Staaten Mitglieder der olympischen Bewegung geworden. Die kleineren Länder Lateinamerikas kamen nach 1945 hinzu, und die meisten asiatischen und afrikanischen Staaten integrierten sich im Laufe der Dekolonisationswelle nach dem Kriege in die olympische Familie. In den achtziger und Anfang der neunziger Jahre stieg die Anzahl der NOKs steil an, da das IOC den nationalen Komitees einer Menge abhängiger Ministaaten (z. B. Samoa und Virgin Islands) und den neunzehn Nachfolgestaaten, die nach Auflösung der Sowjetunion, Jugoslawiens und der Tschechoslowakei entstanden, schnell seine Anerkennung gewährte.

Nicht anders als bei den Bestandteilen anderer organisatorisch komplexer transnationaler Körperschaften auch, befinden sich IOC und die NOKs oft im Streit. Zu den ernsthaftesten Auseinandersetzungen gehören zwei Fälle, in denen das IOC in seinem Bemühen um Universalität Sportler *einschließen* wollte, welche die NOKs *ausschließen* wollten. Diese beiden Konflikte entwickelten sich zu Kraftproben, bei denen verschiedene NOKs aus der Dritten Welt ihre Kräfte mit einem von einer Koalition aus Westeuropäern, Nordamerikanern sowie Mitgliedern aus Australien und Neuseeland dominierten IOC zu messen suchten. Zum ersten Streit kam es, als die indonesische Regierung, damals unter Führung von Sukarno, sich weigerte, die Teams aus Israel und Nationalchina zu den Asiatischen Spielen 1963 in Jakarta zuzulassen. Das dortige NOK stellte sich zum einen nicht gegen die Politik seiner Regierung und war darüber hinaus auch nicht imstande, das indische IOC-Mitglied G. D. Sondhi in Jakarta vor dem Mob zu schützen, der gegen die Einmischung des IOC in, wie es hieß, innere Angelegenheiten Indonesiens protestierte. Das IOC war empört und suspendierte das indonesische NOK – eine Strafmaßnahme, die das IOC *nicht* angewandt hatte, als Israel von der Teilnahme an diversen Veranstaltungen der *Jeux Méditerranés* ausgeschlossen worden war. Daraufhin zeigte sich Indonesien zunächst eine Zeitlang trotzig, und Sukarno veranstaltete, mit Unterstützung der Volksrepublik China, die »Spiele der aufstrebenden Kräfte« (GANEFO). Später baten die Indonesier jedoch um Entschuldigung, und die Suspendierung des NOK wurde aufgehoben. Im Laufe der Zeit aber, als schließlich die Beteiligung der asiatischen und afrikanischen Staaten an der Olympischen Bewegung immer mehr an

Bedeutung gewann, gab das IOC dem Druck nach und willigte ein, daß sowohl Israel als auch die Volksrepublik China ständig aus der Asian Games Federation ausgeschlossen wurden.[18]

Der Einfluß der afrikanischen und asiatischen NOKs war auch im Laufe der langen Apartheidkrise zu spüren, welche die Olympische Bewegung bedrohte und am Ende schließlich spaltete. Die Suspendierung und der spätere Ausschluß des Nationalen Olympischen Komitees Südafrikas (SANOC) war die zögerliche Reaktion des IOC auf die Weigerung des von weißen Afrikaanern dominierten südafrikanischen NOK, gegen die Regierungspolitik der Rassentrennung im Sport zu protestieren. Im Jahre 1970 schließlich, nach Jahren des Verzögerns und unsinniger, ergebnisloser Verhandlungen, gab das IOC endlich den Forderungen von Jean-Claude Ganga und anderen führenden Persönlichkeiten des afrikanischen Sports nach: das SANOC wurde ausgeschlossen.[19] Erst 1992, nachdem die Regierung Südafrikas ihre rassistische Politik offiziell verworfen hatte, kehrten die südafrikanischen Springboks wieder in die olympische Arena zurück.

Im Jahre 1972 reichte schon die Androhung eines Boykotts der Spiele durch Afrika aus, um das IOC zum Ausschluß des rhodesischen Teams von den Olympischen Spielen in München zu zwingen. Jedoch zeigten sich die Grenzen des afrikanischen Einflusses vier Jahre später, als die Organisation der afrikanischen Einheit (OAU) den Ausschluß Neuseelands von den Spielen in Montreal forderte, weil ein neuseeländisches Team gegen eine südafrikanische Mannschaft Rugby gespielt hatte. Das Argument des IOC Rugby sei keine olympische Sportart und unterliege deshalb auch nicht der Kontrolle durch das neuseeländische NOK, wurde nicht akzeptiert, und daher verkündeten achtundzwanzig afrikanische NOKs den Boykott der Spiele und zogen ihre Sportler aus Montreal ab. Die Neuseeländer aber nahmen teil, und so gewann John Walker den 1500-Meterlauf gegen ein Teilnehmerfeld, in dem ein Filbert Bayi und andere Mittelstreckenläufer fehlten.

---

18 Swampo Sie, »Sports and Politics: The Case of the Asian Games and the GANEFO«, in: Benjamin Lowe, David B. Kanin, Andrew Strenk (Hg.), *Sport and International Relations*, Champain 1978, S. 279-96. Siehe auch Allen Guttmann *The Games Must Go On: Avery Brundage and the Olympic Movement*, New York 1984, S. 227-229.

19 Richard Lapchick, *The Politics of Race and International Sport: The Case of South Africa*, Westport 1975. Espy, *Politics of the Olympic Games*, Berkeley 1979, S. 96-98, 125-128; Guttmann, *The Games Must Go On*, a.a.O., S. 228-230.

Das IOC selbst ist noch immer ein elitärer Club (zu dem Frauen erst 1981 Zutritt erhielten). Die Zusammensetzung dieses Gremiums ist ein noch besserer Indikator für die Dominanz des Westens als der Anteil von Sportlern aus Europa und Amerika an den Olympischen Spielen oder die Termine der Anerkennung der einzelnen Nationalen Olympischen Komitees. Demographisch war das erste IOC ebenso begrenzt wie das Sportlerkontingent der ersten Spiele. Zwölf der fünfzehn Mitglieder kamen aus Europa. Die anderen waren Professor William Milligan Sloane von der Princeton University, José Zubiaur aus Argentinien (dessen Rolle im Komitee eher unbedeutend war) und Leonard A. Cuff aus Neuseeland.[20] Coubertin hatte sich ursprünglich einen erlesenen Kreis aus Männern zusammengesucht, die zumeist Titel oder Reichtum aufweisen konnten, strebte dann aber eine Erweiterung des Komitees und eine Ausdehnung seines geographischen und kulturellen Einflusses an, indem er das Komitee Mitglieder wählen ließ, die als Delegierte derjenigen Staaten dienen sollten, die nicht an den Spielen im Jahre 1896 teilgenommen hatten. Lateinamerika war ein offenbar brachliegendes Feld, auf dem die Saat des Olympismus gedeihen mußte. Der Mexikaner Miguel de Beistegui wurde 1901 für das IOC gewonnen. Das IOC dehnte seinen Einfluß auch auf die nichtwestliche Welt aus, als im Jahre 1908 der Türke Selim Sirry Bey Mitglied wurde. Ein Jahr darauf kam Jigoro Kano hinzu, ein japanischer Gelehrter, der an der Kaiseijo Universität Anglistik studiert und die Sportart Judo als eine Synthese aus traditionellem Kampfsport und modernen Techniken entwickelt hatte.[21] Die ersten IOC-Mitglieder afrikanischen Ursprungs waren Angelo Bolanaki, ein in Ägypten lebender Grieche, und Sydney Farrar, ein Südafrikaner britischer Abstammung, die 1910 bzw. 1913 zum Komitee stießen. Indien und China gesellten sich 1920 bzw. 1922 mit Sir Dorabji J. Tata und C. T. Wang dazu. Trotz dieser Gesten in Richtung Universalität blieb das IOC eine weitere Generation lang überwiegend europäisch, wie Tabelle 1 zeigt.[22]

Daß das IOC in den Nachkriegsjahren tatsächlich zu einer transnationalen Organisation wurde, ist weitgehend den Bemü-

---

20 Karl Adolf Scherer, *Der Männerorden*, Frankfurt am Main 1974.
21 Jörg Müller, »Der deutsche Arzt Erwin von Bälz und die Entwicklung von Körperkultur und Sport in Japan«, in: *Stadion* 16 (1990), 1, S. 129-141.
22 *Répertoire du Mouvement Olympique '93*, hg. vom Comité Olympique International, Lausanne 1993, S. 39-48.

1. IOC-Mitglieder, nach Regionen gegliedert

Gebiet	1894	1954	1993
Afrika	0	2	16
Amerika	2	16	18
Asien	0	10	15
Europa	12	39	38
Ozeanien	1	3	4

hungen Avery Brundages zu verdanken, dem Mann aus Chicago, der von 1952 bis 1972 Präsident des Komitees war. Wenn er auch einigermaßen berechtigt, des Antisemitismus, Rassismus und der mangelnden Sensibilität gegenüber den Rechten weiblicher Sportler beschuldigt worden ist, war Brundage in Wahrheit doch sehr viel weltumfassender eingestellt als die ersten beiden Nachfolger Coubertins (der belgische Graf Henri Baillet-Latour und der schwedische Industrielle Sigfrid Edström). Brundage war besonders eifrig darauf bedacht, Sportinteressierte in Lateinamerika ausfindig zu machen, damit diese ein Gebiet missionierten, das bis dahin noch nicht vom Olympismus durchdrungen war. Als Brundage, damals Vizepräsident, 1945 an R. C. Aldao in Argentinien schrieb, wies er darauf hin, daß das IOC keine Mitglieder aus Bolivien, Chile, Kolumbien, Ekuador, Paraguay, Venezuela oder irgendeinem zentralamerikanischen Land habe. Ob Aldao wohl entsprechend geeignete Männer vorschlagen könne?[23] Er konnte und so traten 1948 ein Chilene und ein Guatemalteke in die »olympische Familie« ein.

Brundage

Brundages Universalismus war immerhin stark genug, um seine lebenslange Feindschaft gegenüber dem Kommunismus zu überwinden. Er machte es sich zu seiner Aufgabe, die Anhänger von Marx, Lenin und Mao zur Lehre Coubertins zu bekehren. Um dieses Ziel zu erreichen, mußte er eben die Augen verschließen wenn die UdSSR in beispielloser Weise die Amateurbestimmungen verletzte und die Regel durchbrach, wonach Nationale Olympische Komitees nicht von Regierungen kontrolliert werden dürfen. Unbefangen erklärte er seinen antikommunistischen Kri-

---

[23] Brundage an Aldao. 29. Oktober 1945, in: Avery Brundage Collection, Box 50 University of Illinois. Bezüglich Brundages olympischer Karriere siehe Guttmann, *The Games Must Go On*, a.a.O., S. 62-255.

tikern, daß die Sowjets ihm versichert hätten, die Olympische Charta getreu einzuhalten, und so stimmten im Mai 1951 nicht nur Brundage, sondern alle bis auf drei IOC-Mitgliedern für die Anerkennung des Nationalen Olympischen Komitees der UdSSR. Eine noch bitterere Pille verabreichte der Kreml dem IOC, als er das Recht verlangte, seine eigenen Vertreter für das Komitee zu benennen. Präsident Edström und Vizepräsident Brundage protestierten zwar energisch gegen eine solche Verletzung der Regeln, aber sie fügten sich schließlich doch, und so nahm Konstantin Andreanow seinen Platz zwischen den Prinzen, Generälen und Millionären des IOC ein.

Nach seiner Wahl zum IOC-Präsidenten bemühte sich Brundage nach Kräften – unterstützt durch den Marquis von Exeter, den Comte Jean de Beaumont und den Italiener Giulio Onesti, allesamt einflußreiche Angehörige des IOC –, Mitglieder aus afrikanischen Ländern südlich der Sahara ins IOC zu holen. Sir Adetokunbo Ademola, ein nigerianischer Jurist, der in Großbritannien studiert hatte, wurde so im Jahre 1963 das erste schwarze IOC-Mitglied. Als Brundage neun Jahre später das olympische Zepter an Lord Killanin aus Irland weitergab, zählte das IOC vier Schwarzafrikaner (und vier neue Mitglieder aus Nordafrika). Killanin und sein Nachfolger, Juan Antonio Samaranch, setzten die Bemühungen um die Integration von nichtwestlichen IOC-Mitgliedern fort. Im Jahre 1993 waren 16,5% der Komiteemitglieder Asiaten und 17,6% Afrikaner (siehe Tabelle 1). Indessen haben die Europäer und Nordamerikaner immer noch die Kontrolle über das IOC. Beispielsweise kamen bisher auch alle IOC-Präsidenten, mit Ausnahme von Brundage, aus Europa.

Die Vergrößerung des Komitees hatte einige nicht vorhersehbare Konsequenzen. Viele Nationen haben zwei (in einem Falle sogar drei) Vertreter im Internationalen Olympischen Komitee, und viele sind gar nicht vertreten. Konstantin Andrianow und Alexej Romanow, die ersten Russen, die ins IOC gewählt wurden, waren entschlossen, das IOC zu verändern und die Olympische Bewegung zu einer mehr weltumspannend repräsentativen Institution umzugestalten. 1959 vertraten sie vehement die Forderung nach einer kompletten Umstrukturierung des vierundsechzig Mitglieder starken Komitees. Sie setzten sich dafür ein, daß die Olympische Bewegung wahrhaft weltumfassend werden und alle Nationalen Olympischen Komitees sowie alle vierundzwanzig internationalen Sportverbände je einen Vertreter im IOC haben sollten. Die Konsequenz dieses Programms, wenn man es denn in Angriff genommen hätte, wäre eine Verdreifachung der Anzahl der IOC-Mitglieder sowie eine enorme Verstärkung des Einflusses des Ostblocks und der Dritten Welt gewesen. Dieser Plan zeigte eine deutliche Analogie zu Nikita Chruschtschows fast zeitgleichem Vorschlag, die Vereinten Nationen mögen eine »Troika«-Übereinkunft treffen und die Exekutive zwischen kommunistischen, nichtkommunistischen und neutralen Fraktionen aufteilen. Die westeuropäischen und nordamerikanischen IOC-Mitglieder stellten sich unnachgiebig gegen diese Initiative der Sowjetunion. Als das Thema 1961 auf der 58. Sitzung des IOC zur Abstimmung gelangte, wurden die Reformer mit 35:7 Stimmen abgeschmettert. Ein weniger radikaler Antrag, wonach es den NOKs erlaubt werden sollte, Beobachter zu den Sitzungen des IOC zu entsenden, wurde auf der 59. Sitzung gleichfalls abgelehnt.[24]

Zwei Jahre nach dieser Abfuhr lud der Italiener Onesti kurz vor der 60. Sitzung des IOC Vertreter sämtlicher Nationaler Olympischer Komitees zu einem Treffen ein, um über die Gründung einer ständigen Organisation der NOKs zu beraten. Das Treffen mußte zwar zunächst verschoben werden, aber 1965 kamen dann doch Vertreter von achtundsechzig NOKs zusammen und gründeten einen Studien- und Koordinationsausschuß der Nationalen Olympischen Komitees. Brundage stellte sich energisch gegen jede Reform, die auf eine Institutionalisierung des Prinzips »eine Stimme pro Land« abzielte. Ihm erschien es absurd, daß Dahomey, die Mongolei und Panama bei der Abstimmung olympischer Fragen dasselbe Gewicht haben sollten wie die Vereinigten Staaten, Großbritannien und die Sowjetunion. Die Opposition von seiten Brundages konnte allerdings Onestis Vorstoß nicht aufhalten, denn er fand bei vielen Europäern und auch Asiaten, Afrikanern und Lateinamerikanern breite Unterstützung. So wurde schließlich 1968 in Mexico City eine Ständige Generalversammlung der Nationalen Olympischen Komitees (PGA) gegründet – zu einer Zeit, da die Protestaktionen von »Black Power«-Sportlern eine ausgeprägte Unzufriedenheit mit dem traditionellen Führungsstil des IOC si-

---

24 »Plan for Reorganizing the International Olympic Committee...«, in: *Bulletin du CIO* 67, 15. August 1959; »Minutes of the 58th Session of the International Olympic Committee, Athens, June 19-21, 1961«, in: *Bulletin du CIO* 75, 15. August 1961. Siehe auch Guttmann, *The Games Must Go On*, a.a.O., S. 170-172.

gnalisierten. Brundage blieb hart und erklärte gegenüber den drei Vizepräsidenten, diese Organisation von Emporkömmlingen müsse »JETZT begraben werden«, und sie sollten »den Mut haben zu sagen, daß jedes IOC-Mitglied, das sich an den Aktivitäten der PGA beteiligen [wolle], zunächst aus dem IOC auszutreten« habe.[25] Andere zeigten sich konzilianter. Als Lord Killanin im Jahre 1972 Brundages Nachfolge antrat, richtete er einen »Dreierausschuß« ein, der die Beziehungen zwischen dem IOC, den Nationalen Olympischen Komitees und den internationalen Sportverbänden regeln sollte. Heute ist die PGA, unter der neuen Bezeichnung »Verband der Nationalen Olympischen Komitees«, als Bestandteil der Olympischen Bewegung anerkannt, allerdings hat noch immer nicht jedes NOK *de jure* Anspruch auf Vertretung im IOC.[26]

Im Jahre 1967, zu einer Zeit, da die NOKs mit Nachdruck darauf drangen, eine stärkere Kontrolle über die Olympische Bewegung zu erlangen, wurde eine Generalversammlung der Internationalen Verbände (GAIF) gegründet. Anders als es bei der Ständigen Generalversammlung der Nationalen Olympischen Komitees der Fall war, wurde diese Organisation jedoch nicht ins Leben gerufen, um den Sportfunktionären aus dem Ostblock und der Dritten Welt eine stärkere Stimme zu verschaffen. Die GAIF wurde geleitet von dem Australier Berge Phillips (dem Vertreter der Schwimmer und Wasserspringer der *Féderation Internationale de Natation Amateur*) und dem Franzosen Roger Coulon (dem Vertreter der Ringer der *Féderation Internationale de Lutte Amateur*).[27] Die meisten internationalen Sportverbände wurden damals wie heute von Europäern kontrolliert. Im Jahre 1993 haben noch immer neunundzwanzig der einunddreißig internationalen Sportverbände, die die Regeln und Bestimmungen für den Olympischen Sport festlegen, ihren

---

[25] CONI (Comite Nazionale Olimpico d'Italia) an NOKs, 3. Oktober 1964; Giulio Onesti an Avery Brundage, 20. März 1950; Brundage an Onesti, 14. September 1965, in: Avery Brundage Collection, Box 61; Minutes 66th Session of the International Olympic Committee, February 2-5, 1968, in: Avery Brundage Collection, Box 93; Brundage an die Vizepräsidenten des IOC, 8. Oktober 1971. Avery Brundage Collection, Box 58; siehe auch Guttmann, *The Games Must Go On*, a.a.O., S. 173-186.
[26] Bezüglich dieser organisatorischen Entwicklungen siehe Michael Morris (Lord Killanin), *My Olympic Years*, London 1983; David Miller, *The Olympic Revolution*, New York 1992; J.L. Chappelet, *Le système olympique*, Grenoble 1991.
[27] Guttmann, *The Games Must Go On*, a.a.O., S. 179-180.

Hauptsitz in Europa. Ein Verband, die *International Baseball Association*, operiert von Indianapolis aus, ein anderer, die *Fédération Internationale de Natation Amateur*, sitzt in Algier.[28]

Die wichtigste Konsequenz des überragenden Einflusses der Europäer und Amerikaner auf die Olympische Bewegung besteht darin, daß alle in das olympische Programm aufgenommenen Sportarten entweder ihren Ursprung im Westen haben oder aber in einer ausgesprochen modernen Form vertreten sind, die innerhalb der westlichen Kultur entwickelt wurde. Prähistorische Ursprünge des Bogenschießens finden sich zum Beispiel auf jedem Kontinent, aber die Pfeile und Bögen für den olympischen Wettbewerb sind das Ergebnis modernster Technik, und die Zielscheiben bestehen, anders als die mimetischen Ziele beim frühen islamischen Bogenschießen oder dem Bogenschießsport im Europa vor der Moderne, aus konzentrischen Kreisen in regelmäßigen Abständen, von deren geometrischer Konfiguration die Punktzahl für jeden Schuß abhängt. Aufgrund seiner Macht, das Sportprogramm der Spiele zu bestimmen, kann das IOC eine Art ludischer Legitimität verleihen oder verweigern. Dementsprechend sind die IOC-Sitzungen häufig nichts weiter als ausgedehnte Dispute über die Frage, ob eine bestimmte Sportart aufgenommen oder ausgeschlossen werden soll. Schon im Jahre 1930 war das Ansehen der Olympischen Spiele derart hoch, daß Vertreter der internationalen Verbände für Baseball, Billard, Kanufahren, Lacrosse, Pelota und Rollschuhlaufen das IOC, wenn auch vergeblich, um Anerkennung ihrer Sportarten angingen.[29] In den fünfziger Jahren starteten Armand Massard und Wladimir Stoytschow, einflußreiche IOC-Mitglieder aus Frankreich bzw. Bulgarien, eine Kampagne für die Anerkennung von Volleyball, indem sie Briefe an Brundage und wiederholte Appelle an ihre versammelten Kollegen richteten.[30] 1956 in Melbourne, nach einer hitzigen Debatte, verloren die Volleyball-Befürworter erneut mit 19:13 Stimmen, aber die Kampagne führte letztlich doch zum Erfolg, und Volleyball der Männer und der Frauen wurde für die Olympischen Spiele 1964 in Tokio zugelassen.[31]

---

28 *Répertoire du Mouvement Olympique '93*, a. a. O., S. 81-96.
29 *Bulletin Officiel du CIO* 5 (Juli 1930), 16. S. 19.
30 IOC Newsletter Nr. 15. Dezember 1968.
31 Brundages Notizen zum Treffen. 21. November 1956, in: Avery Brundage Collection, Box 78.

Volleyball ist zwar in der Dritten Welt, insbesondere in Asien, weit verbreitet, erfunden wurde es aber auch im Westen (1895 von William Morgan im YMCA in Holyoke, Massachusetts). Judo, eine der wenigen nichtwestlichen Sportarten im olympischen Programm, wurde 1882 von Jigoro Kano als ein Mittelding zwischen dem traditionellen *Jiujitsu* und den modernen Sportarten entwickelt, welche die Europäer und Amerikaner seinerzeit im Japan der Meiji-Zeit einführten.[32] Daß Judo in das olympische Programm aufgenommen wurde, war eindeutig eine freundliche Geste gegenüber den Gastgebern der Spiele von 1964.[33] Hatte sich noch auf der 57. IOC-Sitzung 1960 in Rom eine überwältigende Mehrheit von 30:2 Stimmen für Judo ausgesprochen, so wurde diese Sportart für die Spiele 1968 in Mexico City wieder gestrichen. Das mit Brundage befreundete japanische IOC-Mitglied Ayototo Azuma mußte schließlich seinen gesamten beträchtlichen Einfluß geltend machen, um die Sportart für 1972 wieder ins Programm zurückzuholen. Das olympische Judo ist jedoch aller Spuren seines japanischen Ursprungs entkleidet. Ebenso wie die Kajakfahrer, deren Sportart auf die präkolumbianischen Kulturen Nordamerikas zurückgeht, haben die *Judokas* ihre Kampfsportkunst immer mehr dem Diktat des modernen Sport untergeordnet. Michel Brousse hat hierzu folgendes festgestellt: »Modernes Judo hat wenig Ähnlichkeit mit dem Judo des Jigoro Kano, dem Begründer dieser Sportart.« Das Abstufungssystem mit den unterschiedlich farbigen Gürteln, das scheinbar eine charakteristische Eigenschaft des Judo und anderer asiatischer Kampfsportarten ist, wurde in Wahrheit 1927 in London erdacht. Beim Judo, wie bei anderen olympischen Sportarten, »sind die Traditionen hinter der Modernität zurückgetreten«.[34] Kurz gesagt, bleibt das olympische Programm im wesentlichen westlich orientiert. Zwar ist nicht zu leugnen, daß afrikanische und asiatische Sportler mittlerweile an den Olympi-

---

32 Kevin Gray Carr, »Making Way: War, Philosophy, and Sport in Japanese Judo«, Unveröffentlichte Abhandlung, Amherst College, 1993.
33 Avery Brundage an Otto Mayer. 4. Februar 1961, in: Avery Brundage Collection, Box 48.
34 Michel Brousse, »Du Samouraï à l'athlète: l'essor du judo en France«, in: *Sport/Histoire* 3 (1989), S. 11, 17, 21; siehe auch B. C. und J. M. Goodger, »Judo in the Light of Theory and Sociological Research«, in: *International Review of Sport Sociology* 12 (1977), 1, S. 5-34. Goodger und Goodger, »Organisational and Cultural Change in Post-War British Judo«, in: *International Review of Sport Sociology* 15 (1980), 1, S. 21-48.

schen Spielen teilnehmen, sie kämpfen aber nach westlichen Regeln und in Sportarten, die entweder aus dem Westen stammen oder in ihrer modernen Form vom Westen geprägt wurden. Das Spektrum der olympischen Sportarten verbreitet sich weiter – unerbittlich, wie es scheint –, aber traditionelle Spiele und Tänze überleben, zumindest bei den Olympischen Spielen, lediglich als eine folkloristische Randerscheinung.

Aus dem Amerikanischen von Beate Staib

John J. MacAloon
Intervalltraining.
Haben die Olympischen Spiele universale Bedeutung?

> »The word increasingly haunting semiological theories: the body.«
>
> *(J. Kristeva)**

> »We feel in one world; we think, we give names in another.
> Between the two we can establish a correspondance, but we cannot overcome the interval«
>
> *(A. Artaud)*

Für jeden passionierten Beobachter der Olympischen Spiele, das heißt, für jeden *Theoretiker* in der ursprünglichen griechischen Bedeutung des Wortes, kann vom Körper wohl kaum als von einem Gespenst die Rede sein, das irgendwie herumspukt.[1] Mögen die akademischen Diskurse ihre Kreise nach Belieben von der Rettung der Verkörperung vor ihren Repräsentationen zur Rettung der semiotischen Repräsentation vor ihren Entkörperlichungen und wieder zurück ziehen. Mag der Körper als undifferenziertes Ur-Ding oder als historisch komplexe und kulturell unterschiedliche Hervorbringung angesehen werden. Mag »reflektiert«, »reproduziert«, »kehrt um«, »unterdrückt« oder »rebelliert« – oder »diszipliniert« – als kritisch befreiendes Prädikat gesetzt werden, das zwischen den Körper und die Sozialgeschichte tritt, oder mag er als steril-mythologisch im Sinne Roland Barthes abgetan werden.[2] Die Olympische Bewegung hat in ihrer eigenen institutionalisierten Praxis und Alltagssprache für solche akademischen Dichotomien und Problematiken nur ein beiläufiges Nicken übrig.

---

* Julia Kristeva, *On Signs*, Baltimore 1985, S. 214.
[1] Im klassischen Griechenland waren die θεωροι die staatlichen Gesandten bei den öffentlichen Spielen (oder den Orakeln). Lexikalisch verwandte Formen bezeichnen das Schauspiel selbst und setzen es mit »die Welt sehen« gleich.
[2] Roland Barthes, »Der Mythos heute«, in: *Mythen des Alltags*, Frankfurt am Main 1964, S. 85 ff.

Die olympische Praxis erlebt eine spektakuläre Blüte, was gäbe es da noch zu sagen? Oder vielmehr, um mit Wittgenstein zu reden, was muß überhaupt noch gesagt werden, wenn sich alles klar zeigt?

Immerhin, so der Schluß, wohnt die Hälfte der Weltbevölkerung mehr oder minder intensiv zumindest Bruchstücken der Sommerspiele bei. Selbst in den Vereinigten Staaten, wo ein Olympiabewußtsein im Sinne einer sozialen Bewegung in der öffentlichen Kultur kaum in Erscheinung tritt und wo bestimmte, von Profis und Schulen betriebene Sportarten die Wahrnehmung und die Sprache beherrschen, bringen die Fernsehübertragungen von den Olympischen Spielen die einzige je bei normalen Programmen gemessene Zuschauerschaft zusammen, die erwiesenermaßen genau der amerikanischen Demographie entspricht. Und diese Massen von amerikanischen Körperpersonen arrangieren sich dann auch noch in einer ganz bestimmten Wohnzimmer-Choreographie um den Fernseher herum.[3] Im Kontext solcher Fakten scheint es den meisten Olympiafunktionären wie -teilnehmern schwerzufallen, sich irgendeinen geheimnisvollen Konflikt, irgend etwas wie eine tragische Armut in der einfachen Korrespondenz zwischen Körper, Bedeutung und Geschichte vorzustellen. Also sollen die akademischen Theoretiker und Text-Kapitalisten ruhig weiter ihre Sandkasten-Wettkämpfe austragen, um sich von den Massen der Theoretiker zu unterscheiden, die sich mehr körperlich auf die Großen Spiele einlassen. Dies ist die praktische Haltung, die man in den Olympischen Zirkeln zur Verwandlung der Aufführung in die verbale Explikation einnimmt. Immerhin, auch wenn es sicher lachhaft ist, zu meinen, irgendwelche Texte könnten die umfassenden Aufführungen ersetzen, über die sie schreiben – auch die alten Theoretiker hatten nur die Wörter, um zu Hause zu berichten, was sie in Olympia gesehen hatten.

---

[3] Eric Rothenbuhler, »The Living Room Celebration of the Olympic Games«, in: *Journal of Communication* 38 (1988), 4, S. 61-81; »Values and Symbols in Orientations to the Olympics«, in: *Critical Studies in Mass Communication* 6 (1989), 2, S. 138-157.

Körper und Weltsystem

Obwohl die Moderne (inklusive der Prä- und Postmoderne) die Bedingungen für solche Aufführungen geschaffen hat und weiter schafft, hat sie Schwierigkeiten, die Logik von Weltgemeinsamkeit und Verschiedenheit zu begreifen, die die olympischen Körper inzwischen verkörpern. Ein paar einfache Formen der Körperbewegung verkörpern bei den Spielen eine nahezu globale Unterschiedlichkeit der Bedeutungen und organisieren sie zu einer gemeinsamen, wenn auch flüchtigen, aufführungsgebundenen und – wie ich im weiteren darlegen möchte – interkulturell unbewußten Raum-Zeit zusammen. Die Olympischen Spiele sind ein paradigmatisches Beispiel für das allgemeine Gesetz der kulturellen Produktion im heutigen »Weltsystem«: die gleichzeitige, wechselseitige und voneinander abhängige Schaffung von Verbindungen und Verschiedenheiten, von Integration und Differenzierung, von Homo- und Heterogenität durch transnationale (oder paranationale oder postnationale) Formen, die von allen Bindungen – bis auf die genealogischen an bestimmte Zivilisationen – zunehmend entleert sind.[4]

Man sehe sich zum Beispiel die olympischen Nationalkörper an. Um bei der Eröffnungsfeier der Olympischen Spiele mitmarschieren zu können – das heißt, um durch etwas, was für viele Nationen insbesondere der südlichen Hemisphäre die wichtigste rituelle Darbietung der Olympischen Spiele überhaupt ist, mit dem Weltsystem verbunden zu werden –, muß man bestimmte Formen akzeptieren. Ein Volk muß einen Namen haben, ein anerkanntes Nationales Olympisches Komitee (NOK), ein paar Sportler, eine Flagge, eine Nationalhymne und ein Paradekostüm. Um als eine nationale Besonderheit erkannt, anerkannt und mit anderen verbunden zu werden, muß man mittels dieser Formen transnationale Gleichheit demonstrieren. Gleichzeitig geht die Gemeinsamkeit mit der Differenzierung einher, ja, setzt sie voraus. Die nationalen Embleme müssen für Ausländer erkennbar ver-

---

[4] Zum Entleeren und Wiederfüllen der transnationalen Formen s. MacAloon, *Brides of Victory: Gender and Myth in Olympic Ritual* (Oxford, im Druck). Zur kulturellen Logik des derzeitigen »Weltsystems« s. Marshall Sahlins, »China Modernizing, or Vice-Versa«, in: Kah Byong-ik (Hg.), *Toward One World, Beyond All Boundaries: The Seoul Olympic Anniversary Conference*, Bd. 1, Seoul 1990, S. 78-96. Zu den postnationalen Identitäten s. Arjun Appadurai, »Disjuncture and Difference in the Global Cultural Economy«, in: *Public Culture* 2 (1990), 2, S. 1-24.

schieden und für Inländer plausibel einheimisch sein. Sie müssen bewertete kulturelle Unterschiede artikulieren oder solche Unterschiede, die durch die politische Demonstration kulturelle Wertigkeiten annehmen können.

Die soziale Zusammensetzung der jeweiligen NOKs, ihre Anpassung an die lokalen Institutionen und ihr Geschäftsgebaren unterscheiden sich radikal von einem Land zum anderen, genau wie der Grad ihres Erfolgs bei der Einbringung der Produktion ihrer olympischen Athleten in die lokale sozialpolitische Tagesordnung. Mit dem Olympiaerfolg geht ausnahmslos (wenn auch meist postfaktisch) die Herausarbeitung und Naturalisierung eines angeblich spezifischen Zusammenhangs zwischen den lokalen Kulturtraditionen und einer oder mehrerer der rund dreißig Olympischen Disziplinen einher. In der Eröffnungsparade der Nationen aufzutreten ist *per definitionem* eine partikularisierte Globalisierung. Jeder, der irgendwann irgendwo einmal den Kommentaren der Medien oder den Reaktionen der Zuschauer oder seinem eigenen inneren Dialog während der Olympischen Eröffnungszeremonie gelauscht hat, weiß ganz genau: Hier besteht das Interesse darin, daß man erkennen will, wie besonders und einzigartig die nationalen Gruppen sind bzw. wie ihre interessierte Selbstdarstellung als besondere und einzigartige Gruppen aussieht. Diese Populärethnologie ihrerseits hängt davon ab, daß wir die Dinge, die wir alle sind, temporär für selbstverständlich halten. Jeder neue Zyklus und jede neue Ausweitung dieser Prozesse trägt zur weiteren Entwurzelung der Formen bei, durch die der simultane Ausdruck von globaler Homogenität und lokaler Diversität zustande gebracht wird, und erhöht die Fähigkeit der Formen, in diesem Zusammenhang zu wirken.

Die zentralen Denk- und Bewegungsformen, die der Olympischen Praxis ihre Struktur geben, sind der Genealogie nach europäisch. Die »Entleerung« dieser Formen geht in drei Dimensionen vor sich. Die erste ist historisch, in je nach Volkskultur, Klassen- und Statusgruppe, Nation und Wissenschaft höchst unterschiedlichen und rivalisierenden Geschichtsschreibungen. Die rituellen und ideologischen Formen der Olympischen Spiele, so meinen zum Beispiel die einen, leiten sich hauptsächlich von der Französischen Revolution her, und die Formen des Olympischen Sports vom Britannien des neunzehnten Jahrhunderts. Nicht doch, entgegnen die anderen, in Wirklichkeit sind sie Artefakte der deutschen Aufklärung oder vielmehr des Christentums und des Heiligen Römischen Reiches. Andererseits kommen sie natürlich aus dem alten Griechenland, obwohl es auch in Ägypten und Persien deutliche Vorformen gab. Und an den Höfen der Han-Chinesen scheint es Wettkämpfe gegeben zu haben, bei denen die teilnehmenden Akrobaten und Kampfsportler als Vertreter der verschiedenen tributpflichtigen Völker kenntlich gemacht wurden, und also...

Die zweite Dimension ist eine soziale und kulturelle, nämlich jene Vereinnahmung in die eigene Kulturgeschichte und jene Naturalisierung, in denen der fremde, häufig imperiale und koloniale Ursprung der Formen vergessen, neutralisiert oder durch verschiedene Formen der Wiederaneignung aktiv erobert wird. Sicher, Cricket war britisch, aber die hatten ja keine Ahnung, wie so was gespielt wird. Cricket ist jetzt unser: freigegeben zur symbolischen Plünderung und zum symbolischen Tausch, wenn wir Trobriander sind, oder um der Welt die wahre Kunst und den wahren Stil vorzuführen (und die Briten in Grund und Boden zu spielen), wenn wir West- oder Ostinder sind. Was den Fußball und uns Brasilianer angeht, oder Boxen und uns Thai oder uns Koreaner, oder Turnen und uns Japaner...

Zur dritten Dimension gehört jene Art der Vermischung, die durch olympische Formen veranlaßt wird, welche populärgeschichtlich nicht als europäisch identifiziert werden, oder durch europäische oder einstmals europäische Formen, welche von nicht-europäischen Auffassungen und Praktiken radikal durchdrungen und verändert wurden. Die Europäer heute widersetzen sich diesem Konglomerat oder ringen darum, es sich für sich selbst anzueignen. Beispiele unter anderen sind: der ostasiatische Kampfsport, die Kosmologisierung des olympischen Rituals und die plutokratische Kapitalisierung der olympischen Institutionen; die nordamerikanische Vermarktung des Sports und das nordamerikanische Leistungsdenken; die afrikanischen Psychologien des Sporterfolgs und die Ummodelung des humanistischen olympischen Gedankens zum Menschenrechtsgedanken.

Unnötig zu sagen, daß der relative Grad der Leere der interkulturellen Formen davon abhängt, mit wem man in welchem Kontext und unter welchen Verhältnissen der relativen Macht redet. Zum Zwecke der Begriffsbestimmung jedoch läßt sich das Gesamtergebnis mit einer Reihe recht direkter Fragen erfassen. Auf welche Nation, Kultur, Klasse oder Ethnie gehen der Einmarsch der Nationen, das 200-Meter-Rückenschwimmen, das Bogenschießen, das Fußballmatch oder die olympische Siegerehrung zurück, oder verweisen sie nicht mehr? Wird beim Basketball, beim Judo und beim Dopingtest die Antwort demnächst ähnlich lauten? Wird die IOC-Sitzung, die Aushandlung der Fernsehrechte und der Geschlechtstest der Entleerung von ihrer europäischen sozialen Substanz unbegrenzt widerstehen? Oder werden auch sie eines Tages so ausgehöhlt sein, daß sie eine hoch partikularisierende und differenzierende Aneignung im weltweit Lokalen gestatten?

Das Paradigma für diese Art Analyse ist natürlich Marx' Analyse der Warenform, aber die Beziehung ist auch eine höchst ironische. An einigen Glanzpunkten bekam Marx die wechselseitige Konstituierung des Lokalen und des Globalen mit Hilfe der leeren Formen zu fassen. In der *Deutschen Ideologie* betonte er nachdrücklich, daß die Philosophen der »Kritik«, des »Menschen« und des »Einzigen«, »die unendlich weit über alle nationalen Vorurteile erhaben zu sein glauben, ... in der Praxis [also] noch viel nationaler [sind] als alle Bierphilister, die von Deutschlands Einheit träumen«. Aber diese Logik des interkulturellen Verhältnisses blieb der Satire und Polemik vorbehalten und war als systematische noch nicht denkbar. Sie wurde mit der Marxschen Version der Universalgeschichte und -theorie erstickt, in der die aktiven Differenzierungen von Nationalität, Sprache, Religion, ethnischer Zugehörigkeit und dem ganzen übrigen »Müllhaufen der Geschichte« hinweggefegt werden sollten. Solche Wahrheiten der Sozialwissenschaft des neunzehnten Jahrhunderts mögen der Vergangenheit angehören, aber die Auswirkungen dieser verpaßten Gelegenheit sind immer noch unsere ständigen Begleiter.

Daß etwas einen »Warencharakter annimmt«, wie es im heutigen kritischen Diskurs der kosmopolitischen Linken wie Rechten oft heißt, erweist sich bei näherer Betrachtung als eine Benennung für den allgemeinen Prozeß der simultanen Produktion von transsozialem Zusammenhang und kultureller Differenzierung, mißverstanden als die exklusive Logik der Homogenisierung von Werten, die der kapitalistischen politischen Ökonomie eignen. »Warencharakter annehmen« heißt in erster Linie, Werte von ihren einheimischen kulturellen Kontexten zu trennen, sie in leere Formen zu verwandeln, geeignet für die Reise ins Ausland oder –

zwecks Wiederaneignung durch neuartige lokale Bedeutungen oder durch die für diese Aufgabe neu geschaffenen Traditionalismen – zurück an ihre Ursprungsorte. Differenzrückgewinn durch Differenzverlust, aber unter Durchlaufen eines erweiterten Kommunikationsbereiches. Der Verkauf auf dem Markt ist eine wichtige, aber weder die einzige noch die notwendige Triebfeder und Folge dieses allgemeinen Prozesses. Verkauf und Ausverkauf sind die Schlüsselfiguren im euro-amerikanischen und weithin auch im kosmopolitischen Diskurs über die olympische Praxis. Aber in dieser performativen Welt, wo das Geld so offensichtlich der Be deutung folgt, hängen diese Verben in ihrer Wirkung von abstrakten universalistischen Substantiven ab: KÖRPER, NATION, INTERNATIONALISMUS, SIEG, MENSCHHEIT. Diese sind, wie MARKT, ANTI-KAPITALISMUS, LIBERALISMUS, SOZIALWISSENSCHAFT und KRITIK, transkulturelle Leerformen, Barrieren gegen die Bedeutung und zugleich die gemeinsamen Grenzen, innerhalb deren Bedeutungen in Bewegung artikuliert und erfahren werden.[5]

Indem sie sie berennen, hypostasieren die Körper diese semantischen und sozialen Mauern, während sie zugleich die generativen Räume zwischen ihnen konstituieren, die Intervallräume, die die Körper dann im Begehren oder im Abprallen durchqueren. Es geht nicht darum, diese Intervalle zu überwinden, sondern sie zu füllen; vielleicht ist der Körper das *intervallum*, der Raum zwischen den semiotischen Schutzwällen. Wenn die professionelle Theorie nun einmal fremdartige Redewendungen braucht, um sich von einem anderen Sprechen – in diesem Falle von einem neuen Prädikat – abzusetzen und sich selbst aufzuwerten, warum sollte man dann nicht beim Artikulationstraining ebenso spielerisch und obszön sein wie das Phänomen selbst: Körper und Geschichten setzen Intervalle zwischen einander.[6]

---

[5] In Großbuchstaben schreibe ich Begriffe, die bereits den Status der transkulturellen Leerform haben, der mythischen Figur im Sinne Barthes'. Der Leser wird noch weitere Kandidaten für die Liste ausmachen. Ja, diese Strategie soll zu der Frage geradezu zwingen, welche Ausdrücke im Text, falls überhaupt, diesem Prozeß noch nicht unterliegen.

[6] Diese Redewendung ist von Artauds Bemerkung inspiriert, mehr noch aber von den Regisseuren und Choreographen der erstaunlichen Eröffnungszeremonie der Olympischen Spiele in Seoul 1988. In Übereinstimmung mit dem universalen Humanismus der Olympiaideologie lautete das offizielle Motto dieser Zeremonien: »Zu der einen Welt: Jenseits aller Barrieren.« Zur gleichen Zeit versuchten das gute

Eine Choreographie der historischen Anthropologie jedweder globalisierenden Körperpraxis zu entwerfen – oder vielmehr, als nicht-rekonstruierter Ethnologe und ebensolche Körperperson, ihrer Choreographie im Schreiben zu unterliegen – beginnt mit der Erkenntnis, daß die miteinander zusammenhängende Welt der menschlichen Vielfalt gleichzeitig schrumpft (wie wir so gerne sagen) und sich unermeßlich ausdehnt (was zu begreifen uns so schwer fällt). Die Analyse muß daher bei einer weiteren Spezifizierung der genetischen Bedeutungscodes – der verschlungenen Schutzwälle der Formen – ansetzen, welche zwischen den Mauern die Räume für die interkulturelle Intervallbildung beschränken. Im folgenden werde ich diesen Prozeß im Hinblick auf jene Kategorien der modernen sozialen Identität näher erläutern, die für den olympischen Sport und seine rituellen Praktiken am globalsten relevant sind.

Aber die Analyse muß auch zeigen, daß die auf diese Weise erzeugte phänotypische Bedeutungsvielfalt als Ganze kaum vorstellbar, geschweige denn aufschreibbar ist. Wenn es überhaupt ein Gespenst gibt, das das Subjekt des interkulturellen Körpers heimsucht, dann ist es sicher dieses. Gerade weil als Gemeinsames die Lokalisierung und die Differenz produziert werden, sollte jedes rhetorisch erfolgreiche *exemplum* einen ganz spezifischen Aufschrei auslösen: *DIE DA* vielleicht, aber *DIE ANDEREN DA*

Hundert koreanischer Akademiker, Kulturspezialisten und Künstler, die diese Zeremonien geschaffen hatten, in ihren fünf Jahren hitziger Beratungen nach der einen, die ganze Herausforderung in sich beschließenden Metapher suchten. Sie wählten »Die Mauer«. (Ich beziehe mich hierbei auf die Feldarbeit von Margaret Dilling. Siehe dies., »The Familiar and the Foreign: Music as Medium of Exchange in the Seoul Olympic Ceremonies«, in: *Toward One World*, a. a. O., S. 357-377.) Die Produzenten waren sich in höchstem Maße der Tatsache bewußt, daß es ihre Aufgabe war, die koreanische Kultur auf eine Weise zu verkörpern, die sie international vermittelbar machte, ohne doch dem westlichen Orientalismus Vorschub zu leisten, im Inland plausibel und doch auf einer höchst untraditionellen, spektakulären High-Tech- und Massenmedienbühne aufführbar. Ihre interkulturell heroischen Anstrengungen trugen ihnen eine allgemein positive öffentliche Kommentierung im Westen ein, konnten jedoch nicht verhindern, daß ein Kausalbezug zu »bunter Folklore« und »östlichem Mystizismus« hergestellt wurde.

Diese mildere Form der orientalisierenden Kleingeisterei betraf auch die westlichen Intellektuellen und Akademiker. Als bekannt wurde, daß Baudrillard und Lyotard in den Diskussionen des Seoul-Komitees mindestens so oft zitiert wurden wie King Sejong, Shin Chae-hyo oder irgendeine andere wichtige Gestalt der koreanischen Kultur, reagierten diese Personen meiner Erfahrung nach mit Desorientierung, Ungläubigkeit, ja, sogar einem Gefühl der Bedrohung.

nicht, und *WIR* nicht, und *ICH* nicht, oder doch *SO* nicht. Das Beispiel, das ich hier zu diesem Zweck gewählt habe – die Choreographie der Eröffnungszeremonien der Winterspiele in Albertville –, bringt noch zwei weitere Probleme der global lokalisierenden und lokal globalisierenden Formen ins Spiel: Tanz und Sport als Kategorien der Körperpraxis und die Allsichtigkeit/Kurzsichtigkeit als Kennzeichen der Massenmedien.

Die kritische Frage schließlich, deren Beanwortung von der Analyse verlangt wird, erweist sich als einigermaßen unerwartet und ungemütlich für die Populär- wie für die Berufstheoretiker, für die universalen Humanisten wie für die liberalen Relativisten, für Olympiabegeisterte wie für Olympiakritiker. Das Maß an Kooperation und Harmonie, das vorhanden sein muß, damit der Doppelprozeß von Verbindung miteinander und Unterscheidung voneinander überhaupt möglich wird, hängt ebenso vom eingeschränkten Wissen, von der Fehlkommunikation und der interkulturellen Unsichtbar- und Unhörbarkeit wie von der INTERNATIONALEN KOMMUNIKATION ab. Auch das berüchtigte Schweigen des Körpers hat seinen intervallsetzenden Nutzen.

Verkörperung von Identitäten

In der herrschenden Logik der Olympischen Spiele wird durch den symbolischen Operator des athletischen (aber auch des tanzenden, verarbeitenden, Schlange stehenden, singenden, herumwandernden, schauenden, jubelnden) Körpers eine Heilige Dreifaltigkeit der modernen Identität performativ materialisiert und in Bewegung gesetzt – aus Substantiven in Verben und wieder in Substantive verwandelt. Der individuelle Körper wird wiederholt *nationalisiert*, und die verkörperte Nation wird *individualisiert*, und beide werden *humanisiert*, das heißt, als ontologische Merkmale eines gemeinsamen Menschseins vorgeführt. Das Spiel – oder vielmehr die performativen Gattungen von Spiel, Ritus, Fest und Schaustellung in komplexen Verbindungen mit Verben wie kämpfen, weihen, genießen, staunen und fürchten[7] – entfaltet sich als dramatische Demonstration dieser Soziologie. (Politische Gegen-

---

[7] Siehe MacAloon, »Olympic Games and the Theory of Spectacle in Complex Societies«, in: J. MacAloon (Hg.), *Rite, Drama, Festival, Spectacle: Rehearsals Toward a Theory of Cultural Performances*, Philadelphia 1984, S. 241-280.

demonstrationen können das Spiel natürlich unterbrechen.) Individualität, Nationalität und Menschheit werden rhetorisch als die natürlichen Begleiterscheinungen des Lebendigseins, als sozial unausweichliche, logisch widerspruchsfreie und ideologisch wünschenswerte Merkmale der modernen Identität repräsentiert – hier und jetzt wieder vorgeführt. (Oder – das ist der Part der universalisierenden Geschichte – vorgeführt als auf verschiedene Weise zu solchen Merkmalen werdend.) Der Beweis für das Gesagte liegt im Gezeigten, in den sich bewegenden Athleten und in der Olympischen Bewegung, in dem Weltpublikum, das ihren Darbietungen beiwohnt, *was immer irgendwer dazu sagen mag*. Akademiker und andere Sportverderber können, werden und sollen nach Herzenslust argumentieren – die Athletenindividualität sei Cyborgismus, die Nationalität sei das Übel des Nationalismus, die Menschheit sei eine imperialistische Illusion, der *esprit de corps* sei eine entfremdete Ware –, aber da die Begriffe des Widerstands dieselben sind wie die, die das Objekt selbst konstituieren, muß auch der Widerstand ein ontisches Zeichen einer gemeinsamen Welt sein. Q. E. D., jedenfalls vom Standpunkt der offiziellen olympischen Praxis und Ideologie.

Die Leere dieser Identitätskategorien exemplifiziert im Weltmaßstab Durkheims Gesetz von der zunehmenden Abstraktheit der kollektiven Vorstellungen bei zunehmender Größe, Dichte, Vielfalt und Schichtung der sozialen Einheiten. Welche anderen Identitäten könnten es heute 185 nationalstaatlichen Kulturen und unzähligen sub- und postnationalen Gebilden ermöglichen, mehr oder weniger intensiv und mehr oder weniger friedlich denselben Darbietungen beizuwohnen oder sich an ihnen zu beteiligen? Um von allen Menschen an einigen Orten und von einigen Menschen an allen Orten anerkannt zu werden, mußte das olympische Symbol aus fünf leeren Ringen bestehen. Das eigentlich Bemerkenswerte ist, daß solche Abstraktionen überhaupt irgend jemanden zur Identifikation bewegen konnten. Die Magie vollzieht sich durch die Verbindung des Identitätskalküls mit den Körpern von Hochleistungssportlern. Diese höchst besonderen und doch – weil die »Grenzen des Menschen« definierenden – höchst allgemeinen Körper werden durch einen Apparat einfacher Bewegungsformen (Laufen, Springen, Werfen, Gleiten) und komplexer Institutionen erzeugt, die dazu da sind, namentlich bekannte Olympiasieger als *differentiae* der Weltgeschichte auszumachen, zu messen, in eine Rangfolge zu bringen und in einen Heiligenschrein zu stellen.

Dieses große widersprüchliche Feld der Fleisch gewordenen Abstraktionen und allgemeinen Besonderheiten ist der Boden, auf dem die Verwandlung aller Arten der seltsamen Rede von nationalisierten Personen und personalisierten Nationen, menschheitlichen Individuen und individualisierter Menschheit, nationalisierter Menschheit und menschheitlicher Nationalität in den normalisierten *common sense* möglich wird. »Die Schweiz hat den Abfahrtslauf gewonnen«, »China im Freudentaumel über Wen«, »Greg: Das Aufblitzen des menschlichen Willens, der über alle Widrigkeiten siegt«, »Die Brasilianer haben Talent, die Deutschen Präzision«, »Kipchoge Keino, Verkörperung des typisch kenyanischen Muts«, »Erweiterung der Grenzen des Menschenmöglichen durch den kanadischen Läufer«.

Diese Kategorien allein genügen, um eine reife internationale, interkulturelle Identitätspolitik zu erzeugen. Es dürfte kaum zu bestreiten sein, daß jede Kultur auf irgendeine Weise Einzelpersonen voneinander unterscheidet, daß sich nur noch wenige Personen auf der Welt den Ansprüchen entziehen können, die die Nationalstaaten auf sie erheben, und daß überall irgendeine Idee von der allgemeinen Menschheit zumindest im Entstehen begriffen ist. Doch heißt dies wohl kaum, daß die dynamischen Eigenschaftszuschreibungen mit Hilfe dieser allgemeinen Kategorien, und erst recht nicht ihre materiellen Realisierungen, in anderen Zivilisationen die gleichen sind wie bei jener Kategorie von Westeuropäern, die die Formen der modernen Olympischen Bewegung erfanden, ihre hegemoniale Logik in sie einbrachten und immer noch ihre Institutionen beherrschen. Es heißt aber auch nicht, daß die Europäer oder die Nordamerikaner notwendig irgendeine Vorstellung von den Bedeutungen haben, mit denen andere Menschen auf der Welt diese Ereignisse und Praktiken füllen, so wenig wie es heißt, daß den Nichteuropäern die westlichen Interpretationen durch und durch bekannt sind.

Zum Beispiel sind meinen Kollegen und mir bei einer vierjährigen ethnographischen Untersuchung des koreanischen Sprechens über Olympia so gut wie keinerlei Zweifel, Verlegenheit, Mißtrauen oder Ablehnung im Hinblick auf die Nationalität als einer markanten Identitätskategorie bei den Spielen zu Ohren gekommen. Im heutigen Korea gibt es genau wie in anderen Staaten, in denen der Dekolonialisierungsprozeß seinem Ende entgegengeht, kaum etwas von jenem in Europa und Amerika, insbesondere bei Intellektuellen und verwandten Statuseliten, so wohlbekannten Diskurs über die Übel des Nationalismus.[8] Das koreanische *uri nara* (»zu Hause«) schert sich wenig um eine kategorische Abgrenzung von Staat und Bürgergesellschaft nach westlicher Art samt jenem WIR-SIE-Eiertanz zwischen Patriotismus und Nationalismus, der aus ihr folgt. Was in Südkorea am olympischen Kernkodex statt dessen irritierte, war die Frage nach dem Inhalt, der »der Menschheit« bzw. »dem Menschen« und »der Welt« in Kor-glish-Ausdrücken zu geben sei. Das offizielle Motto der Olympischen Spiele in Korea lautete: »Seoul kommt/geht zur Welt, die Welt kommt/geht nach Seoul«: übersetzbare allgemeine Kategorien, aber fundamental verschiedene kulturelle Grammatiken und Ontologien. Fünf Jahre lang wendete Südkorea rund fünf Prozent seines Bruttosozialprodukts für die Asienspiele und für die Olympischen Spiele auf, und es bekam ein neues Regime im Inland, diplomatische und Handelsbeziehungen mit den damals noch sozialistischen Ländern und obendrein noch alles, was es zu einem Wiedervereinigungsdeal mit den Supermächten brauchte. Aber für die Eliten oder auch für die Bevölkerung allgemein war die Ankunft der »Welt« in Korea nicht automatisch gut oder angenehm. Durch den koreanischen Olympiadiskurs geisterte, was in

---

8 Ein Skandal für die klassische liberale Theorie so gut wie für die marxistische Theorie, ist der Nationalismus in den westlichen Sozialwissenschaften zum ganz besonderen Teufelszeug geworden. Selbst theoretisch und methodologisch so unterschiedlich orientierte Autoren wie der Historiker Eric Hobsbawn und der Anthropologe Bruce Kapferer sind sich in der Assoziation von Nationalismus und Ur-Übel einig. Siehe Hobsbawn, *Nationen und Nationalismus. Mythos und Realität seit 1780* (Frankfurt/New York ²1992), und Kapferer, *Legends of People, Myths of States*, Washington 1980.
Kapferer kam zu seinem vergleichenden Nationalismus-Ansatz zum Teil durch die Feldforschung bei den Olympischen Spielen in Los Angeles. Leser seiner Arbeiten dürften kaum darauf gefaßt gewesen sein, ihn Tag für Tag vor dem Olympischen Dorf mit einer australischen Flagge um den Hals Interviews führen zu sehen. Das galt nicht minder für die Reporter des elitären öffentlichen Fernsehprogramms MacNeil-Lehrer, die Stunden damit zubrachten, ihn zu interviewen. Obwohl Kapferer ihnen jede Menge »gutes Interviewmaterial« lieferte – markige Aussprüche mit großen Gesten –, wurde er aus der Schlußfassung ihrer Sendung »Anthropologen untersuchen die Olympischen Spiele« ganz herausgeschnitten. Richtige Professoren mögen Patrioten und vielleicht sogar Nationalisten sein, aber ganz sicher können sie das nicht so offen zeigen und dann noch erwarten, daß man sie ernst nimmt. Solche Sachen sind für Bauerntölpel und sonstiges Volk.

der Seouler Eröffnungszeremonie mit ihrem wilden Einbruch der Maskenträger der Kulturen der Welt so atemberaubend dramatisiert wurde, die Frage, welche Beziehungen das heutige Korea zu den Fremden (den *mikukin*, wörtlich den »Amerikanern«) aufnehmen sollte. Großenteils vermittelt über das Thema – und die Subjekte – des koreanischen Christentums, wurde mit dieser Frage ganz anders umgegangen als in anderen olympischen Gastgeberkulturen im Westen oder in Japan.

Eine nicht minder schwere Interpretationslast wurde den Koreanern aufgebürdet, als sie dem Olympischen kategorischen INDIVIDUUM einheimisches Fleisch anwachsen lassen sollten. Individuelle koreanische Körperpersonen, und zwar junge (rangniedrigere) Personen und keine alten (ranghöheren) Personen, und noch dazu Personen aus Familien mit niedrigem Status, gewannen bei den Wettkämpfen Medaillen. Daß solche Körper fertigbrachten, was die versammelten Älteren so lange nicht fertiggebracht hatten – unter anderem, vor größtmöglichem Weltpublikum die Japaner und die Chinesen zu besiegen –, war eine Herausforderung, die in den Redewendungen der koreanischen Kultur erst einmal formuliert sein wollte. Alle koreanischen Wettkämpfer sagen in den Zeitungsinterviews im großen und ganzen das Gleiche: »Ich werde mich aufrichtig bemühen, auf meine Trainer zu hören und in diesem für *uri nara* so wichtigen Augenblick mein Bestes zu geben.« In den meisten Fällen sprachen die koreanischen Journalisten gar nicht erst mit dem einzelnen Athleten, den sie »zitierten«. Wozu auch? Das deutsche »ich« in dem Zitat existiert im Original nicht. »Mein Körper« ist sprachlich und pragmatisch auf Koreanisch ein »unser Körper«. Nur mit Mühe kann man es sich auf Koreanisch anders vorstellen, gerade so wie sich ein westliches Individuum nur unter extremen Bedingungen vorstellen kann, sein oder ihr Körper sei viele Körper (nicht das Gleiche wie »irgend jemandes Körper«). Koreanische Erfolge im Mannschaftssport waren innerhalb der koreanischen Spielart der vermenschlichten Nationalität im zentralen olympischen Kode schon leichter zu interpretieren, außer vielleicht in Fragen ihres Geschlechts. »Wir fragen uns«, sagte der Seouler Olympia-Organisator auf dem Höhepunkt der Spiele zu einer Gruppe ausländischer Ethnologen, »warum unsere Frauen so viel besser abschneiden als unsere Männer.«

Jede symbolische Konstruktion des Körpers ist abhängig von

einer Logik der Unterscheidungen. Will man den dreifaltigen Kern der olympischen sozio-logischen Somantik aufrechterhalten, muß man andere Identitäten förmlich unkenntlich machen, verschleiern oder unterdrücken. Wo die Unterdrückung dieser Identitäten unmöglich ist, bestehen die Hauptabwehrmaßnahmen darin, ihre identitätstragenden Merkmale in Performanz aufzulösen und ihre Bedeutungen den multikulturellen Zuschauern exklusiv zur multikulturellen Füllung zu überlassen. Die olympische Somatographie und Somatospektion ist abhängig nicht nur von den transsituationellen und transkulturellen Merkmalen der Individualität Nationalität und Menschheit, sondern auch von einer Art Gleitskala der symbolischen Restriktionen, die anderen Identitäten innerhalb der und zwischen den Kulturen auferlegt werden.

In allen Kulturen haben die Körper ein Geschlecht und werden in den meisten Kontexten geschlechtlich wahrgenommen. In der modernen westlichen Welt, die es mit Nietzsches Diktum hält, die Seele sei nur ein anderes Wort für etwas Leibliches, gilt dies nur bis zu einer bestimmten ontologischen Schwelle, deren Überschreiten zu einer ganz anderen Auffassung führt. Ontologisch gelten das Wesen des Selbst, die Nationalität und das Menschsein als etwas was aus den Fesseln des Geschlechts hinaustritt und in eine konsubstantielle Identität eingeht. Weil Mann und Frau gleichermaßen Menschen sind, muß der Mensch selbst ungeschlechtlich sein eine in-dividuelle, das heißt unteilbare, Substanz: So will es die herrschende Logik der Ontologie, die die Möglichkeit für alle bedeutenderen westlichen Ideologien darstellt und also auch für die olympische Idee, jedenfalls nach Meinung derer, für die dies eine Ideologie ist.[9] Aber wo der Körper der bevorzugte Träger der Geschlechtsidentität ist, können Körperdarbietungen wie die Olympischen Spiele nicht viel tun, um ihn unkenntlich zu machen, trotz der mehr oder weniger vollzogenen Abspaltung de

---

[9] Die hier zugrundegelegte Auffassung vom Verhältnis von Ontologie und Ideologi folgt im allgemeinen Kapferer (*Legends*, a. a. O.). So glaube ich auch, daß di Mystifizierung in dem Ausschluß und nicht in der Einbeziehung der ontologische Dimensionen in die sozialwissenschaftliche Analyse liegt. Gleichzeitig sind di Ontologien Produkte der Kulturgeschichte wie andere auch, nur vielleicht m längerer Reifezeit. Zu der europäischen Verwandlung, die aus den mittelalt lichen – scholastischen und patristischen – christlichen Diskussionen über d unsichtbaren Substanzen den modernen Individualismus machte, siehe Karl Wein traub, »Autobiography and Historical Consciousness«, in: *Critical Inquiry* (1975), 4, S. 821-848.

Geschlechts von der offiziellen Dreifaltigkeit.[10] Von den obligatorischen Geschlechtstests (für Frauen, nicht für Männer) zu den getrennten Wettkämpfen für Männer und Frauen und den nicht sanktionierten, aber üblichen Praktiken wie dem getrennten Einmarsch der männlichen und weiblichen Athleten in den Nationaldelegationen bei der Eröffnungszeremonie bis hin zur feministischen Agitation gegen Führung und Autorität bleibt das Geschlecht in der Olympischen Praxis höchst kenntlich.

Auch die Gegenströmungen spiegeln nur diese Ambivalenz wider. In der Sprache und in bestimmten Verhaltenspraktiken sind Olympioniken Olympioniken, männliche wie weibliche. Die olympischen Siegerehrungen stellen sich für Männer und Frauen absolut gleich dar und werden von allen außer von den schärfsten und am stärksten mythisch durchdrungenen Beobachtern auch bewußt so wahrgenommen. Das nationale Medaillenzählen erfolgt in Ost, West, Nord und Süd im Dienste der Rivalität mit den anderen Nationen unter Absehung vom Geschlecht. In vielen kulturellen Diskursen zur »Erklärung« der menschlichen/nationalen/individuellen Eigenschaften, die zur sportlichen Höchstleistung führen, werden die meisten Ausdrücke (einschließlich der »Höchstleistung« selbst) – wenn auch in ihren Zuschreibungen, Spezifizierungen und Bewertungen nicht ganz so gründlich – über die Trennlinie zwischen den Geschlechtern hinweg gebraucht.

10 Ich benutze ganz bewußt den Ausdruck »Dreifaltigkeit«. Der geschlechtliche Ausdruck – hier die Kategorie GESCHLECHT selbst – ist Träger des gleichen uneindeutigen Verhältnisses zur Identität von NATIONAL-INDIVIDUELL-MENSCHLICH, in dem Maria zur dreifaltigen Gottheit des Christentums steht. Die Implikationen dieses Sachverhalts sind nicht bloß kulturhistorisch. Auf der einen Seite untermauern sie Barthes' Darstellung des modernen Mythos als eines Gebildes aus naturalisierten Begriffen. Auf der anderen Seite aber – in diesem Falle für viele Christen – sind die mythischen Gestalten in dem eher vertrauten Sinne von personifizierten Gottheiten kaum zur Gänze durch die *Mythen des Alltags* ersetzt worden.

Um zu verstehen, was ich die semantische Füllung der leeren Formen der Olympischen Praxis bei solchen Gruppen, ja, der allgemeinen und naturalisierten Akzeptanz der Verkörperung selbst als des bevorzugten Modus der Instantiierung und Realisierung nenne, dürfte es wesentlich auf das dialektische Verhältnis dieser beiden Auffassungen ankommen. Die Herrschaft des Begriffs – in bestimmten Traditionen unter dem Druck der Anforderungen der transkulturellen Interaktion – mag die Macht des Körpers in den modernen Systemen eher gestärkt als geschwächt haben. Stimmt dies, so wäre diese somantische Körperlichkeit nur ein weiteres Beispiel für das »Primitive«, das sich als Projektion und Kunstprodukt spezifisch moderner Verhältnisse herausstellte.

Hinter den Kulissen jedoch ist das Geschlecht, vom Standpunk
der herrschenden Logik aus gesehen, das eigentlich Interessant
wie auch das eigentlich Irritierende. Das Raster der differenzierter
Körperkonventionen, das von den vielen olympischen Sportarter
gebildet wird, ermöglicht es, Hunderten von kulturellen Gebilder
eine verwirrende Vielfalt von geschlechtsspezifischen Bedeutun
gen zuzuordnen und zuzuschreiben, von den physiologischer
Fähigkeiten der Geschlechter bis hin zu den Merkmalen von Cha
rakter und Begehren, dem jeweiligen moralischen Status, der
sexuellen Präferenzen, den Zivilisationsstufen. Es lohnt sich
noch einmal darauf hinzuweisen, daß in den Vereinigten Staater
Olympia das einzige im Fernsehen gezeigte Sportereignis ist, da
sich Frauen in einer ihrem Anteil an der Bevölkerung entsprechen
den Zahl anschauen. Fernsehmanager, Marketingspezialisten und
Kommunikationsforscher sind der Meinung, daß bei den Winter
spielen der Frauenanteil unter den Fernsehzuschauern eher noch
höher ist. Was also ist für diese Körper so besonders an diesen
Körpern? Die Frage ist exemplarisch.

Bei Kulturen, wo sie durch Hautfarbe, Lidfalte und dergleicher
kenntlich ist, kann auch die Rasse in ihrer Darstellung an der
olympischen Körpern nicht unterdrückt werden. Auf ähnlich
und andere Weise wie beim Geschlecht bekämpft die herrschend
Logik der Olympischen Spiele die Darstellungen der Rasse und
erteilt hinter den Kulissen der von den Rassendarstellungen ausge
henden Faszination zugleich einen Freibrief. Da die *Olympisch
Charta* keine Diskriminierung aus politischen Gründen erlaub
mußte, um Südafrika aus der olympischen Bewegung auszuschlie
ßen, die Apartheid als ein Verbrechen gegen die Menschheit ne
definiert werden. Heute gibt es Initiativen, die für den Ausschlu
solcher Länder von den Spielen eintreten, die sich weigern, auch
weibliche Sportler zu entsenden, insbesondere bestimmte islam
sche und ein oder zwei schwarzafrikanische Staaten. Die Gegne
solcher Initiativen aber haben bis jetzt erfolgreich argumentier
hierbei handele es sich um nationale, kulturelle und religiöse Ar
gelegenheiten, die im herrschenden Olympischen System ge
schützt seien, und nicht um Verbrechen gegen die Menschheit. I
solchen Kontexten, so scheint es, kann die Rasse leichter ve
menschheitlicht werden als das Geschlecht, zumindest für dies
europäischen Kultursektoren.

Innerhalb der europäischen Binnenkontexte jedoch kann de

gegenteilige Effekt eintreten. Zum Beispiel haben die größeren katalanischen und spanischen Zeitungen einschließlich einiger »anspruchsvollerer« linker Zeitungen während der Sommerspiele 1992 eine Zeitlang die Medaillen für »Schwarze« und »andere Rassen« getrennt gezählt. Als die lokalen Veranstalter und Intellektuellen darauf hingewiesen wurden, daß einige der teilnehmenden Nationen diese Praxis, käme sie ihnen zu Ohren, als barbarisch und beleidigend auffassen würden, schien ihnen das unverständlich und schon gar nicht einsehbar. Ein bißchen leichter fiel es denselben lokalen Eliten, die Beleidigung zu begreifen, die für einige ausländische Gäste ein Zeitungsartikel über die fehlenden Klimaanlagen im Olympischen Dorf darstellte, der mit einer Sequenz von – mit dem Teleobjektiv gemachten – Aufnahmen von einer Frau bebildert war, die sich in ihrem Schlafzimmer auszog. Dies immerhin war »ungezogen«, das andere bloß »wissenschaftlich«. Die projektiven Vorstellungen der einen Kultur von den Rassenkodierungen der anderen Kulturen können noch verkehrter sein als die von den Bedeutungen des Geschlechts.

Bei der Mehrheit der Länder, in denen die ethnische Zugehörigkeit, die Religion und die Sprache nicht unbedingt gleichbedeutend mit der Nationalität sind, können solche Merkmale immer noch aus den Namen der Wettkämpfer, ihrer physischen Erscheinung oder der Art ihrer Gestik dekodiert werden. Aber dies ist im allgemeinen viel schwieriger, erst recht für Ausländer, das heißt, für die Mehrheit der Personen, die die meiste Zeit irgend jemandes Körperbewegungen verfolgen. Dank der Beschränkung der Kleidung auf die Nationaluniform, die einzige zweite Haut, die in den offiziellen Zusammenhängen erlaubt ist, und dank der zusätzlichen Einschränkungen, denen der Körperschmuck aufgrund der praktischen Erfordernisse der sportlichen Höchstleistung unterliegt, stellt die ethnische Zugehörigkeit für die olympische Kernlogik ein weniger schwer zu bewältigendes Problem dar als das Geschlecht und die Rasse, die Interpretationen der Zuschauer jedoch vor höhere Anforderungen. Noch weiter die Gleitskala entlang, können Familienstand, Klassenposition, Beruf, religiöse Überzeugung, politische Parteinahme, Bildungsgrad und ähnliche Identitäten gewöhnlich nicht direkt von den Athletenkörpern dekodiert werden. Außerhalb von Kleingemeinschaften hängt diese Art Wissen fast gänzlich von der entsprechenden Unterrichtung durch die Massenmedien ab, die aber, außer bei einigen Superstars, selten über die regionalen oder nationalen Grenzen hinausdringt.

Der Kern der Sache ist also, daß für die meisten Menschen, die den Olympischen Spielen beiwohnen oder die bei den Fernsehübertragungen auf alle Teilnehmer achten und nicht nur auf jene, denen von den Kommentatoren der eigenen Nation jeweils besondere Aufmerksamkeit geschenkt wird, die Mehrheit der Athleten und der anderen Beteiligten tatsächlich nur als (geschlechtliche, rassische und vielleicht ethnische) Personen, Staatsangehörige und Menschen identifizierbar sind. Alles übrige, was sichtbar und auffällig ist, ist dramatisch auf das beschränkt, was ihre Körper tun können oder könnten oder getan oder nicht getan haben. In dieser Hyperstrukturierung konzentriert die olympische Körperpraxis die Aufmerksamkeit auf bestimmte Identitäten zuungunsten anderer, und diese Aufmerksamkeit wiederum konzentriert die Aufmerksamkeit verstärkt auf die Körperpraxis selber. Vielleicht können die Zuschauer, indem sie die Ausführenden auf diese Weise identifizieren, gar nicht anders, als sich auf die gleiche Weise – jenseits ihrer anderen und detaillierteren Selbstwahrnehmungen – selbst zu identifizieren. Besonders wenn die Wettkämpfe »deep play« sind, wird die Logik des olympischen Sports auch in den Körpern der Theoretiker erfahrbar.

Unhörbarkeit, Unsichtbarkeit und Zusammenhang

Die Schwierigkeit, die solche Darbietungen dem Berufsintellektuellen bereiten, beruht nicht auf irgendeiner speziellen, angeblich mit der Kopfarbeit einhergehenden Entfremdung vom Körper.[11]

11 Dies ist ein Zunft-Mythos des feinen Unterschieds im Sinne Pierre Bourdieus (*Homo Academicus*, Frankfurt am Main 1988) und eine allgemeine rhetorische Strategie, mit der eine kriegerische und männliche Demokratie versucht, eine ihrer Eliten zu nivellieren. Zu dieser Strategie gehört, in der allgemeinen Schlacht um die institutionelle Anerkennung und das institutionelle Prestige die eine Gruppe von Körper-Intellektuellen auf eine andere zu hetzen. Man denke an die langen und traurigen Rivalitäten, die sich Theaterleute, Sportlehrer, bildende Künstler, Sportsleute, Tänzer und Musiker um die intellektuelle Legitimität an der amerikanischen Universität geliefert haben. Vielleicht ist es eine nicht nur poetische Gerechtigkeit, daß sie, nachdem sie sich haben teilen und beherrschen lassen, heute allesamt wehrlos sind, wo dem »Körper« die ganze kritische Wut gilt und das Thema gründlich von unakademischen und ungeübten Amateuren der »Kulturwissenschaften« an den besseren Universitäts-Departments schanghait wurde.

Außerdem mag es zwar fortschrittliche Intellektuelle in Verlegenheit bringen zu entdecken, daß der Nationalstaat, wie Elaine Scarry es formuliert hat, in den verschwiegensten Winkeln auch ihrer Körper-Persönlichkeit sitzt, doch ist damit der Effekt denn doch noch nicht ganz erklärt.[12] Signifikanter ist die Schwierigkeit, sich in den Bereichen einer Massentheoretisierung, die von der Interpretationsdemokratie des Körpers ermöglicht wird, als Fachmann auszuweisen. Leute, die vom Tanz wenig wissen und noch weniger wissen wollen, werden sich selten an den Tanzhistoriker oder -philosophen wenden, um »sich selber« ein Urteil darüber zu bilden, ob eine von ihnen verfolgte Darbietung gut oder schlecht, das heißt, attraktiv, interessant, gefällig, bewegend, lohnend ist. Statt solcher ästhetischer Urteile und Aussagen nehmen die populären Interpretationen von Sportwettkämpfen typisch eher die Form von Erzählungen an, in denen über die Merkmale bestimmter Spieler und ihren Zusammenhang mit dem Ausgang des Spiels berichtet wird. Und in Amerika fühlt sich – viel mehr noch als beim Tanz – jeder, der Lust hat, zur Interpretation des Sports vollkommen berechtigt. Bei den Olympischen Spielen erstreckt sich diese angemaßte Autorität durchaus über die physischen Wettkämpfe hinaus auch auf Angelegenheiten der politischen und sozialen Verkörperung. Ist der olympische Sport sozial lohnend? Sind die Olympischen Spiele überkommerzialisiert und -politisiert? Fördern sie eher den Nationalismus als den Internationalismus? Auf solche Fragen bekommen die Forscher nur selten »Weiß nicht« oder »Kann mir kein Urteil bilden« zu hören, und ironischerweise unterminieren sie in eben diesem Versuch, zu sauberen »wissenschaftlichen« Daten zu kommen, ihr eigenes Prestige als Experten.[13]

Etwas anders sind die Verhältnisse in einigen kapitalistischen

Die heroische Tabu-Durchbrechungs-Rhetorik dieser letzeren in ihren eigenen Disziplinen hat ihr kolonialistisches Vorgehen gegenüber den marginalisierten Bereichen erfolgreich verschleiert.

12 Elaine Scarry, *The Body in Pain: The Making and Unmaking of the World*, New York 1985, S. 108 ff.
13 Rothenbuhler, a. a. O. Die konventionelle Sportsoziolgie hat sich verständlicherweise vor allem um die wahrgenommene und die tatsächliche soziale Schichtung und Segregierung sowie um die Geschlechts-, Rassen- und Klassenmobilität im Sport gekümmert. Das Phänomen des allgemeinen kulturellen Rechts auf das Interpretieren, durch das die Auffassung vom Sport als »demokratische Kunstform« eine klare und stimmige Bedeutung bekommt, hat sie jedoch übersehen. Dieses zweite Phänomen bedingt und erklärt viele Merkmale des ersten.

Demokratien Westeuropas, wo die Olympischen Spiele allgemein als eine soziale und kulturelle Bewegung angesehen werden, ihre institutionelle Komplexität besser bekannt ist und das Vorhandensein von Fachwissen – ganz gewiß in den Domänen von Politik und Kunst – häufiger zugestanden wird. Der Prozeß der zusammenhängenden Differenzierung kennzeichnet nahestehende Kulturen genauso wie historisch ferne. Zugleich fällt es den Durchschnittsfranzosen genauso schwer, sich ein Volk ohne einen Sportminister und ohne jede Kenntnis auch nur der Namen ihrer IOC-Mitglieder und NOK-Präsidenten vorzustellen, wie es den Durchschnittsamerikanern schwerfällt, sich die Verhältnisse in Frankreich vorzustellen. Die Konstituierung der Differenz durch die gleichen Formen erzeugt nicht unbedingt und nicht einmal häufig ein auch nur bilaterales Bewußtsein von den auf diese Weise konstituierten Differenzen. Statt dessen verstärkt die Offensichtlichkeit der Formen selbst und der fremden mit ihnen praktizierenden Körper die normale Tendenz, die lokalen Bedeutungen fälschlich für allgemeine Bedeutungen zu halten. Auf die ganze pluralische Welt der olympischen Beziehungen übertragen, könnte man sagen, daß die Spiele durch die Zusammenhang stiftende Macht ihrer Formen die interkulturellen Falschwahrnehmungen auch dann vergrößern, wenn sie das gröbste ANDERSSEIN abbauen.

Damit haben wir noch einen weiteren Fingerzeig auf das Problem, das die Intellektuellen mit solchen globalisierenden Objekten haben. Es hat gar nicht so sehr mit der prinzipiellen Ablehnung von Ignoranz und Illusion als vielmehr mit der sozialen Spezialisierung der Intellektuellen zu tun: mit ihrem Beharren darauf, daß die Welt letztlich erkennbar sei. Die Olympischen Spiele demonstrieren, daß dem ganz klar nicht so ist. Es gibt für sie kein Zentrum in irgendeinem absoluten Sinne, und kein anderes Zentrum kann mehr als nur ein winziges bißchen von den breit pluralen und hoch segregierten Dialogen hören bzw. hörend registrieren bzw. registrierend interpretieren, aus denen die Spiele bestehen. Die Lektion ist schwer zu verdauen, selbst für Vollzeitforscher, die sich längst damit abgefunden haben, nur noch begrenzte Zusammenhänge zu dokumentieren und zu analysieren. Mit der Zeit lassen sich diese relationalen Werte zu einem Mosaik zusammensetzen, aber zu einem Mosaik, das nie irgendein substantielleres Gesamtmuster ergeben wird als die zuvor beschriebene allgemeine Logik der interkulturellen Beziehungen. Ich schließe mit einem Beispiel, das zeigt, wie die »globalen Darbietungen« in Wirklichkeit virtuelle Räume sind, die innerhalb eines Netzes von lokalen/nationalen Schutzwällen geschaffen werden, das keine Gruppe völlig übersieht, in beiderlei Bedeutung des Wortes. Die ganze Welt, oder ein signifikanter Querschnitt dieser Welt, kann in der Tat gemeinsam zuschauen, aber die Idee eines völlig gemeinsamen Objektes ist – für Funktionäre, Darbietende, Eintrittskartenbesitzer, Fernsehzuschauer und Forscher – eine große Illusion im Freudschen Sinne, das heißt, eine Wunscherfüllung.

Karnevalisierung und Somantisch-Gemeinsames

Im Februar 1992 flog ich direkt von der Eröffnungszeremonie der Winterspiele in Albertville zu einer Tagung der *Dance History Scholars Association* in Riverside, Kalifornien. Konzeption und Produktion der Zeremonien in Albertville waren Philippe Decouflé anvertraut worden, einem brillanten jungen Choreographen, der mit den Tanzensembles der Pariser Oper und seiner Tanzcompagnie DCA gearbeitet und experimentelle Musikvideos und Werbefilme gedreht hatte. Ins Bewußtsein der Öffentlichkeit war Decouflé mit seiner Choreographie des Segments »Danse Clog/Marseillaise« in Jean-Paul Goudes Umzug zur Zweihundertjahrfeier der Französischen Revolution getreten. Die Zeremonien von Albertville versprachen daher ein innovatives Experiment, in dem sich das Olympische Ritual, ein Open-Air-Tanzfestival und ein Fernsehspektakel mischen sollten, noch dazu im Kontext der Feierlichkeiten zu Europa '92 und der Artikulierung der Stellung Frankreichs in diesem Europa zu einer Zeit, in der das französische Unbehagen in Kultur und Politik den Franzosen selber weithin bewußt war.

Da meine Aufmerksamkeit vor allem von den Vorbereitungen der Sommerspiele in Barcelona in Anspruch genommen war, hatte ich die hinter den Kulissen stattfindenden Diskussionen und Kämpfe um die Zeremonien von Albertville nicht selber dokumentieren können. Bezeichnenderweise – unter dem Gesichtspunkt der internationalen akademischen »Arbeitsteilung« – hatten sich auch keine anderen französischen oder sonstigen Forscher dieser Aufgabe angenommen. Immerhin würde ich über die ethnographischen Beobachtungen des Live-Ereignisses verfügen, die von einem kleinen Team von Olympia-Sozialhistorikern und -Anthropologen aus fünf Ländern angestellt worden waren, und sie mit der Exegese und Rezeption der Darbietungen durch ein professionelles Segment von nordamerikanischen Fernsehzuschauern vergleichen können, nämlich die in Kalifornien versammelten Tanzhistoriker und Choreographen. Ich hatte dieses Publikum in keiner Form »vorsortiert«, und die amerikanische Presse hatte nichts dazu getan, die Identitäten und Ambitionen der Schöpfer und Regisseure der Zeremonie publik zu machen. Außerdem war nicht anzunehmen, daß sich die Tanzhistoriker von ihren intellektuellen und sonstigen fernsehenden Landsleuten unterscheiden würden, die die Olympischen Spiele von vornherein als bloß ein großes Sport- und kommerzielles Fernsehereignis und nicht als Weltritual oder internationales Kunstereignis einordnen würden. Aufgrund all dessen jedoch, was wir über das amerikanische Olympia-Fernsehpublikum wissen, konnte ich die Vorhersage wagen, daß sich eine beträchtliche Anzahl dieser Tanzhistoriker die Übertragung ohnehin ansehen würde, und meinte daher, eine interessante und hilfreiche Analyse zur Stellung von Decouflés Choreographie in der Ästhetik- und Sozialgeschichte des modernen europäischen Tanzes erwarten zu dürfen.

Die erste Erwartung bestätigte sich, da sich ein signifikanter Anteil der rund zwei Dutzend anwesenden Wissenschaftlerinnen – nur zwei waren keine Frauen – meldeten, als ich mein Interesse kundgetan hatte, und sagten, sie hätten sich die Eröffnung angesehen. Die zweite Erwartung aber zerschlug sich vollkommen. Die Darbietungen in Albertville waren so bemerkenswert gewesen wie vorhergesehen, aber die amerikanischen Tanzexperten hatten so gut wie nichts von dem gesehen, was ich sie in einen Kontext einordnen und interpretieren hören wollte und weswegen ich überhaupt zu ihnen gereist war. Ich hatte irgendwie vergessen, daß sie die Zeremonie im Fernsehen gesehen hatten. In meinem illusorischen Wunsch nach einer interessanten und reichhaltigen internationalen Kommunikation war ich selbst unversehens der falschen Logik aufgesessen, die Zusammenhang automatisch mit Gemeinsamkeit assoziiert, in diesem Falle die Fernsehtechnologien und die gemeinsamen performativen, visuellen Objekte. Trotz all der Jahre, in denen ich die kulturellen und beruflichen Vorlieben der amerikanischen Olympiaberichterstattung dokumentiert hatte, hatte ich nicht die transformative Differenzierung vorhergesehen, die diese Vorlieben wieder einmal erzeugen würden, die Schutzwälle, die zwischen den Räumen aufgeworfen werden würden, in denen die beiden Gruppen von Körpern in Bewegung waren. Mein Körper konnte die physikalische Distanz überfliegen, aber wenig von dem, was er in seiner somantischen Erinnerung an die Darbietung in situ mitbrachte, würde sich als präsent – und sei es auch nur auf einer einfachen visuellen Ebene – in den Körpern der Fernsehzuschauer auf der anderen Seite erweisen. Trotz des großen Aufwands an Mühe und Geld und trotz der riesigen Aufmachung in bester Sendezeit war das von der CBS in den Mauern geöffnete Fenster relativ winzig gewesen; ja, kaum größer als eben ein zur besten Sendezeit eingeschalteter Fernsehschirm.

Wieder einmal erwies sich ein »Weltereignis« als *Humpty Dumpty* nach dem Fall. Oder vielmehr bestand das Ereignis selbst aus den verstreuten Bruchstücken, die nur mit größter Mühe zusammengesetzt werden konnten und keinerlei Garantie dafür boten, daß es über das Vorhandensein der leeren transkulturellen Formen hinaus überhaupt irgendein heiles Ganzes gab, das zusammenzusetzen war. Für den Ethnologen bedeutet der Prozeß des Zusammensetzens bzw. Konstruierens, mehr Texte und andere Texte zu sammeln, weiter herumzufliegen, um Interviews zu machen, neue Vergleiche anzustellen, neue Analyseverfahren zu wählen, Beiträge für wissenschaftliche Tagungen zu entwerfen, weitere Differenzen und Variationen unterzubringen, Probeveröffentlichungen zu wagen, auf die offizielle Kritik zu reagieren: genau jene Sorte distanzschaffender Übersetzung von aufführenden Körpern in textuelle Darstellungen, über die die Olympiapraktiker und -veranstalter so die Nase rümpfen. Viele solche Teilzusammensetzungen liegen am Arbeitsplatz des Ethnologen herum, keine davon – nach dem prometheischen Standard der westlichen sozialwissenschaftlichen Theorie – jemals zu einem Ende zu bringen. Schließlich ist *Humpty Dumpty* nur eine Kindergeschichte.

Von den spezifischen Absichten und Kontexten der Aufführungen, die die französischen Künstler und Produzenten inszeniert hatten, verstand die CBS wenig und teilte noch weniger mit. Die Kommentare der Moderatoren – eines ehemaligen Baseballspielers und einer aufgrund ihres Aussehens ausgewählten Moderatorin – bestanden fast ausschließlich aus Namen und Etiketten, weitläufigen Aussagen und trivialen Fakten sowie stilisierten Wohlgefallens- und Beifallsäußerungen. Bis hin zu den Momenten, in denen er wie seine eigene Parodie klang, war der Kommentar eine exakte Wiedergabe einer normalen Form des amerikanischen Diskurses über den Tanz. Als das Finale von Decouflés *grand spectacle* nahte, benahmen sich die Ansager so tölpelhaft, daß ihre Sendeleiter es vorzogen, zu einer Studioshow überzublenden.

Nun dürften Choreographen und Tanzwissenschaftler kaum auf die Kommentare von Amateuren angewiesen sein, wenn sie die Körper in ihrer Bewegung selber sehen können. Aber wesentliche Teile der Darbietungen in Albertville wurden überhaupt nicht übertragen, sondern nur durch kürzeste Hör- und Sehschnipsel angedeutet. »Man hatte den Eindruck«, sagten mehrere meiner Zuschauer in Kalifornien, »als spielte sich da etwas wirklich Interessantes ab, aber was es war, konnte man nicht richtig sagen.« Die Live-Vorführung war für drei Stunden und zehn Minuten angesetzt und dauerte dann fast drei Stunden und fünfundvierzig Minuten. Die *CBS*-Sendung (eine Aufzeichnung und also zeitverschoben, aber als Direktübertragung präsentiert) dauerte drei Stunden, aber nur eine Stunde und einunddreißig Minuten davon galten der Zeremonie selber. Und auch das ist noch eine großzügige Angabe und schließt Kommentare ohne Bildübertragung ein, die mit der Zeremonie nur indirekt zu tun hatten, sowie Kommentatorenköpfe vor der auf einen auditiven oder visuellen Hintergrund reduzierten Zeremonie. Der Rest der *CBS*-Sendung bestand aus Werbung, fertigen Features und Vorschauen auf und Berichte über Sportereignisse.

Die olympischen Eröffnungs- und Abschlußzeremonien werden in zwei Arten unterteilt: die in der Charta festgeschriebenen und die vom gastgebenden Land gestalteten Teile. Die offiziellen rituellen Praktiken bilden einen Kern, der vom IOC kontrolliert wird, und können vom lokalen Organisationskomitee der Olympischen Spiele und seinem Team nationaler Spezialisten nur begrenzt an das Land angepaßt werden. Diese Praktiken umfassen: den Einmarsch der Nationen; die Darbietungen im Zusammenhang mit dem olympischen Feuer, der Olympiaflagge und der olympischen Hymne; die Eide der Athleten und der Kampfrichter; die Ansprachen der Vorsitzenden des IOC und des Organisationskomitees; und das starre Protokoll, das das Staatsoberhaupt und seine oder ihre Eröffnungserklärung einschließt. In der Globallogik der Kulturökonomie formuliert, steht dieser Bereich für die explizite Dominanz der transnationalen Formen bei der Konstituierung der internationalen Aufführung, bei der die Lokal- bzw. Nationalkulturen nur unterstützend und abgewandelt beteiligt werden. Der zweite Bereich besteht aus den kulturellen Aufführungen – Musik, Tanz, Kostümen, szenischen Bildern und Abläufen, sozialen Kategorien, Kulturstilen –, die den rituellen Kern umgeben. Diese sind fast völlig der lokalen und nationalen Kreativität überlassen. Das Organisationskomitee ist dem IOC und der internationalen Meinung nur dafür verantwortlich, daß diese Darbietungen geschmackvoll und einfallsreich sind, in irgendeinem symbolischen Zusammenhang mit der olympischen Ideologie stehen und Freude und Feier verkörpern. In Begriffen einer weltumspannenden Logik formuliert und in einem komplementären Gegensatz zum rituellen Kern stehen sie für die Dominanz der lokalen und nationalen kulturellen Ausdrucksformen – einschließlich ihrer kosmopolitischen Ansprüche und Aspekte – über und durch die transnationalen künstlerischen und sozialen Formen.

Die *CBS*-Sendung begann mit einer vielversprechenden Gattungsbestimmung: »Wir beginnen heute abend mit einer Mischung aus Zeremonie und Feier. Sie werden sorgfältig vorgeschriebene Rituale sehen, aber auch einige der wildesten und phantasievollsten Choreographien, die Sie sich vorstellen können.« Daß die offiziellen olympischen Darbietungskategorien aufgegriffen werden und insbesondere das Wort Ritual benutzt wird, ist in der Geschichte der amerikanischen Fernsehübertragung äußerst selten. Immerhin folgt »Ritual« auf »Zeremonie« als kategorischer Terminus, und die Umstandsbestimmung »sorgfältig vorgeschrieben« kann so verstanden werden, daß mit ihr die Konnotationen vom Religiösen auf die »Formalitäten« verlagert werden. Diese religiösen Bezüge scheinen überhaupt das Hauptärgernis beim Gebrauch des Terminus Ritual in der öffentlichen Kultur der USA auszumachen. Die Behauptungen »Wir beginnen mit« und »Sie werden sehen« betonen diese Verlagerung noch: die erste, indem sie sich weigert, die olympische Bewegung oder das IOC als Veranstalter zu nennen, und den amerikanischen Medien selber den Besitztitel übereignet; die zweite durch ein Verb, das zu einer Schaustellung besser paßt als zur Verbindlichkeit eines Rituals.[14]

14 Zur detaillierten Analyse dieser Gattungskategorien und -abgrenzungen siehe MacAloon, »Theory of Spectacle«, a. a. O.

Tatsächlich wurde im Kommentar sehr bald das Schauspiel zum dominanten Gattungsmerkmal und trat etwa in der Mitte der Sendung sogar an die Stelle der Zeremonie. Als die erste Gruppe von Darbietungen in das olympische Kernritual überging (mit dem förmlichen Einzug von IOC-Präsident Samaranch und danach von François Mitterand in das Stadion), wurde der Gattungswechsel nicht explizit verbal vermerkt. Der Ansager verkündete nur: »Wir melden uns zurück mit dem Einmarsch der Nationen«, und blendete dann zu Werbespots über. Der Abschluß der rituellen Phase (mit den Eiden) und der Übergang zum Hauptteil der künstlerischen/französischen Darbietungen (durch eine höchst ungewöhnliche Marseillaise) wurden von den Kommentatoren hervorgehoben. »Der protokollarische Teil ist vorbei, jetzt kommt das Vergnügen.« Das Ritual war zum Protokoll verkommen und das Feiern zum unbestimmten Vergnügen. »Als nächstes nun der Unterhaltungsteil der Feier des heutigen Abends. Sie können uns glauben, das sollte man nicht verpassen.« Mit der CBS verpaßte man ihn allerdings doch. Von den vierundvierzig Minuten der kulturellen Darbietungen der ersten Phase präsentierte (in des Wortes allgemeinster Bedeutung) die CBS rund neunzehn Minuten. Von den sechsundfünfzig Minuten der tatsächlichen Darbietungszeit des offiziellen rituellen Segments zeigte der Sender rund dreiundvierzig Minuten, vor allem den Einmarsch der Nationen und die Ankunft des olympischen Feuers. Von der dritten Phase der kulturellen Darbietungen zeigte die CBS rund neunundzwanzig der geplanten fünfunddreißig und tatsächlichen fünfzig Minuten. Obwohl die Zahl der Aufnahmen zunahm, war die Berichterstattung tatsächlich oberflächlicher als bei der musikalisch-tänzerischen Eingangssequenz. Die Kommentatoren konnten keinen Zusammenhang mit irgendeinem wesentlichen historischen, kulturellen oder geopolitischen Thema herstellen. Die einzige Intention oder Funktion, an der sich die »Choreographie« messen ließ, war ihr Unterhaltungswert.

Implizit beherrschte diese Interpretation von Anfang an die Sendung. In einem Einführungsteil wurden die wichtigsten geopolitischen Kontexte für Albertville genannt: der Fall der Berliner Mauer, der Zusammenbruch der Sowjetunion, die Einigung Europas, das Ende des Kalten Krieges im Sport. Dieser Teil jedoch wurde von den kulturellen Rahmendarbietungen selbst durch die oben zitierte Aussage getrennt. Damit ließ sich anhand der leeren

Kategorien CHOREOGRAPHIE und FEIER eine amerikanische kulturelle Entkoppelung von Politik einerseits, Kunst, Sport und Ritual andererseits reproduzieren. Die CHOREOGRAPHIE als Kategorie wurde von Amerikanern für amerikanische Zuschauer in mehrfacher Weise gefüllt. Das Gattungsmerkmal gab die Berufsidentität des hauptsächlichen Schöpfers und der auffälligsten Darbietenden an. Statt der »Tänze«, die immerhin eine Art Thematik bei den Darbietungen selbst impliziert hätten, gab es »Tanz und Musik«, konzentriert auf einen individuellen Autor. Decouflés Name wurde im Laufe der Sendung viermal ausgesprochen (oder vielmehr, trotz demonstrativen Radebrechens auf Französisch, falsch ausgesprochen). Auf die Tatsache, daß die meisten Darbietenden »professionelle Tänzer aus Paris« waren, wurde hingewiesen, und die einzige Autorintention, die zu nennen die *CBS* fertigbrachte, war die Erkenntnis, daß Tanz, Sport und Zirkus reflexiv als Körperkünste miteinander in Beziehung gesetzt wurden. Die Zirkus-Komponente wurde jedoch auf irgend etwas aus Decouflés Biographie reduziert, und die relationale Tanz-Sport-Choreographie wurde zwar in mehreren Aufnahmen evokativ und generativ verdeutlicht, aber dennoch summarisch als »bloß ein paar Athleten [Tänzer], die Athleten ehren«, interpretiert. Zwar verwiesen die Kommentatoren auf die Unterschiede zwischen der getanzten Version einer Bewegung aus dem Sport, die gerade gezeigt wurde, und ihrer Version im sportlichen Wettkampf selbst. Sie schienen jedoch außerstande zu begreifen, daß die Beziehungen von Gleichheit und Differenz in den drei Körperdisziplinen genau das waren, was die Beteiligten hatten verkörpern und erkunden wollen. Schon gar nicht gab es einen verbalen Hinweis darauf, daß es konfligierende Interpretationen geben könnte. Zum Beispiel konnte man die Darbietungen so interpretieren, daß sie den Tanz als jene Kunst hervorhoben, die nötig ist, um die Körperpraxis des Sports sichtbar und der Betrachtung zugänglich zu machen, während der Sport für die Tanzbewegung nichts tun konnte, außer sie vielleicht der Aufmerksamkeit der Massen zu empfehlen, indem er bei den Sportwettkämpfen einen Platz für sie fand. In dem kulturell und professionell bedingten Vokabular der CBS bedeutete FEIER Freiheit von Konflikt und also Freiheit von jedem intellektuellen Interesse. Unterhaltung – oder, genauer gesagt, die Medien-Anweisung »Sie werden unterhalten« – war der einzige Wert.

Daß die Triade der Tropen von Sport, Tanz, Zirkus und viele der spezifisch choreographischen Vermittlungen in Albertville geradezu einen Verweis auf die Pariser Avantgarde der neunziger Jahre des 19. Jahrhunderts und der zwanziger Jahre des 20. Jahrhunderts darstellten, wurde weder von den amerikanischen Medien noch von den Regisseuren von Albertville deutlich gemacht, zumindest nicht in irgendeinem der Texte, die ich gesehen habe. Von den Tanzhistorikern jedoch wurde dies selbst bei der begrenzten visuellen und verbalen Information, die ihnen die *CBS* lieferte, bemerkt und hervorgehoben. (Viele von ihnen bemerkten außerdem, wie hübsch es doch für jeden Choreographen wäre, 21 Millionen Dollar und Milliarden von Zuschauern zu haben.) Ganz in Übereinstimmung mit der Logik und der Form des SCHAUSPIELS, aber auch mit dem Thema eines sich im Aufschwung befindlichen und der Welt wieder Grund zum Staunen bietenden Frankreichs, hatte alles in Albertville neu zu sein, gewagt, bizarr, innovativ. Die *CBS* äffte diese Sprache für ihre eigenen Zwecke nach. Weder die Avantgarde noch die Medien der neunziger Jahre des 20. Jahrhunderts konnten mit den Avantgarden und Journalismen der neunziger Jahre des 19. und der zwanziger Jahre des 20. Jahrhunderts viel anfangen. Daß dies die Jahrzehnte waren, in denen Coubertin und seine Kollegen in Paris die modernen Olympischen Spiele begründeten und in denen diese nach dem Ersten Weltkrieg konsolidiert wurden, wurde explizit nur in den Ansprachen erwähnt, nicht aber in irgendeiner der künstlerischen Darbietungen in Albertville. Diese unterdrückte historische Beziehung verwies auf eine unterdrückte soziopolitische Ausdeutung des heutigen Europas und Frankreichs, die einem aus der schwärmerischen Beschreibung dieser Magie decouflante der französischen Zeitungen des folgenden Tages entgegenschlug. »*Superbe, époustouflante de créativité ... un rêve diaphane, aérien, jeune, poétique et joyeux*«: Auch die anspruchsvolleren Pariser Zeitungen unterschieden sich in ihrer Prosa wenig von *Le Journal du Dimanche* oder *Le Dauphiné*.

Die Unterschiede zwischen dieser Sprache und den adjektivischen Ausrufen der *CBS* (wild, ungewöhnlich, einfallsreich) lagen in mehr als nur in der Hyperbel und dem subtileren Vokabular. Sie verwiesen auf die radikalen Auffassungsunterschiede zwischen den Produzenten und den amerikanischen Reportern sowie zwischen großen Segmenten ihrer jeweiligen Kulturen. Erstaunlich stimmig in ihrer Intention, hatten Decouflé, Joseph Racaille, Rebecca Adam, Philippe Guillotel, Guy-Claude François, Véronique Defranoux, Martin Messonnier und die übrigen Mitarbeiter versucht, die ganze olympische Eröffnungsfeier nicht nur zu festivalisieren, sondern zu karnevalisieren. Die volle Autorität des Organisationskomitees, verkörpert in seinem Leiter Jean-Claude Killy, beugte sich dem Festival-Thema des frohen Spiels. Killy beendete seine Eröffnungsansprache mit einem Coubertin-Zitat: Sich zu freuen, sei »die Formel, sich selbst olympisch zu machen«: »*Et maintenant, à vous de jouer.*« Das Ende des Kalten Krieges; die Einigung Europas; die ökonomischen und politischen Dramen Frankreichs, Savoyens und ihre Beziehung zueinander; die bevorstehenden Wettkämpfe: Sie alle wurden zu Freuden erklärt, die zu genießen seien. Ihre dunklen Seiten und ihre darniederliegende Politik wurden in dem Maße verdrängt, wie sich das kollektive Glücksverlangen von der Logik der performativen Illusion vereinnahmt sah, genau wie sich die beängstigenden soziopolitischen Homologien zwischen dem letzten und dem jetzigen *Fin de siècle* dahinter zu verstecken suchten, daß der Hochmoderne, die jenes frühere *Fin de siècle* eigentlich war, eine vorgebliche Postmoderne untergeschoben wurde.

Die Karnevalisierung fügte diesem freudvollen Verbergen eine ganz andere Dimension hinzu, eine intensivierende Logik. Die Darbietungen versuchten, die feierliche Freude in einen turbulenten oder zumindest überraschenden Überschuß an Signifikanten umschlagen zu lassen. Durch ihre Kostüme, Bewegungen und fantastischen Maschinen und Apparaturen zitierten die Darbietungen Bosch, Leonardo Da Vinci und die Surrealisten, ebenso Nizza, den Zirkus, das Russische Ballett und das Pariser Variété. Welche relevante olympische Ordnung die Choreographie auch immer anbot, indem sie die Bewegungen des Wintersports tanzte, immer schuf sie zugleich durch den Auftritt gänzlich unverbundener Phantasien Unordnung. Man könnte natürlich sagen, die High-Tech-Vermittlungen jedes Darbietenden und jeder Darbietung – Elektronik, *Rollerblades*, Bungee-Seile, computergesteuerte Hebevorrichtungen, Kräne, Kabel, gigantische Windsäcke – stellten die Verbindung zu dem high-tech- und fernsehzentrierten Wintersport der heutigen olympischen Körperpraxis implizit her. Aber diese Lesart wäre denn doch für die französischen Kommentatoren genauso weit hergeholt gewesen wie für die amerikanischen.

Natürlich geht es hier um Karnevalsmotive und karnevalistische Darstellungslogik, nicht um eine Karnevalserfahrung für die auf ihre jeweiligen Plätze verwiesenen 4000 Sportler und Funktionäre, 6000 Journalisten, 35000 Zuschauer und Massen des Fernsehpublikums. Aber nicht einmal dazu reichte bei den amerikanischen Fernsehleuten der kulturelle Bezug und das echte Interesse. Spaß ist Spaß; Unterhaltung ist Unterhaltung: *Wir* sind die Experten, die sie euch ins Haus bringen. Eingeweihte mochten aus dem, was da über den Äther kam, immerhin schließen, daß die Fernsehleute das Szenario nie gesehen, den Proben nie beigewohnt, die Hauptverantwortlichen nie interviewt hatten. Normalen amerikanischen Fernsehzuschauern war es zu verzeihen, wenn sie dachten, der Unterhaltungswert einer großen, glücklichen Show wäre alles, was irgendwer in Albertville oder in der olympischen Bewegung je gewollt hätte. Als Mitterand, Samaranch und die anderen Würdenträger von der Menge im Stadion gezwungen wurden, die Welle mitzumachen (oder vielmehr die *ola*, wie sie – mit Verweis auf ihre kulturelle Herkunft – auf Französisch heißt), sah die CBS nur noch mehr glücklichen Spaß, nicht die spontane Auswirkungen der Karnevalslogik, in der es die Leute nicht zuließen, daß die Körper der Macht in ihren Posen verharrten, während die Bürger tanzten. Angesichts der impliziten kulturellen Anerkennung einer Karnevalspolitik und angesichts des Machtverlusts der Sozialisten wurde dieser Moment in den französischen Medien sehr betont. Wenige Zeitungen versäumten es am nächsten Tag, diese Nachricht und das Photo eines keine Miene verziehenden Mitterands mit steif über dem Kopf erhobenen Armen an bevorzugter Stelle zu bringen: »*Le Président, six fois, fit la ›ola‹*.«

Aber die in Mitterands Körper investierte französische Staatsmacht entzog sich auch der Karnevalisierung, die die Regisseure kühn auf den rituellen Kern selbst ausgedehnt hatten. Die Grenze zwischen den Eröffnungsdarbietungen und dem olympischen Ritual soll eigentlich in der förmlichen Ankunft des Staatschefs im Stadion bestehen. Gewöhnlich kommt er oder sie durch einen Tunnel direkt auf die Tribüne der Würdenträger und geht zu dem Ehrenplatz, den die Olympiagewaltigen ihrerseits bereits eingenommen haben. Für die Anwesenden ist dies in der Regel kein hochdramatischer Augenblick. Aber in Albertville gingen Samaranch und Killy Mitterand entgegen, der das Stadion durch das Haupttor für die Athleten betrat, und begaben sich dann auf einen gelassenen Machtspaziergang durch die ganze Länge des zentralen Wettkampfraumes. Seit Hitler im Jahre 1936 war kein Staatsoberhaupt mehr auf diese Weise ins Stadion gekommen. Das Bild der Macht wurde domestiziert, indem von Hand zu Hand mit Mitterand der Körper eines elfjährigen Mädchens verbunden wurde, das ihn begrüßte und dann mit ihm ging. Séverine du Peloux war ein Schulmädchen aus dem Ort, dessen Kleid in den Farben Savoyens gehalten war und Trachtenmotive mit dem Avantgarde-Kostüm verband, das auch andere Darsteller trugen. In diesem außergewöhnlichen Bild verband sich das Männliche mit dem Weiblichen, der Staat mit der Nation und die patriarchalische Repräsentation mit der Reproduktion der Gemeinschaft. Es war ein Mädchen und keine Frau, eine Verkörperung der machtvollen symbolischen Beziehung von Staat und Jungfrau, die Sherry Ortner analysiert hat.[15] Zum Schluß des offiziellen rituellen Teils sollte Séverine dann wiederkommen, um eine A-capella-Marseillaise zu singen, denn der Nationalhymne des Gastgeberlandes war ein sehr viel exponierterer Ehrenplatz eingeräumt worden als üblich. In eine mehrdeutige Marianne verwandelt, stieg Séverine im Scheinwerferlicht auf einer Hebebühne in den dunklen Himmel. Aus ihrem Munde wirkten die Strophen der Marseillaise geradezu unheimlich. Dazu wollten zwei neben mir sitzende Französinnen im wörtlichen wie im übertragenen Sinne nicht stehen. »Dieses Lied«, sagte die eine zu ihrer Begleiterin, »ist doch verflucht blutrünstig.« Mein Kollege aus Québec, der an einer anderen Stelle im Stadion war, berichtete von dem gleichen Erlebnis, und drei Tage später stand in den Zeitungen, Mme. Mitterand selber habe sich gefragt, ob es nicht an der Zeit sei, daß sich Frankreich eine neue Nationalhymne gebe. Die dramatische Verkörperung dieses Komplexes der Signifikanten von Jungfräulichkeit-Blut-Krieg-Gemeinschaft-Staat-Nation, feierlich-sakral abgesetzt von einem Kontext, in dem alles andere festivalisiert und karnevalisiert wurde, hatte das lokale Ganze destabilisiert. Die *CBS*-Regisseure hatten sich implizit von dieser symbolischen Logik einnehmen lassen und abwechselnd Aufnahmen von Séverines und Mitterands Gesichtern gezeigt, aber die amerikanischen Kommentatoren konnten die Episode nur »bewegend« nennen, bevor sie zur Werbung übergingen.

15 Sherry Ortner, »The Virgin and the State«, in: *Feminist Studies* 4 (1978), 3, S. 19-35.

In diese Doppelvorführung von französischer Ausnahmestellung und Macht waren andere symbolische, geschlechtlich vermittelte Darstellungen der Beziehung von Staat und Nation eingeschlossen, diesmal international gestimmt. Wie üblich gingen beim olympischen Einmarsch der Nationen schöne, junge, erwachsene Frauen aus dem Gastgeberland vor den Flaggen und den Delegationen her und trugen die Namensschilder jeder Gastnation. Gemäß einem mythischen Motiv, das den Anthropologen als Teil des Themas vom Fremden König und als legendäre und für die europäische Geschichte grundlegende Praxis so bekannt ist wie die ersten Kapitel von Herodot, werden ethnische und politische Grenzen konstituiert, indem man Frauen über sie hinwegträgt. Hier nun wurden einheimische Mädchen ausgesandt, um die fremden Eindringlinge einzuladen, zu ehren und heimisch zu machen.[16] Zu diesem Zwecke aber hatten die Designer ein bemerkenswertes Bild geschaffen. Die Namensschilder waren an den Köpfen der Trägerinnen angebracht, während ihre Torsi in einer mit Schnee aus weißen Federn gefüllten, durchsichtigen Plastikkugel steckten, deren Achse sie bildeten. Ihre Körper erinnerten an die Welt der Pariser Mannequins, genau wie der Trippelschritt, zu dem sie durch die kleinen Rüschenröcke gezwungen waren, die sie am Ausschreiten hinderten und manche Beobachter an die Rote Königin aus *Alice im Wunderland* erinnerten. Indem sie ihre Arme ständig vor und zurück bewegten, enthüllten und verhüllten diese Frauen spielerisch ihre Körper in den kleinen Schneegestöbern, die sie in ihren Ballons entfachten. Da sie nur hauchdünne, durchscheinende Bodystockings trugen, wirkten sie so gut wie nackt. Bei jedem dieser Models war die Beckengegend dieser zweiten Haut mit – um die Pressemappe zu zitieren – »symbolischen Bildern von jedem vertretenen Land« bestickt, das heißt, Embleme, die in Frankreich mit den jeweiligen fremden Kulturen assoziiert werden. Diese Stickereien waren von der Haupttribüne aus schwer zu erkennen und wurden vom amerikanischen Fernsehen weder erwähnt noch – aus guten Gründen – in Nahaufnahme gezeigt. Aber diejenigen, die nicht zu übersehen waren, wie etwa das Kleeblatt über der Pospalte der Standartenträgerin für die Republik Irland, machten den allgemeinen Kode genauso deutlich wie der abwechselnd versonnene und schuldbewußt abgelenkte Ge-

16 Diese Strukturen und Praktiken werden im Detail analysiert in MacAloon, *Brides of Victory*, a. a. O.

sichtsausdruck des männlichen irischen Fahnenträgers, dessen Blicke, als er an unserem Stadionabschnitt vorüberschritt, samt der Spitze seiner Fahnenstange wiederholt zu dem direkt vor ihm einherspazierenden Hinterteil hinabglitten.

Das Bild des *bubble-girl* war erstaunlich und semiotisch gesehen absolut brillant in seiner geordneten Vielstimmigkeit. In ihrer zuvor verbreiteten Erklärung hatten die Designer bemerkt, daß sie sich hauptsächlich von einem transnationalen touristischen Objekt hatten inspirieren lassen, vom Souvenir in Gestalt der »Schneekugel«, in der oder auf der üblicherweise der Ortsname und irgendein lokales Motiv zu finden sind. Durch die Anklänge an die Welt der Pariser Mode sowie an die »französische Postkarte« kamen noch weitere Bedeutungen aus diesem Bereich der interkulturellen Kommunikation durch Touristenartikel hinzu. Mit dem Bild wurde gleichzeitig – mit welchem Grad an Bewußtheit seitens der Autoren, weiß ich nicht – ein Karnevalsmotiv aus dem spätmittelalterlichen und frühneuzeitlichen Frankreich reproduziert, das Volkskundlern und Kunsthistorikern von Holzschnitten und Handschriftenillustrationen her bekannt ist. Bei *La folie des hommes ou l'Homme Renversé* [ou *Le Monde à Rebours*] taucht im allgemeinen die gleiche Figur auf, nämlich der Torso in der Weltkugel, in der Regel allerdings männlich und auf den Kopf gestellt, die Beine in der Luft, getragen von Narren, Grotesken oder Wilden, darunter negroide Frauen.[17] Auch der Anklang an Alice im Wunderland gehört in diesen Signifikatbereich. Für die Zuschauer aus jeweils anderen kulturellen Zusammenhängen mag noch eine Menge anderer, mit Sexualität, Fruchtbarkeit und Schwangerschaft zusammenhängender Bedeutungen mit der Figur verknüpft gewesen sein. Auf ihre tiefenstrukturelle Vergeschlechtlichung der Beziehung von Gastgebernation und fremdem Staat in der europäischen Tradition wurde bereits hingewiesen. Eine weitere Transformation dieser Verbindung des Kodes von männlich und weiblich mit dem Kode von französisch und ausländisch wurde ganz buchstäblich in der öffentlichen Grußadresse formuliert, mit der jede Nationaldelegation – die selber, abhängig von der jeweiligen Gesellschaft, männliche und weibliche Olympiakämpfer umfaßte oder auch nicht – willkommen geheißen wurde. Jede Delegation wurde auf Französisch von einer begei-

---

17 Ich danke Barbara Babcock für den Hinweis auf diesen Zusammenhang.

sterten Männerstimme, auf Englisch von einer Frauenstimme begrüßt, und zwar nicht, wie üblich, indem einfach der offizielle Name des Landes aufgerufen wurde, sondern mit dem, was in der Broschüre zur Inszenierung als »zwei klassische Alexandriner« bezeichnet wurde und für viele Ohren im Stadion bloß alberne Knittelverse waren. (»Here they are, they've all come to see ya'. Let's welcome the athletes from South Korea!«)

In Übereinstimmung mit der ästhetischen und moralischen Intention des Ganzen wurde hier der Versuch unternommen, die Nationalität und den Nationalstaat in die Fest- und sogar Karnevalsstimmung zu übertragen. Das Problem war, daß die Franzosen, die bei ihren eigenen geheiligten Nationalemblemen eine deutliche Ausnahme gemacht hatten, dies mit dem nationalen Symbolen anderer und mitunter kulturell weit entfernter und antagonistischer Völker taten, ohne sie um Erlaubnis oder um Rat gefragt zu haben. Indem sie den rituellen Rahmen durchbrachen – eine immer noch gültige Grundbedeutung des französischen Wortes protocole ist der richtige Umgang mit den nationalen Emblemen der anderen –, bescherten die Designer einigen Leuten ein Vergnügen, aber einigen anderen zwiespältige Gefühle, diplomatische *faux pas* und vollendete Beleidigungen. Das Unbehagen der amerikanischen Fernsehleute wurde hörbar, als das erste *bubble-girl* auf dem Schirm erschien. »Ich denke, wir sollten etwas zu den Frauen sagen, die da vorwegmarschieren.« »Was für eine Aufmachung!« antwortete die weibliche Partnerin. Anstatt etwas zu dem Motiv des Schneekugel-Souvenirs zu sagen, versuchte es der männliche Kommentator mit einem offensichtlich vorbereiteten Witz. »Sieht so aus, als versuchte Savoyen, die Welt im Sturm zu nehmen.« »Ja«, sagte seine Partnerin, »je mehr man mit den Armen rudert, desto größer der Schneesturm.« Danach kamen sie, trotz deren auffälliger Präsenz in späteren Bildern, nur noch einmal auf die Figur zu sprechen. »Da braut sich ganz schön was zusammen«, bemerkte die Frau angesichts der Nahaufnahme eines *bubble-girl*. »Ja, der Schneesturm, von dem Sie gesprochen haben.« Es blieb anderen Amerikanern überlassen, unter anderem auch weiblichen Sportlern und Funktionären, mit denen wir später sprachen, das Vergehen als Sexismus zu bezeichnen; und eine von ihnen meinte auch, es sei für die weiblichen Olympiateilnehmer erniedrigend, hinter »nackten Mädchen« einzumarschieren.

Für andere braute sich der Sturm über den »poetischen« Einführungen zusammen. »Südkorea« ist für seine offiziellen Vertreter die »Republik Korea«, und der Unterschied ist hoch besetzt. Es kam zu milden diplomatischen Protesten. Die größten Probleme gab es für die islamischen Länder, insbesondere für Algerien, die zweite einmarschierende Delegation und Frankreichs frühere Kolonie und letzter Kriegsgegner. Seit einigen Jahren hatten die algerischen Behörden versucht, zu einem ähnlichen Kompromiß mit den religiösen »Fundamentalisten« zu kommen, wie er von König Hassan in Marokko ausgehandelt wurde. Junge algerische Frauen sollten an internationalen Sportwettkämpfen teilnehmen, im Ausland studieren und arbeiten und ihr Land in ähnlich gearteten Kontexten im Ausland vertreten dürfen. Wenn sie sich verheirateten, sollten jedoch wieder die traditionellen Anstandsregeln gelten. Nachdem sie gerade die Wahlen für ungültig erklärt und die Führer der siegreichen islamischen Partei verhaftet hatten, wollten Algeriens »weltliche Nationalisten« ihre Sicht der algerischen Sozialordnung offensiv vortragen. Sie wählten eine Athletin, um bei der Eröffnungsfeier in Albertville Algeriens Flagge zu tragen. Und dann richteten es ihre alten Kolonialherren und derzeitigen Verhinderer der Einwanderung algerischer Arbeitskräfte so ein, daß die Nationalflagge neben und sogar in Berührung mit einer anderen skandalös unbekleideten Frau gezeigt wurde, deren einheimische europäische Bedeutungen für die algerische Kultur nicht den geringsten Sinn hatten. Ein Photo von diesem haarsträubenden Anblick der Nationalflagge, eingeklemmt zwischen diesen jetzt miteinander assoziierten Frauentypen, der »modernen« Algerierin und der dekadenten Französin, erschien tags darauf in allen wichtigen algerischen Oppositionszeitungen und wurde von fundamentalistischen Gruppen in Pamphleten und auf Flugblättern überall verbreitet. Nicht gerade ein Fest, diese algerische Füllung der leeren Formen der Olympischen Zeremonie und der abstrakten sozialen Kategorien INDIVIDUELL, NATIONAL und MENSCHHEITLICH.

Über die Reaktionen der Verantwortlichen von Albertville, als und falls überhaupt sie sich des Skandals, des interkulturellen Antagonismus und der Durchkreuzung der aktuellen französischen Außenpolitik bewußt wurden, die sie mit ihren für europäische Augen so brillanten karnevalesken Innovationen zuwege gebracht hatten, kann ich nichts sagen. Ich habe andere französische und europäische Olympiasportler wegwerfend-abschätzig, wie es den bekannten orientalistischen Stereotypen entspricht, auf die Nachricht reagieren hören. Ausgerechnet »die Araber« meinten, gegen den erniedrigenden Gebrauch von Frauen protestieren zu müssen? Überhaupt, diese Heuchelei zeige doch nur, daß bei denen von Weltniveau in Kunst und Kultur keine Rede sein könne. (Eine in Paris derzeit beliebte Postkarte stellt eine nur mit schwarzer Unterwäsche bekleidete europäische Frau dar, die auf der Straße dem Stereotyp eines Scheichs nachsteigt.) Die Algerier, denen diese Haltung durchaus bewußt war, hüteten sich, ihr durch allzu laute Proteste neue Nahrung zu geben. Bei olympischen Konferenzen im Sommer danach waren die anwesenden Algerier sehr daran interessiert, die verwickelte Lage privat zu diskutieren, öffentlich jedoch im Namen des Olympischen Gedankens und des internationalen *good will* ihren Lauf nehmen zu lassen. Aus ebendiesen Gründen sahen die Amerikaner und die Kanadier bei denselben Treffen davon ab, allzusehr auf ihrer Skepsis angesichts der Wahl einer in Frankreich ansässigen schwarzen Immigrantin zu beharren, die dazu ausersehen worden war, den olympischen Eid der Athleten zu sprechen, oder angesichts der zweifelhaften Variété-*négritude* mancher der in die Choreographie von Albertville eingegangenen Bilder. Längst hatte Samaranch die nordamerikanischen, asiatischen und lateinamerikanischen Proteste gegen die Zahlung von Millionen von Dollar durch die Europäische Gemeinschaft als abwegig zurückgewiesen, mit denen sich die EG trotz der Tatsache, daß sie als solche kein Wettkampfteilnehmer ist und die Olympische Charta jede politische Werbung bei den Spielen verbietet, eine eigene Vertretung bei den Zeremonien erkauft hatte. Daß die Röcke der *bubble-girls* für die EG-Nationen andere Farben hatten als alle anderen, war ganz gewiß nur ein Nebenumstand, für den sich allenfalls irgendwelche ungeratenen Anthropologen interessieren konnten.

Am Tage nach der Eröffnungszeremonie sendete das *CBS*-Fernsehen ein Interview mit Jean-Claude Killy, in dem er auf die Komplimente für die Gestaltung des Ablaufs dankend-bescheiden reagierte. »Wir hätten nicht gedacht, daß die Eröffnungszeremonie so positiv wahrgenommen würde.« Sein Versprecher im Englischen – *perceived* (wahrgenommen) statt *received* (aufgenommen) – zeugt von der tiefen Ironie in diesen globalen Körperdarbietungen. Killy und seine Kollegen hatten die volle amerikanische

Übertragung dessen, was sie inszeniert hatten, nicht gesehen und haben dies wahrscheinlich auch heute noch nicht, noch konnten sie sich ohne weiteres vorstellen, daß die Amerikaner, einschließlich der einfühlsamen Tanzhistoriker in Kalifornien, so wenig hatten sehen können. Dies ist, vertausendfacht, die eigentliche Bedeutung des Satzes: »Die ganze Welt schaut zu.« Die Zusammenhang stiftende Macht des Körpers geht nicht nur mit dem Nicht-Wahrnehmbaren einher, sondern hängt geradezu von diesem ab: von der Verwechslung der gemeinsamen leeren Formen mit gemeinsamen substantiellen Bedeutungen, von den machtvollen und dramatischen Intervallbildungen, die all die getrennten Räume verbergen, die gemeinsam nicht gefüllt werden können und vielleicht auch gar nicht gefüllt werden sollten.

Aus dem Amerikanischen von Hella Beister

IV. Die Steigerung der Spiele durch Doping

John Hoberman
Das Dopingkonzept und die Zukunft des Olympischen Sports

Am 9. Juli 1992 gab Königin Elizabeth von England auf dem Rasen des Buckingham-Palastes eine Gardenparty zu Ehren von Spitzensportlern, die Britannien während ihrer vierzigjährigen Amtszeit Ruhm gebracht hatten. Die Londoner *Times* nannte die Party »die größte Zusammenkunft von Höchstleistungssportlern und -sportlerinnen in der britischen Geschichte«. Unter den 1486 gefeierten Gästen befanden sich auch sieben Gewichtheber, die wegen illegalen Drogengebrauchs lebenslang Startverbot hatten. Als der Sekretär des *Central Council of Physical Recreation*, der die Einladungen ausgesprochen hatte, auf den zweifelhaften Status dieser Männer hingewiesen wurde, tat er das Versehen als nebensächlich ab. »Alle, die kommen«, sagte er, »sind mit Fug und Recht hier. Die Leute waren Olympiasieger und haben damit die Voraussetzungen erfüllt. Was danach passiert ist, ist Geschichte.« Die beiläufige Unlogik dieser Aussage, die gar nicht erst zur Kenntnis nahm, daß diese Männer möglicherweise nur aufgrund der Drogen Olympiasieger geworden waren, schien ihm entgangen zu sein.[1]

Die Anwesenheit dieser kompromittierten Athleten auf einer königlichen Party und die soziale Rehabilitierung, die damit implizit einhergeht, deuten auf eine uneingestandene Ambivalenz gegenüber den leistungssteigernden Substanzen hin, die für die ganze moderne Zivilisation charakteristisch ist. Diese Ambivalenz hat ihren Ursprung in der Faszination, die von Höchstleistungen aller Art ausgeht und das spezifische Merkmal einer Zivilisation ist, die auf eben jenem doppelten Ideal von Technologie und Produktivität aufbaut, das von den Hochleistungssportlern so eindrucksvoll symbolisiert wird. Der Tatbestand, daß eine solche Ambivalenz existiert, wurde in der langanhaltenden öffentlichen Debatte über das Doping verschwiegen, unterminiert sie doch die

---

[1] »Banned champions join elite for garden party at palace«, in: *Times* [London], 9. Juli 1992; s. auch »Star gazing at the royal sports party«, *Times* [London], 10. Juli 1992.

moralisierende (und halbherzige) Anti-Drogen-Position, die sich die nationalen und internationalen Sportverbände als Public-Relations-Strategie gegenüber dem sportinteressierten Publikum zu eigen gemacht haben. Sportfunktionäre in aller Welt einschließlich der führenden Persönlichkeiten des Internationalen Olympischen Komitees (IOC) haben jahrelang angenommen, sie hätten keine andere Wahl, als sich den multinationalen Kampagnen gegen unerlaubte »Drogen« aller Art anzuschließen. Das unvermeidliche Ergebnis dieser Politik war, daß sich die Vorstellung verbreitete, leistungssteigernde Drogen wie die anabolen Steroide seien als unerlaubte Drogen den »Freizeit«-Drogen wie LSD und Kokain irgendwie gleichzustellen und beide Klassen von Substanzen aus den im wesentlichen gleichen Gründen moralisch verwerflich. Die künstliche Vermischung dieser beiden Kategorien verdeckte den Tatbestand, daß die Mittel zur Leistungssteigerung und die Genußmittel unterschiedliche Funktionen haben. Denn während die Genußmittel einen Vorgeschmack auf das Paradies bieten, ermöglichen die leistungssteigernden Drogen eine vermittelte (und sogar berauschende) Teilnahme an jenem Ethos der unbegrenzten Leistungsfähigkeit, das am machtvollsten von den Maschinen verkörpert wird. Dieser grundlegende Unterschied bedeutet, daß diese beiden Arten von Drogen, wenn überhaupt, dann aus unterschiedlichen Gründen verurteilt werden müssen.

Genau an dieser Verbindung der Drogen mit dem Leistungs- bzw. Produktivitätsethos ist die Anti-Drogen-Kampagne im Höchstleistungssport gescheitert, die in den letzten fünfundzwanzig Jahren betrieben wurde. Dieser Verbindung wegen sind die modernen Gesellschaften schlicht außerstande, die leistungssteigernden Stoffe unzweideutig und endgültig zu stigmatisieren. Man vergesse nicht, daß auch die Stigmatisierung der Genußmittel halbherzig ist: Haschisch and Kokain sind verboten, Alkohol dagegen nicht. In der Kategorie der leistungssteigernden Stoffe besitzt das anabole Steroid einen zusätzlichen Reiz insofern, als es ein Derivat des männlichen Sexualhormons Testosteron ist und daher nicht nur mit der physischen, sondern auch mit der sexuellen Potenz assoziiert wird. Der ambivalente Status der leistungssteigernden Drogen und die daraus folgende Weigerung der modernen Gesellschaften, sie mit wirklich stringenten Tabus zu belegen, macht den derzeitigen Anti-Drogen-Konsens inhärent brüchig. Unsere gesellschaftlich errichteten Verbote des Gebrauchs dieser Drogen kollidieren mit der Ur-Faszination, die von den Leistungen ausgeht, die mit ihnen möglich werden.

Mit diesem Essay sollen die Ursachen wie die Folgen der modernen Ambivalenz gegenüber dem untersucht werden, was wir das »Doping« nennen, unter besonderer Berücksichtigung des Testosteron und der anderen Steroide. Dazu müssen wir zuallererst anerkennen, daß die soziale Verdrängung dieser Ambivalenz praktisch zur Voraussetzung dafür geworden ist, daß bestimmte wichtige Sportarten, die für den Drogenmißbrauch anfällig sind, überhaupt weiter betrieben werden können. Ja, schon die Art, wie die Liste der Sportarten aufgestellt wird, die von Steroiden abhängig sind, pflegt einen Hinweis darauf zu geben, wie weit der Beobachter selber an der fortwährenden Vertuschung der Dopingpraktiken beteiligt ist. Die Konzentration auf Sportarten wie die Leichtathletik und das Gewichtheben, die Dopingtests durchführen und also Skandale produzieren, ist gründlich irreführend, weil sie zu dem Mythos beiträgt, die Steroidepidemie sei auf ein paar besonders anfällige Sportarten beschränkt und die verantwortlichen Funktionäre betrieben eine ernsthafte Anti-Doping-Kampagne. Diese Fiktion ist für die olympische Bewegung und für die anderen internationalen wie nationalen Sportverbände, denen am Erhalt des Images vom »sauberen« Sport gelegen ist, absolut unentbehrlich. Wie diese Fiktion genau aufrechterhalten wird, ist für den Sportsoziologen oder -historiker ein besonders wichtiges Problem.

Ein Problem ist dies auch für den Wissenssoziologen, denn klar ist, daß die öffentliche Information über das Doping in den jeweiligen Sportarten von den Sportfunktionären sowie von eben jenen Journalisten gehandhabt bzw. »gemanagt« wird, die eigentlich darüber berichten sollten, wie sich diese Bürokraten verhalten. Die Sportpresse hat dank ihrem Boulevardcharakter im allgemeinen nur für einen Skandal auf einmal Platz, also auch nur für einen Satz Schurken auf einmal, und diese strukturelle Verzerrung trägt dazu bei, den Gedanken, daß das Doping im Hochleistungssport in einem beim Publikum ungeahnten Grade systemisch ist, gar nicht erst aufkommen zu lassen. Hinzu kommt, daß die Sportpresse ein eigenes Interesse daran hat, die populärsten Sportarten, über die sie berichtet, zu schützen statt zu zerstören. Also wird über den Steroidgebrauch von Berufsfußballern in Deutschland und von College- wie Profi-*football*-Mannschaften in den Vereinigten Staaten wenig oder gar nicht berichtet. »Ich bin fest davon überzeugt«, sagte 1992 der Dopingexperte Dr. Manfred Donike, »daß in der Bundesliga gedopt wird«, und der Sportmediziner Klaus Steinbach, der einmal Mannschaftsarzt bei einem Verein von Profi-Fußballern war, pflichtete dieser Meinung bei.[2] Doch hat sich das Problem des Dopings in Fußball und *football* nie zum öffentlichen Skandal ausgewachsen, weil die Sportpresse dies nicht zugelassen hat. Nicht viel anders wurde auch die drogenträchtige Geschichte der Tour de France und anderer Veranstaltungen des europäischen Profi-Radsports erfolgreich von der Presse gemanagt, die zwar nicht die endlosen Skandale, wohl aber den Tatbestand verschwieg, daß es sich bei diesen Veranstaltungen ganz wörtlich um Wettkämpfe von Drogenabhängigen handelt.[3] Die Logik der Abhängigkeit ist das »offene Geheimnis« der Tour de France – ein paradoxer Ausdruck, der recht gut die Ambivalenz einer Zivilisation erfaßt, die nach solcher Unterhaltung verlangt, aber nicht bereit ist, ihre physiologischen Kosten zur Kenntnis zu nehmen. Ein »offenes Geheimnis« von ganz anderer Größenordnung ist allerdings, daß die Logik der Drogenabhängigkeit zur Logik bestimmter Hochleistungssportarten rund um die Welt geworden ist.

In der Welt des Hochleistungssports nimmt die Ambivalenz gegenüber dem Doping ganz unterschiedliche Formen an. Im sportmedizinischen Establishment, das mit der Überwachung der Gesundheit und der Behandlung von Athleten betraut ist, gibt es eine bedeutende Pro-Steroid-Lobby. Das politische Establishment verlangt, daß die Athleten Olympiamedaillen nach Hause bringen und außerdem beim Dopingtest negative Ergebnisse vorweisen. Straf-Dopingtests werden von nationalen und internationalen Sportbürokraten von zweifelhafter Integrität durchgeführt, deren oberste Priorität es ist, ihre bürokratischen Pfründe zu erhalten und den über alles wichtigen Geldstrom von Regierungsstellen, Industriesponsoren, Werbekunden und zahlenden Zuschauern nicht zum Versiegen zu bringen. Auf die Wirksamkeit der Testprogramme kommt es dabei weniger an als auf ihre Public-Relations-Funktion gegenüber den Geldgebern und der sportin-

---

2 »Stuttgarter Bargeplauder, das zum brisanten Vorstoß wird«, in: *Süddeutsche Zeitung*, 1. September 1992.
3 »Freunde quer durch alle Rennställe«, in: *Süddeutsche Zeitung*, 31. Dezember 1992/1. Januar 1993.

teressierten Öffentlichkeit, deren vermutete Anti-Doping-Einstellung selten wirklich in Erscheinung tritt. Tatsächlich ist die »Kampagne« gegen das Doping selber nicht von ihrer Public-Relations-Funktion zu trennen. Daher wäre es auch irreführend, zu behaupten, daß die oben erwähnten Interessenkonflikte den offiziellen Anti-Doping-Konsensus des IOC und der ihm angeschlossenen Sportverbände *unterminierten*. Im Gegenteil, richtiger müßte es heißen, daß diese Interessenkonflikte *grundlegende Elemente* dieses Konsensus sind. Der »Konsensus« selbst existiert in der Form der offiziellen Anti-Doping-Regeln und der zur Unterstützung der IOC-Politik unentbehrlichen journalistischen Verurteilungen des Dopings. Doch die beiden Stützen, auf denen dieser Konsensus beruht, sind – einschließlich der Sportpresse – für Interessenkonflikte anfällig. Nachdem bei dem spanischen Radrennfahrer Pedro Delgado während seiner Siegesfahrt bei der *Tour de France* von 1988 die Droge Probenezid nachgewiesen worden war, die Steroide maskiert, verkündete die französische Zeitung *L'Equipe* – einer der Sponsoren des Rennens –, er sei vom Verdacht des Drogenmißbrauchs »gereinigt«.[4] In Wirklichkeit verdankte Delgado seinen Sieg ein paar Formalien: Probenezid stand noch nicht auf dem Index, und das Vorhandensein von Steroiden konnte nur mittelbar aus dem Gebrauch des maskierenden Stoffes erschlossen werden. Die gleiche Tonart wurde auch in einem Artikel der amerikanischen Zeitschrift *Sports Illustrated* angeschlagen – eines Sponsors der Olympischen Winterspiele von 1994 –, die schon lange vor den Spielen begeistert über das Olympische Organisationskomitee von Lillehammer berichtete.[5] Mit Ausnahme des deutschen Nachrichtenmagazins Der Spiegel und der Süddeutschen Zeitung hat sich die Weltpresse an einer offensiven Berichterstattung über Dopingpraktiken bisher wenig interessiert gezeigt.

Die jeweiligen Interessenkonflikte, die das systemische Doping möglich machen, hätten eine genauere Analyse verdient, als sie hier möglich ist. Doch selbst eine synoptische Darstellung der Soziologie des Dopings, in der nur die Motive und die Tricks der verschiedenen Interessengruppen genannt würden, würde bereits

---

4 Ebd.
5 William Oscar Johnson, »The LOOC of Success«, in: Sports Illustrated, 29. März 1993. Auch an einer Untersuchung des Steroidgebrauchs in der *National Football League* war *Sports Illustrated* bemerkenswert wenig interessiert.

ein unentbehrliches Korrektiv für den weitverbreiteten Eindruck darstellen, Doping sei im wesentlichen ein medizinisches oder pharmakologisches Problem. Mit einer knappen soziologischen Charakterisierung möchten wir das Doping als eine kulturelle Praxis bestimmen, die zu einem größeren, über den Bereich des Sports weit hinausgehenden Komplex von Drogenabhängigkeiten gehört.

Einer der auffälligsten, aber öffentlich kaum beachteten Aspekte des Dopingproblems ist, daß viele Ärzte den Sportlern Steroide zu nicht-therapeutischen Zwecken verschreiben – nämlich zur Steigerung der sportlichen Leistungsfähigkeit.[6] 1988 sagte der prominente Schweizer Sportmediziner Hans Howald in einem Interview, die eingefleischtesten Gegner von Dopingkontrollen seien eigentlich die Sportmediziner. (Howald wurde in der Folge vom Schweizer Leichtathletikverband und dem Schweizer Nationalen Olympischen Komitee gezwungen, von seinem Amt des Direktors des Schweizer Zentrums für Sportforschung zurückzutreten.)[7] 1989 stellte der deutsche Doping-Experte Manfred Donike fest, außer den Trainern und den Sportfunktionären widersetzten sich auch die Ärzte der rigorosen Durchführung von Dopingtests bei Hochleistungssportlern.[8]

Weil es scheinen könnte, als sei diese von den Ärzten freiwillig übernommene Rolle bei dem, was die Gesellschaft als Steroidmißbrauch bezeichnet, ein Verstoß gegen den Hippokratischen Eid, ist es wichtig zu versuchen, die Motive zu verstehen, die hinter diesen offiziell illegalen und unzulässigen Handlungen stehen. Kompliziert wird diese Aufgabe dadurch, daß öffentliche Stellungnahmen von Ärzten, die den Steroidgebrauch befürworten, nicht eben üblich sind, und sei es auch nur, weil dabei ihr Ruf und ihre Approbation auf dem Spiel stehen. Dennoch ist es möglich, bestimmte Ansichten oder Überzeugungen zu benennen oder zu erschließen, die es manchen Medizinern erlauben, den Steroidgebrauch mit ihrer Vorstellung von der sportmedizinischen Praxis zu

---

6 »Viele Ärzte sind durch die unangemessene Verschreibung von Steroiden aktiv am Steroidmißbrauch beteiligt.« Siehe Jonathan P. Jarow, MD, und Larry I. Lipschultz, MD, »Anabolic steroid-induced hypogonadotropic hypogonadism«, in: *American Journal of Sports Medicine* 18 (1990), S. 429.

7 Urs Paul Engeler, »Magglingen oder Der heile Körper am Ende der Welt«, in: *Die Weltwoche*, 29. Juni 1989, S. 33.

8 »DSB-Dopingtests schmalbrüstig«, in: *Süddeutsche Zeitung*, 29. November 1989.

vereinbaren. Meiner Meinung nach gibt es zwei Arten von Motiven, und sie entsprechen der Doppelrolle solcher Ärzte als Dealer und als Bewunderer, die sich mit den Ambitionen ihrer Patienten identifizieren. Für die Gesellschaft allgemein jedoch und für jene Instanzen, in deren Macht die Erteilung oder der Entzug von Approbationen gestellt ist, ist nur die Rolle des Heilenden akzeptabel. Die Rolle des Arztes als eines engagierten und ehrgeizigen Mitwirkenden bei diesem Sturm des Athleten auf die menschlichen Grenzen darf, weil sie offiziell verboten ist, nicht zur Kenntnis genommen werden. Kein Wunder also, daß sich die nicht eben häufigen Stellungnahmen von Ärzten, die den Steroidgebrauch befürworten, auf seine therapeutische Funktion konzentrieren und sich zum Gebrauch von Steroiden zur Leistungssteigerung ausschweigen.

Der Arzt kann für den »therapeutischen« Einsatz von Steroiden zur Beschleunigung der Genesung nach Verletzungen plädieren, wie es im Falle des Schweizer Kugelstoßers Werner Günthör geschah, oder zur humanen Behandlung nach brutalen Trainingsphasen. Als Begründung dafür, daß die Regeneration nach dem Training unterstützt werden muß, wird im allgemeinen die »Substitution« angeführt und damit impliziert, der Körper des Athleten werde lediglich in seinen normalen Zustand zurückversetzt. So behauptete Werner Günthörs Arzt, Dr. Bernhard Segesser, er habe Steroide zur beschleunigten Regenerierung nach einer »längeren Überbeanspruchung im Training« verschrieben.[9] Nicht viel anders äußerte sich 1989 der prominente – und umstrittene – (west)deutsche Sportarzt Heinz Liesen, der sagte, er habe Marathonläufern Steroide verschrieben, damit sie sich schneller von den Belastungen dieser kräftezehrenden Ausdauerrennen erholten, und auch sein ebenso bekannter Kollege Dr. Armin Klümper verteidigte den Gebrauch von Steroiden bei Vorliegen einer – aus seiner Sicht – medizinisch vertretbaren Indikationsstellung.[10] Das gleiche Argument war oft von den früheren (ost)deutschen Dopingforschern zu hören, die sich nach dem Ende der DDR plötzlich genötigt sahen, ihre hormonelle Manipulation von Hunderten

---

9 Brigitte Berendonk, *Doping-Dokumente: Von der Forschung zum Betrug*, Berlin 1991, S. 7. Diese Episode ist auch gemeint in »Früher herrschte dunkle Doping-Zeit – auch bei Günthör«, in: *Die Weltwoche*, 6. August 1992.
10 »Frontmann, Guru, Zielscheibe: Klümper öffnet die Tür«, in: *Süddeutsche Zeitung*, 19. Juli 1988; »Stuttgarter Bargeplauder«, a. a. O.

von Hochleistungssportlern zu erklären. Professor Hermann Buhl, der frühere Leiter des Sportforschungsinstituts FKS in Leipzig, beschuldigte sogar die (west)deutschen Sportmediziner, sie hätten den Begriff »Substitution« erfunden, um ihren eigenen Steroidgebrauch zu rationalisieren. Dieser Behauptung hielt Brigitte Berendonk entgegen, Buhl scheine an »postrevolutionärer Amnesie« zu leiden, sei doch in den ostdeutschen sportmedizinischen Dokumenten bereits 1981 von »hormoneller Substitution« die Rede.[11] Als eine von mehreren therapeutischen Strategien, die euphemistisch als »unterstützende Mittel« bezeichnet wurden – eine Bezeichnung, die auch für Nahrungsstoffe, Vitamingaben und Getränke zur Behebung von Erschöpfungszuständen gilt –, spielte diese angebliche Regenerierungsbehandlung eine zentrale Rolle.[12] Nach dem Zusammenbruch des ostdeutschen Staates lieferte der frühere Leiter des Sportmedizinischen Dienstes (SMD), Dr. Manfred Höppner, eine wohlklingende Verteidigung der »pharmakologisch erlaubten Dosierung« von Steroiden zur raschen Erholung nach den Belastungen langer Trainingsphasen und fügte (wie Liesen und Klümper) hinzu, die medizinische Überwachung des Steroidgebrauchs sei einer Selbstbehandlung der Athleten bei weitem vorzuziehen.[13] Der Schweizer Journalist Peter Hartmann schrieb von einer internationalen Verschwörung des Schweigens bei den Sportmedizinern, die überzeugt seien, daß viele hochrangige Leichtathleten, Gewichtheber und Radrennfahrer die physiologischen Belastungen ihrer Wettkämpfe ohne Steroide einfach nicht überstehen würden.[14]

Diese Befürworter behaupten, daß die Verschreibung von Steroiden für Athleten mit dem traditionellen Interesse der Medizin an der Heilung oder Verhütung von Schäden zu vereinbaren sei. Doch hinter all dem Gerede über die »therapeutischen« Anwendungen und die »Regenerierung« der ausgelaugten Körper steht immer auch das Interesse an der Steigerung der Leistung, und in dieser Hinsicht werden die geteilten Loyalitäten des Sportmediziners für alle deutlich sichtbar. Ist es seine Pflicht, dem Menschen

11 Berendonk, *Doping-Dokumente*, a. a. O., S. 287.
12 »Umfangreiche Sachen, die nicht korrekt waren«, in: *Süddeutsche Zeitung*, 9./10. November 1991.
13 »Bonn fordert schnelle Untersuchung«, in: *Süddeutsche Zeitung*, 30. November 1990.
14 Peter Hartmann, »Wie schwanger ist Herr Günthör?«, in: *Die Weltwoche*, 10. Mai 1991.

zu dienen, abgesehen von dessen sportlichen Ambitionen, oder steht er im Dienste des Athleten, der von den Leistungen, für die er lebt, nicht zu trennen ist? Die Antwort ist, daß sich ehrgeizige Sportmediziner in Ost und West in erster Linie auf das athletische Potential des Patienten konzentrieren und dazu neigen, auf alles, was der Leistungssteigerung im Wege steht, unwirsch zu reagieren. Genau diese Art Gereiztheit kam auch bei Heinz Liesen 1985 in einem Interview zum Thema Steroide zum Ausdruck: »Warum wird bei uns soviel Theater gemacht? Wenn ein Körper nicht durch die entsprechende Produktion von Hormonen regenerieren kann, dann wäre es eigentlich angebracht, ihm zu helfen, genauso, wie ich ihm durch Vitamin C, B1 und B2 helfe, oder durch Immunstimulation, damit er nicht krank wird, sondern schnell wieder belastbar.«[15] Fünf Jahre später taucht der Gedanke der medizinisch vertretbaren hormonellen Substitution in weniger verklausulierter Form auf einer nach dem Mauerfall in Leipzig abgehaltenen Konferenz zur »hormonellen Regulierung« erneut auf. In ihrem Beitrag zu einer »medizinisch-biowissenschaftlichen« Sicht des Hochleistungssports versichern zwei ostdeutsche Wissenschaftler ihren Zuhörern, darunter so namhaften westdeutschen Gästen wie Manfred Donike und Horst de Marées, daß ihre Steroidforschung für das Honnecker-Regime sowohl ethisch vertretbar als auch produktiv gewesen sei: »Ihre Wirkung auf die verschiedenen Funktionssysteme in Abhängigkeit von der Trainingsgestaltung wurde von uns im Rahmen der Bearbeitung von Problemen der hormonellen Regulation umfassend untersucht. Die Ergebnisse haben zu dem Schluß geführt, daß es medizinisch vertretbare Indikationsstellungen im Hochleistungstraining gibt, bei denen der Einsatz wissenschaftlich begründet werden könnte und bei entsprechender Dosierung ohne Nebenwirkungen möglich ist.«[16] Doch wissen wir heute, daß bereits in den siebziger Jahren ostdeutsche Athleten mit steroidinduzierten Leberschäden in die Berliner Charité kamen.[17]

Die Ambivalenz gegenüber dem Steroidgebrauch reicht bis in

---

15 »Zuviel Theater um Anabolika«, in: *Süddeutsche Zeitung*, 23. Januar 1985.
16 R. Häcker und A. Lehnert, »Sportliche Höchstleistung aus medizinisch-biowissenschaftlicher Sicht«, in: R. Häcker und H. de Marées (Hg.), *Hormonelle Regulation und psychophysische Belastung im Leistungssport*, Köln 1991, S. 17-18.
17 »Interview der Woche: Else Ackermann (59), CDU-Abgeordnete und Pharmakologin«, in: *Süddeutsche Zeitung*, 30./31. Januar 1993.

das politische Establishment jedes beliebigen Landes hinein, das die Verantwortung für die Ausbildung von Hochleistungssportlern übernimmt. Ganz skrupellose Politiker haben natürlich keine Ambivalenzprobleme. Im früheren Ostdeutschland war die massenhafte Verabreichung von Steroiden an Sportler (einschließlich Kinder) eine offizielle (wenn auch geheimgehaltene) Politik. Und heute wird allgemein angenommen, daß die kommunistische Diktatur in China eine ungehemmte Kampagne einschließlich Doping betreibt, um sich Höchstleistungssportler als nationale Prestigesymbole heranzuziehen. Die staatliche Finanzierung von Programmen zur Förderung des Hochleistungssports in Deutschland und in Kanada schafft einen ähnlichen, wenn auch schwächeren, Druck zur Produktion von Medaillengewinnern, die »clean« aus den Drogentests hervorgehen. Mit einem Wort, der Sportnationalismus hat die Hochleistungssportmedizin in eine angewandte Wissenschaft verwandelt, die auch in demokratisch regierten Ländern oft für den politischen Druck anfällig ist, und dies kann zu einer ambivalenten Politik führen. Zum Beispiel gab Wolfgang Schäuble – der als Bundestagsmitglied den Gebrauch von Steroiden 1977 tatsächlich befürwortete[18] – während seiner Amtszeit als Innenminister eine Reihe von Stellungnahmen ab, aus denen deutlich eine gespaltene Haltung zum Thema Doping sprach. So betonte er einerseits: »Die Grenzen menschlicher Leistungsfähigkeit müssen geachtet und dürfen nicht angetastet werden«; und verteidigte andererseits die Einnahme bestimmter Medikamente durch Sportler »zur Wiederherstellung ihrer Gesundheit« und forderte »eine neue Definition des Dopingbegriffs«[19], die die Liste der zulässigen Stoffe vermutlich erweitern würde. Eine solche Ambivalenz ist nicht unbedingt ein Zeichen von Zynismus oder doppeltem Spiel, sondern eher ein Eingeständnis des grundsätzlichen Dilemmas des Hochleistungssports, bei dem die traditionellen, in der medizinischen Ethik und im sportlichen Ehrenkodex verankerten Grundsätze der Selbstbeschränkung mit dem erbarmungslosen Druck des Leistungsprinzips und seines Produktivitätskults kollidieren.

Dieser Kampf zwischen dem Kult der Leistung und den traditionellen Restriktionen im Sport ist nur ein Teil eines viel umfang-

---

18 Berendonk, *Doping-Dokumente*, a. a. O., S. 21.
19 »Minister Schäuble warnt vor einer ›Doping-Hysterie‹«, in: *Frankfurter Allgemeine Zeitung*, 21. Oktober 1989.

reicheren kulturellen Prozesses der tendenziellen Legitimierung von pharmakologischen Lösungen für menschliche Probleme. Die Brüchigkeit des heute noch bestehenden Anti-Doping-Konsensus ist somit eine direkte Folge der Vorstellung, daß die Menschen ein Grundrecht darauf haben, ihre Lebensqualität durch die Einnahme von Drogen, die ihnen nicht schaden, zu verbessern. Dieser moderne Glaube an eine inhärente pharmakologische Dimension des menschlichen Lebens schließt den Gedanken ein, daß die Menschen ein absolutes Recht dazu haben, ein breites Spektrum von Leistungen, zu denen vor allem auch die sexuellen Funktionen gehören, auf mannigfache Weise zu steigern. Ein Verständnis des umfassenderen kulturellen Kontextes des Dopings hilft uns also zu verstehen, warum die offiziell aufrechterhaltenen Verbote, die das Doping eigentlich verhindern sollen, dies nicht können: Tatsächlich nämlich werden sie von dem allgemeineren kulturellen Gebot überrollt, das rundum zur Leistungssteigerung anstachelt, vom Bruttosozialprodukt bis zum »Weltniveau« auf jedem nur denkbaren Gebiet. Das Leistungsprinzip schluckt die anderen Normen, indem es deren Zwecke seinen eigenen unterordnet. Was wir »Therapie« nennen, ist ein wichtiges Beispiel für eine kulturelle Praxis (und ein kulturelles Ethos), die vom charismatischen Leistungsideal aufgesogen und untergraben werden kann.

Die traditionelle medizinische Pharmakologie im Westen stellt den Gebrauch von Drogen in einen »therapeutischen« Zusammenhang, der die Legitimität solcher Eingriffe selbstverständlich erscheinen läßt. Mehr noch, diese Drogentherapien haben einen Anwendungsbereich von eindrucksvoller Breite, der über die Behandlung von organischen Erkrankungen weit hinausreicht und auch verschiedene »normale« menschliche Funktionen wie etwa die Arbeitsleistung oder auch nur die Bewältigung der gewöhnlichen Anforderungen des Lebens umfaßt. Dieser dehnbare Therapiebegriff hat ohne weiteres Platz für die physiologischen Bedingungen und psychologischen Belastungen von Hochleistungssportlern, und der daraus resultierende gleitende Übergang von der Alltagsbelastung zur extremen sportlichen Anstrengung macht eine apriorische Verurteilung des Dopings äußerst schwierig. Die Typologie der Streß-Erfahrungen, mit der wir arbeiten, unterscheidet einfach nicht auf einer genügend niedrigen Ebene zwischen dem Alltagsstreß und dem Sportstreß. Das moderne englische (und inzwischen internationalisierte) Wort »stress« homogenisiert ganze Erfahrungsbereiche und impliziert gleichzeitig das Bedürfnis nach der »Therapie« zur Wiederherstellung des ursprünglichen, gesunden Zustandes des Organismus. So leistet der Begriff Streß seinen eigenen Beitrag zur Pharmakologisierung des menschlichen Lebens und macht es damit schwieriger, an der Vorstellung festzuhalten, daß jeder funktionale Gebrauch von Drogen als illegitim betrachtet werden kann – oder eben als »Doping«.

Es geht uns in diesem Essay in erster Linie um die wichtigen Ambivalenzen, die dem Phänomen des Dopings in der westlichen Welt anhaften. Zugleich sollten wir uns dessen bewußt sein, daß das Dopingproblem eine kulturübergreifende Dimension mit eigenen Ambivalenzen hat, die deutlich machen, wie problematisch das Dopingkonzept sein kann. Kann zum Beispiel der Gebrauch von Stoffen, die durch die Traditionen einer nicht-westlichen Gesellschaft sanktioniert sind, als Doping bezeichnet werden? 1992 behauptete der chinesische Doping-Experte Prof. Yang Tianie, viele Sportler und Trainer seines Landes nähmen traditionelle chinesische Medikamente ein, deren genaue Zusammensetzung unbekannt sei; er sagte voraus, daß es an der unkontrollierten Einnahme solcher Medikamente liegen könnte, falls manche Athleten die Drogentests nicht bestehen.[20] Die erstaunlichen Weltrekorde, die von den chinesischen Läuferinnen im August und September 1993 aufgestellt wurden, hatten nach Aussagen ihres Trainers etwas mit dem zu tun, was *The New York Times* »einen teuren Saft« nannte, »der aus einer seltenen Wurmart gewonnen wird, die man auf Chinas westlichen Hochebenen findet«. Tatsächlich argumentierte der Trainer Ma Junren, dieser Kräutertrank sei ein integraler Bestandteil der chinesischen Kultur: »Er ist durch und durch natürlich, und die Chinesen trinken ihn seit Hunderten von Jahren.«[21] Das Kaliber der Leistungen seiner Athleten löste eine weltweite Kontroverse über ihre möglichen Verstöße gegen das Doping-Verbot aus.[22] Ähnlich behaupteten auch die Funktionäre des Doping-Kontrollzentrums in Seoul im Juli 1992, daß für vier der für Barcelona nominierten Sportler der Test

20 »Doping in Barcelona – schlecht für Peking 2000«, in: *Süddeutsche Zeitung*, 23. Januar 1992.
21 »›Ma's Army‹ Runs on Worm Elixirs and Turtle Soup«, in: *New York Times*, 12. September 1993.
22 Siehe auch »Scientists defend success of Chinese sportsmen«, in: *The Times* (London), 6. September 1993; »Wang pulverisierte Ingrids V-rekord«, in: *Aftenposten* (Oslo), 9. September 1993.

für verbotene Substanzen positiv ausgefallen sei, nachdem sie »Kae Soju« gegessen hatten, eine Mischung von Kräutermedizin und hormonell angereichertem Hundefleisch, das viele südkoreanische Sportler als Aufbaunahrung nehmen.[23] Auch hier wieder sehen wir, wie die Leistungssteigerung einer bestehenden kulturellen Praxis inhärent sein kann und wie schwierig es damit wird, jedwede Leistungssteigerung als eine illegitime Strategie außerhalb des kulturellen Mainstreams zu bezeichnen.

Der moderne Leistungssteigerungswahn spiegelt sich in dem breiten Spektrum der Stoffe und Techniken wider, die im Namen der Verbesserung des menschlichen Organismus und seiner Fähigkeiten in Anspruch genommen werden. Zwar reicht die Qualität dieser Methoden von der soliden Wissenschaftlichkeit bis zur schieren Quacksalberei, doch der wesentliche Punkt ist, daß sie alle von der universellen Annahme profitieren, daß fast jeder Ansatz zur Erweiterung der menschlichen Fähigkeiten einen Versuch wert ist. Kommerzielle »brain gyms« arbeiten mit streß-mindernden Apparaturen wie *floatation tanks*, Bio-Feedback-Maschinen und Somatronen (»Geräte, die die Schwingungen von Musik verstärken und wie eine Massage über den Körper verteilen«), um zu versuchen, die Hirnströme zu beeinflussen und dadurch die Intelligenz zu erhöhen, das Gedächtnis zu verbessern, das Immunsystem zu stärken und Phobien zu bekämpfen.[24] Sogenannte »smart drugs«, deren Wirksamkeit sich noch in keinem Falle wissenschaftlich hat nachweisen lassen, werden verkauft, um eine »höhere kognitive Leistungsfähigkeit« zu erzielen.[25] Orchestermusiker greifen zu Beta-Blockern wie auch zu kognitiven und anderen Verhaltenstherapien, weil sie »das Lampenfieber wirksam reduzieren und die Leistung verbessern«.[26] Berichte über Versuche zur

---

23 »Kurz & olympisch«, in: *Süddeutsche Zeitung*, 14. Juli 1992.
24 »Riding the Waves«, in: *Time*, 8. Juni 1992.
25 »Ultra Think Fast«, in: *Time*, 8. Juni 1992.
26 Mary L. Wolfe, »Correlates of Adaptive and Maladaptive Musical Performance Anxiety«, in: *Medical Problems of Performing Artists* (März 1989), S. 50. »Ein gewisser Grad von Streß und Spannung ist für die gute musikalische Leistung notwendig. Interventionen bei Musikern sollten im Idealfalle die Konzentration, Intensität und Erregung erhalten, die Gefühle der Unzulänglichkeit und die Angst vor der Katastrophe jedoch verringern. Bayer hat die Ansicht vertreten, daß die bei *Berufssportlern* angewendeten Imaginations- und Meditationstechniken, welche die Entspannung fördern und doch Konzentration und Intensität erlauben, für die Anwendung bei Musikern angepaßt werden könnten [Hervorhebung von J. Hobermann]« (S. 55).

Verbesserung der Muskelreflexe von Sportlern liegen vor, doch ist ihr Erfolg wissenschaftlich nicht erwiesen. So stellte der britische Leichtathletiktrainer Frank Dick im Jahre 1988 fest: »Wir haben die Grenze des Wissens über Trainingsmethoden noch längst nicht erreicht. Wladimir Kusnezow, der 1986 verstorbenen Leiter eines Moskauer Forschungsinstituts, beschäftigte sich damit, die Muskelreflexe so zu trainieren, daß sie noch schneller reagieren. Das heißt, daß der Mensch noch schneller laufen könnte.«[27] Im Januar 1993 versuchte eine chinesische Zeitung, die von allen Seiten erhobenen Vorwürfe, die chinesischen Schwimmerinnen seien mit Steroiden gedopt, mit der Behauptung zu entkräften, ihre Weltklasseleistungen seien durch eine »multifunktionale Muskelaufbaumaschine« möglich geworden, die elektronisch gesteuerte Stromstöße durch die Muskelpartien schicke.[28] Festzuhalten ist, daß beide Anekdoten im wesentlichen auf Gerüchten beruhen und daß beide Quellen keinerlei Gedanken daran verwenden, ob nicht der Leistungssteigerung Grenzen gesetzt werden sollten. Die chinesische Behauptung ist insofern besonders interessant – und vielleicht naiv –, als der Anschuldigung einer unerlaubten Leistungssteigerung der einen Art mit der ernsthaften Versicherung entgegengetreten wird, die Erfolge der chinesischen Sportlerinnen seien auf Anwendung eines ebenso künstlichen Verfahrens anderer Art zur Erzeugung von Spitzensportlern zurückzuführen. Besser könnten wohl nur wenige Anekdoten die grundsätzliche Verwirrung des modernen Ehrgeizes der Leistungssteigerung veranschaulichen.

Doping geht Hand in Hand mit einer Intensivierung des Leistungsprinzips bei bestimmten Aktivitäten, bei denen sich die Wettbewerbsbedingungen verschärfen lassen. Ein Beispiel für diese Entwicklung erleben wir gerade im »Sport« des Bergsteigens, wo die Bergsteiger versuchen, immer spektakulärere Besteigungen in »Rekordzeit« zu schaffen. Weil die Sauerstoffflasche aus der Mode gekommen ist, nehmen die Bergsteiger jetzt kortisonähnliche Medikamente wie Dexamethason und Prednison ein, um die Symptome der Höhenkrankheit zu bekämpfen. Dies sei, argumentiert ein deutscher Professor für Sportmedizin und Befürworter des Drogengebrauchs, kein »Doping«, sondern vielmehr eine

---

27 »Die Deutschen haben aufgehört zu glauben«, in: *Der Spiegel*, 15. August 1988, S. 142.
28 »Wunderkasten statt Doping«, in: *Süddeutsche Zeitung*, 21. Januar 1993.

»Notfallbehandlung« für den Bergsteiger, der eigentlich sofort absteigen müßte. Selbst er jedoch räumt ein, daß die neue Dynamik dieses Sports dazu führen kann, den Gebrauch dieser Drogen außer Kontrolle geraten zu lassen.[29]

Jedes Doping geht von der Prämisse aus, daß der menschliche Organismus ein komplexer, durch bestimmte Techniken manipulierbarer Mechanismus sei. Eine weitere hiermit zusammenhängende Prämisse besagt, daß ein breites Spektrum von menschlichen Verhaltensweisen oder Erfahrungen über den traditionellen Bereich der »Fähigkeiten« wie Intelligenz oder körperlicher Fertigkeiten hinaus als etwas »therapeutisch« Beeinflußbares bzw. als eine »Leistung« angesehen werden könne, die sich steuern oder verbessern läßt. Ein Beispiel für diesen Trend ist die »Aromatherapie« – »eine Art Volksmedizin, die Düfte benutzt, um die Stimmung oder die körperliche Befindlichkeit zu verändern«, und nebenbei ein regelrechter Geschäftszweig geworden ist. Der Geruchssinn wird als etwas angesehen, das auf einer ganz fundamentalen Ebene einen Zugang zur Entstehung der Gefühle und damit des Verhaltens bietet. »Der Geruch«, sagt ein Forscher, »ist unser intimster, individualistischster Sinn. Er ist primitiv, ungebildet und daher anfällig.«[30] Während diese Anfälligkeit des Menschen für die Düfte von den »Duftingenieuren« ausgebeutet wird, die versuchen, Kunden zum Kauf bestimmter Produkte anzuregen, ist ihre humanere Anwendung die »therapeutische« Stimmungsveränderung. Da jedoch die Idee der Therapie von der Idee der Leistungssteigerung praktisch nicht mehr zu trennen ist, ist es nicht verwunderlich, daß eine Abhandlung zur Aromatherapie sich des gleichen Begriffsvokabulars bedient, das wir mit dem Doping assoziieren: »gezielte Verhaltenssteuerung«, unbewußte psychische Wirkungen und das »Herausholen« von »mehr Leistung« aus den Menschen, darunter Schüler, mit denen Versuche zum Einfluß von Düften in ihren Klassenzimmern angestellt wurden.[31]

Die moderne Neigung, Gelegenheiten zum Doping wahrzu-

---

29 Walter Aeschimann, »Reich mir die Pille gegen den Gipfelrausch«, in: *Die Weltwoche*, 8. Oktober 1992, S. 63.
30 »Taming the Frontier of the Senses: Using Aroma to Manipulate Moods«, in: *New York Times*, 27. November 1991; s. auch »Fragrance Engineers Say They Can Bottle The Smell of Success«, in: *New York Times*, 26. Oktober 1992.
31 »Direkt ins Hirn«, in: *Der Spiegel*, 2. November 1992, S. 142-145.

nehmen, hat zu einem unbegrenzten Interesse an mutmaßlich leistungssteigernden Stoffen geführt. Die wichtigsten Drogen dieser Art sind das Testosteron und die vielen mit ihm verwandten anabolen-androgenen Steroide. Diese Verbindungen nehmen eine Sonderstellung ein, und zwar insbesondere aus dem Grunde, daß es massenhaft anekdotische Beweise dafür gibt, daß sie tatsächlich wirken. Daß in bestimmten Bereichen der Leichtathletik – etwa beim Werfen und bei vielen Wettkämpfen für Frauen – in den letzten fünf Jahren praktisch keine neuen Rekordleistungen mehr zu verzeichnen waren, legt die Vermutung nahe, daß die im Gefolge des Ben Johnson-Skandals von 1988 verschärften Dopingkontrollen das Niveau bestimmter Leistungen unter die höheren, steroid-bedingten Normen gedrückt haben. Die beliebtesten Nicht-Steroid-Drogen haben den Ruf ihrer starken Wirksamkeit bezeichnenderweise aufgrund von unkontrollierten Gerüchten und zweideutigen Forschungsergebnissen erhalten.

Ein Beispiel für eine solche Droge ist die Aminosäure L-Carniten, die auf einer von der amerikanischen *Food and Drug Administration* herausgegebenen Liste der »Steroidalternativen« steht.[32] Wie alle wichtigeren Dopingsubstanzen – Steroide, menschliche Wachstumshormone, Erythropoeitin – hat das Carniten einen an sich ambivalenten Status insofern, als es sowohl über legitime medizinische Anwendungen als auch über einen potentiellen Wert als leistungssteigernde Droge für Sportler verfügt (oder verfügen könnte). (Die Tatsache, daß es sich hier tatsächlich um »doppelt« anwendbare Drogen handelt, macht es schwer, den Standpunkt aufrechtzuerhalten, sie sollten im Sport aufgrund ihrer medizinischen Risiken verboten werden.) Die pharmakologische Mystik des Carnitens kommt daher, daß es beim Zellstoffwechsel Energie freisetzt. Obwohl Schweizer Forscher herausgefunden haben, daß zusätzliche Carnitengaben die aerobe Schwelle (VO2 max) heraufsetzen können, sind die wissenschaftlichen Beweise für eine Wirkung des Carnitens auf den Muskelstoffwechsel immer noch nicht schlüssig. Nichtsdestotrotz haben viele Athleten nach gewohnter Manier angenommen, zusätzliche Carnitengaben erhöhten die Belastbarkeit der Muskeln, und so gibt es in den Vereinigten Staaten, Frankreich, Italien und anderen Ländern einen florierenden Markt für Carnitenprodukte. In der Schweiz werden Carnitenta-

---

32 Dr. Jean L. Fourcroy von der FDA verdanke ich ein Exemplar dieser Liste der »alternativen Dopingmethoden«.

bletten als »Aufbaunahrung für Athleten« verkauft. In Frankreich wird bei Sportlern und anderen, aufgrund ihres dynamischen Lebensstils ähnlich strukturierten »high-speed people« (»*vivre à 100 à l'heure*« – »*Leben mit 100 Sachen*«) eine Kombination von Carniten, Pollen und Gelée royale vertrieben. Diese Überkreuzwirkung, die den allgemeinen Markt mit dem Markt für Hochleistungssportler verbindet, ist ein wichtiges Merkmal des modernen Leistungskults, bieten doch die Werbeindustrien aller entwickelten Länder auch den normalen Menschen viele Gelegenheiten, am Hochleistungsethos teilzunehmen. Die »Normalisierung« des Carnitens wird außerdem von Forschern gefördert, die die Meinung vertreten, Carniten könnte eine wichtige Rolle in der geriatrischen Medizin spielen, indem es die geistigen und physischen Fähigkeiten erhalte und der Vorbeugung oder Behandlung der Alzheimerschen Krankheit diene.[33] Würde das Carniten zu einem Standardbestandteil der geriatrischen Medizin, wäre dies mit Sicherheit auch seiner Legitimierung als einer leistungssteigernden Droge für Athleten wie für die Allgemeinheit förderlich. Wir wollen nun einen Blick darauf werfen, wie dieser Prozeß bei der wichtigsten leistungssteigernden Droge der Welt – dem Testosteron – bereits voll im Gange ist.

Die Idee vom männlichen Sexualhormon als einer potentiellen Wunderdroge wurde vor hundert Jahren geboren. Obwohl das männliche Sexualhormon Testosteron nicht vor 1935 isoliert wurde, waren einfache Hodenextrakte (*liquide testiculaire*), deren Pionier der namhafte französische Physiologe Charles-Edouard Brown-Séquard war, bereits in den neunziger Jahren des 19. Jahrhunderts beiderseits des Atlantiks eine medizinische Mode. Zwar bestand die segensreiche Wirkung dieser Pseudotherapie vor allem in einer angeblichen Verjüngungskur für alternde Männer, doch wurde sie einer großen Zahl von Männern wie Frauen wegen der unterschiedlichsten Beschwerden verschrieben.[34] Dieser histori-

---

33 Charles Inwyler, »Ein Stoff aus Muskelfleisch geht um bei den Muskelprotzen«, in: *Die Weltwoche*, 6. Juni 1991, S. 29.

34 Siehe Merriley Borell, »Brown-Séquard's Organotherapy and its Appearance in America at the End of the Nineteenth Century«, in: *Bulletin of the History of Medicin* 50 (1976), S. 314. Ein österreichischer Wissenschaftler schätzte 1896, daß die Ärzte in diesem Jahr nicht weniger als 2000 »therapeutische Experimente« durchgeführt hatten, bei denen Hodenextrakte benutzt wurden. Siehe Oskar Zoth, »Zwei ergographische Versuchsreihen über die Wirkung orchitischen Extractes«, in: *Pflüger's Arkiv* 62 (1896), S. 337. Zu Brown-Séquards Forschung über

sche Rückblick unterstreicht die Tatsache, daß die Anwendung von Testosteron und seinen Steroid-Derivaten zur Steigerung der sportlichen Leistungsfähigkeit eine relativ junge »unzulässige« Anwendung eines Stoffes ist, der bereits vor der Jahrhundertwende vom medizinischen Establishment als Standardtherapie legitimiert worden war. Mehr noch, das »Verjüngungspotential« des männlichen Sexualhormons bzw. das, was Brown-Séquard seine »dynamogene« Wirkung auf den menschlichen Organismus nannte, wurde als therapeutisch völlig legitim angesehen. Bei der medizinischen Anwendung von Hormonprodukten kannte man – ungeachtet aller Skepsis hinsichtlich ihres therapeutischen Werts – keine Hemmungen. Im Laufe des letzten Jahrhunderts hat sich unsere Sicht der Hormonprodukte gewandelt, und die wichtigste Ursache für die traurige Berühmtheit, die sie erlangt haben, war die Dopingkrise im olympischen Sport, der einen »illegitimen« Kontext für einen möglichen »Mißbrauch« dieser Produkte abgab. Merkwürdigerweise ist denjenigen, die sich mit dem Dopingproblem herumgeschlagen haben, die »legitime« medizinische Karriere des künstlichen Testosterons, verglichen mit dem skandalösen Status des anabolen Steroids, so gut wie unbekannt geblieben. Ja, es ist interessant festzustellen, daß ein großer Teil der Debatte über die Anwendung des Testosterons und seiner Derivate, die sich jetzt auf den Sport bezieht, in der medizinischen Literatur bereits Anfang der vierziger Jahre im Zusammenhang mit den klinischen Versuchen mit Hormonprodukten auftaucht. Damit haben wir noch mehr Belege dafür, daß die plötzliche unrühmliche Bekanntheit des anabolen Steroids, die auf die sechziger und siebziger Jahre zurückgeht, zum Teil ein künstlich geschaffenes Phänomen war, das im Zusammenhang mit den damaligen klinischen Anwendungen dieser Drogen gesehen werden muß. Die Ambivalenz gegenüber den Steroiden erscheint inzwischen durchaus mit dem ambivalenten medizinischen Status vereinbar, den das Testosteron einnimmt, seit sich vor rund fünfzig Jahren ein Markt für Testosteronprodukte auftat.

Anfang der vierziger Jahre, oder ein halbes Jahrhundert nach dem von Brown-Séquard ausgelösten Boom der Hodenextrakte, wurden von der pharmazeutischen Industrie Methyltestosteron

Hodenextrakte und ihre Verwandtschaft mit dem anabolen Steroid s. John Hobermann, *Mortal Engines: The Science of Performance and the Dehumanization of Sport*, New York 1992, S. 72-76.

und Testosteronpropionat auf den Markt gebracht[35] und den Patienten aus verschiedenen Gründen als experimentelle Therapie verordnet: zur Behandlung der »männlichen Wechseljahre« (Erschöpfung, Melancholie und Impotenz) bei älteren Männern[36], zur Behandlung von Impotenz bei jüngeren Männern[37], zur Behandlung von Hypogonadismus[38], zur Libidoregeneration bei Frauen[39] und zur Rückgängigmachung von Homosexualität – eine besonders problematische Anwendung des Testosteron, wie man damals auch zugab.[40] Zwar taucht der Gedanke der Verabreichung von Testosteron zur Leistungssteigerung im Sport in der medizinischen Literatur nicht auf, doch daß das Testosteron eine Rolle für die körperliche Leistungsfähigkeit spielte, wurde dieser Generation von Wissenschaftlern allmählich klar. »Schon lange herrscht

[35] »Gegenwärtig jedoch, *bei der um sich greifenden Werbung, die die Pharmakonzerne in dieser und anderen Zeitschriften für Androgene zur Behandlung von Frauenkrankheiten betreiben*, können gewissenhafte und wissenschaftlich ausgewiesene Kliniker die Viktimisierung von Frauen nicht länger als natürliche ›Wachstumsschmerzen‹ einer neuen Disziplin abtun [Hervorhebung von Hobermann].« Siehe E.C. Hamblen, »Androgen Therapy in Women«, in: *Journal of Clinical Endocrinology* 2 (1942), S. 575.

[36] Siehe z.B. H.B. Thomas und R.T. Hill, »Testosterone Propionate and the Male Climacteric«, in: Endocrinology 26 (Januar-Juni 1940), S. 953-954; Stanley F. Goldman und Mark J. Markham, »Clinical Use of Testosterone in the Male Climacteric«, in: *Journal of Clinical Endocrinology* 2 (1942), S. 237-242; Allan T. Kenyon et al., »Metabolic Response of Aged Men to Testosterone Propionate«, in: Journal *of Clinical Endocrinology* 2 (1942), S. 690-695; Ernest Simonson, Walter M. Kearns und Norbert Enzer, »Effect of Methyl Testosterone Treatment on Muscular Performance and the Central Nervous System of Older Men«, in: *Journal of Clinical Endocrinology* 4 (1944), S. 528-534.

[37] C.D. Creevy und C.E. Rea, »The Treatment of Impotence by Male Sex Hormone«, in: *Endocrinology* 27 (Juli-Dezember 1940), S. 392-394.

[38] H.S. Rubinstein, »Combined Use of Testosterone Propionate and Psychotherapy in Treatment of Hypogonadal Behavior-Problem Boys«, in: *Journal of Clinical Endocrinology* 2 (1942), S. 519-526.

[39] Hamblen, »Androgen Therapy in Women«, a.a.O.; Robert B. Greenblatt, »Androgen Therapy in Women«, in: *Journal of Clinical Endocrinology* 2 (1942), S. 665-666; Udall J. Salmon und Samuel H. Geist, »Effect of Androgens upon Libido in Women«, in: *Journal of Clinical Endocrinology* 3 (1943), S. 235-238; R.B.G., »Hormone Factors in Libido«, in: *Journal of Clinical Endocrinology* 3 (1943), S. 305-306; Harold D. Palmer und Margaret de Ronde, »Reversible Testosterone-Induced Virilism«, in: *Journal of Clinical Endocrinology* 3 (1943), S. 428.

[40] S.J. Glass, H.J. Deuel und C.A. Wrigth, »Sex Hormone Studies in Male Homosexuality«, in: *Endocrinology* 26 (Januar-Juni 1940), S. 590-594; S.J. Glass und Roswell H. Johnson, »Limitations and Complications of Organotherapy in Male Homosexuality«, in: Journal *of Clinical Endocrinology* 4 (1944), S. 540-544.

die populäre Überzeugung, daß die männlichen Sexualhormone etwas mit Muskelkraft und Ausdauer zu tun haben«, schrieben 1942 drei amerikanische Forscher, und diese Überzeugung wurde inzwischen durch handfeste wissenschaftliche Beweise bestätigt. Damit war die Zeit gekommen, »der Frage nachzugehen, ob sich die Reaktionen auf große körperliche Anstrengung beim normalen Manne durch die Verabreichung von Androgen verändern ließen«. Zwar ergab dieses Experiment, daß selbst fünfzig Milligramm Methyltestosteron bei den Versuchspersonen zu keiner Zunahme der Körperkraft führten, doch waren die Autoren klug genug hinzuzufügen, es sei »nicht ausgeschlossen, daß bei extrem hohen Dosierungen oder bei körperlichen Anstrengungen, bei denen es mehr auf die Ausdauer ankommt, etwas andere Ergebnisse erzielt werden könnten«.[41] Fünfzig Jahre später gehört diese Vorahnung des Jahres 1942 zum Allgemeinwissen der Hochleistungssportler in aller Welt. Aber diese hellsichtige Vorwegnahme des Steroidgebrauchs durch die Hochleistungssportler ist nicht das einzige Vorzeichen kommender Dinge in der medizinischen Literatur jener Zeit. Potentiell bedeutsamer sind die frühen Einschätzungen des Testosterons als einer Massentherapie für »normale« Männer, alte wie junge.

Die Popularisierung des Testosterons als einer Wunderdroge zur Verjüngung von Millionen alternder Männer geht auf die Frühzeit seiner kommerziellen Entwicklung zurück. So sagte 1938 ein Wissenschaftler aus Yale auf einer Tagung der American Chemical Society, Testosteronpropionat »verjünge« alte Männer, indem es Depressionen aufhelle.[42] Die Veröffentlichung von Paul de Kruifs Buch *The Male Hormone* (1945) dürfte den Höhepunkt der Werbekampagne für Testosteron als Massentherapeutikum für alternde Männer gebildet haben. Zwei Jahre später verkündete

---

41 Leo T. Samuels, Austin F. Henschel und Ancel Keys, »Influence of Methyl Testosterone on Muscular Work and Creatine Metabolism in Normal Young Men«, in: *Journal of Clinical Endocrinology* 2 (1942), S. 649, 653.

42 »Minds Rejuvenated by Sex Hormone«, in: *Scientific American* (November 1938), S. 250. »Zur Gruppe gehörten, neben alten Männern, die eine Verjüngungskur machten, auch einige Männer, die an verschiedenen Arten von hormoneller Insuffizienz litten. Die Verbesserung war am größten, wo die Insuffizienz am größten gewesen war. Bei einigen Patienten trat eine rationale Aggressivität an die Stelle einer irrationalen Gereiztheit. Nervosität und emotionale Labilität nahmen ab. Muskeltonus, Energie und Durchhaltevermögen kehrten zurück. Emotional und sexuell waren die Patienten in einer besseren Verfassung.«

The Negro Digest: »Rund 10 000 000 Männer über 45 sind heute potentielle Testosteronanwender. Unzählige medizinische Fallgeschichten weisen den Weg zu längerer seelischer und körperlicher Schaffenskraft, zum Abschütteln der Lethargie und der Ängste, die so viele Männer mittleren Alters heimsuchen.«[43] Die ganzen vierziger Jahre hindurch warben die Pharmakonzerne in den Fachzeitschriften für testosteronhaltige Mittel. Und doch wurde das Testosteron aus noch immer ungeklärten Gründen keine Droge für den Massenmarkt.

Ein halbes Jahrhundert später gibt es neue Entwicklungen, die zur breiten Anwendung von Testosteron ermuntern. Zum einen haben wir uns an den Gedanken der Hormontherapie gewöhnt, auch wenn einige Anwendungen nach wie vor als umstritten gelten. In den letzten Jahren waren Kinder-Endokrinologen zunehmend dem Druck der Eltern von anormal kleinwüchsigen Kindern ausgesetzt, diese Kinder mit einem synthetischen menschlichen Wachstumshormon (HGH – human growth hormone) zu behandeln. Die Probleme, die sich aus der Verfügbarkeit solcher Mittel (deren Nutzen ungewiß bleibt) ergeben, bilden heute eines der Hauptthemen auf dem Gebiet der medizinischen Ethik. Doch ungeachtet dieser Ungewißheiten gibt es gute Gründe anzunehmen, daß die aktuellen Entwicklungen der Behandlung mit Wachstumshormonen, die das Größenwachstum und sogar das sportliche Potential beeinflussen sollen, der HGH-Therapie zu einer noch nie dagewesenen sozialen Legitimierung verhelfen werden: »Wenn die positiven Ergebnisse der Therapie mit Wachstumshormonen besser dokumentiert oder die physischen und ökonomischen Belastungen durch die Therapie niedriger oder die Daten, die die minimalen Risiken dieser Therapie belegen, eindeutiger wären, wären auch die Argumente gegen die Therapie entkräftet.« Ganz abgesehen von diesen eher technischen Kriterien ist es wichtig zu erkennen, daß kulturelle Normen die Macht haben, das, was wir für das fachliche Urteil des Klinikers halten, in Zweifel zu ziehen, zu verändern oder sogar in sein Gegenteil zu verkehren: »Eltern-

---

43 William Goode, »For men only: a new miracle drug«, in: *Negro Digest* (Januar 1947), S. 37-39. Das Interesse dieser Zeitschrift am Testosteron war teilweise darauf zurückzuführen, daß ein schwarzer Wissenschaftler eine wichtige Rolle bei seiner Produktion gespielt hatte: »Einer der heute führenden Wissenschaftler bei der Massenproduktion des männlichen Sexualhormons ist der schwarze Spitzenchemiker Dr. Percy L. Julian« (S. 39).

wünsche könnten kulturelle und ethnische Einstellungen oder sexuelle Stereotypen widerspiegeln, genau wie dies heute bei den Entscheidungen im Zusammenhang mit anderen kosmetischen Eingriffen der Fall ist.« Ein solcher Druck wird unvermeidlich ein politisches Vakuum schaffen, das von den aggressivsten Interessengruppen gefüllt wird. So werden es denn auch, da es, wie die Autoren hervorheben, an systematischen Versuchen zur Aufstellung therapeutischer Kriterien seitens der Kinderärzte fehlt, nicht-medizinische »Entscheidungsträger [sein], deren Entscheidungen politische, soziale oder Marktmächte widerspiegeln können«, die das Schicksal der Wachstumshormon-Therapie bestimmen.[44] (Genau dies war auch beim Anabolikagebrauch durch Athleten und Bodybuilder der Fall.) Die jüngste Entscheidung der *National Institutes of Health*, Kinder als Testpersonen für die Wirkung eines biosynthetischen Wachstumshormons zu gewinnen, ist ein weiteres Zeichen dafür, daß die sozialen Barrieren gegen Hormonbehandlungen wie nie zuvor unter Druck geraten sind. Nach Aussagen des NIH-Gremiums, das diesen klinischen Versuch befürwortete, »gibt es handfeste Belege dafür, daß extremer Kleinwuchs mit spezifischen Benachteiligungen einhergeht, unter anderem mit funktionellen Behinderungen und psychologischer Stigmatisierung«.[45] Diese Begründung macht deutlich, daß das Therapiekonzept selber ein kulturelles Konstrukt und daher inhärent anfällig für sozialen Druck ist. Ja, eine so offene Formulierung wie »funktionelle Behinderung und psychologische Stigmatisierung« erinnert uns daran, daß es von der Verschreibung von mehr Körpergröße zur Verschreibung von mehr sportlicher Leistungsfähigkeit zum Zwecke der Förderung des emotionalen Wohlbefindens eines Kindes nur ein kleiner Schritt ist.

Der Legitimitätszuwachs der hormonalen Manipulation ist weiterhin an dem jüngsten Vorschlag der Befürworter der »evolutionären Medizin« abzulesen, die exogene Hormontherapie zur Behebung eines angeblichen hormonellen Ungleichgewichts anzuwenden, das für eine Reihe von medizinischen Symptomen verantwortlich sei. Diese Theoretiker sind der Ansicht, daß sich

---

44 John Lantos, Mark Siegler und Leona Cutter, »Ethical Issues in Growth Hormone Therapy«, in: *Journal of the American Medical Association* 261 (17. Februar 1989), S. 1023-1024.
45 »Medical ethicists ask, Is shortness a disease?«, in: *Austin American-Statesman*, 2. Juli 1993.

das menschliche Genom im Laufe der letzten 10000 Jahre zwar kaum verändert habe, daß aber »unsere genetisch bedingte Physiologie und Biochemie jetzt mit erheblich anderen Umständen fertig werden müssen als die, für die sie sich durch evolutionäre Selektion herausgebildet haben. Das daraus resultierende Ungleichgewicht begünstigt Wohlstandsgebrechen, die von Herzkrankheiten und Bluthochdruck bis zu vielen unserer häufigsten Krebserkrankungen reichen.« Das unmittelbare Anwendungsgebiet solcher Hormontherapien wären die Krebserkrankungen der weiblichen Geschlechtsorgane, und die Aussicht auf Erfolg würde zweifellos auch die allgemeine Einstellung zu den Hormonbehandlungen beeinflussen: »Der evolutionäre Schluß, daß die heutige Sterblichkeitsrate bei frauenspezifischen Krebserkrankungen weit höher ist als die hypothetische oder ›natürliche‹ Basalrate, könnte das öffentliche und wissenschaftliche Interesse im Hinblick auf die weitere Entwicklung und die mögliche klinische Anwendung dieses Ansatzes beeinflussen.«[46]

Die Testosterontherapie für hypogonale Männer wird seit Anfang der vierziger Jahre praktiziert und ist heute eine Standardbehandlung für einen Zustand, der »inzwischen als eine bei älteren Männern häufiger auftretende Erscheinung anerkannt wird«.[47] Die daraus resultierende Nachfrage hat zu einem wachsenden Markt für Hormonpflaster geführt[48], ein Produkt, das in einem deutschen Boulevardblatt als die Verjüngungskur für den Mann in den Wechseljahren dargestellt wurde.[49] Aber auch hier wieder geht die Bedeutung der Hormontherapie weit über die Klinik hinaus und reicht bis in die Öffentlichkeit hinein, in der medizinische »Störungen« und »Krisen« entsprechend der sozialen (und kommerziellen) Nachfrage definiert werden. So gab es im Jahre 1992

46 »Ancestors May Provide Clinical Answers, Say ›Darwinian‹ Medical Evolutionists«, in: *Journal of the American Medical Association* 269 (24/31. März 1993), S. 1477.
47 John E. Morley et al., »Effects of Testosterone Replacement Therapy in Old Hypogonadal Males: A preliminary Study«, in: *Journal of the American Geriatrics Society* 41 (1993), S. 149.
48 S. z. B. Norman A. Mazer et al., »Enhanced transdermal delivery of testosterone: a new physiological approach for androgen replacement in hypogonadal men«, in: *Journal of Controlled Release* 19 (1992), S. 347-362. Der Autor möchte sich hiermit bei Normal A. Mazer, M. D., bedanken, der ihm diese und weitere einschlägige Veröffentlichungen zugänglich machte.
49 »Neu: das Pflaster, das den Mann jung erhält«, in: *Bild am Sonntag*, 4. Oktober 1992, S. 68.

bei den *National Institutes of Health* eine Ausschreibung für Projekte zur Erforschung der vorbeugenden Wirkung der Testosterontherapie bei physischen Gebrechen und Depressionen älterer Männer, womit sich die Frage stellte, ob nicht der Alterungsprozeß selber gerade dabei war, offiziell zur behandelbaren Mangelerkrankung erklärt zu werden. »Ich glaube nicht an die männliche *midlife crisis*«, kommentierte Dr. John B. McKinlay, ein Epidemiologe an der *Boston University* und Spezialist für Alterungsprozesse. »Aber auch wenn es aus meiner Sicht keinen epidemiologischen, physiologischen oder klinischen Beweis für ein solches Syndrom gibt, so wird das Syndrom vermutlich im Jahre 2000 existieren. Es gibt ein sehr starkes Interesse daran, alternde Männer aus Profitgründen zu behandeln, genau wie es dieses Interesse im Hinblick auf die Frauen im Klimakterium gibt.«[50] Die Entstehung (oder Erzeugung) eines solchen Syndroms würde eine neue (soziale) Definition der physiologischen Normalität und der Männlichkeit selbst bedeuten. Außerdem würde diese neue Gesundheitsnorm dazu beitragen, auch den bloßen Ehrgeiz zu legitimieren, die Leistung des menschlichen Organismus in vielerlei Hinsicht zu »steigern«.

Eine routinemäßige Testosteronbehandlung für Millionen Männer in den »Wechseljahren« bzw. für ältere Männer würde das »Meinungsklima« verwandeln, in dem die Athleten und Bodybuilder anabole Steoride benutzen. Würden niedrige Testosterondosierungen (10-20 mg) als medizinisch unbedenklich ausgewiesen, wäre schon viel dazu getan, das den Steroiden anhängende Stigma aufzuheben; ja, die Tatsache, daß viele Athleten eher Megadosierungen statt klinischer Dosierungen einnehmen, würde aller Wahrscheinlichkeit nach bei einem Laienpublikum, das sich schon immer wenig um das Doping geschert hat, völlig untergehen. Der neue medizinische Status der hormonellen Manipulation würde dem Internationalen Olympischen Komitee (IOC) und seiner Medizinischen Kommission eine noch nie dagewesene Gelegenheit verschaffen, jene pragmatische Amoral zu demonstrieren, die all ihren Ritualen und Grundsatzerklärungen zugrunde liegt. Angesichts der ständigen demoralisierenden Wirkungen seiner nicht unter Kontrolle zu bringenden Dopingkrise könnte das IOC verkünden, daß seine Medizinische Kommission nach sorgfältiger

50 »Midlife Myths: What About Men? Studies Show Testosterone Drops, But Supplements Are Controversial«, in: *International Herald Tribune*, 21. Juli 1992.

Konsultierung eines Expertengremiums beschlossen habe, Testosteron als eine natürliche Substanz bei (männlichen) Athleten anzuerkennen und die Schwelle der 6:1-Relation für Testosteron und Epitestosteron, bei der heute offiziell das »Doping« anfängt, aufzuheben. Diese Liberalisierung, die von prominenten Persönlichkeiten des deutschen Sports bereits angeregt wurde[51], könnte mit einer begeisterten Bekräftigung des olympischen Mottos *citius*, *altius*, *fortius* einhergehen, das das angeborene menschliche Bedürfnis betont, die menschlichen Grenzen zu überschreiten und neue Stufen der Leistung zu erreichen. Die Unfähigkeit der heutigen Hochleistungssportler, die in den vergangenen zwei Jahrzehnten mit Hilfe von Steroiden aufgestellten Rekorde in der Leichtathletik und im Gewichtheben zu erreichen, geschweige denn zu übertreffen, könnte eine Rolle dabei spielen, einer unkontrollierten (aber »medizinisch überwachten«) hormonellen Manipulation Tür und Tor zu öffnen, die von prominenten Sportmedizinern befürwortet und vom IOC offiziell abgesegnet würde.

Das oben beschriebene Szenario nimmt an, daß der so noch nie dagewesene (nämlich offiziell gesponsorte) Hormongebrauch im Hochleistungssport und der Hormongebrauch in der Gesellschaft insgesamt einander wechselseitig verstärken. Zwar lassen die heute verfügbaren Daten darauf schließen, daß großräumige gesellschaftliche Trends sehr viel mehr zur Bestimmung des eventuellen Status des männlichen Sexualhormons beitragen als alles, was sich in der Welt des Sports abspielt, doch ist es durchaus möglich, daß populäre, steroid-gestärkte Athleten – vielleicht gesponsort von Pharmakonzernen, die den üblichen Tribut an das IOC zahlen –

---

51 Z. B. von dem prominenten Sportmediziner Wilfried Kindermann; dem Olympia-Eisschnelläufer (1968 und 1972) Erhard Keller; dem früheren westdeutschen Rekordhalter im Kugelstoßen Ralf Reichenbach; dem Präsidenten des Fußballvereins FC Homburg Manfred Ommer; dem früheren Präsidenten des Deutschen Schwimmverbandes Harm Beyer; dem Olympiasieger im Biathlon (1984) Peter Angerer. Siehe »Kontrollen in den Trainingsphasen«, in: *Süddeutsche Zeitung*, 8. August 1988; »Erhard Keller befürwortet maßvolle Anabolika-Freigabe«, in: *Süddeutsche Zeitung*, 18. November 1989; »Heuchelei um Anabolika«, in: *Süddeutsche Zeitung*, 5./6. Januar 1989; »Stuttgarter Bargeplauder, das zum brisanten Vorstoß wird«, in: *Süddeutsche Zeitung*, 2. September 1992; »Legalität und Popularität«, in: *Süddeutsche Zeitung*, 2. September 1992; »Angerer für Freigabe«, in: *Süddeutsche Zeitung*, 18. Februar 1993. Zur Stellungnahme gegen die Freigabe des Doping-Beauftragten des Deutschen Leichtathletikverbandes (DLV) Rüdiger Nickel, s. »Doping-Freigabe – Todesstoß für den Sport«, in: *Süddeutsche Zeitung*, 13. August 1992.

bei den Publikumsmassen für das Testosteron und seine »sicheren« Derivate werben könnten. (Der heutige schwarze Markt für Steroide ist einfach eine illegale Version der von mir beschriebenen hypothetischen Situation, deren »Models« populäre Bodybuilder, Berufsringer und hochgezüchtete Filmstars sind.) Eine solche Entwicklung würde zweifellos viele Ärzte und Gesundheitsfunktionäre in einen Gewissenskonflikt stürzen. »Steroide«, betonte 1989 der Doping-Experte Manfred Donike, »dürfen nicht als eine Art Volksnahrungsmittel angepriesen werden.«[52] Zwar ist es leicht, der medizinischen Weisheit dieser Warnung zuzustimmen, doch zeigt die Geschichte des Dopings in diesem Jahrhundert, daß es immer sehr schwierig war, eine klare Grenze zwischen (zulässigen) Aufbaustoffen und (unzulässigen) Stoffen zur Leistungssteigerung zu ziehen.[53] Zusammen mit den anderen oben beschriebenen Faktoren wird diese Ambivalenz der Definition tendenziell zur Legitimierung der hormonellen Manipulation als einer Massentherapie der Zukunft beitragen.[54]

Aus dem Amerikanischen von Hella Beister

---

[52] »Hohe Dunkelziffer beim Doping«, in: *Süddeutsche Zeitung*, 10. Februar 1989.
[53] Siehe z. B. Hoberman, *Mortal Engines*, S. 140-141.
[54] Der deutsche Historiker Wolfgang Schivelbusch hat darauf hingewiesen, daß der kulturelle Status von Drogen mit der Zeit einen grundsätzlichen Wandel durchmachen kann: »Diesen Prozeß der Gewöhnung oder Domestizierung haben alle Genußmittel durchgemacht, die in der Neuzeit in die europäische Kultur eingespeist wurden. Von den phantastischen Hoffnungen und Befürchtungen, mit denen das 17. Jahrhundert den Kaffee, den Tabak und die übrigen exotischen Genußstoffe begrüßt hat, ist im heutigen Genuß dieser Stoffe so wenig mehr zu spüren wie in einem bürgerlichen Weinabend vom Dionysischen. Genüsse, die einstmals in ihrer Neuartigkeit die Menschen zutiefst erregten, sind zu gewöhnlichen Alltagsverrichtungen geworden.« Besonders interessant für den Vergleich mit den Steroiden ist der Status des Kaffees, der vor zweihundert Jahren als »ein Rationalisierungsfaktor ersten Ranges«, »eine energisch verändernde, neue Wirklichkeiten schaffende Macht« angesehen und sowohl mit Produktivität als auch mit Fortschritt assoziiert wird. Siehe Wolfgang Schivelbusch, *Das Paradies, der Geschmack und die Vernunft. Eine Geschichte der Genußmittel*, Frankfurt am Main 1990, S. 235, 52, 78. Das neunzehnte Jahrhundert machte, um Brown-Séquards Ausdruck aus dem Jahr 1889 zu benutzen, den Kaffee zu einer »dynamogenen« Droge, um die sich Phantasien von unerprobter menschlicher Macht rankten.

Eugen König
Kritik des Dopings: der Nihilismus des technologischen Sports und die Antiquiertheit der Sportethik

Noch bis in die siebziger Jahre hinein waren die Diskussionen innerhalb der olympischen Bewegung beherrscht von der Frage nach dem sozialen Status der Athleten. Der moderne Hochleistungssport hatte ein Entwicklungsstadium erreicht, in dem die dominante Rolle des Geldes für den weltweiten Sportbetrieb sowie die Spezialisierung der Athleten für alle unübersehbar geworden war. Entstanden war ein sportlicher Systemzwang aus Konkurrenz und Leistung, der den einzelnen Athleten vor die Alternative: Mitmachen oder Ausscheiden stellte. Sport war längst nicht mehr die schönste Nebensache der Welt, für den Konkurrenzfähigen war er zum Geschäft und Hauptberuf geworden. Wer im internationalen Wettbewerb des Sports mithalten wollte, war gezwungen, seine persönliche Leidenschaft zu professionalisieren; seine Berufung wurde zum Beruf. Die Professionalisierung des Sports bzw. der sportlichen Handlung war von nun an eine unaufhaltsame Tatsache.

Konfrontiert mit dieser Realität des modernen Hochleistungssports, sahen sich die Anhänger der Ideen der modernen Olympischen Spiele herausgefordert, Stellung zu beziehen. Bedroht schien ihnen vor allem das olympische Amateurideal, das gegenüber dem Hochleistungssport seine ihn legitimierende Kraft eingebüßt habe. »Olympia widerspricht sich selbst«, so diagnostizierte v. Krockow.[1] Ihm zufolge produzieren die Olympischen Spiele paradoxerweise ihren eigenen Widerspruch, insofern sie ihre ideale Norm des Amateurstatus ihrer Athleten selber verraten. Konstatiert wird also ein Zurückweichen der moralischen Normierungen vor der Faktizität des Sports; zwischen normativer Idee und der Wirklichkeit Olympias klaffe ein »Abgrund«.

Eine solche verfallstheoretische Widerspruchsdiagnose übersieht jedoch, daß eine der wesentlichen Antriebskräfte der Olym-

---

1 v. Krockow 1981, S. 71.

pischen Spiele der Neuzeit von ihrem Anbeginn das Motiv der Leistungsmaximierung war. Die olympische Idee, die besten Athleten der Welt zum friedlichen Wettstreit zusammenzuführen, enthält im Kern die normative Aufforderung zum Superlativ, dessen Realisierung ohne Professionalisierung nicht auskommen kann. Seit den Zeiten Coubertins bis heute ist der Imperativ unablässiger Leistungssteigerung, wie er sich in der Maxime des *citius, altius, fortius* Ausdruck verschafft hat, ein konstitutiver Bestandteil der Olympischen Spiele. Der Wechsel vom Amateur- zum Profitum der Athleten ist mithin nicht als »Verrat« alter Ideale zu deuten, sondern als die logische Konsequenz und Bestätigung der auch dem olympischen Sport immanenten Logik der In- und Extensivierung körperlicher Leistung, die nicht im Widerspruch zu Olympia steht, vielmehr von ihm gefördert und gefordert wird. Insofern widerspricht die Wirklichkeit der Olympischen Spiele nicht ihrer eigenen Idee, sondern lediglich der ideologisierenden Sichtweise derer, die nicht sehen wollen bzw. können, daß die Idee selbst bereits den idealen Nährboden und das weltanschauliche Terrain bereitet, auf dem sich der moderne Sport entfaltet. Die Wirklichkeit des Sports und die Idee der Olympischen Spiele der Neuzeit widersprechen nicht, sondern entsprechen einander.

Diese Entsprechung von Idee und Wirklichkeit sowie die daraus resultierende Machtlosigkeit, der Wirklichkeit die ihr entstammende Idee als Korrektiv kritisch vorzuhalten, ist auch in den die neunziger Jahre beherrschenden Auseinandersetzungen um das Doping im Sport zu beobachten. Die Hilflosigkeit der Doping-Kritik ist Ausdruck der Ohnmacht der moralisch-pädagogisch gesonnenen Sportideale gegenüber einem faktischen Nihilismus des Sports, dessen eigene »Moral« schon immer ideologisches Schmiermittel im Dienste technologischer Bearbeitung des Körpers war und ist. Nirgends sonst als am Beispiel des Dopings wird so offenkundig, daß Ziel und Zweck des Leistungssports darin bestehen, mit allen ihm zur Verfügung stehenden Mitteln die technologische »Utopie der Körper« Wirklichkeit werden zu lassen und gleichzeitig, zur Beruhigung seines schlechten Gewissens über die anthropologischen Konsequenzen, zu versuchen, die jener Utopie gemäße Amoral moralisch zu verbrämen.[2]

---

2 Zur Technologisierung des Körpers sowie zur damit einhergehenden Entsubjektivierung sportlichen Handelns in der Geschichte der Leibeserziehung bzw. des Sports vgl. König 1989 und 1995.

I.

Dem ersten Blick präsentieren sich die aktuellen Diskurse über Doping im Sport wie eine Darstellung der apokalyptischen Reiter, die in Gestalt des Dopings den Untergang über die Welt des modernen Sports bringen. Im naturalistischen Szenario erscheint Doping als »Seuche«, als »Pest« und »Pestbeule«, als »Krebsgeschwür«, als »Sumpf«, und Ommo Grupe glaubt sehen zu können, daß Doping einen »schwarzen Schatten auf den ganzen Spitzensport geworfen« habe[3] – nicht genug mit einem »Schatten«, er muß auch noch »schwarz« sein. In einem anderen Szenario wird der Sport zu einer Person stilisiert, deren »Herz« und »Substanz« durch Doping getroffen ist[4] – die Diagnose des Patienten Sport fällt niederschmetternd aus.

Wollte man diesen Katastrophen-Darstellungen Glauben schenken, müßte der Patient längst einen qualvollen Tod gestorben sein. Doch mitnichten, in Wahrheit erfreut er sich bester Gesundheit: Weltweit dreht sich das Karussell des Leistungssports, angetrieben und in Gang gehalten durch pekuniäre Interessen der Athleten, Manager, Funktionäre, Wissenschaftler sowie von Staat und Wirtschaft, in sicheren Bahnen und immer in- und extensiver – wovon sich jeder täglich in unseren Medien überzeugen kann.

Der Verdacht drängt sich auf, daß durch Doping nicht der Sport, vielmehr der *ethische Diskurs über den Sport* in die Krise geraten ist, und zwar in eine Endzeit-Krise. Noch der letzte Sportjournalist meint seine Auslassungen über Sport und Doping kritisch würzen zu müssen mit einer Prise Ethik; Sportpolitik richtet selbstzweifelnde Kommissionen ein, und man kann darauf wetten, daß mindestens ein Ethiker, wenn nicht gar ein Theologe darinsitzt, wobei der Unterschied zwischen beiden manchmal kaum auszumachen ist; auch in die sportwissenschaftliche Szene ist Bewegung gekommen: Nicht nur daß in Seminaren zunehmend Themen zur Sportethik auftauchen, die ersten sportethischen Monographien geschrieben werden und Stellen in den geisteswissenschaftlichen Disziplinen der Sportwissenschaft immer häufiger in Kombination mit Ethik ausgeschrieben werden, sogar die Sportmedizin fühlt sich politisch getrieben, moralisch verpflichtet und fachlich kompetent, in Fragen zur Moral des

---

[3] Grupe 1992, S. 177.
[4] Ebd., S. 167.

Sports Stellung zu beziehen – auffällig ist freilich, daß Bewegungs- und Trainingslehre sich kaum gefordert sehen. Angebot und Nachfrage von Ethik im Sport waren nie zuvor so groß wie in der Gegenwart. Auch wenn es so scheinen mag, daß mit der allerorten zu vernehmenden Klage über die Moral bzw. Unmoral im Sport ein hohes Reflexionsniveau in sportethischen Fragen gewährleistet und die leidenschaftlichen Dispute ein Ausdruck von Integrität seien – bei solcher Ethik-Inflation ist eher Skepsis und Mißtrauen geboten: Die Quantität von Sportethik ist kein Beweis ihrer Qualität, ihre Sprachmächtigkeit kein Indiz von Realmächtigkeit, die Emphase der Diskussion kein Garant für Verantwortlichkeit.

Ich will mich im folgenden nicht in jenes Theater der Diskussion über Doping einmischen, das nach pragmatischen Kriterien der Effizienz aufgeführt wird: Diskussionen über die Unterscheidung von Doping und Substitution, über das medizinisch-pharmakologische Für und Wider der Dopingfreigabe, über die Probleme möglicher Kriminalisierung der Athleten bei Nichtfreigabe, über die Fragen einer effizienten Kontrolle sowie der strafrechtlichen Verfolgung etc. Im Unterschied dazu möchte ich die Aufmerksamkeit auf die Struktur und die Funktion der sogenannten *ethischen* Argumente in dieser Diskussion lenken; ich werde mich also mit jenen dopingkritischen Positionen beschäftigen, die ihre Legitimation aus der Moral des Sports glauben schöpfen zu können – dabei wird freilich nicht nur etwas deutlich von der Sportethik, sondern auch vom Sport und den szientistischen Wissenschaften vom Sport.

II.

In den Ausführungen des moralisch gesonnenen Typs der Dopingkritik erscheint Doping als Angriff und Infragestellung des Sports überhaupt: bedroht scheinen seine »Idee«, seine »Ideale«, seine »Werte«, sein »Geist«, seine »Reinheit«, seine »Sauberkeit«, seine »Ursprünglichkeit«, seine »Humanitas«, seine »Authentizität« – kurz: sein »Sinn«. Und im Namen und mit Hilfe dieser Wesensbestimmungen des Sports, die allesamt aus dem Tornister des »Jargons der Eigentlichkeit« (Adorno) stammen, meint man, den Dopingangriff auf den Sport abwehren zu können. Das bedroht geglaubte Objekt des Angriffs wird gleichzeitig als zuversichtliches Mittel seiner Verteidigung benutzt. Greift dieses Mittel, ist es tauglich, den Angriff des Dopings abzuwehren und die Existenz des Sports zu sichern? Wer produziert die Ideen aus dem jenseitigen Reich des »Sports an sich«? Und taugen sie als Regulativ und Korrektiv, im Diesseits des Sports normensetzend und grenzenziehend zu wirken? Oder aber, und das gebe ich zu bedenken, spielen die Werte des »wahren« Sports gar nicht die Funktion der kritischen Normeninstanz, nicht die Rolle des Anklägers von Doping, sondern, vielleicht ohne es zu wissen, in Wahrheit die des heimlichen Verteidigers des Angeklagten?

Schauen wir genauer hin, dann zeigt sich, daß die normativpädagogische Rede vom Sinn des Sports zunächst wenig Sinn macht. Grupe z. B. schreibt: »Der Sinn des Sports darf (...) eben nicht mit seinem erkennbaren oder erstrebten Nutzen gleichgesetzt werden, nicht mit den politischen oder merkantilen Zwecken, für die er in Gebrauch genommen wird, auch nicht mit seinem erreichten oder nicht-erreichten sportlichen Erfolgen, sondern er ist zu messen an dem autonomen sportlichen Sinn, den er sich gibt.«[5] Die Frage nach dem Sinn des Sports erhält bei Grupe also, nachdem von ihm gezeigt wurde, was er alles nicht sein soll, die Antwort: der Sinn des Sports ist der ihm selbst von ihm selbst gegebene Sinn. Überhöht zu einer metaphysischen, geradezu göttlichen Substanz, gibt der Sinn sich selbst aus sich selbst und soll dergestalt als Maßstab seiner selbst dienen; Subjekt und Objekt des Messens fallen in Indifferenz zusammen, sind ununterscheidbar. Grupes Einsicht schrumpft auf die Tautologie: der Sinn des Sports ist der Sinn des Sports; also: was ist der Sinn? Er ist er selbst! (Kein Schelm ist, wer dabei an die berühmte Antwort von Martin Heidegger denkt, der auf die Frage: Was ist das Sein? die mystifizierende Auskunft gab: »Es ist Es selbst.«[6] So tief kann »hohe« Philosophie sinken.)

Das Wort vom »Sinn des Sports« kann für sich nicht den Status eines analytischen Begriffs in Anspruch nehmen, denn es begreift nichts. Es mythologisiert, statt aufzuklären; es verrätselt, statt zu enträtseln, kurz: es ist eine rituelle Beschwörungsformel. Und der solchermaßen unbestimmt bleibende, dem Ideenhimmel entstammende »Sinn des Sports« sieht sich nun, so Grupe und freilich auch

5 Grupe 1985, S. 27f.
6 Heidegger 1967a, S. 162.

andere, in der alltäglichen Praxis des Sports, insbesondere des Dopingsports, einer dauernden Instrumentalisierung und Vergewaltigung ausgeliefert. Gemessen an diesem mysteriösen reinen Sinnhimmel erscheint die Dopingwirklichkeit des Sports als »Verrat«, »Verlust«, »Abfall«, »Niedergang«, »Verkommenheit«, »Mißbrauch«, »Manipulation«, »Zerstörung« des »wahren« Sports – und seine Geschichte als eine *Verfalls*geschichte.

Fragt man nach inhaltlichen Bestimmungen, die mit der idealistischen Setzung vom »Sinn des Sports« konnotiert werden, dann fällt auf, daß die Charakterisierung ohne den Begriff der *Chancengleichheit* nicht auskommt. Das Prinzip der Chancengleichheit, auf das der Sport so stolz ist, bestehe darin, daß trotz der intendierten Ungleichheit *nach* dem Wettkampf, ermittelt über den Code Sieg/Niederlage, *vor* dem Wettkampf die gegeneinander antretenden Athleten, in ihren Chancen zu siegen, gleichgestellt seien. Der faire Wettkampf biete also die Garantie apriorischer Gleichheit, trotz aposteriorischer Ungleichheit. Dieses Prinzip wird als die entscheidende normative Bedingung im ethischen Kampf gegen das Doping eingesetzt; mit anderen Worten: durch Doping, das identisch gesetzt wird mit illegalem Unterlaufen des Gleichheitspostulats, sieht sich diese Bedingung außer Kraft gesetzt. Auffällig bei dieser Argumentation ist, daß ihr nicht in den Sinn kommt, daß die Anwendung hochspezialisierten und nur mit erheblichem Kapitalaufwand produzierbaren wissenschaftlichen Wissens jene Bedingung nicht ebenso in Frage stellen soll. Also nicht erst Doping demonstriert, daß der Gleichheitsgrundsatz im Sport lediglich formal ist und in Wahrheit immer schon abstrahiert hat von der faktischen Ungleichheit der Athleten in bezug auf ihre Chancen, dieselben Möglichkeiten, d. h. heute: wissenschaftlich-technischen Hilfsmittel, in der Wettkampfvorbereitung in Anspruch nehmen zu können. Die formale Chancengleichheit der Athleten am Start verdeckt die reale Ungleichheit, bedingt durch die ungleichen Trainings- und Betreuungsbedingungen. Nicht erst derjenige Sport, der mit Dopingmitteln operiert, sondern bereits der Sport, der die klassischen Mittel der Leistungssteigerung einsetzt, straft die Rede von der Chancengleichheit Lügen. Nicht erst die medizinisch-pharmakologischen, sondern schon die ernährungswissenschaftlichen, psychologischen, biomechanischen, trainingswissenschaftlichen und schließlich auch informationstechnologischen Verfahren und Praktiken verurteilen die Chancengleichheit zum – freilich nützlichen – Mythos. Das Argument der Chancengleichheit ist also ein schlechter Ratgeber und Bundesgenosse im Kampf speziell gegen Doping im Sport, ist doch der technologische Sport selbst ohne Doping, der sogenannte »reine Sport«, nicht eben Realisateur dieses hehren Ideals.

Die Beliebigkeit und Zufälligkeit, man kann auch sagen: Unwissenschaftlichkeit in der ethischen Argumentation gegen Doping setzt sich fort bei der Thematisierung der Subjektfrage, die gekoppelt wird mit dem Problem der Erfolgszuschreibung. Einige der Moralisten unter den Dopinggegnern entdecken in sich den Kulturkritiker, insofern sie bezweifeln, ob im Dopingsport die Erfolge der Sportler noch länger diesen selber zugeschrieben werden können; in Wahrheit, so die Basis ihres Einwandes, seien es Mediziner oder andere Dopingfanatiker, die für die Erfolge bzw. Mißerfolge verantwortlich seien. Man demonstriert Besorgnis, daß durch die Freigabe von Doping die Sportler sich »als Instrumente und Vehikel einer Leistungsmedizin« erleben, und bezweifelt, ob die Sportler »noch als Subjekte begriffen werden, die die Leistungen bringen, oder als manipulierte Objekte«.[7] Abgesehen davon, daß dieses Kritikmuster auf der Annahme vom Wissenschaftler als autonomen Subjekt basiert (darauf komme ich noch zurück), ist überhaupt nicht einsichtig, warum diese skeptische Frage nach dem Subjekt sportlichen Handelns erst angesichts des Dopingsports und nicht auch bereits gegenüber dem ohne Doping im üblichen, also medizinisch-pharmakologischen Sinne auskommenden Sport gestellt wird.

Die Spur der Kontingenz setzt sich fort bei der Definition von Doping. Die sogenannte pragmatische Definition des Dopings bringt es auf den Punkt: »Doping ist die Anwendung dessen, was durch spezielle Listen verboten wird.«[8] Mit anderen Worten: Die Definition dessen, was Doping ist, ist insofern zufällig, als nur die bisher entdeckten Substanzen aufgeführt werden. Freilich wird bei dieser Festsetzung gewiß ein enormer fachwissenschaftlicher Differenzierungsaufwand getrieben, um möglichst breit konsensfähig zu sein, und vor allem, um in der Praxis der Kontrollen effektiv und eventuell strafrechtlich anwendbar zu sein. Das ändert jedoch nichts daran, daß die Dopingliste lediglich dem aktuellen Stand medizinischer Labortechnik folgt und in dieser Ver-

---

7 Sehling/Pollert/Hackfort 1989, S. 131; vgl. auch Grupe 1992, S. 169f.
8 Ebd., S. 19.

wiesenheit nicht als prinzipiell unveränderlich definiert werden kann bzw. jederzeit veränderbar sein muß und auch ist – was die Praxis der unter dem Druck neuentwickelter Präparate und Verfahren stehenden permanenten Aktualisierung der Dopingliste beweist. Jede Klage über das Fehlen sowie die Forderung einer *endgültigen*, brauchbaren Dopingdefinition[9] müssen deshalb ins Leere laufen, weil sie übersehen, daß in der Praxis des Dopens eine Innovationsdynamik am Werke ist, die bislang noch nicht an ihre objektiven endgültigen Grenzen gestoßen ist. Die Dopingdefinition kommt immer zu spät, sie ist von aposteriorischer Natur, da sie auf externe Forschungsentwicklungen, z. B. aus dem Bereich der Tiermedizin[10], immer nur reagieren kann und muß.

Und schließlich noch zum Stellenwert des Gesundheitsarguments in der ethischen Dopingkritik. Mehr als erstaunlich ist der Brustton der Überzeugung derer, die sich für die Gesundheit der Athleten in die Bresche werfen. Wo waren bzw. sind ihre warnenden Stimmen und Anzeigen angesichts der körperlichen Schändung von Kindern im Spitzensport (ist Kinderarbeit nicht per Gesetz verboten? steht Körperverletzung nicht unter Strafe?); wo ist die unbeugsame Anklage der irreversiblen, nicht durch Doping hervorgerufenen, sondern »klassisch« antrainierten Schäden unzähliger ehemaliger Spitzensportler? Wer kümmert sich um das Heer von Namenlosen, die sich mit »normalen« sporttechnologischen Hilfsmitteln ihren Körper, vielleicht auch ihre Seele, für den Rest ihres Lebens ruiniert haben? Die Sportethik scheint mir unfähig, diesen Phänomenen den ihnen gemäßen Platz in ihren Reflexionen zuzugestehen, weil sie dazu neigt, die alltäglichen kleinen Katastrophen lediglich als ephemer zu marginalisieren. Der Unfall ist für sie nicht Ausdruck der Essenz des Sports, sondern der Kontingenz, ein zufälliges Geschehen.

Mir scheint, daß die Unfall-Leerstelle in der Sportethik gefüllt werden könnte unter Mithilfe der Sportgeschichtsschreibung. Das allerdings setzt voraus, daß diese sich, in aufklärerischer Absicht, statt mit dem Gänsereiten in Wanne-Eickel mehr mit der Geschichte der Unfälle und des Mißlingens im Sport beschäftigt, und das freilich nicht, um die Unfälle zu musealisieren und damit zu enthistorisieren, zu verdinglichen und dem alltäglichen Bewußtsein zu entziehen, sondern um mit ihnen und an ihnen etwas

9 Vgl. z. B. Grupe 1992, S. 169.
10 Vgl. Werner Francke in: Singler 1993, S. 26.

aufscheinen zu lassen, was ebenso zum Sport gehört wie die Tatsache, daß Sport begeistern und faszinieren kann. Ein »Unfall-Museum des Sports« oder auch »Museum für Sportunfälle« stelle ich mir so vor, daß in ihm nicht die schier endlose Genealogie sportlicher Heroen mit ihren Erfolgen inszeniert wird, vielmehr die ganz alltäglichen, scheinbar trivialen und banalen, unheroischen Niederlagen, Katastrophen, Enttäuschungen, Mißerfolge, Verletzungen und Leiden uns vor Augen geführt werden – und dies zur Warnung aller Sportbesessenen und nicht zur vordergründigen Befriedigung unserer Lust am Untergang. Alltägliche Unfälle im Sport dürfen nicht länger zu zufälligen und unglücklichen Erscheinungen verharmlost und damit zu den »eigentlichen« Sport nicht tangierenden Phänomenen rationalisiert werden, nach denen man ungebrochen zum Alltagsgeschäft übergehen kann.

III.

Diese Tendenz zur Verharmlosung findet sich auch in der Diskussion über Doping, wenngleich die öffentliche Debatte anderes suggeriert. Doch lasse man sich nicht von der dramatischen Inszenierung der Dopingkritik täuschen. Ich übersehe nicht die Existenz und das ehrliche Bemühen der diversen kritischen Proteste, Erklärungen und Aktionen von Aktiven, Trainern, Ärzten, Funktionären, Wissenschaftlern etc. Gleichwohl scheinen mir die mehr oder weniger medien- und publikumswirksamen Aufschreie noch kein Beweis dafür zu sein, daß das Dopingproblem *wirklich* ernst genommen wird. Denn wer über *Doping* sprechen will, darf über den *Sport* nicht schweigen – und genau das scheint mir der Fall zu sein. Wirft man nämlich einen Blick auf die Struktur der Dopingkritik, dann zeigt sich, daß sie zugleich aufdeckt und verschleiert, indem sie a priori die Begriffe Sport und Doping als Konterkategorien setzt, als sich widersprechende Begriffe zur Bezeichnung von Objekten, die per definitionem nichts miteinander gemein haben können – außer ihrer Gegnerschaft. Diesem dualistischen Denken in unvermittelten Gegensätzen kommt der Gedanke nicht in den Sinn bzw. er wird verdrängt, daß es eine *Gemeinsamkeit von Sport und Doping geben könnte*. Dazu zunächst zwei Beispiele aus der Rubrik Kritik der Doppelmoral. Der ehemalige Deutsche Meister und Rekordhalter im Kugelstoßen, Ralf Reichenbach, erklärt: »Die Herren Hansen und Daume, die halten jetzt wirklich die besten Sonntagsreden über ›Krebsgeschwür des Sports‹ und ähnliche Dinge. Und auf der anderen Seite war es das NOK, was einen deutschen Kugelstoßer wegen 7 cm, nämlich 20,53 m anstatt 20,60 m, nicht mitgenommen hat nach Seoul – beides Weiten, von denen jeder weiß, die kann man nur mit Anabolika erreichen. Und das, finde ich, ist ein Zustand, daß deutsche Spitzenfunktionäre dermaßen heuchlerisch vorgehen, der kann so nicht weitergehen.«[11] Günther Amendt, der in seinem Buch *Die Droge Der Staat Der Tod* wahrlich kein Blatt vor den Mund nimmt, schreibt: »Die Anti-Drogen-Kampagne des DFB ist lächerlich und verlogen dazu. Auf der einen Seite ihrer Trainingsjacke präsentieren die Spieler den Slogan ›Keine Macht den Drogen‹, auf der anderen werben sie mit dem MERCEDES-Stern für die Rausch- und Raserdroge Auto. Gleich zweimal ist die Firma BAYER, eine der größten Drogenproduzentinnen der Welt, mit ihrem Signet in der Fußballbundesliga vertreten. Die Schriftzüge von TUBORG und JÄGERMEISTER zieren nicht nur die Trikots von Bundesligamannschaften, auch die Bandenwerbung in den Stadien wird von Suchtmittelherstellern besonders geschätzt.«[12] Ich möchte hier nicht auf die leider viel zu selten diskutierte Frage eingehen, ob Alkohol oder gar das Auto mit Recht als Droge einzustufen sind, sondern auf die Struktur des Vorwurfs der Doppelmoral zu sprechen kommen. Dieser läßt sich in der simplen Formel zusammenfassen: »Vorne hui, hinten pfui.« Die Anklage lautet, daß in der doppelmoralischen Figur Moral in zwei sich gegenseitig ausschließende Moralen auseinanderfällt: die bloßer Rhetorik und die wirklicher Handlung. Die eine ist die Moral des gesprochenen Wortes, in dem sich der gute Wille kundtut, in Wahrheit jedoch, nach Maßgabe der wirklichen Handlung, nichts anderes als ein *flatus vocis*, ein Hauch der Stimme sei. Dieses »Sprechen mit gespaltener Zunge« erfährt nun von seinen Kritikern den Vorwurf der Verlogenheit und Unehrlichkeit. Die Moral der Sprache verleugne und verdecke die Unmoral der Handlung, sei in *dieser* Funktion also nicht ernst zu nehmen –

---

11 Reichenbach, zitiert nach Sehling / Pollert / Hackfort 1989, S. 121.
12 Amendt 1992, S. 49. Ohne zu erröten, präsentierten sich auf der Eishockey-Weltmeisterschaft 1994 die Köpfe aller deutschen Spieler auf der Stirn ihres Helmes mit dem Werbe-Schriftzug der Brauerei »Warsteiner« und auf der Seite mit dem DSB-Slogan »Keine Macht den Drogen«.

wohl aber in der Funktion moralischer Vertretung und Norm »sinnvollen« Sports. Dazu tauge also, um im Bild zu bleiben, die moralische Maxime: »Keine Macht den Drogen.« Das »Pfui« wird disqualifiziert am Maßstab des idealen »Hui«, so als hätten beide nichts miteinander zu tun. Doch wird dabei völlig übersehen, daß möglicherweise der Sport selbst eine Droge bzw. Doping ist. Immerhin gibt es bereits Athleten, die sich in diesem Sinne äußern: Mats Wilander z. B. spricht von der »Droge Tennis«. Unter ethischem Aspekt betrachtet, lebt die Antidoping-Moral im Sport von der Annahme, daß Doping und Sport Antipoden seien, und genau damit verspielt sie die Chance, am Beispiel des Dopings Wesentliches über den Sport in Erfahrung zu bringen. Nicht die Substanz der Antidoping-Moral wird in Frage gestellt, sondern nur ihre ideologische Verwendung im doppelmoralischen Kontext. Also nicht die Struktur, sondern lediglich die Funktion von Moral ist für diesen Typus von Kritik zweifelhaft – und damit zieht sie denselben Vorwurf auf sich, den sie bereits der Doppelmoral machte: nämlich den der Halbherzigkeit. Der Vorwurf der ideologisierenden Halbherzigkeit an die Adresse der Doppelmoralisten kehrt postwendend zurück zum Absender, denn der seinerseits verdeckt die Tatsache, daß bereits der sogenannte »reine Sport«, der aller Kritik gegenüber immunisiert wird, auch bereits in seinem Wesen, von seiner inneren Logik her Doping ist.

Daß also Sport und Doping nicht gegensätzlich strukturiert sind, sondern gemeinsame Strukturmerkmale aufweisen, gilt es nun zu zeigen. Verstellt man sich nicht den Blick durch die reduktionistische Annahme, daß Doping nur ein (illegales) medizinisch-pharmazeutisches Mittel oder Instrument zur Leistungsmaximierung ist, sondern versteht man Doping als Ausdruck, als dingliche Realisation einer bestimmten Bewußtseinsform, als Instrument gewordenes Maximierungswissen, dann springt die Strukturverwandtschaft von Sport und Doping geradezu ins Auge. Beiden gemeinsam ist nämlich ein Typus von Wissen, dessen Prinzip darin besteht, nichts zu lassen, wie es ist, genauer: sich selbst zu erhalten durch permanente Veränderung auf immer höherer Stufe. Das gemeinsame Dritte von technologischem Sport und modernem Doping liegt in einem beide Bereiche strukturierenden und steuernden szientistischen Wissensbegriff verborgen, dessen Wahrheit u. a. im Zwang besteht, Mittel zu liefern, die selbstdefinierte Ordnung der Dinge und Körper in stetiger Unzufriedenheit umzuwalzen und neu zu produzieren. Und eines der avanciertesten, dem modernsten Stand der Technologie entsprechenden Mittel dazu ist im Sport das, was man unter Doping versteht. Im Industriejargon lautet der jenem zwanghaften Rationalisierungsdenken verpflichtete kategorische Imperativ: Willst du im Wettbewerb des freien Marktes erfolgreich bestehen, dann investiere jederzeit die profitabelsten von Wissenschaft und Technik zur Verfügung gestellten Mittel zur Maximierung deiner Leistungsfähigkeit und -bereitschaft – andernfalls droht dir Stillstand, und das heißt unter den gegebenen Bedingungen: Untergang. Darüber kann auch nicht die verräterische ökonomische Formel vom »Nullwachstum« hinwegtäuschen: Die Angst vor Stillstand soll gebannt werden durch sprachliche Rationalisierung als Bewegung.

Doch nicht genug damit, daß es eine immanente Gemeinsamkeit von Sport und Doping gibt, auch die szientistische Wissenschaft vom Sport und vom menschlichen Körper folgt der Logik von gesellschaftlicher Konkurrenz und Leistung. Bei ihr freilich wird der Zwang zum Erfolg verharmlost und versteckt in den ach so hehren Formeln von Forscherdrang, Erkenntnisfortschritt und Erkenntnisgewinn, von Wissensmehrung und Wahrheitsfindung. In seinem kleinen Text *Wissenschaft als Wettbewerb* schreibt Werner Becker: »In einer Zeit, in der das Leben der meisten Menschen durch die Produkte angewandter Wissenschaft und Forschung bestimmt ist, halte ich nur die ›Wettbewerbs‹-Interpretation der wissenschaftlichen Tätigkeit für realistisch.«[13] Nicht nur die Produktion herausragender Leistungen im Sport, auch die Produktion von Wissen im Wissenschaftsbetrieb unterliegt den gnadenlosen Gesetzen des sogenannten freien Wettbewerbs. Der Motor kapitalistischen Wirtschaftens ist, laut Marx, das Profitinteresse. Das Motiv leistungssportlichen Handelns ist das Überbietungsinteresse und das der Wissenschaft das Erkenntnisinteresse unter Bedingungen gesellschaftlichen Innovationsdrucks. Beide gehorchen der dynamischen Logik des Superlativs, diese treibt beide Systeme über den Code Sieg/Niederlage bzw. Wahr/Falsch imperativisch an und steuert sie nach ihrer Maßgabe. Sowohl für den Sport wie auch für die Wissenschaft ist also das Dopingbewußtsein konstitutiv; Sport und Wissenschaft gehorchen derselben Überbietungslogik, die im Doping medizinisch-pharmakologische Ge-

13 Becker 1985, S. 76.

stalt annimmt, und diese ist damit also nur eine unter vielen anderen Realisationsformen jener Logik. In beiden, im Sport wie in der Wissenschaft, steckt der geheime oder auch manchmal offen sichtbare Antrieb zur unendlichen Leistungssteigerung. Wenn überhaupt sinnvoll vom »Wesen« des Sports und dem der Wissenschaft gesprochen werden kann, dann hier: die Dopinglogik ist ein wesentlicher Bestandteil von Sport und Wissenschaft! Zum Sport gehört unablösbar die Maxime, bis an die Grenzen menschlicher Leistungsfähigkeit vorzustoßen und sie zu übersteigen bzw. neu zu definieren und immer weiter hinauszuschieben; und konstitutiv für die abendländische Wissenschaft ist es, gemäß dem gesellschaftlichen Verwertungsinteresse der Natur mit immer raffinierteren Mitteln noch die letzten Rätsel zu entreißen – dabei allerdings wird sie, wie die Gegenwart zeigt, zunehmend selbst zu einem Problem und Rätsel: Aufklärung schlägt in Mythologie zurück. Für diejenigen, denen die lateinische Formulierung mehr Eindruck macht: Was sich in Sport und Wissenschaft abspielt, ist ein *progressus imperativus atque superlativus ad infinitum*. Die Leistungs- und Rekordbesessenen unter den Sportlern wie unter den Wissenschaftlern bringen diese Logik in aller Gnadenlosigkeit sich selbst und anderen gegenüber zum Ausdruck.

Gemäß der Einsicht, daß in der Praxis des Dopens die ihr zugrundeliegende Dopinglogik in Erscheinung tritt, gibt es also keinen legitimen Grund, Bewegungs- und Trainingslehre, in denen dieselbe Leistungs-Mentalität am Werke ist, vom Vorwurf des Dopens freizusprechen. Nicht allein der Leistungsmedizin, auch denjenigen unter den Szientisten, die den menschlichen Körper schon immer als die schlechtere und daher zu ökonomisierende lebende Maschine gesehen haben, müßte die Kritik gelten.

An dieser Stelle erwarte ich den Vorwurf der Undifferenziertheit: Ich unterschlüge nämlich den Unterschied von Wissenschaft als Grundlagenforschung und Wissenschaft als an Anwendung orientiertem Wissen, also von Wissenschaft und Technik. Daß es mit dieser Differenz nicht weit her ist, kann ich hier aus Platzmangel nicht näher erläutern. Damit nicht der beliebte, dadurch jedoch nicht richtigere Einwand fehlender fachwissenschaftlicher Kompetenz erhoben werden kann, lasse ich statt eines Philosophen einen Physiker zu Worte kommen. Peter Mittelstaedt schreibt in seinem Aufsatz »Die Beherrschbarkeit der Natur«: »Der Grund dafür, daß die moderne Naturwissenschaft ihrer

Konzeption nach unlöslich mit der Beherrschbarkeit der Natur verbunden ist, ist die Art und Weise der Definition derjenigen Begriffe, mit denen die Natur erfaßt wird. Diese Begriffe sind operativ durch Meßverfahren definiert, die quantitativ faßbar sind und die im Prinzip bereits die Verhaltensweise vorwegnehmen, die ein Experimentator gegenüber der Natur besitzt, der an ihrer technischen Verwendbarkeit interessiert ist. Diese Begriffe erfassen die Natur nicht an sich und ohne Bezug auf den mit einer Messung verbundenen gewaltsamen Eingriff, sondern sie erfassen die Natur so, wie sie sich zeigt, wenn sie mit materiellen Operationen und Untersuchungsmethoden befragt wird. Auf diese Weise wird bereits durch die Wahl der Begriffe Natur nicht als etwas Unberührtes erfaßt, sondern in ihren Reaktionen auf mögliche Eingriffe beschrieben. Der Unterschied zwischen einem definierenden Meßvorgang zu einem technischen Prozeß ist dann nur noch quantitativer Natur: Da es das Ziel jeder Technik ist, durch wohldefinierte Aktionen ebenso wohldefinierte Reaktionen hervorzurufen, liefert die Formulierung des Naturgeschehens mit Hilfe von operativen Begriffen die begriffliche Grundlage gerade für diese Technik. (...) Technik im Sinne einer materiellen Beherrschbarkeit der Natur ist also möglich, weil die zur Formulierung des Naturgeschehens verwendeten Begriffe bereits technisch orientiert sind.«[14]

IV.

Die Interpretation des Wissenschaftsbetriebs als Wettbewerb hat nun erhebliche Konsequenzen für eine ethische Bewertung der Tätigkeit der Wissenschaftler. Der oben bereits zitierte Werner Becker schreibt dazu: »Wissenschaftler sind (...) nicht mehr als verantwortlich im *ethischen* Sinn für das anzusehen, was als Ergebnis bei ihrer Tätigkeit herauskommt. Sie sind ethisch allein verantwortlich dafür, daß die Regeln des wissenschaftlichen Arbeitens und die Regeln des fairen Wettbewerbs beachtet werden. Die nichtwissenschaftsimmanente *Bewertung* der *Ergebnisse* der wissenschaftlichen Tätigkeit ist, so besehen, nicht mehr eine Sache *ethischer* Abwägung.«[15] Und das kann sie aus dem Grunde nicht

14 Mittelstaedt 1972, S. 45.
15 Becker 1985, S. 76.

sein, weil Wissenschaft im Vollzug ihrer Erkenntnisgewinnung immun gegen moralische Ansprüche ist und sein muß. Genau darüber definiert sich moderne Wissenschaft nämlich. Einspruch im Namen der Vernunft bleibt ihr äußerlich und insofern auch machtlos, weil die Vernunft selbst formal ist. Max Horkheimer und Theodor W. Adorno haben das in dem Exkurs über »Aufklärung und Moral« in ihrer *Dialektik der Aufklärung* schonungslos auf den Begriff gebracht: »Vernunft ist das Organ der Kalkulation, des Plans, gegen Ziele ist sie neutral, ihr Element ist die Koordination.«[16] Die Autoren verweisen auf das vergebliche Unterfangen bei Kant, die Pflicht der gegenseitigen Achtung aus einem Gesetz der Vernunft abzuleiten, Rücksicht ist nach ihrer Überzeugung nicht »anders zu begründen als durch materielles Interesse und Gewalt«, also durch Macht; die sittlichen Kräfte sind »vor der wissenschaftlichen Vernunft nicht weniger neutrale Triebe und Verhaltensweisen als die unsittlichen. (...) Aufklärung verweist den Unterschied aus der Theorie«.[17] Da die Vernunft keine »inhaltlichen Ziele setzt, sind die Affekte alle gleich weit von ihr entfernt. Sie sind bloß natürlich.«[18] Die formalistische Vernunft steht nicht in einem engeren Zusammenhang mit der Moral als mit der Unmoral.

Wissenschaftliches Wissen ist also ohne Gewissen, es ist gegenüber sittlichen Ansprüchen indifferent; die Produktion des Wissens im Labor gehorcht einer gewissen-losen Logik; oder mit Nietzsche: die Herrschaft des wissenschaftlichen Methodismus ist gleichbedeutend mit der Herrschaft des moralischen Nihilismus.

Die wissenschaftskritische Einsicht, daß Wissenschaft ein ethikfreier Raum ist, besagt viel mehr als die bloße wissenschaftspolitische Behauptung, daß der eine oder andere Wissenschaftler im Forschungsprozeß unmoralisch handelt bzw. dem wissenschaftlichen Ethos nicht genügt. Es widerspricht dem Wesen der amoralischen Methodik moderner Wissenschaft, ethische Fragen als immanente Konstituentia für den Erkenntnisprozeß zuzulassen, da sie im Selbstverständnis szientistischer Wahrheit dysfunktional sind. Für jede experimentelle Anordnung gilt, daß alle zufälligen und äußeren Störungen fortgeräumt sein müssen. Zu diesen Störungen zählen nicht nur unfixierbare Varianten der un-

---

16 Horkheimer/Adorno 1984, S. 107.
17 Ebd., S. 105.
18 Ebd., S. 108 f.

mittelbaren wissenschaftlichen Versuchsanordnung, sondern auch die Individualität des einzelnen Forschers samt seinen moralischen Vorstellungen zum Sinn oder Unsinn seines Tuns: sie gilt es als Störfaktor zu eliminieren. Wissenschaft hat die Frage nach ihrem sittlichen Nutzen, nach ihrer politischen Funktion als äußerlich, als subjektivistisch, kurz: als unwissenschaftlich aus sich verdrängt und im Prinzip der Wertfreiheit diese Verdrängung zur methodischen Regel gemacht. Der ethische Begriff des Sinns ergibt wissenschaftlich keinen Sinn. »Wissenschaft selbst hat kein Bewußtsein von sich, sie ist ein Werkzeug. (...) Der Begriff des Sichselbstverstehens der Wissenschaft widerstreitet dem Begriff der Wissenschaft selbst.«[19] Damit umschreiben Adorno und Horkheimer den Sinn von Heideggers klagendem Diktum: »Die Wissenschaft denkt nicht.«[20]

Ethik ist degradiert zum aposteriorischen Luxus, den der Wissenschaftler sich zwecks Beruhigung seines schlechten Gewissens am Feierabend leistet; bei der apriorischen Produktion von wissenschaftlicher Erkenntnis hat Ethik nichts verloren bzw. alles. Erst nachdem die Labortür hinter ihm ins Schloß gefallen ist, kann der Forscher sich, angetrieben von eingeforderter Verantwortung, die moralischen Fragen beispielsweise nach den möglichen gesellschaftlichen oder ökologischen Folgen seines wissenschaftlichen Tuns stellen. »Zwei Herzen schlagen, ach, in seiner Brust« – wenn überhaupt. Aus dieser Zwickmühle kann ihn niemand befreien, schon gar nicht die als Lösungsmöglichkeit des wissenschaftlich-technischen Welträtsels auftretende Ethik.

V.

Das freilich führt zu der Frage nach der Funktion von Ethik. Daß es bei Marx keine ausformulierte Ethik gibt, hat den Grund, daß für ihn der Sozialismus keine Frage des Sollens, keine ethische Maxime war – Moral gehörte zum »*Elend* der Philosophie« –, sondern Resultat der objektiven Entwicklung. Maßstab seiner Gesellschaftskritik war nicht ein gedachtes Ideal, sondern nur die reale Geschichte; und der Marxsche Begriff von Geschichte enthält das gleichsam naturwüchsige Vertrauen auf das Eintreffen

19 Ebd., S. 104.
20 Heidegger 1967b, S. 7.

der moralischen Tat überhaupt: nämlich der proletarischen Revolution. Solchen, heute muß man sagen: naiven Optimismus in den Lauf der Weltgeschichte vermochte Walter Benjamin nicht mehr aufzubringen. Er erwägt, ob nicht die zeitgemäße moralisch-revolutionäre Tat darin besteht, den blind dahinrasenden Zug der Geschichte, genannt Fortschritt, durch den »Griff des in diesem Zuge reisenden Menschengeschlechts nach der Notbremse« anzuhalten.[21] Ulrich Beck schließlich diagnostiziert, daß heute die Ethik im Modell der verselbständigten Wissenschaften die »Rolle einer Fahrradbremse am Interkontinentalflugzeug«[22] spielt. Angesichts der übermächtigen, blinden Geschichte ist das Vertrauen auf die Realmächtigkeit von Ethik dahin, sie hat ihre objektive Funktion unwiederbringlich verloren. Es geht ihr wie der Religion, die, so Max Weber – nachdem sie in der Frühphase der bürgerlichen Gesellschaft die unabdingbare Rolle des Steigbügelhalters gespielt hat, dem Kapitalismus in den Sattel zu helfen –, nur noch als *caput mortuum*, als toter Kopf mitgeschleppt wird.

Damit ist jedoch die aktuelle Funktion der Ethik im Konzert der Dopingkritiker noch nicht hinreichend beschrieben. Die folgende Auskunft von Beck scheint mir den wahren Sachverhalt zu verfehlen. Er schreibt: »Die Kritik der bloßen Ethik kann deswegen auf Hochglanz poliert werden, weil sie wirkungslos ist. Der Reigen der Standpunkte ist bekanntlich der Grabgesang ethischer Verbindlichkeit. Man muß also nur eine Frage mehr ins Spiel bringen, um den öffentlichen Lärm in den Vorzimmern der Wissenschaft mit sich selbst zu beschäftigen.«[23] Wenn die ethische Kritik wirklich so ohnmächtig und selbstgefällig ist, dann bleibt doch immer noch die Frage, warum sie sich so großer Nachfrage erfreut und wieso sie sich mit allen Kräften bemüht, dieser Nachfrage ein entsprechendes Angebot zu präsentieren. Mein Verdacht ist, daß die Ethik dieselbe ideologische Funktion angesichts des Dopingsports einnimmt, wie einst die Religion im Jammertal ausbeuterischer Gesellschaft. Den Kern seiner Religionskritik hat Marx bekanntlich in dem Satz zusammengefaßt: Religion ist »Opium des Volkes«[24] (übrigens nicht, wie manche selbsternannte Marx-

21 Benjamin 1974, S. 1232.
22 Beck 1988, S. 194.
23 Ebd.
24 Marx 1972, S. 378.

Kenner, doch Nicht-Leser, meinen: Opium *für* das Volk). Sie ist Protest gegen das wirkliche Elend und zugleich dessen Ausdruck. Innerhalb der Sportwissenschaft ist Ethik der letzte Dinosaurier, doch fördert sie das Geschäft ungemein. Eine längst ausgestorben geglaubte Spezies von Wissenschaft erlebt in der aktuellen Dopingkrise, wie der gegenwärtige kulturindustriell-gesteuerte Dino-Boom auch, eine lukrative Konjunktur.

Mein zentraler Vorwurf lautet, daß die Ethik des Sports in der Dopingproblematik eben das verhindert, was zu tun sie vorgibt: nämlich unbeugsame Aufklärung, vehementen Einspruch und widerständigen Eingriff. Die sportethische Dopingkritik aus pragmatischer Sicht, die sich von der »Notwendigkeit« leiten läßt, »das Vertrauen in sportliche Leistungen zu erhalten (...) im Interesse der Athleten und des Leistungssports«[25], reduziert sich auf Interessenvertretung – sie verdient nicht ihren Namen, da sie sich bereits aufgegeben hat, bevor sie ihr »kritisches« Geschäft überhaupt begonnen hat. Sportethik gehört zur Krankheit, die zu heilen sie beansprucht; sie ist ein ideologischer Anachronismus, um nicht zu sagen ein nützlicher Idiot. Sportethik ist Opium des Sports, ohnmächtiger Protest gegen den Sport, dem sie selber entstammt. Der angebliche Problemlöser gehört zum Problem. Noch schlimmer als die Tatsache, daß sich in der Dopingproblematik moralisch nichts Entscheidendes bewegen läßt, scheint es, nicht zuzugeben, daß sich nichts bewegen läßt. Sport ist ein System, das keiner äußeren moralischen Rechtfertigungs- und Bezugsinstanz zu seinem Funktionieren bedarf. Insofern erfährt, freilich gegen ihre erklärte Intention, die tautologische ethische Rede vom Sinn des Sports, der er selber ist, noch ihre späte Rechtfertigung. Mit ihr ist die Wahrheit des Sports genauestens getroffen: Sport hat keinen anderen Sinn als den, daß er *ist*. Sein *Sinn* ist sein *Sein*. Und er *ist*, insofern er *funktioniert*. Der *Sinn* seines Seins ist sein *Funktionieren*.

VI.

Zum Schluß meiner Ausführungen noch einige Bemerkungen zur Möglichkeit von Sportkritik. Der Titel meines Beitrags ist bewußt

---

25 Grupe 1992, S. 170.

doppeldeutig formuliert: »Kritik des Dopings«. Die Syntax läßt offen, ob »des Dopings« *genitivus subjectivus* oder *genitivus objectivus* ist. Wer kritisiert da wen? Ist Doping Subjekt oder Objekt der Kritik? Es hat sich gezeigt, daß durch radikale Reflexion auf den Modus der Kritik des Dopings aus der Perspektive der Sportethik diese selbst zum Objekt der Reflexion wird; meine Reflexion über sportethische Kritik des Dopings wandelt sich immanent zur Kritik der Sportethik – mehr noch: der Sport selbst steht zur Disposition. Ethik kritisiert das Doping nicht, sie affimiert es, da sie nicht sehen will, daß der Sport selbst Ausdruck der Dopinglogik ist.

Wenn es stimmt, daß im Doping der Sport zu sich selbst kommt, daß im Doping etwas vom Wesen des Sports in Erscheinung tritt, dann ist damit jede Moral fordernde und einklagende Kritik des Sports in unüberwindbare Schwierigkeiten geraten. Als Dopingsport steht der Sport nicht länger in Widerspruch zu seinem eigenen Anspruch, Wirklichkeit und Idee werden deckungsgleich; seine immanente Dialektik ist zum Stillstand gekommen. Mit dem Erreichen der Indifferenz von Sein und Sollen ist die Bedingung der Möglichkeit von normativer Kritik in Frage gestellt; mindestens das Ende des dialektischen Modus von Kritik des Sports ist damit besiegelt, da Kritik nicht länger aus der immanenten Spannung von Widersprüchen der Sache erwächst, sondern nur noch äußerlich, von außen, mechanisch an sie herantritt. Natürlich kann man noch mitleidsvoll moralisieren, doch verwechsele man das nicht mit ernsthafter, kein Risiko scheuender, d. h. auch ihre eigene Existenz und Wirksamkeit in Frage stellender Kritik am Dopingsport.

Nicht die so bezeichneten »Manipulateure« des Sports, die ihn durch Doping angeblich »mißbrauchen«, ihn »kaputtmachen« und »zerstören«, sind das Problem des modernen Sports, sondern die, die ihn blind anbeten und verherrlichen. Indem jene ihn auf die Spitze treiben, nehmen sie ihn ernst, d. h. sie bringen ihn auf seinen Begriff. Genau das wollen die Ideologen des Sports nicht wahrhaben – und das um den Preis der Machtlosigkeit und sportethischen Hilflosigkeit.

Zum Abschluß noch eine kleine diskussionsstrategische Bemerkung: Es ist zur schlechten Gewohnheit geworden, dem Kritiker in Sachen Sport den Vorwurf der Irrationalität, der Emotionalität, der Unsachlichkeit, des Ideologischen, des Demagogischen, kurz:

der »Diskreditierung des Sports« zu machen.²⁶ Ich möchte zu bedenken geben: nicht die illusionslose Diagnose diskreditiert den Sport, sondern seine moralischen Lakaien. Gerade die rufen nach Sinn, die alle radikalen Fragen nach dem herrschenden Unsinn sowie seinen Gründen und Folgen als zersetzend brandmarken. Auch wenn es in den Ohren mancher wie Gotteslästerung klingt: Das, was unter dem Titel Doping im Sport verhandelt wird, ist eine völlig normale und notwendige, logische Entwicklung; sie hat nichts Anormales, Außergewöhnliches oder Kontingentes. Überraschend und erschreckend ist diese Entwicklung nur für den, der sich blind und taub stellt dafür, daß die zwanghafte und nahezu grenzenlose Selbst- und Fremdausbeutung im Sport ein konstitutiver Bestandteil seiner selbst ist. Nicht Doping ist der Skandal, sondern die Ignoranz seiner Kritiker gegenüber der Dopinglogik des Sports. Es gibt keinen Grund zur Empörung und Entrüstung über Doping, allenfalls einen Grund zur Entrüstung über die eigene Unfähigkeit und Willenlosigkeit, die Binnenstruktur eines Phänomens zu erkennen, das seit Jahren vor unseren Augen und mit unserer Unterstützung sich abspielt – faszinierend und erschreckend zugleich; freilich fasziniert manchen der Schrecken.

Ich fasse zusammen: Doping wird von seinen sportethischen Kritikern als Verletzung und Verrat der Idee des »reinen« Sports interpretiert und damit als kontingentes Ereignis, als Unfall, als Fehlentwicklung von Geschichte und Gegenwart des Sports dramatisiert und zugleich verharmlost – und damit wird die aufklärerische Chance vertan, am Beispiel des Dopings ein wesentliches Merkmal des Sports und auch der Sportwissenschaft zu erkennen. Reduziert man Doping nämlich nicht auf ein moralisch verwerfliches und juristisch problematisches bio-chemisches (bald auch gentechnisches) Mittel zur Leistungssteigerung, sondern versteht es als Ausdruck und Instrument der superlativen technologischen Denkform, dann offenbart sich am Doping ein fundamentales Charakteristikum sowohl des Sports wie auch der Sportwissenschaft. Die Dopinglogik ist ein konstitutiver Bestandteil des technologischen Sports wie der szientistischen Wissenschaften vom Sport. Die moralische Indifferenz des technologischen Betriebs von Sport und Sportwissenschaft verurteilt die Ethik des Sports zu schlechtem Idealismus von antiquarischem Erkenntniswert, doch

26 Vgl. z. B. Sehling/Pollert/Hackfort 1989, S. 120f.

hohem wissenschaftspolitischen und öffentlichkeitswirksamen Tauschwert. Der Werte-Nihilismus des technologischen Sports negiert die Bedingung der Möglichkeit sportimmanenter ethischer Kritik des Sports und verunmöglicht die Zuweisung selektiver, persönlicher Verantwortung. Diese illusionslose Einsicht ist der Preis, den die radikale Kritik an der affirmativen »Kritik« des Dopings zu zahlen hat. Was bleibt, ist die (traurige) Diagnose der voranschreitenden Selbstzerstörung des Sports und damit auch der Ethik des Sports.

Literaturverzeichnis

Amendt, Günter (1992): *Die Droge Der Staat Der Tod. Auf dem Weg in die Drogengesellschaft*, Hamburg.

Beck, Ulrich (1988): *Gegengifte. Die organisierte Unverantwortlichkeit*, Frankfurt am Main.

Becker, Werner (1985): »Wissenschaft als Wettbewerb«, in: Baumgartner, Hans Michael; Staudinger, Hansjürgen (Hg.): *Entmoralisierung der Wissenschafen? Physik und Chemie*, München, Paderborn, Wien, Zürich, S. 75-77.

Benjamin, Walter (1974): Anmerkungen zu »Über den Begriff der Geschichte«, in: ders.: *Gesammelte Schriften*, Band I, 3. Frankfurt am Main.

Grupe, Ommo (1985): »Hat der Spitzensport (noch) eine Zukunft? Versuch einer Standortbestimmung«, in: Anders, Georg; Schilling, Guido (Hg.): *Hat der Spitzensport (noch) eine Zukunft? Bericht des 23. Magglinger Symposiums*, Magglingen, S. 13-43.

Grupe, Ommo (1992): »Das Doping-Problem. Leistungsmanipulation als ethische Frage«, in: Clasing, Dirk; u. a. (Hg.): *Doping – verbotene Arzneimittel im Sport*, Stuttgart, Jena, New York, S. 167-179.

Heidegger, Martin (1967a): »Brief über den Humanismus« (zuerst 1946), in: ders.: *Wegmarken*. Frankfurt am Main, S. 145-194.

Heidegger, Martin (1967b): »Was heißt Denken?« (zuerst 1952), in: ders.: *Vorträge und Aufsätze*, Teil II, Pfullingen, S. 3-17.

Horkheimer, Max; Adorno, Theodor W. (1984): *Dialektik der Aufklärung. Philosophische Fragmente* (zuerst 1944), in: Adorno, Theodor W.: *Gesammelte Schriften*, Band 3. Frankfurt am Main.

König, Eugen (1989): *Körper – Wissen – Macht. Studien zur historischen Anthropologie des Körpers*, Berlin.

König, Eugen (1995): »Subjekt im Sport? Zur Kritik der Anthropologie des Sports«, in: Eugen König und Ronald Lutz (Hg.): *Bewegungskulturen. Ansätze zu einer kritischen Anthropologie des Körpers*, Sankt Augustin, S. 15-28.

Krockow, Christian Graf von (1981): »Olympia widerspricht sich selbst. Olympische Ideale und die Professionalisierung des Hochleistungssports«, in: *Die Zeit*, Nr. 40, S. 71.

Marx, Karl (1972): »Zur Kritik der Hegelschen Rechtsphilosophie« (zuerst 1844), in: *MEW*, Band 1. Berlin (DDR).

Mittelstaedt, Peter (1972): »›Die Beherrschbarkeit der Natur‹ – Kritische Bemerkungen zu den Zielen naturwissenschaftlicher Forschung«, in: ders.: *Wissenschaft und Gesellschaft*, Köln, Berlin, Bonn, München.

Sehling, Michael; Pollert, Reinhold; Hackfort, Dieter (1989): *Doping im Sport. Medizinische, sozialwissenschaftliche und juristische Aspekte*, München, Wien, Zürich.

Singler, Andreas (1993): »Brave New Dope: Von Mäusemästern und geklonten Klöpsen«, in: *Decathlon. Das Leichtathletik-Magazin* 1, S. 26-28.

V. Die Produktion der Spiele durch die Medien

Gunter Gebauer / Christoph Wulf
Die Berliner Olympiade 1936
Spiele der Gewalt

Selten hat es in Berlin ein so perfekt inszeniertes Ereignis wie diese Olympiade gegeben. Sie wurde als Gesamtkunstwerk inszeniert, das den Mythos, die Architektur, die Wettkämpfe, die Zuschauer und die Medien vollständig einbezog.

Innerhalb von drei Jahren wurden auf persönliches Geheiß Hitlers das Olympiastadion und die olympischen Anlagen errichtet. Leni Riefenstahl erhielt den Auftrag, einen zweiteiligen Film über die Spiele zu drehen: *Olympia: Fest der Völker* und *Olympia: Fest der Schönheit*, mit dem ihr eine perfekte Darstellung des Mythos dieser Spiele gelang. Das Internationale Olympische Komitee sah hilflos zu, wie die olympischen Symbole vom Faschismus überlagert und besetzt wurden. Die Spiele wurden zu einer großen, internationale Anerkennung erheischenden Vorführung deutscher Organisationsfähigkeit und deutschen Kampfgeistes. In ihrem Rahmen verloren die sportlichen Leistungen ihren Selbstwert; sie dienten der Selbstinszenierung des Faschismus. Die Zuschauer an den Straßen, auf den Plätzen und im Olympiastadion hatten die Aufgabe, das Überragende des Ereignisses zu bezeugen. Mit dieser Funktion traten sie auch in der Berichterstattung über die Olympischen Spiele in Erscheinung, die für die Verbreitung des Mythos dieser Spiele in alle Welt wesentlich waren. Stellvertretend für alle, die nicht dabei sein konnten, bekundeten die so funktionalisierten Zuschauer die überhistorische Bedeutung des Ereignisses. Mit der ersten simultanen Übertragung der Spiele auf die Fernsehapparate in den Berliner Fernsehstuben begann das Zeitalter der Telekommunikation mit den Mythen der Gleichzeitigkeit und Authentizität.

Wenn der Besucher des Berliner Olympiastadions über endlos weite Steinplatten geeilt ist, den Eingang des olympischen Bezirks zwischen zwei scharf in die Höhe steigenden Festungstürmen durchquert hat, vor dem ungeheuren Rundbau aus grob behauenem Stein und der schweren Mauerkrone angekommen und durch die dunkle Öffnung zwischen den quaderförmigen Säulen geschritten ist, gibt es einen Augenblick, der ihn unweigerlich in den Bann schlägt. Er findet sich in einem gewaltigen Innenraum wieder, der sich weit in die Tiefe ausdehnt und nach oben in den Himmel aufsteigt, inmitten eines Runds, das in seiner Geschlossenheit, Einsamkeit und Tiefe nichts anderes gelten läßt als das, was sich in ihm abspielt: unten auf dem Rasen und der Laufbahn, in der Mitte des Stadions auf den wuchtigen vorgeschobenen Steinquadern der Führerloge und auch überall auf den Rängen.

Die Autorität des Stadions läßt alles zum Theater werden, das seinerseits hier keine andere Form annehmen kann als die des Dramas, das die Lust der Zuschauer hervorruft, darin zu verschmelzen. Nirgendwo wird begreifbarer, daß der Sport den Charakter einer eigenen Welt für sich beansprucht. Was immer man davon halten mag, sein Eigensinn läßt sich an dieser Stelle nicht leugnen. Die Weite, das Geordnete, die Steinmassen, der tiefe Einschnitt des Marathontores mit der feierlichen Treppe, dann weit hinten, jenseits des Maifeldes, der Glockenturm; alles stellt eine Weihe her, unterdrückt das Alltägliche und befiehlt dem Besucher eine Sammlung seiner Gefühle.

Kein Ort wilder Feste, hier kann nichts brennen – nur die Flamme in der Opferschale; es ist ein Ort gigantischer Feiern. Wenn er leer ist, kann noch niemand wissen, für welchen höheren Anlaß die Feiern aufbrechen sollen; wenn er gefüllt ist, hat die Erwartung eines Festes eher etwas Erschreckendes.

Die Zuschauer strömen hinein, Massen in sorgfältig gelenktem Fließen. Alle sitzen, keiner muß stehen; das Stadion braucht Musik, die gesammelte Erregung größter Ereignisse; es verlangt die Superlative: das Mittelmäßige erfährt hier ein gnadenloses Schicksal, es stürzt ab. Halbleer verliert der Ort seine Wärme; er verlangt die Mobilisierung der Massen, die pralle Fülle von Menschen und Ereignissen. Als disziplinierte Reihen, von unten nach oben, von den Kurven zu den Geraden geordnet, sitzen die Zuschauer in Reih und Glied. Hitler ließ sich mit dem Wagen von der Heerstraße aus an den Südeingang, das »Königsportal«, heranfahren, betrat dann aber das Stadion durch einen unterirdischen Gang; unversehens tauchte er in seiner Loge auf, er war auf einmal da, unter seinem Volk, ein als Volksgenosse verkleideter *deus ex machina*, einzigartig hervorgehoben im architektonischen Zentrum des Runds.

Wie bei jedem echten Schauspiel sitzen zuerst die Zuschauer, dann kommen die Schauspieler, einzeln oder in kleinen Gruppen. 1936 sind es keine Individuen, die hereintreten, sondern Kolonnen unterschiedlicher Stärke, abgestuft nach der sportlichen Leistungshöhe: gewaltige Züge im Marschschritt bilden die Großmächte des Sports; kleine energisch marschierende Gruppen die sportlichen Kleinstaaten. Der Innenraum füllt sich; Japan, Italien, Österreich, die USA, Frankreich – der Höhepunkt kommt auch hier zum Schluß: das Deutsche Reich, das wiedergeborene Deutschland, die Mannschaft, die sich als die stärkste, erfolgreichste erweisen wird, von einem Willen beseelt, in einem unglaublich ruhigen, maschinenhaft gleichmäßigen Tritt, Menschen in Weiß, ein Wunder an Erneuerung eines geschlagenen, von schwersten Krisen heimgesuchten Landes.

Dies ist die Szenerie eines Weihespiels, einer Wagner-Oper und eines Turnfestes zugleich; eine solche Szenerie kann nur mit einem Schwur und Beethovens Neunter enden. Das Menschenmeer verdoppelt sich in einem Fahnenmeer, das Feuer flackert in der Opferschale: der zerstückelte Pelops wird wie im Gründungsmythos des antiken Olympia wieder zusammengesetzt. Aber der antike Mythos und die griechischen Rituale werden von der neuen Flamme des Landes verzehrt, das Totenopfer ruft neuen Tod herbei; dies ist die Umkehrung der olympischen Botschaft, die vom »Führerturm« und der Langemarckhalle ausgesandt wird.

Die Nacht verzaubert bei der Eröffnungsveranstaltung das Stadion und vereinigt es mit dem Himmel; sein Raum wird unendlich. Die großen Gefühle in Deutschland werden durch das technische Mittel der Flakscheinwerfer, die einen »Lichtdom« bilden, auf das Höhere gerichtet. Die Jugend des Volkes wird aufgefordert, sich in der Nacht ihren Selbstausdruck zu suchen, im Opfer ihres Lebens für das Höchste, was in diesem Rund denkbar ist: für die Volksgemeinschaft.

Die einzelne hohe Leistung der deutschen Sportler wird in den Rang des Wunders gestuft. Aber wie das religiöse Wunder gehört sie nicht dem Athleten; sie bleibt nichts anderes als Zeichen der Macht, die von ihr profitiert, die ihr die Vieldeutigkeit des individuellen Willens nimmt, die Egozentrik der Ziele, die der Athlet mit ihr verfolgte. Sie werden Tribute, darzubringen immer auf demselben Altar, immer als Weihehandlungen. Die Auslöschung des Individuellen funktioniert nicht vollständig, denn sportliche Leistungen sind rebellische Materie.

Alle Zeichen, auch die sportlichen Gesten, sind im Raum des Stadions doppeldeutig: Der friedliche Kampf, der hier beschworen wird, verwandelt sich später in den wahren; die Tauben, die aufsteigend den Frieden verkünden sollen, fliegen heim in die Taubenställe des deutschen Heeres; der Gruß der französischen Mannschaft im olympischen Geist wird als Gruß an Hitler interpretiert; die Initiation, zu der die Jugend der Welt gerufen wird, weiht sie letztlich nicht dem Leben, sondern dem Tod. Das Fest der schönen Körper bereitet das Tribunal gegen die Untüchtigen vor. Berlin träumt seinen Traum von Olympia, wo alles ganz ähnlich ist wie am antiken Ort, aber doch ganz anders, letztlich eine christlich inspirierte Umkehrung des griechischen Festagons. War schon Preußen nicht Athen, so ist Hitlers Berlin noch weniger Olympia.

Es ist schwer, sich heute von dem Eindruck dieses Stadions freizumachen. Berlin hat damit ein ganz intaktes Stück seiner Vergangenheit, ein Zeugnis seiner alten Größe ohne Narben; alle Wettkampfstätten sind vollständig erhalten. Ihren Respekt vor der Inszenierung der Spiele von 1936 bezeugen viele, auch scharfe Kritiker. Die Reinheit und Unschuld der Teilnehmer mag echt gewesen sein. Dann aber paßten sie nur noch besser in das Konzept der Veranstaltung; je reiner, unschuldiger, jünger die Sportler und Zuschauer, desto besser funktionierte die Inszenierung und desto größer war die Glaubwürdigkeit. Fatal ist die Bereitwilligkeit, mit der sich der olympische Sport inszenieren läßt; aber auch begreiflich: Da er über ein offen interpretierbares inszenatorisches Konzept verfügt, ist er letztlich der Ästhetik des Veranstalter-Staates ausgeliefert. Er wird sogar zu einer der Stützen der Staatsästhetik; in totalitären Staaten ist dies seine Hauptaufgabe.

Mehr noch in seiner ästhetischen Funktion als im Nachweis hoher Leistungsfähigkeit liegt die Aufgabe des Sports für die Herrschaftssicherung. Die Ästhetik des Staates entfaltet Macht über die Körper: die Athleten sind ihr vollendeter Ausdruck, die Disziplin und der Enthusiasmus der Massen deren eindrucksvollster Beweis ihrer Zustimmung. Überall, wo die staatliche Macht um Einverständnis buhlt, lockt sie mit ästhetischen Formen, mit dem von ihr bestimmten Schönen. Der Sport paßt bruchlos in ihre alten Muster, wie die der Gemeinschaft, der Wiedergeburt und der Gewalt.

Der Olympismus hat dem Hitler-Staat mehrere interessante Angebote zu machen: Die Macht verlangt die Tüchtigkeit der Körper; alles andere gilt ihr als minderwertig. Die Berliner Spiele werden so inszeniert, daß die besten Körper überhaupt angetreten sind, um die Verpflichtungen, die ihnen der Staat gesetzt hat, zu erfüllen. Weiterhin verfügt der Sport über das größte und verführerischste Theater, das Olympiastadion. Es ist zu einer bestimmten Stunde Tag für Tag mit 100000 Zuschauern gefüllt. Es gibt der fließenden, unsteten Masse eine feste Form: ein flüssiger Ring in einer riesigen Steinfassung, unter freiem Himmel, voller Wärme und Emotionen. Schließlich verwandelt der Olympismus seine Räume in heilige. Der Nationalsozialismus sucht heilige Räume überall, unter Eichen, in Ehrenmalen und Weihehallen. Olympische Spiele erzeugen eine traumhafte Wirklichkeit, eine Welt der Magie.

Der Sport ist ein phantastisches System der *freiwilligen* Unterordnung. Er wirkt durch das Konzept der Normalität, der Normkörper, das er ausbreitet und das ihm von immer mehr Menschen geglaubt wird. Er richtet sich, ohne es ausdrücklich zu wollen, gegen die untüchtigen Körper. Sein Zauberwort heißt: Erziehung der Körper gegen die Dekadenz der Zeit; das ist sein Reformprojekt. Coubertin sah »mit großem Vergnügen«, daß sich Deutschland und Italien auf den Boden einer solchen Erziehungsreform gestellt hatten, »die allein zu der letzten Verwirklichung des von ihm erstrebten sportlichen Erziehungsziels führen könne«. Nach den Olympischen Spielen spricht er begeistert davon, sie seien »von hitlerischer Kraft und Disziplin illuminiert worden« (in seiner Dankadresse an die Berliner Organisatoren).

Heute hat man sich in Deutschland auf die Formel geeinigt, die Berliner Spiele seien politisch ausgenutzt worden. Dieses Urteil ist blind für die ästhetischen, rituellen und mythologisierenden Zusammenhänge zwischen Olympismus, modernem Sport und dem Nationalsozialismus. Es übersieht die Rolle der Gewalt in der Inszenierung des sportlichen Völkerwettkampfes. Die Macht hat auf dem Wege der ästhetischen Inszenierung die Spiele ergriffen; wie andere Gesamtkunstwerke auch, tendiert das der Olympischen Spiele 1936 zu einer Allianz mit dem Faschismus.

Die Ästhetik der Spiele wird überhöht durch den das Ereignis für die Erinnerung und die Zukunft noch einmal inszenierenden Film Leni Riefenstahls. Die Botschaft ihres Films: Die Olympiade in Berlin ist ein mythisches Ereignis, in dem die griechische Antike und deutsche Gegenwart eine grandiose Verbindung eingehen.

Der Film beginnt mit Aufnahmen von zerbrochenen Ruinen antiker Tempel. Sie liegen in den Wolken und erwachen langsam aus dem Schlaf der Jahrtausende. Eine Auferstehung des antiken Griechenlands kündigt sich an: in den Himmel emporragende Säulen, von Wolkenfetzen verhangene, im Morgenlicht leuchtende Tempeltrümmer. Langsam entsteht im Film ein imaginärer, zeitentrückter Raum aus Wolken und Ruinen, in dem allmählich antike Statuen in Erscheinung treten. Zunächst kaum erkennbar, dann deutlich sichtbar, dann wieder dem Blick entrückt – ein Spiel von Erscheinen und Verschwinden. Immer mehr gewinnen sie Gestalt: Apollo, Achilles, Paris. Plötzlich taucht der Diskoswerfer des Myron auf. Sogleich überblendet ihn die Kamera: Aus dem antiken Diskoswerfer wird ein germanischer Diskuswerfer – ein Vorgang, den Leni Riefenstahl als »wiederbelebte Antike« bezeichnet. In seiner Hand ist die Scheibe des Diskos zur Waffe geworden. Ihm folgen zum Leben erweckte Speerwerfer und Kugelstoßer. Junge Frauen treten in Erscheinung: Tänzerinnen im Reigen und beim Reifenspiel am Meer, nackte Körper im Sonnenlicht. An dem für Zeus und Pelops auf der Pelopsinsel brennenden Feuer wird die Fackel entzündet und in einem gigantischen Staffellauf von Griechenland nach Berlin gebracht.

Vom Volk umjubelt, läuft der Fackelträger durch das Brandenburger Tor zum Olympiastadion, wo die olympische Gemeinde seiner harrt. Hier wird die »Flamme aus Griechenland« der deutschen Olympiade und damit dem Deutschen Reich und seinem Führer übergeben. Entsprechend dieser Intention werden plötzlich auch die nationalsozialistische Fahne und der Kopf Hitlers eingeblendet. Aus dem Zeus- und dem Pelopsopfer wird ein Opfer für den Führer. Wurden in Griechenland aus Göttern Menschen, so macht man in Deutschland aus Menschen Götter. Die Musik mit ihren heroischen Fanfarenklängen betont die Mythenbildung des Films, dessen Absicht es ist, das olympische Ereignis von 1936 »schöner als in Wirklichkeit« (Riefenstahl) in Erscheinung treten zu lassen. Der Traum des Olympismus und der des Nationalsozialismus werden zur Überschneidung gebracht.

Man wird nicht den Grund der Faszination der Berliner Spiele aufspüren können, wenn man nicht die ungeheuer dichte Organisation ihrer Zeichen offenlegt. Tatsächlich werden Zeichen in einer seltenen Fülle und Dichte produziert – die Räume, die Zeitgestaltung, die Kämpfe, die Massen, die Athleten und Nationen –, buchstäblich nichts entgeht der Symbolisierungswut der Veranstalter. Alles repräsentiert; jedes Ding, jedes Ereignis ist mit einem anderen verbunden; das Wirkliche wird Symbol für das Unwirkliche, »alles war wie im Film« (S. Kracauer). Die Deutschen sind zugleich die Wiedergeborenen und die neuen Griechen, die Italiener der faschistische Bundesgenosse und Träger römischer Größe, die Österreicher die Eigentlich-Deutschen; die Franzosen werden zu einem sich unter die Macht des Gastgebers – scheinbar – beugenden Gast.

Schon der Olympismus hatte die Anzahl der Repräsentationen eindrucksvoll vermehrt und das sportliche Ereignis in manchem zu einem Kostümfest gemacht. In Berlin stößt er auf einen ungleich mächtigeren Symbolproduzenten, der zudem den Kostümen den Schein von Echtheit zu verleihen imstande ist. Wagner, der musikalische Favorit Coubertins und Hitlers, wird zu übertrumpfen gesucht. In vielem ähneln die Nazi-Zeichen denen, die sich die olympische Bewegung in den vierzig Jahren ihrer Existenz ausgedacht hat. Aber das Entscheidende ist, daß das olympische Zeichenreservoir unmerklich von innen her umgeformt wird, bis es in das Lager des Nationalsozialismus hinübergleitet: Der olympische Mythos braucht den Heroen und den obersten Gott, Zeus, dem geopfert wird. Der deutsche Mythos braucht den Herrn des Festes, der zugleich Herr über Leben und Tod ist. Die anachronistische Ritterwelt des Sports wird zur Anständigkeit des deutschen Kämpfers, der Elitismus Coubertins zum Rassismus, die Wiedergeburtsidee Olympias zu einer nationalsozialistischen Erlöserreligion, die Dramatik des Wettkampfes zur Tragik, das Sportzelt zum Weihefest.

Die geheime Gewalt der Spiele 1936, die selbst genauen Sachkennern verborgen geblieben ist, erzeugt eine Situation der Unterdrückung von Persönlichem, der Unterwerfung unter NS-Rituale und eine permanente Stilisierung aller Teilnehmer im nationalsozialistischen Sinn. Sie verlangt also eine ständige Anerkennung der Deutung, die ihnen der deutsche Gastgeber gab. Kein Zweifel, daß die Beteiligten dies akzeptierten. Sicher ist auch, daß es den Nationalsozialismus seinerseits beträchtliche Konzessionen kostete, den Olympismus von innen her zu durchdringen. Olympia sollte auf dem Feld des Sports nicht sein letztes Wort bleiben – die Zukunft lag in Nürnberg mit dem Entwurf gigantischer Germanischer Spiele, in einem Stadion, das alle Vorstellungen sprengen sollte und das dem Spezialisten für derartige Unternehmungen, Albert Speer, anvertraut wurde.

Wesentlicher Bereich der Zeichenproduktion neben der Architektur und den Ritualen sind die künstlerischen Menschenbilder, insbesondere jene der Plastik. Die Olympischen Spiele markierten die offizielle Aufnahme des antiken Schönheitsideals, definiert in den Arbeiten Arno Brekers, und deren Beförderung zur repräsentativen Staatskunst. Was uns heute wie ein Rückfall weit hinter den Stand der modernen Kunst vorkommt, wird von den Nazis und der schweigenden Mehrheit als Wiedergewinnung eines erkennbaren, zur Identifikation einladenden Menschenbildes der Stärke, Überlegenheit und Festigkeit aufgefaßt. Wie die deutsche Olympiamannschaft ist die nationalsozialistische Plastik Repräsentant gegen ein »faulendes Saeculum«, gegen die Lehmbrucks, Kollwitzs, Barlachs, gegen ein demütiges, vergeistigtes, mitfühlendes Bild des leidenden Menschen.

Der Mensch des neuen Menschenbildes leidet nicht, er läßt leiden: Es gibt zu diesen Plastiken immer einen Feind – das Häßliche und »Minderwertige«. Die nationalsozialistischen Sportplastiken sind Sinnbilder, Denkmälern vergleichbar, die bei den Nazis so beliebt waren: einsam wie diese, herausgelöst aus ihrer Umgebung, mit wuchtigen, elementaren Formen, gesichtslos, ohne Lebendigkeit und Individualität sollten sie als Jahrtausende auf den Betrachter herabblicken. Die Plastiken und Athletenkörper bleiben, für sich genommen, immer leer; man muß sie sich mit Musik vorstellen, wie im Riefenstahl-Film. Das Starre bleibt dann zwar, aber es wird angefüllt mit vaterländischer Stimmung. Starr bleibt der Körper dann immer noch, aber aus Emotion; in einer solchen Haltung wollte der Nationalsozialismus seine Olympiakämpfer sehen, seine »politischen Soldaten«, die zu Beginn ihrer Vorbereitung auf die Spiele in der Deutschen Oper den Schwur auf den Führer leisten mußten. Aber auch als Gefühlskörper haben sie keinen Ausdruck, ihr Gesicht entspricht einem Standard, das ist alles. Auch die Bilder, Pressefotos und der Riefenstahl-Film zeigen kaum Gesichter. Die Athleten sind als Ausdruck einer Idee vollkommen körperlich. Sie brauchen kein ausdrückendes Gesicht.

Die Zeichen der Spiele wirken zugunsten einer politischen Macht, ohne selbst politische Eigenschaften zu besitzen. Ihre Wirkungsweise beruht auf Stimulation und Täuschung. Sie exaltieren das Geschehen, und sie täuschen, weil sie *als Kunst* erscheinen, aber in Wirklichkeit biologistisch geprägt sind. Das wesentliche Zeichen des gesamten Repertoires ist das Blut: es bildet die Rasse, die Gemeinschaft und den Wert des einzelnen. Die Wunderleistungen der deutschen Athleten bezeugen ihre Rasse. Die Spiele feiern das Blut, seine Erhaltung, Vermehrung und Verbesserung, und sie bereiten mit ihrem Festrausch das neue große Vergießen vor.

Dietmar Kamper
Keine Chance für die Geistesgegenwart
Wie der Körper als Bild im Sport
sein Dasein fristet

Im folgenden geht es um etwas absolut Selbstverständliches, das jedoch dabei ist, zum Fragwürdigen schlechthin zu werden. Ich nenne die rücksichtslose Visualisierung der menschlichen Körper, wie sie in der Sportberichterstattung üblich ist, die nun immer Sportschau ist, auch dann, wenn man nur Worte hört. Ich meine die Macht der Bildmedien, die alle Menschen zu passiven Zuschauern macht, auch die sogenannten Aktiven. Ich meine die Kontrollbilder, die in den Stadien mitlaufen, in »Echtzeit« oder in Slow motion, in Super slow motion und in endlosen Wiederholungen. Ich meine den Wechsel vom »stehenden« zum »laufenden« Bild, vom »laufenden« zum »stehenden« Bild als ostentative Meisterschaft einäugiger Kameras. Ich meine das daran, was die Differenz auslöscht zwischen dem Bild und dem Körper und was dem Körper, wie er lebendig und sterblich ist, heftig zusetzt, bis zu seiner restlosen Entfernung.

Daß ein Bild vom Körper nicht der Körper ist, den es abbildet, ist leicht zu behaupten, aber schwer zu beweisen, insbesondere dann, wenn die Bildmedien glaubhaft versichern, alle Welt zu sein. Schon wer sich einen Körper vorstellt, sprechend oder hörend, ist ausweglos im Bilde. Man wird also die Differenz, auf die es ankommt, nur mit einem Sprachdenken erreichen, das radikal gegen seine Gewohnheiten verfährt, gegen seine Selbstverständlichkeiten, Gemeinplätze und stehenden Redewendungen. Die ersten Überlegungen zum Thema sind Ende der 70er Jahre diskutiert, niedergeschrieben, weitergegeben worden. Die Frage lautete von Anfang an: Wiederkehr des Körpers – Realität oder Fiktion? Es gab damals schon viele, die an eine Wiederkehr des Körpers nicht glaubten, sondern bestenfalls an ein ohnmächtiges Reagieren. Weil der Fortschritt der abstrakten Gesellschaft so dominant geworden ist, daß die menschlichen Körper eigentlich nur noch Überbleibsel einer vergangenen Zeit seien. Mit diesen Körpern könne man nicht weiteragieren. Die Menschen müßten lernen, sich in diesen hochabstrakten Verhältnissen zu bewegen. Und dazu müßten sie Hören und Sehen verlernt haben, und dazu müßten sie auf ihren Körper verzichten, der dann in Reservaten, wie im Sport, noch einmal zusätzlich und mit Macht traktiert wird. Das hat Hegel vor 200 Jahren schon mit Vehemenz gesagt, daß Lernen ein Verlernen sei. Zwar gab und gibt es Widerstand gegen dieses behauptete Verhängnis der kommenden Körperlosigkeit in der Gesellschaft, seit der Romantik und gewiß bei den Surrealisten und bei Dada und in der situationistischen Internationale, also das ganze Jahrhundert hindurch. Doch die Chancen stehen schlecht.

Mir ist aufgefallen, daß die abstrakte Welt eine Geistesgegenwart kaum noch zuläßt, so daß die Frage gilt: Ob nicht diese Geistesgegenwart eminent körperabhängig ist? Ob man Geistesgegenwart – obwohl das Wort eigentlich etwas anderes sagt – anders denn durch Körperpräsenz erreicht? Was Körperpräsenz ist, kann natürlich nur im Abstand dazu gefragt werden. Übrigens eine Frage, die mir immer rätselhafter wird. Die Macht des Visuellen, dieses Abbilden-Müssens, dieses Transformieren aller Dinge in Bilder, der Welt in Weltbilder, der Körper in Körperbilder, der Bewegung in Sport und Spiel in Bilder der Bewegung in Sport und Spiel, hat eine so hochgradige Selbstverständlichkeit erreicht, daß man kaum noch auf eine Differenz kommt. Gibt es denn etwas am Körper, das nicht Bild ist? Hat er eine Gegenwart jenseits der visuellen Metaphern und visuellen Techniken? Und wäre die Technologie der neuen Medien dann überhaupt in der Lage, eine solche Gegenwärtigkeit des Körpers zu erfassen? Oder sind gerade sie, das Fernsehen und das Video, die Verfahren, die zur Vergeßlichkeit beitragen, zur Abwesenheit unter dem Joch der Abstraktion? Obwohl man da ist, ist man eigentlich nicht da. Keine Chance für Geistesgegenwart in der bloßen Gegenwart des Geistes. Ist vielleicht deswegen diese neue Gewalttätigkeit gegenüber den Körpern aufgetaucht, auch bei denen, die sie lieben, auch beim sportlichen Training, das längst maßlos ist? Geht es um den Versuch, in einer solchen flüchtigen Welt der flüchtigen Materien einen Körper zu behalten? Und ist das der Anlaß mitzumachen?

Um überhaupt die Fragen zu verstehen, muß man historisch etwas ausholen und in die Geschichte zurückgehen. Der Sport konnte nur in einer hochentwickelten Industriegesellschaft auftauchen. Er ist ein Reflex auf die gesellschaftlichen Abstraktionsprozesse und zugleich einer ihrer Tummelplätze bis zum Exempel der rücksichtslosen Visualisierung. Das mag am Schicksal der hochgeachteten instrumentellen Vernunft deutlich werden. Diese ist ein Spaltprodukt. Sie entstammt der Trennung von Körper und Geist zur Zeit der industriellen Revolution. Da gab es noch einen Körper, der im Wechselspiel mit der Welt, in der er da war, »vernünftig« war, das heißt: in einem einigermaßen symmetrischen Austausch. Mittels des Spaltproduktes »instrumentelle Vernunft« hat man des Körpers »große Vernunft« (Nietzsche) Schritt für Schritt minimiert. Von daher wurde die Maßgeblichkeit eines vernünftigen Körpers zugunsten der gesellschaftlichen Abstraktion aufgekündigt. Gesellschaftliche Abstraktion, instrumentelle Vernunft oder körperloser Geist orientieren sich an utopischen, imaginären Größen. Sie sind Strategien ohne Maßstab im Wirklichen. Rückblickend können sie als Faktoren einer weltweiten Ausbeutung, Zerstörung und Vernichtung natürlicher Ressourcen wahrgenommen werden. Der Sport ist heute noch ein beispielhaftes Feld dieser Strategien.

Ich betone den *point de vue* im Rückblick. Als die Geschichte geschah, galt genau das als Errungenschaft, was sich nachträglich als Desaster herausstellt. Man ist sehr weit gekommen mit der Abkopplung. Vor wenigen Jahrzehnten wurde als Motto einer vollständigen Überwindung der Rückbindung an lebendige Körper behauptet, daß der Mensch, verkehrstechnisch betrachtet, eine Fehlkonstruktion sei. Heute liest es sich anders: die Entkörperlichung, sprich Immaterialisierung der Welt ist die trübe Quelle einer rastlosen »Dialektik der Aufklärung«, einer unaufhaltsamen Ausbreitung paradoxaler Lagen, die eine Unmöglichkeit nach der anderen im gesellschaftlichen Kontext zeugt. Das Utopische, das ein Faktor des Fortschritts schien, erweist sich in strikter Buchstäblichkeit als Ortlosigkeit, in der jede herkömmliche Orientierung untergeht. Die Überfrachtung des Kopfes führt zur Kopflosigkeit. Die Vernunft selbst, losgerissen aus der »Weisheit des Leibes« (Nietzsche), changiert in einen Wahn, der nur noch eine einzige Größe kennt und mit Sicherheit zur Ausführung bringt: die Vernichtung dessen, was ist, was ohne den Menschen ist.

Dieses Verhängnis läßt sich auch an Struktur und Genese des Sports studieren. Allerdings bedarf es dazu eines gehörigen Abstandes. Erst dann ist das Globale aufschlußreich. Der Abstand erfordert innere Distanz und das Durchlaufen einer Schule des

Verdachts, bezogen auf die eigenen Meinungen. Das hochgradig »Selbstverständliche« einer Vernunft, die jeder Mensch unter den gegebenen Bedingungen zum Überleben braucht, ist nicht einfach abzutun. Sie kann erst nach und nach derart unterminiert werden, daß der Verdacht zieht, die Logik der industriellen Revolution der Verhältnisse könne sich einer gründlichen Spaltung verdanken, die weiterwirkt. Dabei ist es unnötig, das Ungetrennte von Körper und Geist zu hypostasieren, etwa zur »verlorenen Wildform« einer ursprünglichen Natur (was Helmuth Plessner schon heftig inkriminiert hat). Vielmehr wäre der »vernünftige Körper« als Resultat einer geschichtlichen Arbeit an den fünf Sinnen zu bestimmen, als materielles Produkt der gesamten Evolution und der Weltgeschichte. Das aber scheint historisch vorüber zu sein. Der Körper ist abgemeldet. Ganz im Gegenteil zum Augenschein ist der Sport ein Ort, an dem der Körper verschwindet, und zwar im Bild. Das Bild setzt gewissermaßen eine letzte Frist für das Dasein des Körpers. Das Körper-Bild ist eine Weise der Körper-Vernichtung. Jedenfalls wird er so aus dem Feld der wirkenden Mächte geschlagen.

Gegenwart gewinnt ein Geist nur im Körper, Zukunft der Erinnerung, erinnerte Zukunft. Erst ein KörperDenken in den Wurzeln der Sprache ist gegenwartsfähig. Gegenwart steht hier gegen Dasein, gegen »Dasein als Bild«. Körper sind sichtbar da, aber nur als Bild, eben um den Preis eines »Daseins als Bild«. Der Preis ist eine Form des Vergessens, die alles Abgebildete in die Vergangenheit verstößt, die speichert, um im Bilde bleiben zu können. Erinnerung geht in den Körper, Vergessen geht aus dem Körper. Die Körper haben eine starke Tendenz, im Bild zu verschwinden. Gewesene Körper sind als Bilder da. Dasein gibt es von Gnaden des Auges – griechische Tradition. Gegenwart ist mit allen Sinnen, vornehmlich mit den Ohren – jüdische Tradition.

Gegenwart und Dasein, in der Philosophie immer wieder zusammengezogen und identifiziert, haben begriffsgeschichtlich ganz verschiedene Quellen. Das griechische Denken, das maßgeblich geworden ist für unsere Theorie, kennt Gegenwart nur als Dasein, deutet Präsenz als Dasein für die Augen. Das mag schon in den alten Olympischen Spielen kulminiert haben. Präsenz war hier volle Sichtbarkeit. Während das jüdische Denken Präsenz als Gegenwart der Stimme des Anderen im Ohr deutet. Wegen der Differenz von Sehen und Hören gibt es zwei verschiedene Gegenwarten. Körpergegenwart für das Hören, Tasten, Schmecken, Riechen ist eine andere als die, die das Bild suggeriert.

Wenn Körper da sind, dann sind sie als Bild da. Um den Preis ihrer Gegenwart, ihrer Geistesgegenwart. Was bedeutet das? Warum ist das ein Preis? Was sind die Kosten dafür? Vielleicht ist das Dasein im Bild eine Form des Vergessens. Erinnerung führt in den Körper hinein, Vergessen aus dem Körper heraus. Im Extrem verschwinden die Körper im Bild, das heißt: im Vergessen. Und ein Widerstand gegen dieses Verschwinden müßte eine andere Gegenwart mobilisieren als die, die die Theorie kennt, was soviel heißt wie: distanzierte Augenerkenntnis. Also könnte man exponieren: Dasein gibt es im wesentlichen für die Augen. Gegenwart braucht alle Sinne, insbesondere das Ohr.

Rätselhaft ist das Genießen des »Im Bilde Seins«, des Da-seins als Bild. Da ist ein Sog. Er hat Anklänge an die Ewigkeit, die als eine Überwindung der Sterblichkeit gilt. Der Stempel heißt: Aufbewahren für immer und alle Zeit. Unsterbliches Dasein als Bild. Sterbliche Geistesgegenwart im Körper, ein epochales Drama der Unvereinbarkeit. Zwischen Dasein und Gegenwart tut sich ein Abgrund auf. Der Körper kann nicht einverstanden sein mit dem Bild, als das er da ist. Da wächst Gewalt, in der Leben gegen Vergessen opponiert.

»Im Bilde Sein« ist offenbar ein Zustand der Lust. Und doch scheint diese Lust etwas zu kosten, nämlich die volle Gegenwärtigkeit des Körpers, die Geistesgegenwart. Das hat etwas zu tun mit der deutlichen Tendenz der Menschen, auf die Ewigkeit zu setzen, also auf die Überwindung der Sterblichkeit, der Schwere, der Gebrechlichkeit der Körper. Die Bilder sterben nicht. Obwohl das übertrieben ist. Auch Bilder sterben. Wenn man z. B. nach langer Zeit mal wieder alte Fotos ansieht, zeigen sich Spuren des Alterns sehr deutlich. Aber vielleicht ist das das Materielle an ihnen. Der Idee nach sind sie unsterblich. Und so hat man das immer gemacht. Man hängt ein Bildnis des Verstorbenen an das Grab, um sich seiner für immer in dieser Form zu erinnern. Bilder von Menschen machen in diesem Sinne heißt: Aufbewahren für alle Zeit. Das ist, wie viele wissen, ein grausames Unterfangen. Aber so ist das Dasein im Bild mit der Unsterblichkeit verknüpft. Und die Geistesgegenwart mit der Sterblichkeit der Körper und der Hinfälligkeit und der Existenz in der Zeit.

Als Realität von Gnaden eines körperlosen Geistes ist der Sport nicht Befreiung des Körpers, sondern seine produktive Zurichtung. Einsperrung, Gefangensetzung. Der von der Produktion freigesetzte Körper wird als Bild inszeniert und dem Konsum überlassen. Damit gerät er definitiv in die Nähe des Abfalls und des Mülls. Insofern die Postmoderne als Niederlage der Moderne bezeichnet werden kann, zeigt der Sport immer deutlicher das »wahre« Gesicht der Moderne. Im Fokus seiner Aufmerksamkeit steht ein geistloser Körper, der als Spielball der instrumentellen Vernunft abstrakten Regeln und imaginären Zwängen unterworfen wird.

Zwei Nachrichten, den Umgang mit dem menschlichen Körper betreffend, haben mich in den letzten Jahren über die Maßen erschreckt: die eine handelte von kleinen Kindern, die man tötet, ausweidet, mit Heroin anfüllt und wieder zunäht, um bis zum Zeitpunkt der beginnenden Verwesung unverdächtige Transportbehälter zu haben; die zweite Nachricht stand im *Spiegel* Nr. 37 (1988) und betraf das sogenannte Schwangerschafts-Doping, demzufolge Frauen sich mit der Absicht der Leistungssteigerung schwängern lassen und dann zum für die gesteigerte Leistung günstigsten Zeitpunkt abtreiben. Mit solchen Praktiken – scheint mir – ist die Grenze überschritten, die in der Vergangenheit von Scheu, Scham und Schande in Rücksicht auf den menschlichen Körper gezogen worden ist. Damit ist zugleich im Extrem deutlich, worauf die Regeln und Zwänge letzten Endes hinauslaufen. Zwar gibt es intermittierend auch Glanz und Gloria. Aber wer gedanklich dem »respice finem!« folgt, sieht klar, daß die Verbrechen einer sinnlosen Vernutzung menschlicher Körper für die Strategien des körperlosen Geistes konstitutiv sind.

Schwer durchschaubar bis zuletzt blieb die Transformation des Körpers ins Bild. Was gezeigt wird und offenbar für Akteure und Voyeure gleich mächtig sich auswirkt, ist ein strahlender androgyner Körper als imaginäres Medienereignis. Wer sich auf solcher Höhe halten kann, ist immer nahe beim Fall, beim Abfall. Der Körper als Bild ist der absolute Terrorist der Szene, dem jedes Opfer recht ist und dem wie einem Moloch jegliche Opfer gebracht werden, Kinderkörper, Frauenkörper, Männerkörper. Er ist kein Abbild, sondern ein Urbild, die Ikone einer sich selbst täuschenden Menschheit. Denn das genannte Medienereignis: der unsterbliche, ungeschlechtliche, ungeistige Bildkörper, erweist sich als Projektionsfläche eines kollektiven Omnipotenzwahns und damit als Kehrseite eines Versagens, das genau die Menschen ausbaden müssen, die dergleichen verkörpert haben. Man sollte, um einer solchen Perspektive aufzuhelfen, eine große »Verbleibsuntersuchung« unternehmen von Sportlern, die es gewesen sind, das Bild.

Bild heißt Abschied vom Körper, der bereits im Mutterleib beginnt. Aus Angst. Vor dem Leben. Gegen die Angst helfen nur die Bilder. Wo Bilder sind, ist Angst gewesen. Pavor nocturnus, Horror vacui. Verlustangst. Um den Körper des Anderen nicht zu verlieren, mutet man ihm zu, zum Bilde zu werden. Das Scheinleben im Mutterleib ist das angstlösende Phantasma schlechthin. Bilder statt Körper. Lieber Bilder statt Körperlosigkeit. Denn Bilder sind auch immer Zeugnisse einer gestorbenen Liebe. Grabmäler. Denkmäler.

Es scheint, daß ein epochales Drama sich abspielt, daß sich im Zuge des Bildermachens gerade dort ein Abgrund auftut, wo die Körper nicht einverstanden sein können mit dem Bild, als das sie da sind. Das ist bezogen auf das Bilder-Machen als eine Tätigkeit, an der wir nichts Besonderes mehr finden, dessen unterschwelligen Gewaltcharakter wir nicht mehr wahrnehmen.

Vor kurzem hörte ich, daß man in einem einzigen Monat mehr Bilder sieht als Menschen vor hundert Jahren in ihrem ganzen Leben. Man konnte von einer Kamera lesen, die mehrere Millionen Bilder pro Sekunde macht. Was hat das für Folgen? Gibt es Rückwirkungen? Ist es eine Zerstörung der Geistesgegenwart und darüber eine Zerstörung der Körper? Das muß etwas mit dem »Im Bilde Sein« zu tun haben – auf der einen Seite intensives Dasein im Bild und auf der anderen Seite schwindende Geistesgegenwart. Offenbar ist eine sehr starke Befriedigung damit verbunden, daß man derart gerne ins Bild gerät. Ich vermute, es hat etwas mit gelinderter Angst zu tun. Vielleicht kann man sagen: Bilder bieten einen Trost, weil sie Angst verdecken können. Sie suggerieren Kraft, obwohl ein Gespür für die Ohnmacht im Hintergrund bleibt. Also immer mehr Bilder, weil die Rückkehr der Angst immer stärker drängt? Wer die Bilder wegnähme, ließe die Angst ausbrechen wie ein heulendes Elend?

Was ist mit dieser fast unaufklärbaren Angstbewältigung, die immer mehr kostet, in bezug auf den Umgang mit dem eigenen Körper? Ist es immer noch die Angst vor dem Tod? Die Angst, die uralte Angst, die schon in archaischen Zeiten zu solchen Konstruktionen wie Ewigkeit und Überleben auf Dauer, wie auch immer, geführt hat; welche Konstruktionen übrigens alle etwas mit Bildern und Visionen zu tun haben. Es ist wahrlich absurd, aus Angst vor dem Tod sterben zu wollen, aber nichtsdestoweniger längst ein Normalfall aktueller Existenz. Es ist eine Absurdität oder eine Paradoxie, mit der viele Menschen gegenwärtig zu tun haben. Dem könnte man entgegenhalten: Vielleicht ist Ewigkeit heute das Mißverhältnis, das neue Arten der Gewalt nach sich zieht, hinter sich herzieht. Vielleicht kommt deshalb diese Gewalt in Zusammenhang mit den praktizierten Körperverhältnissen auf, zunehmend, weil eine Probe aufs Exempel der Realität gemacht werden muß. Vielleicht ist der Sport ein Ort, ein Feld, eine Landschaft, auf der ein Krieg stattfindet, der ums Verschwinden der Körper mittels der Bilder geführt wird, zugleich aber auch mittels der Körper gegen die Bilder vom Körper, gegen die Agenten einer falschen Beschwichtigung der Angst. Vielleicht schändet man dabei realiter und symbolisch Grabmäler. In Form von Bildern. Vielleicht sind diese gewalttätigen Körper Agenten der Gegengewalt gegen die Zumutung, nichts anderes mehr zu haben als nur noch ein Bild von sich. Vielleicht.

Gunter Gebauer
Der neue Nationalismus im Sport

Der Rekord, der die Olympischen Spiele in Barcelona am stärksten prägte, war die Zahl der für die Fernseh-Übertragung eingesetzten Kameras: 578. Noch nie wurde auch nur entfernt so viel Technik eingesetzt, um ein Sportspektakel zu produzieren. Ob der technische Fortschritt bei der Herstellung dieser Ereignisse im Medium Fernsehen wirklich dem Sport und den Zuschauern zugute kommt, ist eine offene Frage. Im Olympiastadion von Rom (1960) verfügte das Fernsehen über 50 Kameras, 1968 in Mexiko waren es 70, 1972 in München noch nicht mehr als 98. Trotz der im Vergleich zu heute erbärmlichen technischen Ausrüstung sind diese Olympischen Spiele als großartige Wettkämpfe in Erinnerung geblieben.

In Barcelona sollte der hohe Aufwand für die Fernsehübertragung, motiviert durch die hohen Kosten der Rechte, eine neue Dimension des Sports erschließen, mit noch nie gesehenen Bildern, Visionen und Impressionen. Neben einer rasanten, jeden Erfahrungshorizont sprengenden Dramatik und dem dadurch ausgelösten Gefühl einer zunehmenden Unwirklichkeit der Ereignisse öffnete sich für den Fernsehzuschauer tatsächlich eine Dimension des Sports, nicht weniger hyperreal als die Ereignisse, aber der technische Fortschritt wurde für einen Rückgriff auf nationalistische Ideologien benutzt.

Nach der bisher üblichen Praxis unterstellte sich die Regie dem übertragenen Ereignis: sie respektierte seinen Ort und seine Zeit. Für die Darstellung war vor allem die zeitliche Folge der Handlungen absolut verbindlich. Die Dramatisierung von Zeit, die der Sport selbst bewirkt, wurde vom Fernsehen weitgehend übernommen. Trotz Einblendungen, Schnitten, Rückblenden war die Dramaturgie der Fernsehübertragung im Kern aristotelisch (H. Seifart). Im Raum des Olympiastadions folgte die Regie mit ihren Kameras einem Wettbewerb – sie zeigte alle Protagonisten, den Verlauf des Wettkampfs, das Erreichen des Ziels. Nach dem neuen Darstellungsprinzip wird nicht einmal das mindeste Erfordernis dieser Dramatik beachtet: daß ein Ereignis ganz, also bis zu seinem Ende gezeigt wird. Zwar wurde schon vor Barcelona die klassische Dramaturgie ausgehöhlt durch eine Regie, die sich mit abgerissenen Bildfolgen, hin- und herspringenden Perspektiven, Superzeitlupen und extravaganten Kamerapositionen zunehmend zur Geltung brachte, dies aber weitgehend im Interesse einer Steigerung des Ereignisses. Der Fernsehzuschauer wurde immer noch darüber informiert, *wie* ein Wettkampf geschah. Der Sport behielt sein eigenes Recht, insofern sein Ablauf in Raum und Zeit respektiert wurde.

Die neue Darstellungsform hat mit der aristotelischen Dramaturgie endgültig gebrochen. Es ist vorbei mit den drei Einheiten von Ort, Zeit und Handlung: Kaum hat man sich in ein Ereignis eingesehen, die Wettkämpfer identifiziert und ihr Rennkalkül entschlüsselt, kaum ist man von den Rhythmen des Geschehens erfaßt, meldet sich eine Stimme und kündigt an, daß die Übertragung abgebrochen und an einen ganz anderen Ort, zu einer ganz anderen Sportart umgeschaltet wird – weil dort ein Deutscher gerade Medaillenchancen hat. Es wird rücksichtslos gewechselt, von den Läufern zu den Pferden, dann zu den Gewichthebern und Kanuten, hier fährt ein deutsches Rad als erstes über den Zielstrich, dort boxt oder ringt einer, scheinbar ist alles durcheinander, aber alles geschieht entlang einem roten Faden: für Deutschland. Der am Sport interessierte Zuschauer wird, ob er will oder nicht, zu einem Schlachtenbummler gemacht, er muß mit zum nächsten Schauplatz, zum höheren Nutzen des deutschen Medaillenspiegels.

Kein Zweifel, die Olympia-Übertragung des Fernsehens hat eine grundlegende qualitative Veränderung gebracht. Niemand sitzt hier in der ersten Reihe, denn es gibt keine festen Sitzplätze mehr. Alle Zuschauer sind in Bewegung: auf der Spur der Deutschen. Ohne erkennbare räumliche und zeitliche Konstruktion wird die Übertragung mit Hilfe einer anderen dramaturgischen Einheit konstruiert, einfacher und unfaßbarer zugleich. Es entsteht eine Art Bilderbogen, der von der Regie nach Belieben umgeblättert wird, wenn es opportun erscheint, sobald irgendwo ein Deutscher ins Spiel kommt. Das neue Darstellungsprinzip, die neue Einheit ist der deutsche Nationalismus.

Schon frühere Olympia-Übertragungen, vor allem die aus Los Angeles und Seoul, transportierten ein gehöriges Quantum an Nationalismus. In Barcelona kam eine neue Technologie hinzu: die

Selektion von Ausschnitten aus der Weltregie und die Anreicherung durch unilaterale Kameras der nationalen Fernsehstationen – ein Fortschritt auf dem Weg zur Individualisierung der Programme, der aber nahezu ausschließlich für nationalistische Zwecke genutzt wurde. Das ist schon deswegen bemerkenswert, weil noch nie die Übertragungstechnik so international organisiert und der Sport so individualistisch betrieben wurde wie heute. Je weiter der Spielraum eines Fernsehsenders aufgrund technischer Verbesserung, desto größer der Nationalismus der Berichterstattung. So kann technischer Fortschritt zu einer emotionalen und intellektuellen Regression auf scheinbar überholte Wahrnehmungsformen führen, die nichts mehr zu tun haben mit der Weise, wie die Athleten selbst ihren Sport sehen.

Die nationalistische Nutzung der Fernsehübertragung aus Barcelona war keine deutsche Angelegenheit allein. Wer während der Olympischen Spiele in Spanien, Frankreich, England oder Dänemark war, konnte vergleichbare nationalistische Bilderbögen sehen, nur daß hier andere Serienhelden in andersfarbigen Trikots kämpften. Aber da die Athleten der Nachbarländer sportlich nur mäßig erfolgreich waren, liefen die nationalistischen Phantasieproduktionen im Verlauf der olympischen Wochen auf die Sandbänke der Enttäuschung und der Langeweile.

Ein solches Leerlaufen der Nationalgefühle gab es in Deutschland, jedenfalls in weiten Bereichen der Öffentlichkeit, nun gerade nicht. Das wahrhaft Erhabene des Fernsehspektakels war der Anblick einer Olympiamannschaft, die sich bereit machte, zu einer neuen Superpower aufzusteigen. Für Deutschland stand etwas ganz anderes und viel mehr auf dem Spiel als für die Nachbarländer. Die neue Olympiamannschaft sollte das neue Deutschland repräsentieren. An ihrem Handeln und ihren Erfolgen sollte gezeigt werden, wer »wir« sind.

Daß der Sport zu einer Bühne gemacht wurde, auf der sich »das Deutsche« darstellte, ist kein Zufall. Der größte Sportsponsor in Deutschland ist seit langem der Staat; er fördert nationale Sporterfolge durch bedeutende direkte und indirekte Zuschüsse, durch Sportstättenbau, Einrichtung von Olympia-Stützpunkten, Einstellung von Trainern, fiktive Arbeitsplätze, Freistellungen, Unterstützungen von Vereinen und Verbänden usw. Das Gesamtvolumen des nationalen Sportengagements liegt erheblich höher als die offiziell angegebene Zahl von jährlich etwa 250 Millionen DM seit 1992. Zur nationalen Sportförderung muß man auch die finanzielle Unterstützung durch die Firmen hinzuzählen, die »das Deutsche« als Qualitätslabel verwenden. Wofür steht der Mercedesstern auf dem Trikot eines Spitzensportlers? Die Logik des Kommerzes und die Logik des Nationalismus treffen sich im Sport und bilden hier ein neues Register.

Man wird dem Sport nicht die Schuld an Rechtsradikalismus und Rassismus in Deutschland zuschieben können. Ihm ist seine besondere Rolle in einem Moment zugefallen, in dem alle wichtigen nationalen Repräsentanzen ausgefallen sind. Nationen sind – so sieht es die angelsächsische und französische Tradition – nichts anderes als Erfindungen, »wo es sie vorher nicht gab« (E. Gellner). Wenn man sie mit Hilfe des körper- und erfolgsbestimmten Systems des Sports erfindet, entsteht eine besondere Brisanz.

In der Vergangenheit ist der Begriff der Nation über die deutsche Kultur hergestellt worden, durch die Gemeinsamkeit der Sprache, der Dichtung, durch die Universitäten und die Kirche. Kein einziger dieser Bereiche hatte bis zu den Spielen von Barcelona wirklich funktioniert. Sie sind im Gegenteil Schauplätze scharfer Abgrenzungen geworden. Es bleibt die körperliche Welt des Sports. Sie wenigstens liefert positive, konkrete Repräsentationen des neuen Deutschlands. Siege werden gemeldet aus Disziplinen, in denen »wir« bisher nicht mitgemischt haben (sondern nur der alte Konkurrent, die DDR). Die Olympia-Mannschaft, so wurde gemeldet, sei zusammengewachsen, es herrsche ein Gemeinschaftsgeist. Im Tischtennis kämpft ein »wiedervereinigtes Doppel«, der Kanusport (Ost) löst eine »Medaillenflut« in Richtung Deutschland aus. Heike Drechsler, früher eine Art Personifizierung der DDR-Sportpolitik, zeigt sich nach ihrem Olympiasieg 1992 als überzeugte Kleinunternehmerin.

So erweist sich bei den Olympischen Spielen, was das *gute* Deutschland ist: alle, die dabei sind, die dazugehören, Sportler wie Funktionäre und die mit ihnen vereinten Zuschauer, die ihnen von Wettbewerb zu Wettbewerb folgen. Man begreift die Logik dieser Zugehörigkeit, wenn man erkennt, was dabei ausgegrenzt wird. Die wichtigste Grenzziehung ist die gegenüber den Bösen unter den ehemaligen DDR-Sportlern. Einige von ihnen büßen stellvertretend für alle Sünden der Vergangenheit; sie bekommen alles angehängt, damit an der deutschen Mannschaft nichts hängenbleibt.

Es geht dabei nicht um eine ernsthafte Auseinandersetzung mit den Praktiken des DDR-Sports, sondern um Rituale der Reinwaschung und der Verdammung. Doping ist nicht das Kriterium für die Ausgrenzung – schließlich sind maßgebliche Fachdoper, Sportmediziner wie Trainer der ehemaligen DDR, wieder in hochdotierte Positionen eingesetzt worden, mit glänzenden Gutachten der westdeutschen Kollegen. Das Leipziger Forschungsinstitut für Menschenmanipulation im Sport wurde, obwohl es nicht in die Strukturen der bundesdeutschen Wissenschaft paßt, mit großem Engagement des Bundesinnenministers am Leben gehalten. Im Sport repräsentieren »Deutschland« alle diejenigen, die *Zugehörigkeit* erhalten haben. Darunter die Alten und Belasteten, durch eine Art Taufe reingewaschen, und die Jungen, bisher Unbekannten, die geeignet sind, das Neue auszudrücken.

Neben der Ausgrenzung der bösen Deutschen ist eine zweite Grenzziehung wirksam: gegenüber den Angehörigen *anderer* Nationen, die dank der Fernsehtechnologie zu einer Minderheit werden. Wenn einer von ihnen gerade läuft, schwimmt, kämpft, dann kann weggeschaltet werden. Die Differenz zwischen Deutschen und Nichtdeutschen wird zum Prinzip der Fernsehwahrnehmung. Das Fernsehen ist ein ideales Medium, um Unterschiede zu zeigen; es liefert massenhaft Bilder von Differenzen. Die Sportreportage lebt von Unterschieden aller Art, zwischen Siegern und Verlierern, Glück und Enttäuschung, Überlegenheit und Unterlegenheit. Indem sie die Anderen als eine Minderheit ausgrenzt, zeigt sie, was »wir« sind. Das Problem liegt im sinnlich-körperlichen Aufführungscharakter des Sports: Der in Medien der Körperlichkeit dargestellte Sport *beglaubigt* die neu entstandene Nation. In der nationalistischen Berichterstattung wird keine Gelegenheit ausgelassen, die Tüchtigkeit, den Willen und die Macht »unserer« siegreichen Athleten auszumalen.

Vom Sport geht eine Gefahr aus, die man als »*Naturalisierung*« bezeichnen kann, eine Falle, die auch bei vielen anderen Gelegenheiten zuschnappt: Die Differenzen und Gemeinsamkeiten, die der Sport herstellt, werden als körperliche, von der Natur gegebene Merkmale aufgefaßt. Die fiktiv erzeugten Differenzen des Nationalen werden auf einen natürlichen Besitz zurückgeführt. Diese Sichtweise ergibt sich keineswegs zwangsläufig. Aber bei dem Versuch, sportliche Erfolge zu erklären, gelangt man leicht zu der Behauptung der körperlichen Überlegenheit aufgrund nationaler oder sogar rassischer Merkmale. Mit dieser These benutzt man Denkmuster eines positiv gewendeten Rassismus.

Warum sind schwarze Sportler so außerordentlich erfolgreich in den Lauf- und Sprungdisziplinen? Es scheint geradezu unausweichlich zu sein, diese Sporterfolge auf besondere körperliche Qualitäten, auf vererbbare Eigenschaften von Muskelfasern, Nervenbahnen und Reaktionswegen zurückzuführen. Was man dabei vollkommen übersieht, ist der ungeheure Druck der sozialen Selektion, der auf farbigen Spitzensportlern lastet. Begabte schwarze Jugendliche werden in großer Zahl durch die Verheißungen einer Sportkarriere, meistens ermutigt durch Lehrer, Eltern und Umgebung, dazu gebracht, ihre Lebenschancen einzig und allein im professionellen Sport zu suchen. Sie trainieren mit unglaublicher Härte und Bedingungslosigkeit, viel mehr als die meisten ihrer weißen Konkurrenten. Nach dem Prinzip des Alles oder Nichts spielen sie im Sport ihre einzige Karte aus; fast immer ist es auch ihre letzte. In der *naturalistischen* Perspektive erhält die Rasse – und mit der Nation ist es nicht anders – Eigenschaften der Substanz, die im Sport dramatisiert werden.

Gerade der durch reine Differenzen konstituierte Nationalismus, der sich kaum noch auf kulturelle Elemente stützt, kann von den körperlichen Gehalten des Sports angefüllt werden. Der Sport verleiht dem Nationalismus sinnliche Gestalt. Und der Nationalismus gibt dem entleerten Profisport wieder einen Sinn. In dieser Perspektive gesehen, ermutigt der Sport Nationalismus, ja sogar Rassismus bei den Menschen, die es auf Abgrenzung von anderen abgesehen haben. Dies ist gewiß nicht die Absicht der Athleten und wohl auch nicht der für die Fernsehübertragung verantwortlichen Journalisten, Kommentatoren und Kameramänner.

Es ist eine verführerische Rolle, in die der Sport seit der Vereinigung von West und Ost geraten ist, aber es gibt keine gefährlichere nationale Repräsentation als ihn. Die Symbolik sportlicher Siege wird leicht für bare Münze genommen: Aus der Identifizierung mit »unseren« Sportlern werden Unterschiede gewonnen *gegen* alle diejenigen, die *nicht* »wir« sind. Das neue Darstellungsprinzip des Fernsehens folgt den Deutschen durch die Räume und Zeiten hindurch, meidet die anderen Sportler und macht sie zu Fremden, die nicht weiter interessieren. Der Sport ist zum kleinsten Nenner der nationalen Vereinigung geworden.

Pierre Bourdieu
Wie kann den Olympischen Spielen ihre internationalistische Bedeutung zurückgegeben werden?[1]

Eines ist mir an den Äußerungen, die hier von hervorragenden Spezialisten gekommen sind, vor allem aufgefallen: der ernüchterte, ja, fatalistische Ton, in dem sie vorgetragen wurden. Eine Feststellung, die durchaus nicht abwertend gemeint ist. Pessimismus ist oft (nicht immer) ein guter Gradmesser der Kompetenz. Alle haben sie ihre Ablehnung gewisser Tendenzen zum Ausdruck gebracht, die sie dennoch zur Kenntnis nehmen müssen, sei es der demonstrative Nationalismus, seien es die allgemein um sich greifenden Doping-Praktiken, zugleich aber auch ihre Skepsis, was die Möglichkeit angeht, sie wirkungsvoll zu bekämpfen. Wenn es jedoch, wie ich glaube, stimmt, daß die Mechanismen, die diese Entwicklung bestimmen, großenteils symbolische sind, dann kann man meiner Meinung nach von der Analyse, die sie aufdeckt, erwarten, daß sie an sich schon dazu beiträgt, die symbolische Gewalt einzudämmen, die mit Hilfe dieser Mechanismen ja nur solange ausgeübt werden kann, wie sie unerkannt bleiben.

Aber ich greife meinen Analysen vor; man wird zweifellos damit beginnen müssen, über die Wörter nachzudenken, insbesondere darüber, was wir genau meinen, wenn wir von den »Olympischen Spielen« sprechen. Wir können dabei nämlich an das reale Schauspiel denken, an das, was (in Barcelona, demnächst in Atlanta usw.) im Stadion passiert, das heißt an jene Art universaler (im Sinne von planetenweiter) Konfrontation, die von Sportlern aller Länder im Namen von universalistischen Idealen ausgetragen wird; wir können aber auch an die filmische Darstellung dieser Darstellung denken, an das Schauspiel, das vom Fernsehen aufgenommen und planetenweit ausgestrahlt und damit allen Ländern und innerhalb eines Landes nahezu allen Milieus zugänglich gemacht wird. Mit anderen Worten, wenn wir von Olympischen

---

[1] Vortrag im Rahmen einer Podiumsdiskussion über die Zukunft der Olympischen Spiele anläßlich der Jahrestagung der *Philosophical Society for the Study of Sport* am 2. 10. 1992 in Berlin.

Spielen sprechen, meinen wir damit ein äußerst komplexes Produkt, dessen im Stadion sichtbarer Teil nicht sein wichtigster ist (zumal dieser selber mehr und mehr im Hinblick auf die Darstellung konstruiert wird, die das Fernsehen dann von ihm gibt).

Dies führt zu der Frage, ob nicht die Verwandlung der Olympischen Spiele von einer Demonstration des Internationalismus in eine Zurschaustellung von Nationalismen etwas damit zu tun hat, daß die Universalisierung (im Sinne von planetenweiter Verbreitung) des Zugangs zur Fernsehdarstellung des Ereignisses Olympia, die dank der Technik möglich geworden ist, diese sportliche Darbietung in ein Produkt verwandelt hat, das der Warenlogik gehorcht; und ob nicht diese Verwandlung von Funktion und Gebrauch des Sportereignisses (im Sinne von *Spiel*[2]) mehr oder weniger direkt die Verwandlungen bedingt hat, denen es durch die Produzenten und Kommentatoren der Fernsehbilder unterzogen wird und die geeignet sind, es wie durch einen Rückstoß in seiner Realität selbst zu treffen. Es könnte durchaus sein, daß die regelrechte symbolische Alchemie, die sich unter dem Deckmantel einer schlichten Aufzeichnung vollzieht, ganz entscheidend dazu beiträgt, das geregelte Feld der zweckfreien und friedlichen Konfrontation zwischen Champions (im sportlichen Sinne des Wortes) aus der ganzen Welt sowohl in der Realität als auch in der Darstellung tendenziell immer mehr zum geschlossenen Feld einer Konkurrenz zwischen Champions (im Sinne von mit einem [repräsentativen] Mandat versehenen Wettkämpfern) der verschiedenen Nationen um die Akkumulation einer besonderen Form von symbolischem Kapital werden zu lassen, das in mehr als einem Falle sehr wohl in ökonomisches Kapital konvertierbar ist. Eine soziale Zwei-Stufen-Konstruktion.

Die Hypothese, der zufolge die Olympischen Spiele hauptsächlich durch die weltweite Ausstrahlung, die ihnen das Fernsehen verschafft hat, zum Objekt eines symbolischen und auch ökonomischen Kriegs zwischen den Nationen oder Nationalismen geworden sind, läuft auf den Vorschlag eines Forschungsprogramms hinaus, das sich an drei Hauptzielen orientiert: *Erstens*, die Analyse der sozialen Konstruktion des olympischen Schauspiels, der Wettkämpfe selbst, aber auch all der *Demonstrationen*, die um sie herum stattfinden, angefangen mit den Eröffnungs- und Schluß-

---

2 Deutsch im Original (A. d. Ü.).

defilees, die, wie die Prozessionen und Theorien in jeder Gesellschaft, die Funktion haben, Gruppen vorzuführen, die ihrer Zahl, ihrer Binnenstruktur usw. nach festgelegt sind. *Zweitens*, die Analyse der kollektiven Konstruktion des Fernsehbilds von dieser Darbietung, eines einfachen Warenprodukts, das der Logik des Marktes unterliegt, also so konzipiert ist, daß es den nationalen oder nationalistischen Erwartungen eines universalen Publikums, das ja eigentlich nur die Summe der verschiedenen nationalen Publika ist, schmeichelt oder gar Auftrieb gibt, wobei jeweils diejenigen Sportarten und Wettkämpfe bevorzugt gezeigt werden, die geeignet sind, den Angehörigen der eigenen Nation Erfolge und dem Nationalismus Befriedigungen zu verschaffen. (Aus dieser Sicht wäre das Feld der Produktion der Olympischen Spiele als *Fernsehunterhaltung* in seiner Gesamtheit zum Objekt der Forschung zu machen, das heißt die Gesamtheit der Institutionen – insbesondere die großen Fernsehsender mit ihren konkurrierenden ökonomischen und symbolischen Interessen – und die in der Konkurrenz um die Produktion und Vermarktung der Bilder von dieser Darbietung und der einschlägigen Diskurse handelnden Akteure, vor allem die Sportjournalisten, deren Stellungnahmen von den Stellungen bedingt sind, die sie im Unterfeld des Sportjournalismus einnehmen, das sich selbst wiederum im journalistischen Feld in der Stellung des Beherrschten befindet; weiterhin wäre zu untersuchen, wie sich die Wirkung der Mechanismen der Konkurrenz zwischen den verschiedenen Organen mit den unbewußten, vor allem nationalistischen, Dispositionen verbindet, um jene individuelle und kollektive Arbeit der Konstruktion der Darstellung der Spiele zu steuern, die Auswahl, Komposition und der Zusammenschnitt der Bilder, die Ausformung des Kommentars, die für die Wahrnehmung des Bildes vom Sport das ist, was der Begleitdiskurs für die Wahrnehmung des Kunstwerks ist.) *Drittens*, die Analyse der Wirkungen, die die verschärfte Konkurrenz zwischen den Nationen, bedingt durch die planetenweite Ausstrahlung der olympischen Darbietungen, sowohl in den olympischen Stadien selbst hervorgerufen hat (mit zum Beispiel den nationalistischen Demonstrationen, zu denen die Siege Anlaß bieten) als auch außerhalb. Diese umfassen die Entwicklung einer auf internationale Erfolge ausgerichteten staatlichen *Sportpolitik* und die symbolische und ökonomische Ausnutzung der Siege und das Entstehen einer regelrechten Industrialisierung der Sportproduktion, die fast unausweichlich unter anderem auch den Rückgriff zum Doping und autokratische Formen des Trainings einschließen.

Genau wie in der Kunstproduktion der Künstler, der das Kunstwerk in seiner Stofflichkeit produziert, eine Art Scheinsubjekt ist, dessen direkt sichtbare Tätigkeit das Handeln all jener Akteure verschleiert – andere Künstler, Kritiker, Galeriedirektoren, Museumskonservatoren usw. –, die eben in der und durch die Konkurrenz daran mitarbeiten, den Sinn und den Wert des Kunstwerks und, grundlegender, jenes Glaubens an den Wert der Kunst und des Künstlers zu produzieren, der die Grundlage des ganzen Kunst-Spiels ist, genauso ist im Sport-Spiel der Champion, der Hundertmeterläufer oder Zehnkämpfer, nur das Scheinsubjekt einer Darbietung, die ein erstes Mal von einem ganzen Ensemble von handelnden Personen produziert wird, den Athleten, Trainern, Ärzten, Organisatoren, Schiedsrichtern, Zeitnehmern, Regisseuren des ganzen Eröffnungs-, Preisverleihungs-, Schlußzeremoniells usw., die zum reibungslosen Ablauf des Sportwettkampfs im Stadion beitragen, und ein zweites Mal von all denen, die die Reproduktion dieses Spektakels in Wort und Bild produzieren, meist unter dem Druck der Konkurrenz und des ganzen Systems der Zwänge, die ihnen das Netz der objektiven Beziehungen auferlegt, in das sie eingebunden sind. Nur dann also, wenn man die Gesamtheit der Mechanismen, die die Praktiken der an dieser *sozialen Zwei-Stufen-Konstruktion* beteiligten Akteure steuern, zum Forschungsobjekt macht, kann man hoffen, zu einer intellektuellen und vielleicht sogar praktischen Beherrschung dieser Mechanismen zu gelangen (deren Effizienz durch nichts so gut demonstriert wird wie durch das Phänomen des Dopings), und daran arbeiten, das Potential des Universalismus zu entfalten, das in den Olympischen Spielen als universalem Ereignis so offensichtlich angelegt ist.

Für eine Olympische Charta

Nur wenn sie sich (unter Überwindung der Konkurrenzen und Konflikte, die sie trennen) im Hinblick auf dieses Ziel organisieren und mobilisieren, könnte sich die Gesamtheit derer, die auf die eine oder andere Weise an jenem Globalereignis beteiligt sind, das wir meinen, wenn wir von »Olympischen Spielen« sprechen, einer kollektiven Beherrschung jener Mechanismen versichern, die heute noch ihre Praktiken beherrschen. Und nur wenn Forschung und Reflexion gemeinsam (und analytisch untermauert) mit dem Ziel vorangetrieben werden, all diese Mechanismen und auch den Beitrag bewußt zu machen, den jene Vorannahmen zu ihrem Funktionieren leisten, die die verschiedenen Bilder- und Diskursproduzenten, oft unbewußt und fast wider Willen, noch in die unbedeutendsten Vorgänge der Herstellung und Auswahl der Bilder hineintragen, nur dann könnte sich diese Mobilisierung auch auf präzise und konkrete Objekte richten. (Zum Beispiel müßte man sich von sämtlichen Akteuren bis ins kleinste die ganze Kette der Operationen beschreiben lassen, die von den ursprünglichen Kameraaufnahmen zu den verschiedenen nationalen Übertragungen führen, und dabei darauf hinarbeiten, daß die objektiven und subjektiven Zwänge explizit gemacht werden, die jede der damit zusammenhängenden Wahlentscheidungen bestimmen.)

Diese kollektive Arbeit müßte ihre logische Fortsetzung in der Erarbeitung einer *Olympischen Charta* finden, in der die Grundsätze festgelegt werden, an die sich alle an der Produktion des Schauspiels und an der Produktion der Darstellung dieses Schauspiels beteiligten Akteure zu halten haben. An die Stelle des olympischen Eids, der in seiner jetzigen Form nur die scheinbaren Subjekte des olympischen Ereignisses bindet, das heißt die Athleten, müßte etwas ähnliches wie der hippokratische Eid der Ärzte treten, der nicht nur für die Athleten verbindlich wäre (und ihnen zum Beispiel solche nationalistischen Demonstrationen wie das Umhängen ihrer Landesflagge bei der Ehrenrunde untersagt), sondern auch für diejenigen, die ihre Leistungen produzieren und kommentieren (und zum Beispiel auch alle Formen des positiven wie negativen »Körperrassismus« ächtet).

Es wäre so denkbar wie wünschenswert, daß es zu einem solchen *realistischen* Reflexions- und Aktionsprogramm kommen würde, mit der Schaffung eines olympischen Komitees zur Reflexion über die Olympischen Spiele, das aus seiner Mitte eine Art *Presserat* benennen könnte, der, vor allem mit Hilfe der großen Sportzeitungen, die Bilder und ihre Kommentierungen einer permanenten Kritik unterziehen würde. Eine solche beispielhafte Initiative könnte das Modell für eine ganze Serie ähnlicher Unternehmungen abgeben, deren Ziel es wäre, alle, die an der Massenproduktion von Bildern oder Reden über die soziale Welt beteiligt sind, in erster Linie die Journalisten, in die Lage zu versetzen, kollektiv die Kontrolle über jene Mechanismen zu übernehmen, etwa die der Konkurrenz und des Informationsvorsprungs um jeden Preis (des »scoop«), von denen sie kollektiv und individuell manipuliert werden und die mit ihrer Hilfe die anderen sozialen Universen manipulieren.

Aus dem Französischen von Hella Beister

Epilog

Gunter Gebauer
Krieg und Spiele
Was bewirkte der olympische Frieden?

Die Olympischen Winterspiele von 1984 in Sarajevo waren ein überwältigender Erfolg; die angestrebten Ziele wurden auf eindrucksvolle Weise erreicht. Es war ein großes Fest, an dem sich nach anfänglichem Zögern alle Republiken Jugoslawiens beteiligten. Sie alle schickten Helfer und Kampfrichter, produzierten Ausrüstungsgüter und Sportartikel für die Spiele, delegierten Experten für die Vorbereitung der Pisten und bereicherten das Hotel- und Restaurantangebot in der bosnischen Kapitale. Mit den Spielen waren ursprünglich wirtschaftliche Ziele, der Ausbau der Umgebung Sarajevos als Wintersportgebiet angestrebt worden; weiterhin sollten sie einen bedeutenden Beitrag des blockfreien Landes Jugoslawien zum Weltfrieden leisten und zu einer Demonstration der Einheit der Nation werden. Im Rückblick erscheinen sie heute als »die vielleicht letzte Manifestation des Zusammenhalts« des Vielvölkerstaats. Der das sagt, ist Professor Ljubisa Zecevic, einer der Verantwortlichen der Spiele.[1] Um sein Leben zu retten, mußte er Sarajevo verlassen; er lebt inzwischen mit seiner Frau als Flüchtling in Berlin, unterstützt vom Deutschen Nationalen Olympischen Komitee. Professor Zecevic lehrte Sporttheorie an der Universität Sarajevo, seine Frau, eine Architektin, leitete das Institut für die Erhaltung der Umwelt und des kulturellen Erbes der Stadt Sarajevo. Eine Rückkehr nach Bosnien? Ihre Heimat, die multikulturelle Region Sarajevo, gibt es nicht mehr. In der Konstruktion, die der Teilungsplan Bosniens vorsieht, gibt es für sie, mit ihren unterschiedlichen Herkünften, einmal serbisch-kroatisch, zum anderen bosnisch-moslemisch, keinen Platz, wo sie leben könnten.

Schon lange vor den Spielen von 1984 waren Auflösungstendenzen der jugoslawischen Konföderation spürbar. Seit der Verab-

---

[1] Die Äußerungen von Professor Zecevic entstammen mehreren Interviews, die ich im August und September 1995 mit ihm in Berlin geführt habe. An dieser Stelle sei ihm ausdrücklich dafür gedankt, daß er mir bereitwillig und ausführlich Auskünfte über die Olympischen Spiele von Sarajevo 1984 gegeben hat.

schiedung der neuen Staatsverfassung im Jahre 1974 seien, meint Professor Zecevic, innerhalb der kommunistischen Partei ökonomische Divergenzen hervorgetreten, die sich zunehmend in der Gestalt von ethnischem Nationalismus geäußert hätten. Aber als dann die Olympischen Spiele begannen, seien die Menschen von Begeisterung ergriffen worden und zu einer »großen Einheit verschmolzen«. Kein Zweifel, in Sarajevo hatte ein friedliches und gemeinschaftsstiftendes olympisches Fest stattgefunden. Was ist von ihm geblieben?

Von den Wettkampfstätten sind allein die von Jahorina, in der Nähe von Pale, erhalten; sie befinden sich im Besitz der bosnischen Serben. Alle anderen sind von denselben Serben zerbombt und zerschossen worden, so die Sprungschanze und die Langlaufloipen am Berg Igman, die alpinen Strecken von Bjelasnice; die Bob- und Rodelbahn von Trebenic dienten als Unterstände bei den schweren Gefechten zwischen Bosniern und Serben; die Eiskunstlauf- und Eishockeyhallen sind niedergebrannt oder von Geschützen zerstört worden. In der eingeschlossenen Stadt war wieder ein Einheitsgefühl unter den Bewohnern gewachsen, diesmal aber von der für alle gleichen Bedrohung von außen hervorgerufen. Die Tage der Olympischen Spiele seien auch jetzt nicht vergessen, meint Professor Zecevic. Sie erfüllten die Einwohner Sarajevos auch heute noch oder gerade in ihrer gegenwärtigen Lage mit der Erinnerung an die Bedeutung ihrer Stadt als Schauplatz eines großen Festes für die Weltöffentlichkeit. Der »olympische Frieden« freilich, der hier 1984 feierlich ausgerufen worden war, hat offensichtlich nichts Bleibendes bewirkt. Er hat den Lauf der Geschichte nicht im geringsten beeinflußt. Heute kann man sich nur schwer vorstellen, daß Tito nach den Spielen für den Friedensnobelpreis vorgeschlagen werden sollte.[2]

In der Vergangenheit hat der Olympismus alle möglichen politischen Regimes symbolisch unterstützt und ihnen zu internationalem Ansehen verholfen[3] – aber hat er jemals Frieden geschaffen? Herrschte wirklich Frieden, als 1936 die Spiele unter dem Schirm

---

[2] Nach der Auskunft von Professor Zecevic lehnte Tito bereits im Vorfeld eine Kandidatur für den Friedensnobelpreis ab, weil es ihm unsicher schien, ob er diesen auch tatsächlich erhalten würde.

[3] Eine ausgezeichnete und komprimierte Darstellung der politischen Probleme der Olympischen Spiele gibt A. Guttmann in: *The Olympics. A History of the Modern Games*, Illinois 1992.

des Nationalsozialismus stattfanden? Waren die Tage von Berlin nicht eher eine Zeit des Atemholens vor einem neuen Krieg? Als 1980 die UdSSR in Afghanistan Krieg führten, war den Olympischen Spielen in Moskau nicht mehr als eine kriegfreie Nische vorbehalten. In der Zeit des Kalten Krieges waren sie keine Inseln des Friedens, verbreiteten aber die große Illusion von friedlichen Wettspielen. Sie haben die Athleten aus West- und Ostdeutschland einander nicht nähergebracht; das tat erst das Geld der Sponsoren nach der Maueröffnung.

Die friedenschaffende Wirkung der Olympischen Spiele gehörte zu den großen Losungen Coubertins. Bei seiner Kampagne um die Einführung der modernen Spiele sicherte er sich die Beteiligung bekannter Vertreter der internationalen Friedensbewegung, darunter mehrerer Friedensnobelpreisträger.[4] Frieden oder Waffenruhe – so genau war man nicht mit der Wortwahl – sollte während der Spiele herrschen und das politische Geschehen beeinflussen. Coubertin erhob diese Forderung im Rahmen des *politischen* Handelns einer *nicht*politischen Organisation. Keineswegs sollte die Bewegung, die er schuf, gegenüber der Politik abstinent sein.[5] Seine Organisation sollte unpolitisch sein in dem Sinne, daß die Politik sich nicht in sie einmischen durfte. Die olympische Bewegung ist eine der ersten Nongovernmental Organizations (NGO) für den Weltfrieden. Die Tatsache, daß sie als Vereinigung von Sportlern eine Politik des Unpolitischen betreibt, läßt ihre Diplomatie ambivalent erscheinen. Mit dem Anspruch, für den Frieden zuständig zu sein und diesen jenseits von Politik erreichen zu wollen, macht sie den Politikern Konkurrenz. An die Stelle von politischen Mitteln wie Verhandlungen, Verträgen, Abmachun-

---

[4] D. R. Quanz, »Die Gründung des IOC im Horizont von bürgerlichem Pazifismus und sportlichem Internationalismus«, in: G. Gebauer (Hg.): *Die Aktualität der Sportphilosophie*, Sankt Augustin 1993, S. 191–216. Auf dem Kongreß zum 20. Jahrestag der IOC-Gründung 1914 befanden sich auf der Patronage-Liste sechs Friedensnobelpreisträger, vgl. Quanz, a. a. O., S. 195, 203.

[5] Darauf verweist M. de Saint Martin: »La noblesse et les ›sports nobles‹«, in: *Actes de la recherche en sciences sociales* 80 (1989), S. 22–32. Coubertin hatte ein Studium auf der Politikhochschule »Sciences Politiques« absolviert. »Er hatte, wie es scheint, besonders gute Voraussetzungen dafür, eine politische Aktion außerhalb der traditionellen Mechanismen zu unternehmen, insbesondere die bis dahin antirationalen Praktiken zu rationalisieren und vor allem die aristokratischen Werte zu institutionalisieren durch die Einrichtung von Studienkomitees, Kongressen, durch die Organisation von Konferenzen, durch Verfassen von Artikeln, Berichten, durch die Ausarbeitung von Statuten, Regeln, Wettbewerben« (Ebd., S. 30).

gen, Gesetzen, institutionellen Regelungen setzt sie die Deklaration des Olympischen Friedens.

Coubertin sah es gern, daß seine Einmischung in die Politik mit dem Friedensnobelpreis gekrönt werden sollte – auf Vorschlag des nationalsozialistischen Deutschlands 1936.[6] Sein Friedenseifer wurde von seinen Nachfolgern im Amt des Präsidenten des Internationalen Olympischen Komitees (IOC) fortgeführt. Sie wiesen immer wieder auf die Notwendigkeit einer Friedenszeit während der Olympischen Spiele, »einer Friedenspflicht«, hin. Man kann allerdings nicht sagen, daß diese gegenüber den jeweils kriegführenden Parteien besonders streng ausgelegt worden wäre. So wurden nach der Besetzung Prags durch deutsche Truppen die Winterspiele für das Jahr 1940 noch einmal nach Garmisch-Partenkirchen vergeben.

Inzwischen ist es der Olympischen Bewegung gelungen, ihr Agieren im politischen Raum mit dem Siegel der UNO versehen zu lassen. Stolz verkündet das deutsche IOC–Mitglied Th. Bach: »Das IOC erstarrt (. . .) nicht in bloßer Symbolik, sondern nimmt die Verpflichtung ernst, diese Idee des täglichen Wettstreits auch in den politischen Bereich zu tragen. Deshalb haben auf unsere Initiative hin die Vereinten Nationen einstimmig die Resolution zur Einbehaltung (im Original – G. G.) eines *Olympischen Waffenstillstandes* verabschiedet.«[7] Denselben Anspruch auf politische Tatkraft in Sachen Frieden erhob Samaranch mit seinem sorgfältig inszenierten Besuch in Sarajevo 1994 während der Winterspiele in Lillehammer. Es blieb bei einer bloßen Geste – keine der kriegführenden Parteien ließ sich davon mehr beeindrucken als durch den Besuch aller möglichen Ex-Staatsmänner oder französischen Intellektuellen. Was Samaranch aber gelang, war eine Zelebration der politischen Absicht des IOC, den Olympismus als friedensstiftende Bewegung darzustellen.

Als Nongovernmental Organization vertritt das IOC im Feld der Politik, wie bei der Mission in Sarajevo 1994, seine eigenen Interessen. Es gibt vor, über die einzelnen Nationen hinauszuge-

---

6 Es kam tatsächlich zur Nominierung Coubertins, aber er wurde nicht gewählt. Es ist ein offenes Geheimnis, daß das IOC auch heute noch den Friedensnobelpreis anstrebt.

7 Th. Bach bei seiner Ansprache, abgedruckt in: *Kölner Station des Olympischen Feuers. Eine Dokumentation*, hg. vom Carl und Liselott Diem-Archiv, Kassel 1994, S. 38.

hen und *direkt* als Sachwalter der Menschheit zu wirken. Im Unterschied zu Greenpeace finanziert sich das IOC insbesondere aus dem Verkauf von Fernsehrechten; es wird auch nicht aus Anlaß eines besonderen akuten Problems tätig. Es hat sich seinen rhetorischen Raum aus unverbindlichen Formeln geschaffen. Am erstaunlichsten ist dabei die Begründung – von Legitimation kann wohl nicht die Rede sein – für die selbstgeschaffene Friedensaufgabe: Das IOC sei Hüterin des friedlichen Wettstreits zwischen den Nationen in der Nachfolge der *ekecheiria* der antiken Spiele, der Waffenruhe während der Wettkämpfe in Olympia. Ein solcher Frieden ist schon deswegen eigenartig, weil er für den *eigenen* Zweck, nämlich die ungestörte Veranstaltung der Olympischen Spiele, gefordert wird, eine Absicht, die scheinbar dadurch geadelt wird, daß diese als Fest der ganzen Menschheit ausgegeben werden.

Die *ekecheiria* gehört offensichtlich zu den romantisierenden Vorstellungen über das antike Griechenland. Wer sich auf sie beruft, blendet den ganzen Kontext, in den die Waffenruhe aus Anlaß der antiken Olympischen Spiele eingepaßt ist, einfach weg. Seit langem erscheint es wahrscheinlich, daß die *ekecheiria* tatsächlich keine automatisch wirksame Regel, sondern eine schon zu griechischer Zeit formulierte Wunschvorstellung war. Für diese Deutung spricht vor allem »die beunruhigende Präsenz im eigentlichen Heiligtum von Olympia von Widmungen auf militärischen Rüstungen, die aus innergriechischen Rivalitäten stammen«.[8] Zu vermuten ist, daß die Griechen über eine lange historische Periode hinweg keineswegs einen Olympischen Frieden eingehalten haben. Raubitschek vermutet, daß es sich bei der *ekecheiria* um eine spätere Interpretation durch den Panhellenismus gehandelt habe. Diese antike Deutung früherer griechischer Gebräuche war offenbar selbst von dem politischen Motiv inspiriert, zwischen den griechischen Stadtstaaten Frieden zu stiften, dadurch daß die angeblich alte Praxis einer »friedlichen, panhellenischen Zusammenarbeit« als leuchtendes Vorbild hingestellt wurde.[9] Selbst der Friedensgedanke der antiken Olympischen Spiele ist also vermut-

---

[8] W.J. Raschke, in ihrem Nachwort zu dem von ihr herausgegebenen Band: *The Archeology of the Olympics. The Olympics and Other Festivals in Antiquity*, Madison 1988, S. 262. Sie verweist dabei auf den Beitrag von Raubitschek in demselben Band: »The Panhellenic Idea and the Olympic Games«, ebd., S. 35-37.

[9] W.J. Raschke, a. a. o., S. 262.

lich politischem Kalkül zu verdanken, was schon deswegen nicht verwundert, weil Olympia immer auch unter politischen Gesichtspunkten betrachtet wurde, ob es sich um Siege oder seine kulturelle Macht oder um politische Botschaften auf Siegerstatuen und Tempelarchitektur handelte.[10] Die Olympischen Spiele waren in der Antike lange Zeit zu wichtig, um außerhalb des Raums der Politik bleiben zu können.

Im Unterschied zum antiken Hellenismus kann sich die moderne Olympische Bewegung nicht auf eine weithin verbreitete politische und kulturelle Basis stützen, die eine stillschweigende Übereinkunft über einen Waffenstillstand ermöglichen könnte. Die Forderung des IOC ist die eines Friedens ohne Politik; sie soll durch die Tatsache begründet werden, daß die Gegner in kriegerischen Konflikten derselben Menschheit angehören. Die Gemeinsamkeit der Menschen ist jedoch gar kein das Thema der Olympischen Spiele. Es geht bei ihnen nicht um die »Einheit der Naturgattung«. Diese wäre im übrigen, wie Kant ironisch bemerkt, insofern sie auf dieselbe Abstammung zurückgeht, nicht anders aufzufassen »als die Einheit der für sie gemeinschaftlich gültigen Zeugungskraft«.[11] Tatsächlich aber stellen die Olympischen Spiele die Erzeugung von *Differenzen* zwischen Menschen ausgehend von behaupteten gleichen Voraussetzungen dar; sie zielen auf die Bewunderung des Herausragenden, des Unterscheidenden. Zum anderen ist ein nicht politisch begründeter Frieden eine ganz und gar zweifelhafte Sache. Ohne das Aushandeln von Interessen, ohne einen institutionell festgelegten Rahmen, der den Kriegs- in einen Friedenszustand verwandelt und den früheren Feinden den Status vom Nachbarn gibt, ohne daß sich die ehemaligen Gegner »einem gesetzlichen, von ihnen selbst zu constituierenden Zwang unterwerfen«[12], kann es keinen Frieden geben.

Gemäß den philosophischen Voraussetzungen von Kants Argumentation ist das friedliche Zusammenleben von Menschen nicht der Naturzustand – dieser sei vielmehr der Krieg; Frieden müsse *mit politischen Mitteln gestiftet* werden. Unterläßt man es, einen

10 W. J. Raschke, »Images of Victory: Some New Considerations of Athletic Monuments«, in: W. J. Raschke (Hg.): *The Archeology of the Olympics*, Madison 1988, S. 38-54; siehe insbesondere S. 45.
11 I. Kant: »Von den verschiedenen Racen der Menschen«, in: Kants *Werke*, Akademie Textausgabe, Bd. II, Berlin 1968 (zuerst 1775), S. 430.
12 I. Kant: »Zum ewigen Frieden«, in: Kants *Werke*, Akademie Textausgabe, Bd. VIII, Berlin 1968 (zuerst: 1795), S. 354.

»*gesetzlichen* Zustand herzustellen, kann jeder den anderen als einen Feind behandeln«.[13] Ein Frieden, der ohne politische Mittel hergestellt werden soll, ist illusorisch. Aber auch ein Waffenstillstand ist nichts anderes als bloßer »Aufschub der Feindseligkeiten, nicht *Friede*, der ja das Ende aller Hostilitäten bedeutet«. Er gäbe den kriegführenden Parteien die Möglichkeit, während der kurzen Ruheperiode in aller Stille neue aggressive Akte vorzubereiten. Jeder wirkliche Frieden hat notwendigerweise zur Voraussetzung – als »1. Präliminarartikel« – , daß weitere kriegerische Vorhaben ausgeschlossen werden: »Es soll kein Friedensschluß für einen solchen gelten, der mit dem geheimen Vorbehalt des Stoffs zu einem künftigen Kriege gemacht worden.«[14] Alle möglichen, den Beteiligten eventuell noch nicht bekannten »Ursachen zum künftigen Kriege sind durch den Friedensschluß insgesamt vernichtet«.

Ein vorübergehender Friedensschluß, der die Fortsetzung des Krieges nur um eine kurze Zeit vertagt, ist keine Zeit des Friedens. Eine solche vorübergehende Waffenruhe kann nur von jenen Staaten garantiert werden, die den Krieg zu kontrollieren vermögen. Hitler konnte dies 1936; er deklarierte – nach der Rheinlandbesetzung und während des Einsatzes der Legion Condor in Spanien –, daß sich Deutschland und die Welt *nicht* im Krieg befänden. Innenpolitischen »Frieden« stellte der Nationalsozialismus mit kriegerischen Mitteln selbst her (schwerste Diskriminierungen jüdischer Sportler, Einsatz von Zwangsarbeitern, Einsperren von Sinti und Obdachlosen in KZ.s). Andere Staaten haben im Vorfeld der Spiele auf Terrormaßnahmen ebensowenig verzichtet (Mexiko 1968, Moskau 1980, Seoul 1988). Staaten, die den Einsatz kriegerischer Mittel nicht kontrollieren können, bieten sich als Objekte von Erpressung an (München 1972). Der Kalte Krieg wurde bei den Olympischen Spielen nicht unterbrochen, sondern fortgesetzt, im Ostblock als *staatlich* kontrollierte und verordnete Hochrüstung der Athleten-Körper. Dem IOC lag es fern, die Fortsetzung des Krieges mit anderen Mitteln zu kritisieren, bekamen diese doch die Bedeutung eines Ersatzkrieges. Sie wurden zur propagandistischen Zurschaustellung symbolischer Macht. Militärische Stärke wurde von den Medaillenbilanzen reflektiert. Die Olympischen Spiele überließen sich voll und ganz der Logik des Kalten Krieges. Man hat dies für eine Errungenschaft des Sports

13 Ebd., S. 348f.
14 Ebd., S. 343.

gehalten, insofern der Krieg in den Stadien ohne Verluste von Menschenleben symbolisch ausgetragen wurde. Aber dieses Argument übergeht die Tatsache, daß wirklicher Krieg zwischen den Blöcken geherrscht hat. Die Spiele haben diesen nicht nur nicht verhindert, sondern die Gelegenheit eines zusätzlichen stellvertretenden symbolischen Krieges gegeben.

Auf den »ewigen Frieden« zielt der Olympismus nicht, nur auf sehr kurzfristige Waffenstillstände, noch dazu solche um jeden Preis. Da er nicht Herr des Friedens sein kann, paktiert er mit den Herren des Krieges, damit Ruhe im Land herrsche. Diesen kommt er nicht eben ungelegen, denn sie können aus seiner »Friedensmission« Profite ziehen. Sie können sich mit dem Frieden, den das IOC zu vergeben hat, schmücken; sie werden von einem kanonischen Gremium »friedlich« gesprochen. Die Forderung des »Olympischen Friedens« ist ein strategischer Zug in der Politik. Mit ihrer Hilfe reklamiert das IOC den Friedensbegriff für sich und schwingt sich in die Position desjenigen auf, der das Friedensprädikat verteilt – eine Jury, die ein propagandistisch effektvolles Qualitätslabel zu vergeben hat. Die Macht des IOC ist nicht Friedensstiftung, sondern Friedensverleihung. Während Samaranch 1994 Sarajevo besuchte, beanspruchte auch die Führung der bosnischen Serben ihren Anteil an der Friedensmission: Sie veranstaltete zur Feier des 10. Jahrestags der Spiele von 1984, diesmal in ihrer Hochburg Pale, eine Art postolympischer Spiele.[15] Gedacht hatten sie an eine Erneuerung der ehemals jugoslawischen Spiele, jetzt unter serbischer Führung. Samaranch wurde dazu eingeladen, ebenso Professor Zecevic, den sie aufgrund seines Namens für einen Serben hielten. Beide lehnten ab. Die serbische Kriegspartei wollte das Qualitätslabel »Olympischer Frieden« für sich gewinnen und die Erinnerung der Bevölkerung an die ehemalige Einheit ausnutzen.

Von den Olympischen Spielen in Sarajevo ist nicht der Frieden, nicht die Einheit und nicht die Zukunft geblieben. Was also können Olympische Spiele bewirken, wenn sie nicht Frieden schaffen? Unzweifelhaft erzeugen sie in der Zeit, in der sie abgehalten werden, spürbare Effekte. Coubertin hatte mit der Aufführung eines Kultes eine Art magischer Formel gefunden.[16] Das Interes-

---

15 Auskunft von Prof. Zecevic, ebenso die folgenden Informationen.
16 Vgl. E. R. Quanz, a. a. o.: »Die Friedensleistung des Sports baut Coubertin zentral auf wirklich lebendige und viele Menschen ansteckende Vorführungen und

sante daran ist, daß niemand an die Wirksamkeit der rituellen Akte, Beschwörungen, Zauberworte dieses Kults glaubt, daß ihn kaum jemand richtig zur Kenntnis nimmt, ja, daß er in Einzelheiten manchmal lächerlich, manchmal peinlich wirkt. Es kommt auf den Inhalt kaum an. Er besitzt keine Botschaft, sondern *er ist selbst* die Botschaft.[17] Wichtig an ihm ist allein, *daß er vollzogen und übermittelt* wird, daß die Zuschauer direkt von ihm angesprochen und an ihm beteiligt werden, daß sie sich dabei mit allen anderen Beteiligten verbunden fühlen. Die Olympischen Spiele sind auf Stimmungserzeugung ausgerichtet – Coubertin war ein großer Anhänger und gelehriger Schüler Richard Wagners.

Die Stimmung bei den Spielen hat einen mobilisierenden Charakter: es ist die Stimmung eines Versprechens, das feierliche Versprechen von Wettkampf und Frieden zugleich. Es wird einer Gemeinschaft gegeben, die sich im Stadion und vor den Fernsehapparaten versammelt hat, wie ein direktes Versprechen zwischen zwei Menschen. Stimmungen sind keine Garantie für dessen Einhaltung. Über den Rahmen des olympischen Festes hinaus dringt wenig nach außen und in die Zukunft. Später gibt es bei den Beteiligten die Erinnerung, vielleicht auch die Sehnsucht nach den magischen Momenten des Versprechens. Aber dieses ist nicht greifbar und nicht einklagbar. Das einzige, was von ihm überdauert, ist die rituelle Formel vom »Olympischen Frieden«. Wer über sie verfügt, besitzt die symbolische Macht, das Friedensversprechen in der Erinnerung wieder präsent zu machen. Aber mit den Akten der Vergegenwärtigung wird kein Frieden gestiftet, sondern nur an die im kollektiven Gedächtnis aufbewahrte Friedensstimmung appelliert.

Viele Staatsmänner sind bereit, Frieden zu versprechen. Dies gehört als fester Bestandteil zu fast jeder Politik des Krieges. Daher sind die Olympischen Spiele hochwillkommen auch in Staaten mit kriegerischen Absichten. Dem IOC ging es in der Vergangen-

---

›Ausstellungen‹ sportlicher Wettkämpfe, also auf gemeinsame Erlebnisse und erhebende Feiern sportlicher Darbietungen« (S. 209).

17 Coubertin verwendet in seiner Rede auf dem von ihm organisierten Kongreß 1892 in Paris Formulierungen, die an MacLuhans Medientheorie denken lassen: »Es ist sicher, daß Telegraf, Eisenbahnen, Telefon, Forschungskongresse und Ausstellungen mehr für den Frieden getan haben als alle Verträge und diplomatische Beziehungen. Von der Sportbegeisterung jedoch erwarte ich, daß sie noch mehr dafür tut« (zitiert nach R. D. Mandell, *Die ersten Olympische Spieler der Neuzeit*, Kastellaun, S. 89).

heit weniger um dauerhaften Frieden als darum, seine eigene symbolische und unpolitische Macht im Raum der Politik zur Geltung zu bringen und zu genießen. In der Gegenwart wirkt es daran mit, die Inhaber *ökonomischer* Macht als Triebkräfte des Friedens auszuzeichnen. Daß China die Spiele im Jahre 2000 nicht erhalten hat, sondern Sidney, ist vermutlich eher Zufällen der Abstimmungsmodalität als neuartigen politischen Absichten des IOC zu verdanken.

Die wirkliche politische Macht des Olympismus ist gering. Die Profite, die Olympische Spiele einem Staat verschaffen, sind deswegen so kurzfristig, weil sie nur als Erinnerung fortdauern. Spanien befindet sich nur wenige Jahre nach den Spielen von Barcelona in einer tiefen wirtschaftlichen und politischen Krise. An die Spiele von Sarajevo denkt kaum noch jemand, nur im Gedächtnis der ehemals Beteiligten ist die Stimmung des Erfolgs, des Friedens und der Einheit noch lebendig. Professor Zecevic zeigt mir den offiziellen Olympiafilm der jugoslawischen Spiele von 1984, er zeigt mir Jubel, Euphorie, Nationalbegeisterung für Jugoslawien. Rückblickend bemerkt er: »Wir wußten, daß die Spiele entweder die Jugoslawen miteinander verbinden oder sie spalten würden.« Allen Gefahren zum Trotz glückten sie: Im Jahre 1984 brachten sie Einheit und Frieden.

Über die Autoren

Alkemeyer, Thomas: geboren 1955; Dr. phil., Promotion 1994; Ernst-Reuter-Preis der Freien Universität Berlin 1995; Wiss. Mitarbeiter am Institut für Sportwissenschaft (Arbeitsbereich Sportsoziologie/Philosophie des Sports). Veröffentlichungen u. a.: *Aspekte einer zukünftigen Anthropologie des Sports* (Hg. u. a. 1992); *Fremdheit und Rassismus im Sport* (Hg. gemeinsam mit Bernd Bröskamp 1996); *Körper, Kult und Politik. Von der »Muskelreligion« Pierre de Coubertins zur Inszenierung der Macht in den Olympischen Spielen von 1936* (1996).

Arbeitsschwerpunkte: Soziologie/Historische Anthropologie des Körpers, Soziologie der olympischen Bewegung, Körperpolitik im NS, Rassismus im Sport, Sport und Massenmedien.

Burkert, Walter: studierte Klassische Philologie, Geschichte und Philosophie in Erlangen und München und war 1969-1996 Professor der Klassischen Philologie an der Universität Zürich. Hauptarbeitsgebiete sind die griechische Philosophie (*Weisheit und Wissenschaft: Studien zu Pythagoras, Philolaos und Platon*, 1962) und die griechische Religion, insbesondere Mythologie und Opferrituale in anthropologischer Perspektive (*Homo Necans*, 1972; *Griechische Religion der archaischen und klassischen Epoche*, 1977; *Structure and History in Greek Mythology and Ritual*, 1979; *Antike Mysterien*, 1990) sowie der Kulturaustausch Orient-Griechenland (*The Orientalizing Revolution*, 1992).

Bourdieu, Pierre: geboren 1930, Professor für Soziologie am Collège de France. Seine wichtigsten Veröffentlichungen auf deutsch: *Zur Soziologie der symbolischen Formen* (1970); *Die Illusion der Chancengleichheit* (1971); *Entwurf einer Theorie der Praxis* (1976); *Die feinen Unterschiede* (1982); *Sozialer Sinn* (1987); *Homo Academicus* (1988); *Soziologie als Beruf* (1991); *Rede und Antwort* (1992); *Soziologische Fragen* (1993).

Fetscher, Iring: geboren 1922; Studium in Tübingen und Paris; bis 1988 o. Professor für Politikwissenschaft und Sozialphilosophie an der Johann Wolfgang Goethe Universität Frankfurt. Wichtigste Publikationen: *Rousseaus politische Philosophie* (1960); *Von Marx zur Sowjet-*

ideologie (1957, 1987 22. Aufl.); *Karl Marx und der Marxismus* (1967); *Arbeit und Spiel. Essays zur Kulturkritik und Sozialphilosophie* (1983); *Utopien, Illusionen, Hoffnungen. Zur politischen Kultur in Deutschland* (1990); *Neugier und Furcht. Versuch, mein Leben zu verstehen* (1995).

Gebauer, Gunter: geboren 1944; Dr. phil., Professor an der Freien Universität Berlin (in Philosophie und Sportwissenschaft), Mitglied des Forschungszentrums für Historische Anthropologie an der FU Berlin. Veröffentlichungen u. a.: *Der Einzelne und sein gesellschaftliches Wissen* (1981); *Sport – Eros – Tod* (Hg. u. a.) (1986); *Körper- und Einbildungskraft. Inszenierungen des Helden im Sport* (Hg. 1988); *Historische Anthropologie* (Mitverf. 1989); *Mimesis. Kultur – Kunst – Gesellschaft* (Verf. zus. mit Ch. Wulf 1992); *Praxis und Ästhetik. Neue Perspektiven im Denken Pierre Bourdieus* (Hg. zus. mit Chr. Wulf 1993).

Guttmann, Allen: legte seinen Ph. D. 1961 an der University of Minnesota ab. Seit 1959 lehrt er als Professor am Amherst College (Massachusetts). Er hat an einer Reihe amerikanischer und europäischer Universitäten Lehrveranstaltungen abgehalten. Die bekannteste seiner Publikationen über Sport ist: *From Ritual to Record* (1978). Die neuesten Veröffentlichungen sind: *Games and Empires* (1994), *The Erotic in Sports* (1996).

Hoberman, John: lehrt als Professor für »Germanic Languages« an der Universität von Texas, Austin. Seine Hauptarbeitsgebiete auf dem Feld der Sportwissenschaft sind die olympische Bewegung, Sportphysiologie und Doping, »Rasse«-Problematik und Sport. Wichtigste Veröffentlichungen: *Sport and Political Ideology* (1984); The *Olympic Crisis: Sport, Politics and the Moral Order* (1986); *Mortal Engines: The Science of Performance and the Dehumanization of Sport* (1992, deutsch: *Sterbliche Maschinen*, 1995); *Toward a Theory of Olympic Internationalism* (*Journal of Sport History*, 1995).

Kamper, Dietmar: ist Professor für Soziologie und Gründungsmitglied des Interdisziplinären Zentrums für Historische Anthropologie an der FU Berlin, Herausgeber von 12 Bänden unter dem Rahmenthema »Logik und Leidenschaft. Internationale, transdisziplinäre Studien zur Historischen Anthropologie« (mit Ch. Wulf) und von

Paragrana. Zeitschrift für Historische Anthropologie. Neueste Veröffentlichungen: *Anthropologie nach dem Tode des Menschen. Vervollkommnung und Unverbesserlichkeit* (Hg. zus. mit Ch. Wulf 1994); *Unmögliche Gegenwart. Zur Theorie der Phantasie* (1995).

König, Eugen: geboren 1948, Dr. phil., lehrt zur Zeit Sportsoziologie an der Humboldt-Universität zu Berlin. Lehr- und Forschungsgebiete: Philosophie und Soziologie des Sports, Zivilisationstheorie – insbesondere Geschichte und Anthropologie des Körpers. Wichtigste Veröffentlichungen: *Körper – Wissen – Macht. Studien zur historischen Anthropologie des Körpers* (1989); *Bewegungskulturen. Ansätze zu einer kritischen Anthropologie des Körpers* (Hg. zus. mit Ronald Lutz 1995); *Kritik der Technologisierung des Körpers im Sport* (Habilitationsschrift 1995).

Lenk, Hans: geboren 1935, o. Prof. für Philosopie an der Universität Karlsruhe, Professor für Wissenschaftstheorie der Sozialwissenschaften und Planungswissenschaft an der Faculté Européenne des Sciences du Foncier, Straßburg. Vizepräsident der Europäischen Akademie der Wissenschaften und Philosophie des Rechts. Wichtigste Veröffentlichungen u. a.: *Kritik der logischen Konstanten* (1968); *Philosophie im technologischen Zeitalter* (1972); *Pragmatische Philosophie* (1975); *Pragmatische Vernunft* (1979); *Zur Sozialphilosophie der Technik* (1982); *Eigenleistung* (1983); *Die achte Kunst* (1985); *Kritik der kleinen Vernunft* (1987); *Technik und Ethik* (Mithg. 1987); *Zwischen Wissenschaft und Ethik* (1992); *Philosophie und Interpretation* (1993); *Interpretationskonstrukte* (1993); *Schemaspiele* (1995).

MacAloon, John J.: ist Professor für Sozialwissenschaften und Kulturgeschichte an der Universität von Chicago. Zur Zeit hat er außerdem eine internationale Professur für Olympische Studien an der Universitat Autonoma de Barcelona und eine Gastprofessur für Anthropologie an der Emory Universität in Atlanta inne. Er betreibt seit 25 Jahren Vergleichsstudien über die olympische Bewegung und die Olympischen Spiele mit dem Schwerpunkt »Politik der interkulturellen Kommunikation«. Neben zahlreichen Artikeln hat er folgende Bücher zu diesen Themen publiziert: *Olympic Ceremonies and Intercultural Communication* (1996); *Brides of Victory: Gender and Nationalism in Olympic Ritual* (1996); *This Great Symbol: Pierre de Coubertin and the Origins of the Modern Olympic Games* (1984).

Veyne, Paul: geboren 1930, Professor für die Geschichte Roms am Collège de France. Veröffentlichungen auf deutsch: *Glaubten die Griechen an ihre Mythen?* (1987); *Brot und Spiele* (1988); *Geschichtsschreibung – Und was sie nicht ist* (1990); *Foucault: Die Revolutionierung der Geschichte* (1992); *Geschichte des privaten Lebens*, Bd. 1 (1993); *Weisheit und Altruismus: eine Einführung in die Philosophie Senecas* (1993). Weiterhin u. a.: *René Char en ses poèmes* (1990); *La société romaine* (1991); *Entretiens, Lettres à Lucilius* (Hg. u. Übers. 1993).

Wulf, Christoph: geboren 1944, Dr. phil., Professor für Allgemeine und Vergleichende Erziehungswissenschaft und Mitglied des Interdisziplinären Zentrums für Historische Anthropologie an der FU Berlin. Wichtigste Veröffentlichungen u. a.: *Die Wiederkehr des Körpers* (mit D. Kamper 1982); Herausgeber von 12 Bänden unter dem Rahmenthema »Logik und Leidenschaft. Internationale, transdisziplinäre Studien zur Historischen Anthropologie« (mit D. Kamper); *Mimesis. Kultur – Kunst – Gesellschaft* (mit G. Gebauer 1992, engl. Übersetzung 1995); *Vom Menschen. Handbuch Historische Anthropologie* (Hg. 1996). Mitherausgeber der Reihe »Historische Anthropologie« und von *Paragrana. Internationale Zeitschrift für Historische Anthropologie*.

edition suhrkamp
Eine Auswahl

Abelshauser: Wirtschaftsgeschichte der Bundesrepublik Deutschland 1945-1980. NHB. es 1241

Achebe: Okonkwo oder Das Alte stürzt. es 1138

Adorno: Eingriffe. es 10
– Gesellschaftstheorie und Kulturkritik. es 772
– Kritik. es 469
– Ohne Leitbild. es 201
– Stichworte. es 347

Bachtin: Die Ästhetik des Wortes. es 967

Barthes: Kritik und Wahrheit. es 218
– Leçon/Lektion. es 1030
– Mythen des Alltags. es 92
– Semiologisches Abenteuer. es 1441
– Die Sprache der Mode. es 1318

Beck: Gegengifte. es 1468
– Die Erfindung des Politischen. es 1780
– Risikogesellschaft. es 1365

Becker: Warnung vor dem Schriftsteller. es 1601

Beckett: Endspiel. Fin de Partie. es 96
– Flötentöne. es 1098

Benjamin: Das Kunstwerk im Zeitalter seiner technischen Reproduzierbarkeit. es 28
– Moskauer Tagebuch. es 1020
– Das Passagen-Werk. es 1200
– Versuche über Brecht. es 172

Bernecker: Sozialgeschichte Spaniens im 19. und 20. Jahrhundert. NHB. es 1540

Bernhard: Der deutsche Mittagstisch. es 1480

Biesheuvel: Schrei aus dem Souterrain. es 1179

Bildlichkeit. Hg. von V. Bohn. es 1475

Bleisch: Viertes Deutschland. es 1719

Bloch für Leser der neunziger Jahre. es 1827

Bloch: Abschied von der Utopie? es 1046
– Kampf, nicht Krieg. es 1167

Boal: Theater der Unterdrückten. es 1361

Böhme, G.: Natürliche Natur. es 1680

Böhme, H.: Prolegomena zu einer Sozial- und Wirtschaftsgeschichte Deutschlands im 19. und 20. Jahrhundert. es 253

Bohrer: Die Kritik der Romantik. es 1551
– Der romantische Brief. es 1582

Bond: Gesammelte Stücke. 2 Bde. es 1340

Botzenhart: Reform, Restauration, Krise. NHB. es 1252

Boullosa: Sie sind Kühe, wir sind Schweine. es 1866

Bourdieu: Rede und Antwort. es 1547
– Soziologische Fragen. es 1872

Bovenschen: Die imaginierte Weiblichkeit. es 921

Brandão: Kein Land wie dieses. es 1236

Brasch: Frauen. Krieg. Lustspiel. es 1469
– Lovely Rita. Rotter. Lieber Georg. es 1562

edition suhrkamp
Eine Auswahl

Braun: Böhmen am Meer.
es 1784
- Verheerende Folgen mangelnden Anscheins innerbetrieblicher Demokratie. es 1473

Brecht: Der aufhaltsame Aufstieg des Arturo Ui. es 144
- Aufstieg und Fall der Stadt Mahagonny. es 21
- Ausgewählte Gedichte. es 86
- Baal. es 170
- Buckower Elegien. es 1397
- Die Dreigroschenoper. es 229
- Furcht und Elend des Dritten Reiches. es 392
- Die Geschäfte des Herrn Julius Caesar. es 332
- Die Gesichte der Simone Machard. es 369
- Die Gewehre der Frau Carrar. es 219
- Der gute Mensch von Sezuan. es 73
- Die heilige Johanna der Schlachthöfe. es 113
- Herr Puntila und sein Knecht Matti. es 105
- Der kaukasische Kreidekreis. es 31
- Leben des Galilei. es 1
- Leben Eduards des Zweiten von England. es 245
- Mann ist Mann. es 259
- Die Mutter. es 200
- Mutter Courage und ihre Kinder. es 49
- Der Ozeanflug. Die Horatier und die Kuratier. Die Maßnahme. es 222
- Schweyk im zweiten Weltkrieg. es 132
- Die Tage der Commune. es 169
- Trommeln in der Nacht. es 490
- Über Politik auf dem Theater. es 465
- Das Verhör des Lukullus. es 740

Brecht für Leser der neunziger Jahre. Hg. von S. Unseld. es 1826

Brunkhorst: Der Intellektuelle im Land der Mandarine. es 1403

Bubner: Ästhetische Erfahrung. es 1564
- Zwischenrufe. Aus den bewegten Jahren. es 1814

Buch: Der Herbst des großen Kommunikators. es 1344
- Die Nähe und die Ferne. es 1663
- Waldspaziergang. es 1412

Bürger: Theorie der Avantgarde. es 727

Burkhardt: Der Dreißigjährige Krieg 1618-1648. NHB. es 1542

Butler: Das Unbehagen der Geschlechter. es 1722

Celan: Ausgewählte Gedichte. Zwei Reden. es 262

Cortázar: Letzte Runde. es 1140
- Das Observatorium. es 1527
- Reise um den Tag in 80 Welten. es 1045

Dedecius: Poetik der Polen. es 1690

Dekonstruktiver Feminismus. Hg. von B. Vinken. es 1678

Deleuze: Logik des Sinns. es 1707
- Verhandlungen. es 1778

edition suhrkamp
Eine Auswahl

Denken, das an der Zeit ist. Hg. von F. Rötzer. es 1406

Derrida: Das andere Kap. Die aufgeschobene Demokratie. es 1769

– Gesetzeskraft. es 1645

Dieckmann: Glockenläuten und offene Fragen. es 1644

– Vom Einbringen. es 1713

Digitaler Schein. Hg. von F. Rötzer. es 1599

Dinescu: Exil im Pfefferkorn. es 1589

Ditlevsen: Sucht. es 1009

– Wilhelms Zimmer. es 1076

Dorst: Toller. es 294

Drawert: Spiegelland. es 1715

Dröge / Krämer-Badoni: Die Kneipe. es 1380

Duerr: Traumzeit. es 1345

Duras: Eden Cinéma. es 1443

– La Musica Zwei. es 1408

– Sommer 1980. es 1205

– Vera Baxter oder Die Atlantikstrände. es 1389

Eco: Zeichen. es 895

Ehmer: Sozialgeschichte des Alters. NHB. es 1541

Eich: Botschaften des Regens. es 48

Elias: Humana conditio. es 1384

Norbert Elias über sich selbst. es 1590

Engler: Die zivilisatorische Lücke. es 1772

Enzensberger: Blindschrift. es 217

– Einzelheiten I. es 63

– Einzelheiten II. es 87

– Die Furie des Verschwindens. es 1066

– Landessprache. es 304

– Palaver. es 696

– Das Verhör von Habana. es 553

Eppler: Kavalleriepferde beim Hornsignal. es 1788

Erste Einsichten. Hg. von Ch. Döring und H. Steinert. es 1592

Esser: Gewerkschaften in der Krise. es 1131

Evans: Im Schatten Hitlers? es 1637

Ewald: Der Vorsorgestaat. es 1676

Federman: Surfiction: Der Weg der Literatur. es 1667

Feminismus. Inspektion der Herrenkultur. Hg. von L. F. Pusch. es 1192

Fernández Cubas: Das geschenkte Jahr. es 1549

Feyerabend: Erkenntnis für freie Menschen. es 1011

– Wissenschaft als Kunst. es 1231

Fortschritte der Naturzerstörung. Hg. von R. P. Sieferle. es 1489

Foucault: Psychologie und Geisteskrankheit. es 272

– Raymond Roussel. es 1559

Denken und Existenz bei Michel Foucault. Hg. von W. Schmid. es 1657

Spiele der Wahrheit. Hg. von F. Ewald und B. Waldenfels. es 1640

Frank: Einführung in die frühromantische Ästhetik. es 1536

– Gott im Exil. es 1506

– Der kommende Gott. es 1142

edition suhrkamp
Eine Auswahl

Frank: Motive der Moderne. es 1456
- Die Unhintergehbarkeit von Individualität. es 1377
- Was ist Neostrukturalismus? es 1203

Frevert: Frauen-Geschichte. NHB. es 1284

Frisch: Biedermann und die Brandstifter. es 41
- Die Chinesische Mauer. es 65
- Don Juan oder Die Liebe zur Geometrie. es 4
- Frühe Stücke. es 154
- Graf Öderland. es 32

García Morales: Die Logik des Vampirs. es 1871
- Das Schweigen der Sirenen. es 1647

Gedächtniskunst. Hg. von A. Haverkamp und R. Lachmann. es 1653

Geist gegen den Zeitgeist. Hg. von J. Früchtl und M. Calloni. es 1630

Geyer: Deutsche Rüstungspolitik 1860-1980. NHB. es 1246

Goetz: Festung. 5 Bde. es 1793-1795
- Festung. es 1793
- Krieg. 2 Bde. es 1320
- Kronos. es 1795
- 1989. 3 Bde. es 1794

Goffman: Asyle. es 678

Gorz: Der Verräter. es 988

Goytisolo: Die Quarantäne. es 1874

Grassmuck / Unverzagt: Das Müll-System. es 1652

Gstrein: Anderntags. es 1625
- Einer. es 1483

Habermas: Eine Art Schadensabwicklung. es 1453
- Legitimationsprobleme im Spätkapitalismus. es 623
- Die nachholende Revolution. es 1633
- Die Neue Unübersichtlichkeit. es 1321
- Technik und Wissenschaft als Ideologie. es 287
- Theorie des kommunikativen Handelns. es 1502

Hänny: Zürich, Anfang September. es 1079

Hahn: Unter falschem Namen. es 1723

Handke: Die Innenwelt der Außenwelt der Innenwelt. es 307
- Kaspar. es 322
- Phantasien der Wiederholung. es 1168
- Publikumsbeschimpfung und andere Sprechstücke. es 177

Happel: Grüne Nachmittage. es 1570

Henrich: Konzepte. es 1400
- Nach dem Ende der Teilung. es 1813
- Eine Republik Deutschland. es 1658

Hensel: Im Schlauch. es 1815

Hentschel: Geschichte der deutschen Sozialpolitik 1880-1980. NHB. es 1247

Hettche: Inkubation. es 1787

Die Hexen der Neuzeit. Hg. von C. Honegger. es 743

Hijiya-Kirschnereit: Was heißt: Japanische Literatur verstehen? es 1608

edition suhrkamp
Eine Auswahl

Hodjak: Franz, Geschichtensammler. es 1698
- Siebenbürgische Sprechübung. es 1622

Holbein: Der belauschte Lärm. es 1643
- Ozeanische Sekunde. es 1771
- Samthase und Odradek. es 1575

Huchel: Gedichte. es 1828

Irigaray: Speculum. es 946

Jahoda / Lazarsfeld / Zeisel: Die Arbeitslosen von Marienthal. es 769

Jansen: Reisswolf. es 1693

Jasper: Die gescheiterte Zähmung. NHB. es 1270

Jauß: Literaturgeschichte als Provokation. es 418

Johnson: Begleitumstände. es 1820
- Das dritte Buch über Achim. es 1819
- Der 5. Kanal. es 1336
- Ingrid Babendererde. es 1817
- Jahrestage 1. es 1822
- Jahrestage 2. es 1823
- Jahrestage 3. es 1824
- Jahrestage 4. es 1825
- Mutmassungen über Jakob. es 1818
- Porträts und Erinnerungen. es 1499
- Versuch, einen Vater zu finden. Marthas Ferien. es 1416

Über Uwe Johnson. es 1821

Jones: Frauen, die töten. es 1350

Joyce: Finnegans Wake. es 1524
- Penelope. es 1106

Judentum im deutschen Sprachraum. Hg. von K. E. Grözinger. es 1613

Junior: Jorge, der Brasilianer. es 1571

Kenner: Ulysses. es 1104

Kiesewetter: Industrielle Revolution in Deutschland 1815-1914. NHB. es 1539

Kipphardt: In der Sache J. Robert Oppenheimer. es 64

Kirchhoff: Body-Building. es 1005

Kluge, A.: Gelegenheitsarbeit einer Sklavin. es 733
- Lernprozesse mit tödlichem Ausgang. es 665
- Schlachtbeschreibung. es 1193

Kluge, U.: Die deutsche Revolution 1918/1919. NHB. es 1262

Köhler: Deutsches Roulette. es 1642

Koeppen: Morgenrot. es 1454

Kolbe: Bornholm II. es 1402
- Hineingeboren. es 1110

Konrád: Antipolitik. es 1293
- Die Melancholie der Wiedergeburt. es 1720
- Stimmungsbericht. es 1394

Krechel: Mit dem Körper des Vaters spielen. es 1716

Krippendorff: Politische Interpretationen. es 1576
- Staat und Krieg. es 1305
- »Wie die Großen mit den Menschen spielen.« es 1486

Kristeva: Fremde sind wir uns selbst. es 1604

edition suhrkamp
Eine Auswahl

Kristeva: Geschichten von der Liebe. es 1482
- Die Revolution der poetischen Sprache. es 949

Kritische Theorie und Studentenbewegung. es 1517

Kroetz: Bauern sterben. es 1388
- Bauerntheater. es 1659
- Furcht und Hoffnung der BRD. es 1291
- Mensch Meier. Der stramme Max. Wer durchs Laub geht … es 753
- Nicht Fisch nicht Fleisch. Verfassungsfeinde. Jumbo-Track. es 1094
- Oberösterreich. Dolomitenstadt Lienz. Maria Magdalena. Münchner Kindl. es 707
- Stallerhof. Geisterbahn. Lieber Fritz. Wunschkonzert. es 586

Krynicki: Wunde der Wahrheit. es 1664

Laederach: Fahles Ende kleiner Begierden. es 1075
- Der zweite Sinn. es 1455

Lang / McDannell: Der Himmel. es 1586

Lehnert: Sozialdemokratie zwischen Protestbewegung und Regierungspartei 1848-1983. NHB. es 1248

Lem: Dialoge. es 1013

Lenz, H.: Leben und Schreiben. es 1425

Leroi-Gourhan: Die Religionen der Vorgeschichte. es 1073

Leutenegger: Lebewohl, Gute Reise. es 1001
- Das verlorene Monument. es 1315

Lévi-Strauss: Das Ende des Totemismus. es 128
- Mythos und Bedeutung. es 1027

Die Listen der Mode. Hg. von S. Bovenschen. es 1338

»Literaturentwicklungsprozesse«. Die Zensur der Literatur in der DDR. Hg. von E. Wichner und H. Wiesner. es 1782

Llamazares: Der gelbe Regen. es 1660

Löwenthal: Mitmachen wollte ich nie. es 1014

Lüderssen: Der Staat geht unter – das Unrecht bleibt? es 1810

Lukács: Gelebtes Denken. es 1088

Maeffert: Bruchstellen. es 1387

de Man: Die Ideologie des Ästhetischen. es 1682

Marcus: Umkehrung der Moral. es 903

Marcuse: Ideen zu einer kritischen Theorie der Gesellschaft. es 300

Maruyama: Denken in Japan. es 1398

Mattenklott: Blindgänger. es 1343

Mayer: Gelebte Literatur. es 1427
- Versuche über die Oper. es 1050

Mayröcker: Magische Blätter. es 1202
- Magische Blätter II. es 1421
- Magische Blätter III. es 1646

Meckel: Von den Luftgeschäften der Poesie. es 1578

edition suhrkamp
Eine Auswahl

Medienmacht im Nord-Süd-Konflikt. Friedensanalysen Bd. 18. es 1166

Menninghaus: Paul Celan. es 1026

Menzel / Senghaas: Europas Entwicklung und die Dritte Welt. es 1393

Millás: Dein verwirrender Name. es 1623

Miłosz: Zeichen im Dunkel. es 995

Mitscherlich: Krankheit als Konflikt. es 164

– Die Unwirtlichkeit unserer Städte. es 123

Mitterauer: Sozialgeschichte der Jugend. NHB. es 1278

Möller: Vernunft und Kritik. NHB. es 1269

Morshäuser: Hauptsache Deutsch. es 1626

Moser: Besuche bei den Brüdern und Schwestern. es 1686

– Eine fast normale Familie. es 1223

– Der Psychoanalytiker als sprechende Attrappe. es 1404

– Romane als Krankengeschichten. es 1304

Muschg: Literatur als Therapie? es 1065

Mythos ohne Illusion. es 1220

Mythos und Moderne. es 1144

Nakane: Die Struktur der japanischen Gesellschaft. es 1204

Negt / Kluge: Geschichte und Eigensinn. es 1700

Ngũgĩ wa Thiong'o: Der gekreuzigte Teufel. es 1199

Nizon: Am Schreiben gehen. es 1328

Nooteboom: Berliner Notizen. es 1639

– Wie wird man Europäer? es 1869

Oehler: Pariser Bilder I (1830-1848). es 725

– Ein Höllensturz der Alten Welt. es 1422

Oppenheim: Husch, husch, der schönste Vokal entleert sich. es 1232

Oz: Politische Essays. es 1876

Paetzke: Andersdenkende in Ungarn. es 1379

Paz: Der menschenfreundliche Menschenfresser. es 1064

– Suche nach einer Mitte. es 1008

– Zwiesprache. es 1290

Petri: Schöner und unerbittlicher Mummenschanz. es 1528

Plenzdorf: Zeit der Wölfe. Ein Tag, länger als das Leben. es 1638

Politik der Armut und die Spaltung des Sozialstaats. Hg. von S. Leibfried und F. Tennstedt. es 1233

Politik ohne Projekt? Hg. von S. Unseld. es 1812

Powell: Edisto. es 1332

– Eine Frau mit Namen Drown. es 1516

Ein Pronomen ist verhaftet verhaftet worden. Hg. von E. Wichner. es 1671

Pusch: Alle Menschen werden Schwestern. es 1565

– Das Deutsche als Männersprache. es 1217

edition suhrkamp
Eine Auswahl

Raimbault: Kinder sprechen vom Tod. es 993
Rakusa: Steppe. es 1634
Reichert: Vielfacher Schriftsinn. es 1525
Ribeiro, D.: Unterentwicklung, Kultur und Zivilisation. es 1018
Ribeiro, J. U.: Sargento Getúlio. es 1183
Rodinson: Die Araber. es 1051
Rohe: Wahlen und Wählertraditionen in Deutschland. es 1544
Rosenboom: Eine teure Freundschaft. es 1607
Rosenlöcher: Die verkauften Pflastersteine. es 1635
– Die Wiederentdeckung des Gehens beim Wandern. es 1685
Roth: Die einzige Geschichte. es 1368
– Das Ganze ein Stück. es 1399
– Krötenbrunnen. es 1319
– Die Wachsamen. es 1614
Rubinstein: Sterben kann man immer noch. es 1433
Rühmkorf: agar agar – zaurzaurim. es 1307
Russell: Probleme der Philosophie. es 207
Schedlinski: die rationen des ja und des nein. es 1606
Schindel: Ein Feuerchen im Hintennach. es 1775
– Geier sind pünktliche Tiere. es 1429
– Im Herzen die Krätze. es 1511
Schleef: Die Bande. es 1127
Schöne Aussichten. Hg. v. Ch. Döring und H. Steinert. es 1593

Schönhoven: Die deutschen Gewerkschaften. NHB. es 1287
Schröder: Die Revolutionen Englands im 17. Jahrhundert. NHB. es 1279
Das Schwinden der Sinne. Hg. von D. Kamper und Ch. Wulf. es 1188
Segbers: Der sowjetische Systemwandel. es 1561
Senghaas: Europa 2000. es 1632
– Friedensprojekt: Europa. es 1717
– Konfliktformationen im internationalen System. es 1509
– Die Zukunft Europas. es 1339
Sieferle: Die Krise der menschlichen Natur. es 1567
Simmel: Schriften zur Philosophie und Soziologie der Geschlechter. es 1333
Sloterdijk: Der Denker auf der Bühne. es 1353
Sloterdijk: Eurotaoismus. es 1450
– Kopernikanische Mobilmachung und ptolemäische Abrüstung. es 1375
– Kritik der zynischen Vernunft. es 1099
– Versprechen auf Deutsch. es 1631
– Weltfremdheit. es 1781
Söllner: Kopfland. Passagen. es 1504
Staritz: Geschichte der DDR 1949-1985. NHB. es 1260
Steinwachs: G-L-Ü-C-K. es 1711
Stichworte zur ›Geistigen Situation der Zeit‹. 2 Bde. Hg. von J. Habermas. es 1000

edition suhrkamp
Eine Auswahl

Streeruwitz: New York. New York. Elysian Park. es 1800
– Waikiki-Beach. Sloane Square. es 1786
Struck: Kindheits Ende. es 1123
– Klassenliebe. es 629
Szondi: Theorie des modernen Dramas. es 27
Techel: Es kündigt sich an. es 1370
Thiemann: Schulszenen. es 1331
Thompson: Die Entstehung der englischen Arbeiterklasse. es 1170
Thränhardt: Geschichte der Bundesrepublik Deutschland. NHB. es 1267
Todorov: Die Eroberung Amerikas. es 1213
Treichel: Liebe Not. es 1373
Tugendhat: Ethik und Politik. es 1714
Vargas Llosa: Gegen Wind und Wetter. es 1513
– La Chunga. es 1555
Vernant: Die Entstehung des griechischen Denkens. es 1150
Veyne: Foucault: Die Revolutionierung der Geschichte. es 1702
Vor der Jahrtausendwende: Berichte zur Lage der Zukunft. Hg. von P. Sloterdijk. es 1550
Walser: Ein fliehendes Pferd. es 1383
– Geständnis auf Raten. es 1374
– Selbstbewußtsein und Ironie. es 1090
– Über Deutschland reden. es 1553

– Wie und wovon handelt Literatur. es 642
Weiss: Abschied von den Eltern. es 85
– Die Ästhetik des Widerstands. es 1501
– Fluchtpunkt. es 125
– Das Gespräch der drei Gehenden. es 7
– Notizbücher 1960-1971. es 1135
– Notizbücher 1971-1980. es 1067
– Rapporte. es 276
– Rapporte 2. es 444
– Rekonvaleszenz. es 1710
– Der Schatten des Körpers des Kutschers. es 53
– Stücke I. es 833
– Stücke II. 2 Bde. es 910
– Verfolgung ... Marat/Sade. es 68
Sinclair (P. Weiss): Der Fremde. es 1007
Die Wiederkehr des Körpers. Hg. von D. Kamper und Ch. Wulf. es 1132
Wippermann: Europäischer Faschismus im Vergleich 1922-1982. NHB. es 1245
Wirz: Sklaverei und kapitalistisches Weltsystem. NHB. es 1256
Wittgenstein: Tractatus logico-philosophicus. es 12
Zoll: Alltagssolidarität und Individualismus. es 1776
Der Zusammenbruch der DDR. Hg. von H. Joas und M. Kohli. es 1777